蕙风扬波 逐梦乐园

上海市民办扬波中学
教育研究论文集

乐霆 / 主编

上海社会科学院出版社
SHANGHAI ACADEMY OF SOCIAL SCIENCES PRESS

本书编委会

主　编：乐　霆
副主编：孟小红
编　委：施恩全　章炯毅　宋晋贤
　　　　郝建亭　黄沈燕　黄　勇

序

扬起风帆的奋进,波澜不惊的引领

国家督学 杨国顺

20世纪末的1992年,邓小平同志南方谈话,对上海提出"一年一个样,三年大变样"的期待,不仅给城市建设和经济发展带来了生机与活力,也给教育改革发展注入了不竭的动力。而民办扬波中学的第一任校长徐璋荣,以开风气之先的智慧和"敢吃螃蟹"的勇气,在闸北区政府和教育局的支持下,创办民办扬波中学,其被列为全市第一批五所民办学校之一,充分体现了他可圈可点的教育信念,以及可歌可泣的教育情怀。

在当时办学条件极具困难和挑战的情况下,经过历任校长袁海男、沈黎明、谷光辉一茬又一茬"接力棒"的共同拼搏与尽责尽能,以及全体教职员工的同心协力,民办扬波中学进入了快速、稳健发展的"而立之年"。这是"艰苦创业,奋发有为"的30年,也是"风雨兼程,砥砺前行"的30年,更是"与时俱进,品质取胜"的30年。如果以"扬波"校名的两个字概括,更可称得上"扬起风帆的奋进,波澜不惊的引领"的30年。

本人以"扬波"校名概括两句话的寓意,就是因为现任的乐霆校长于2016年到岗后,带领党政班子的团队合作,用短短的几年时间,让原本有点破败老套的校园环境,发生了如同"脱胎换骨"的变化和"凤凰涅槃"的重生。让学校在创建"家园、学园、花园、乐园"的焕然一新中,体现了"低调而不张扬,求变而不奢华"的风格,更彰显了全体"扬波人",在"不忘初心"中因人施教的默默耕耘;在"牢记使命"中恪尽职守的责任担当。

在纪念民办扬波中学创办30周年之际,学校党政班子领导汇聚了全体教师的心血,收集了在加强党建工作、依法规范管理、推进教学改革、提升科研和课题研究水平等方面的近80篇论文,编辑出版《蕙风扬波 逐梦乐园:上海市

民办扬波中学教育研究论文集》一书,作为献给学校创建30周年的礼物。本人认真浏览学习后,认为有以下五个方面的特点:

1. 在办学理念上,具有方向性与导向性的引领

学校已汇集所有撰稿者文本的内容中,涉及办学思想和理念方面,紧扣"崇尚真理,追求卓越"的校训,围绕习近平总书记"为谁培养人、怎样培养人、培养什么样的人"的新时代教育命题。从办学思想和理念上,体现了学校育人方式转变、教师教学方式转变和学生学习方式转变的改革,这是难能可贵的。

2. 在学校管理上,彰显整体性与规范性的一致

在全国人大常务委员会颁发的《中华人民共和国民办教育促进法》以及国务院出台的《中华人民共和国民办教育促进法实施条例》中,民办扬波中学特别重视加强党的领导和党建工作,并且始终坚持依法规范办学。论文集中的《关于新时期民办学校党的建设整体提升实践与思考》一文,体现了发挥党组织的政治核心、战斗堡垒和监督保证作用的整体性,并且与学校依法办学规范性上相得益彰。

更需要赞赏的是,在庆祝建党百年华诞中,民办扬波中学的课程育人上,连续三年开展了与红色经典基地——遵义四中的合作,推进了两校学生"行走红色地标,探寻百年党史"的主题研学实践。在此项红色经典的社会实践考察中,很多学生在党员教师先锋模范作用的带动下积极学习,体现了"以党建带团建促队建"的改革思路,得到了中央宣传部"学习强国"和市政府网站的支持,这是红色经典接地气的有效落实。

3. 在课程教学上,表现探究性与开放性的融合

民办扬波中学办学30年来,需要肯定的是,十分重视探究性课程建设和开放性课堂教学的改革,这体现了该校教师立足讲台的仰望星空,三尺教鞭的注重育人。经过多年的积累,学校形成了"德育、学科高阶、科创、体育和艺术"五大类课程群,从论文集中可以发现,至少有40—50篇论文体现了学校五大类课程群在课堂教学中的落实。

《有限课堂,无限探究——浅谈道德与法治课的探究性学习》和《传承开拓育"学力",笃行致远现"研值"——"传承红色基因,弘扬红色文化"研学实践课程的实践》等论文,充分彰显了开放课堂教学中"教与学的平等,教与学的自由,教与学的快乐,教与学的分享"。特别是在"双新"和"双减"背景下,教师对课堂教学改革的着力点,不仅是减轻学生过重的课业负担,而且是注重于学生

"匠心、匠技、匠能、匠艺、匠才和匠学"能力的培养,这是值得可喜可贺的。

4. 在教师发展上,体现专业性与合作性的并重

民办扬波中学办学 30 年的成功经验,是历任和在岗的校长始终重视教师队伍建设的结果。从论文集的文稿中可以感受到,教师的自身能力和素养,顺应了"学科理智性,实践反思性,团队合作性"的专业发展趋势和特征。给我印象最深的是,在市教委 2020—2021 年组织全市民办中小学申报青年教师团队合作发展项目中,民办扬波中学连续两年获得认可和批准,在民办中小学申报项目中是不多见的。

据此,不仅表明该校中年学科带头人的骨干梯队建设是很好的,而且说明青年教师团队合作发展的后劲,都是值得称道和点赞的。从教师提交的文稿中可以看出,很多教师自身专业能力和综合素养都有所提升,充分发挥了"以师德引领学生的品德,以师风引导学生的学风,以师道引导学生重道"的正能量作用,让教师体验和感受了"桃李满天下,源自师生情"的喜悦和幸福。

5. 在学生成长上,注重综合性与自主性的结合

学校教育的一切,不仅是为了学生的学业和能力的进步,更是为了学生幸福快乐地成长发展。从教师研究论文集的内容中可以看出,在关注学生成长发展上,凸显了中国根、民族魂的家国情怀,国际视野与胸襟以及未来国际竞争能力的浸润和渗透。同时在学生思想品格、意志毅力、智慧思维、坎坷挫折、创新实践等方面,强调了对学生综合素养和自主意识的引导和培养。

在教师论文集中,《创新意识的培养来自数学课堂》《深入推进学校教学改革的思考》《核心素养,由"表"及"里"生成于课堂——以〈表里的生物〉教学实践为例》等文章,都是围绕五育并举、学科育人的定位,根据因材施教、有教无类的原则,体现了每一位教师"教无定法,贵在得法"的能力,使学生增强了"自主独立、自律意识、自强不息、自觉包容、自我担当、自励奋发"的综合素养,从而保证了学校确立"人格健全,力学笃行,自主创新,国际视野"培养目标的践行和有效。

我国富有民族大义和责任担当的民营企业家任正非说,"教育就是要让最优秀的人,教更优秀的人"。这是对教育内涵极好的诠释,也是教育事业极高的境界。因为教育的内涵,就是要弘扬"教师是所有职业中最优秀群体"的风范;教育的境界,就是要传诵学生的发展,"人人有才,个个精彩;人人是才,个个出彩;人人成才,个个喝彩"的风尚。在民办扬波中学创建 30 周年之际,以乐霆校长领衔的党政班子倾注全力,全体教师倾注全心,共同为学生发展倾注全情的教师研究论文集,让在位的全体教师"静得下心,沉得住气,提得起神"的总结育人教书的感悟和经验。这对历任老校长创业中的责任担当,历年老教师教学中的无私奉献,历届老校友成人中的成功成才,应该是最好的肯定,也是最好的回馈,更是最好的感恩。本人以此为序,作为对民办扬波中学创建办学 30 周年的纪念。

2022 年 7 月 2 日

目　录

序　扬起风帆的奋进，波澜不惊的引领 ………………………… 杨国顺　1

教育管理

一心"民"情担使命，一路"民"歌唱育人 ………………………… 乐　霆　3
基于学生核心素养培育的卓越学子发展评价平台构建与应用的
　　研究 ……………………………………………………………… 乐　霆　7
关于新时期民办学校党的建设整体提升实践与思考 …………… 施恩全　15
深入推进学校教学改革的思考 …………………………………… 章炯毅　22
中华民族共同体意识在中学教育中的实践探究 ………………… 宋晋贤　27
科研引领学校内涵发展 …………………………………………… 孟小红　31

教学论文

因"材"施教 ………………………………………………………… 吴子静　37
锤炼学科必备知识　提升学生语言素养 ………………………… 孟小红　44
小说教学的"厚"与"薄" …………………………………………… 王　萍　49
诗歌教学中对语言敏感性的培养 ………………………………… 刘　涛　54
"1+X"阅读教学模式实施策略初探 ……………………………… 何　薇　59
素养导向下"三位一体"阅读教学模式实践研究 ………………… 孟小红　66
"双减"背景下，教师课堂教学行为的转变
　　——以初中语文课堂教学评价语言为例 …………………… 谢　玮　70

核心素养，由"表"及"里"生成于课堂
　　——以《表里的生物》教学实践为例 ………………………… 赵严雯　76
浅析初中语文教学中的情感引领 ………………………………… 骆虹华　83
初中生整本书阅读的意义和实施路径
　　——以《城南旧事》为例 ……………………………………… 王　晶　89
初中整本书阅读教学中因材施教的实践与运用
　　——以七年级名著阅读《西游记》为例 ……………………… 陈晓怡　95
名著任务书作业设计
　　——以《艾青诗选》整本书阅读教学为例 …………………… 谢　玮　100
《聊斋志异》"错位"叙事艺术研究 ……………………………… 蒋强龙　106
诗歌教学探索之"深入"与"浅出" ……………………………… 王　萍　111
初中语文教学中的因材施教：为何、如何 ……………………… 孟小红　117
巧设问题，使文本解读更有效 …………………………………… 王　萍　123

创新意识的培养来自数学课堂 …………………………………… 朱武巍　126
构建初中数学高效课堂的几点认识和做法 ……………………… 章炯毅　133
刍议导学案在高中数学教学中存在的问题及解决建议 ………… 邹群伟　139
高中数学"学困生"的形成原因及转化对策分析 ……………… 邹群伟　145
浅谈教学过程中数学语言表达的重要性
　　——基于课程标准的数学课堂反思 …………………………… 张艳娜　151
浅议初中数学课堂教学中的提问艺术 …………………………… 李清泉　155
在初中数学教学中注重分层教学，引导学生深度学习 ………… 张佳佳　162
发挥几何画板优势，为数学课堂增添色彩 ……………………… 张佳佳　167
基于因材施教思想的教与学的实践探索 ………………………… 张艳娜　171
数形结合法在初等数学中的应用 ………………………………… 韩园园　175
创设自主管理，让学生个性成长 ………………………………… 张佳佳　178
高中填空题的两种特殊解法 ……………………………………… 邹群伟　182
数学课堂教学中的"过程"味 …………………………………… 朱武巍　187
基于项目式学习平行四边形判定的探究与实施 ………………… 李清泉　193
数学综合题解法探讨 ……………………………………………… 邱训华　200

高中英语语篇阅读教学活动设计的思考 ………………………… 黄　勇　205

要点导图在中学英语阅读教学中应用的可行性分析	蔡楠楹	211

基于核心素养培养的初中英语课堂教学设计
　　——以上海牛津版初中英语 7B Unit 9 reading: Mr. Wind
　　and Mr. Sun 公开课为例 ………………………… 陈赛赛　217
简析新课标下的英语课堂创新教育 ………………… 石　娟　224
外刊网络新闻引入高中英语阅读教学的实证研究 …… 赵伟娜　229
浅谈体验式主题教育如何实施并渗透于初中英语教学
　　——以初中行为规范主题教育公开课为例 ……… 陈赛赛　240

新课改下初中物理实验教学探索
　　——学生实验操作复习课教学研究 ……………… 陈晓倩　245
因学生之材正确处理教材 …………………………… 周军华　250
浅谈初中物理概念教学 ……………………………… 叶　晨　254
中考改革背景下促进物理实验复习的"深度学习"
　　——以"用电流表、电压表测电阻"和"测定小灯泡的电功率"
　　实验为例 …………………………………………… 宋聪欣　258
多给学生留一点思考的时间 ………………………… 宋聪欣　264
课堂活动的设计与思考
　　——以《滑轮》为例 ………………………………… 刘　丹　266
依托导学案,促进学生个性化发展 ………………… 朱柳菊　270
趣学化学的方法探究 ………………………………… 吴雪梅　276
高中化学项目化学习的几点思考 …………………… 夏鲜竹　282
立足"双减",提高化学教学有效性的实践探索
　　——以"化学语言的专题复习"为例 …………… 吴雪梅　287
化学学科核心素养视阈下的微课程对学科德育渗透的
　　探索 ………………………………………………… 夏鲜竹　292
中考改革背景下化学实验课教学方式的改变
　　——以"二氧化碳的实验室制法探究"为例 …… 吴雪梅　297

有限课堂,无限探究
　　——浅谈道德与法治课的探究性学习 …………… 施恩全　302
"酒精对水蚤心率的影响"实验的改进与设计 ……… 胡铮霖　306

生命科学与地理跨学科案例分析
　　——以"跨学科案例之旅行篇"为例 ………………………… 邹　怡　310
在素质教育中如何实施因材施教原则 ……………………………… 屈建明　314
中小学信息技术课程计算思维培养研究现状与启示 ……………… 曾　睿　317

初中体育线上线下融合教学与应用研究 …………………………… 高雅颖　324
兴趣教学法在中学体育教学中的运用探讨 ………………………… 高雅颖　328
"双减"背景下教师对中学生课外篮球活动的干预研究 …………… 王相国　332
改教学方法，强教学手段，提课堂效益 …………………………… 顾　奕　337
"双减"背景下打造真实高效体育课堂的实践探索 ………………… 卞小明　341
武术情景化教学实践研究
　　——以九年级武术少年短棍为例 …………………………… 盛兴元　344
有关初中男生引体向上项目的调查研究与分析 …………………… 王相国　348
基于微信平台的初中学生课外体育合作学习研究 ………………… 贺　俊　354
中学体育教学中培养学生核心素养的策略研究 …………………… 贺　俊　360

德育案例

传承开拓育"学力"，笃行致远现"研值"
　　——"传承红色基因，弘扬红色文化"研学实践课程的实践
　　…………………………………………………………………… 宋晋贤　367
实现班级自主管理的思考与尝试 …………………………………… 李清泉　372
乐在一起，让心飞扬
　　——全员育人导师制案例分析 ……………………………… 夏鲜竹　376
润心慧行，建"五爱"班级 ………………………………………… 赵严雯　380
依托课程设计开展劳动教育的初探 ………………………………… 宋晋贤　386
踏进春光、玩转春意、认知自我、体验职业
　　——民办扬波中学"生涯体验日"活动案例 ……………… 黄　勇　390
确认过眼神，遇上对的班级 ………………………………………… 邹　怡　393

教育管理

一心"民"情担使命，一路"民"歌唱育人[*]

乐 霆

回首 41 年的教育生涯，我始终坚守初心：以母亲为榜样，为党的教育事业鞠躬尽瘁。

不甘落后，造就雪域高原同胞心目中的教育圣殿

我母亲是一位小学教师，耳濡目染，我是从一个维吾尔族普通教师家庭走出来，并成长起来的特级校长。1980 年，是我教师生涯的起点。怀着朴素的民族情怀，揣着对教育的虔诚之心，我来到上海地区当时唯一的一所民族中学——上海市回民中学任教化学。回首 41 年的教育生涯，我始终坚守初心：以母亲为榜样，为党的教育事业鞠躬尽瘁。

当时，学校刚从"文化大革命"的冲击下走出来，百废待兴。"民族教育是落后教育"的现实令人迷茫。作为一名维吾尔族新教师，面对着各民族家长与学生的殷切希望，我深感责任重大。我有了一个朴素的教育梦：民族教育不能是落后教育。为此，作为班主任，寒来暑往，我坚持家访，跑遍了上海的各个角落，现身说法，激励每一位学生茁壮成长。

1985 年，组织上任命年仅 29 岁的我担任校党支部副书记。当时，学校接受国务院"智力援藏"的政治任务，我开始分管内地西藏班工作。从此，13 年风雨无阻，工作日程就是"36524"，因为一年 365 天，一天 24 小时。以校为家，和孩子们、老师们在一起，共建精神家园中的文化认同，直到 1998 年西藏班整体迁入共康中学。

一分耕耘，一分收获。一次主题班会上，一位来自西藏的爱国人士的孩子

---

[*] 本文收录于《跨越·上海静安劳模话教育改革 40 年口述选》。

深情地朗诵了他的诗篇:"我是一只雏鹰,在您的怀抱里长满羽毛。当我展开矫健的双翅,飞向那遥远的地方,无论是天涯,还是海角,母校——回中,您永远在我的心中。"这表达了 800 名西藏孩子对于上海回中的留恋和感激之情。民族教育不是落后教育,师生一同努力让上海回中走出上海,成了雪域高原同胞心目中的圣殿。上海市回民中学做到了!

创造一流,让回民中学成为全国民族教育的窗口

1998 年,我担任回民中学校长。此时,我有了更明确的教育梦:要把回民中学办成真正一流的民族中学、窗口学校。当时,学校面临着许多实际的困难:原来因为兼办"西藏班"而享有的一些特殊政策不复存在;学校建设资金、招生状况面临困境,高中只剩下 4 个班;而学校的高考本科率只有个位数。教职员工对学校的发展前景缺乏信心。

整整 18 年的民族教育历程激发了我这个维吾尔族民族校长的强烈使命感。我勤学理论,深研实践,遍访专家,形成了自己的教育思想——创造适合各民族师生和谐发展的现代教育。在此基础上,我引领全体回民中学教职工达成了办学目标的共识:要把上海市回民中学办成花园、学园、家园和乐园,成为上海乃至全国民族教育的窗口。办学目标的明确提出,振奋了人心,鼓舞了士气。回民中学开始了跨越性的发展。

2004 年,闸北区教育局举办了"乐霆教育思想研讨会",会上我提出要充分地借助外力,一是外塑形象,大力进行校园改造;二是内强功力,极力提升教师专业素养,凝心聚力,全力创建上海市实验性示范性高中。其间,以构建"学校的民族团结进步教育课程体系"为特色,以提升信息技术素养为突破,打造师资队伍,提高社会声誉。首倡并全力承办的全国民族中学信息技术与教学融合"民教杯"系列活动成为学校民族特色办学的示范项目,成为上海地区民族教育的展示窗口,也成为全国民族中学教育协会的一大品牌。"民教杯"活动至今已经举办了 13 届,辐射全国,影响深远。每届"民教杯",来自全国各地各民族的骨干教师在交流与对话中,说得最多的就是"感谢回中,感谢上海"。每届"民教杯",看着来自全国各地民族中学的各族教师满载而归时,也正是我作为一名教育人收获喜悦的时刻。

2007 年 7 月 29 日,上海市教委正式命名回民中学为上海市实验性示范性

高中,这实现了我的又一个民族教育梦:上海回中成了一流学校,其民族教育成为一流的教育。一流的教育自然需要一流的课程。我十年磨一剑,建成了民族文化苑,2019年被国家民委命名为全国民族团结进步教育基地。我另辟蹊径为体教结合创新路,创办"上海市青少年台球培训中心"和"民苑体育俱乐部",选择台球为龙头,带动蹴球、毽球、网球、壁球等项目共同发展。2014年至2016年,世界青少年美式台球锦标赛连续三年在回民中学举办。世界花式撞球运动联盟主席伊安·安德森称赞:创造了一所学校举办国际大赛的先例。这不仅宣传了回民中学,也宣传了上海,更是把上海民族教育的多元发展成果展示给了全国乃至世界。

追求卓越,让民办扬波成为助力学生成就未来的大舞台

2016年3月,我告别了36年的民族教育生涯。可是,我没有闲下来享受退休的恬淡时光。而是牢记初心"为党的教育事业鞠躬尽瘁",听从组织安排到上海市民办扬波中学担任校长,开始了我从事民办教育的生涯。作为一名少数民族校长,我始终着眼于实现整个中华民族的复兴梦想,以振兴民族教育为己任。因而,把扬波中学建设成一所国际化的铸牢民族共同体意识示范学校成为我新的教育追求。

在民办教育综合改革的背景下,扬波中学作为上海市最早创办的五所民办中小学之一,如何在"大数据+人工智能"时代焕发出全新的活力?我经过调研与思考,确定了"适合学生,成就未来"的办学理念,创建"创新型生态文明学校"的办学目标,着力为学生搭建更广阔的人生发展舞台,并使之成为全校师生共同的价值愿景。

为此,秉承"四园"办学思想,一方面打造具有江南园林风格和中式书院风貌的校园环境,并按照国际班办学标准做好硬件准备,创造了从"三无"到"三有"的建设奇迹,扬波从此有了师生餐厅、学生宿舍、综合体育馆;另一方面塑造有灵魂的扬波精神文化。科技楼,地标钟楼,技术与传统交融的图书馆,铭志巍峨的敢当石,六大文化系列的廊道,小桥流水、亭台楼阁的造景,催人奋进,令人愉悦,彰显出和谐的乐园氛围。

同时,我坚持科研引领学校内涵发展,着力打造"一文化二特色三品牌"。即塑造扬波校园六大系列主题文化;打造科技特色与评价特色校;形成卓越课程体系与数学、体育学科品牌。依托于此,学校紧跟教育改革态势,不仅有"传承红色基因"的研学实践德育品牌活动,更有自主研发基于核心素养培育的 PC 端德育评价平台。不仅有"创新创造卓越课程体系",更有"大数据驱动学生发展性评价"的市级项目以及上海市数学基地建设,这些都为学生发展搭建了更广阔的舞台。

上海市评价特色校、静安区科技特色校的创建,助力扬波学子走向世界舞台,且取得了傲人的成绩。如,学生荣获 2017 年、2018 年两个赛季 VEX 亚洲公开赛联赛冠军;2018 年 RoboRAVE 世界机器人竞赛冠军;第 39 届世界头脑奥林匹克中国区决赛二等奖;2 名学生被评为第十五届中国少年科学院预备小院士;2 名学生在上海市青少年"明日科技之星"评选中,获"科技希望之星"。学校在上海市学生阳光体育大联赛中连续三年蝉联冠军,获桥牌、广播操、武术等团体一等奖。

如今,一个崭新的扬波中学正勇立潮头,昂首阔步走出上海,走向世界。我也始终不忘初心,融合民族与民办教育,努力将其打造成"铸牢中华民族共同体意识宣传教育"示范校。

作为党和国家培养的劳模,我会与时俱进,砥砺前行,一心"民"情担使命,一路"民"歌唱育人,在新时代的滚滚浪潮中做一名不服老的教育弄潮儿。

基于学生核心素养培育的卓越学子发展评价平台构建与应用的研究[*]

乐 霆

2018年3月,我校成功申报了静安区全国教育科学"十三五"规划教育部重点课题"深化教育个性化:发达城区提升学生核心素养的实践性循证研究"下的子课题"基于学生核心素养培育的卓越学子发展评价平台构建与应用的研究"。定位"培育'卓越学子'",发展学生核心素养,我校围绕"评价"的导向激励功能,构建多层级多维度的信息平台,应用平台数据信息,取得了丰硕成果。

一、本课题对"评价"的认识和平台功能的定位

(1)"评价"如航标,须助力核心素养培育的"卓越学子"发展;

(2)平台的"评价"指向"卓越学子"培养,应当以内嵌隐性评价为主;

(3)"评价"平台的构建,应当以学生校内外学习生活为基础数据搭建框架;

(4)"评价"平台的功能应当简约灵活便捷经济,能适配多层级多维度分发的需要;

(5)"评价"平台的数据内容的应用,应当服务于但不限于我校师生,应当作适度扩展。

因此,本课题认为,卓越学子发展评价平台应当尽力满足承载内容的功能、管理内容的功能、评价反馈的功能、数据挖掘的功能、联结外援的功能。

二、本课题对平台数据的认识和数据关系的定位

平台定位于"卓越学子发展评价"功能的认识,构建了"卓越课程图谱"和

---

[*] 本课题研究获上海市静安区第一届教育科学研究成果二等奖。课题组成员:孟小红、章炯毅、宋晋贤、张佩佩、施恩全、张明儒、黄沈燕、高雅颖、金叶、陈晓倩。

五大课程群如"德育校本课程"等支撑平台,把数据分为以下四种:

(1) 基础数据:校园内外,为学生五育并举卓越发展而开展的一切学习活动,是平台所需的源头数据;

(2) 辅弼数据,即"上海市民办扬波中学数字图书馆",支撑辅助学生素养培育与提升;

(3) 分发数据:从基础数据中按需择取和多层级分发的数据,由学校遴选、经计算机房分发到各平台;

(4) 档案数据:综合素质评价相关数据,由基础数据按学期、学年、学段等数据综合与精选而来,是基础数据的重要应用。此外,学业质量绿色指标综合评价数据既是基础数据的一种应用表现,也是学校存档备用的档案数据。

学校安排中层老师和计算机房老师各有分工地收集、管理、使用上述数据。

四类数据之间的关系如图:

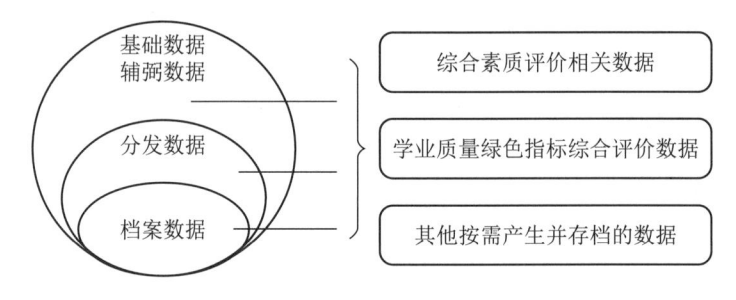

图 1　数据关系图

三、"卓越学子"评价平台的指标体系及多维度构建

在此基础上,扬波中学研发了校本化的"卓越学子"评价指标体系,多维度地构建平台,使之适配"德智体美劳"综合素质评价的数据要求,将基础数据导入平台,提供给教师作个性化的数据挖掘与利用。详情如下表:

表 1　"卓越学子"评价平台数据表

序号	平台名称	数据源头	数据性质	目标受众	数据内容
1	学校各种活动	所有组织者、参与者、观察者和表现者	基础数据:最详最全;学校中层负责从中遴选、计算机房负责分级发送	本校师生员工、家长为主,其他不确定受众	学校各种活动的真实事件、现实参与,是学校各种平台所需数据的源头

(续表)

序号	平台名称	数据源头	数据性质	目标受众	数据内容
2	上海市民办扬波中学数字图书馆	购买数字图书、期刊	基础数据	校园内网,供全校教职员工、学生校内阅读使用	电子媒介:数字图书、数字期刊
3	上海市民办扬波中学网站	计算机房根据学校中层对基础数据的遴选结果分发	分发数据,1级:次详	社会公众	学校办学理念,教育教学活动及成果,学生活动及获得的成就
4	学校微信公众号	计算机房分发	分发数据,1级:次详	社会公众	电子媒介
5	学校墙报栏	计算机房分发	分发数据,2级:较简	到校者都是受众	纸质媒介
6	校门口电子屏幕	计算机房分发	分发数据,3级:极简;精选+"本校大事"	同上	电子媒介
7	数字化班牌应用系统	计算机房分发	分发数据,2级:较简	本班同学为主,任课老师为辅;校园内网使用	在各班级的电子班牌上展示各班级的风采
8	校园视频应用平台		基础数据:存储以供点播	校园内网使用;供教师在教育教学中点播使用	校级公开课、扬波讲堂、学生各类会演活动等视频资料
9	校园直播平台	教职员工、学生	基础数据:存储以供点播	校园内网使用	现场转播校内各类活动
10	扬波中学全通教学质量监测平台(阅卷系统)	考试学科的相关教师	学业成绩数据及其衍生数据;属于重要基础数据	教师(含班主任,领导如校长、书记、副校长、部门中层);校园内网使用	试卷阅卷、统计、分析
11	数字化校园综合应用系统	教师、学生、家长	4级数据:按学期、多维度精选	校园内网使用	多维度对学生进行综合评价,体现学生个体、群体五育并举成果

上海市民办扬波中学
Shanghai Yangbo Middle School

"卓越学子"综合素质评价报告单
2018-2019-1

班级	高一(02)班	姓名	
性别		班主任	
健康	身高：182.0 cm 体重：57.2 kg 视力：左：4.1 右：4.4		

文化修养

课程	期中	期末
语文	66.0	56.0
数学	41.0	67.0
外语	70.0	54.5
物理	59.0	70.0
化学	48.0	65.0
政治		60.0
历史	57.0	44.0
地理	63.0	50.0
生物	62.0	47.5
信息科技	56.0	51.5

成绩跟踪图

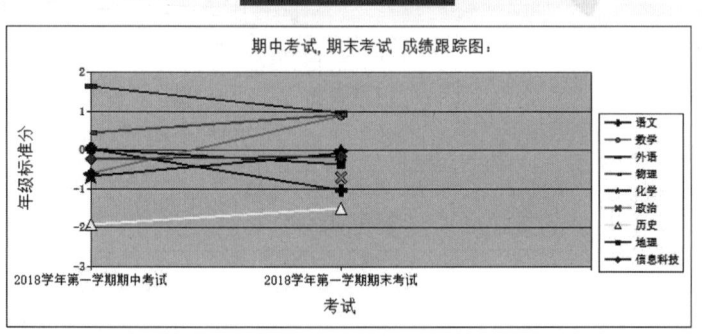

期中考试，期末考试 成绩跟踪图：

社会参与

实践内容	完成情况	照片材料	记录日期
学军	优秀	点击下载	20181228

自主发展

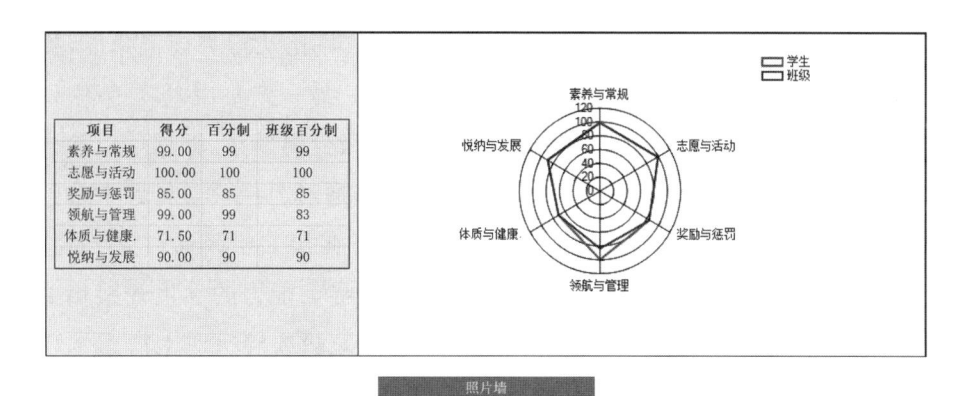

项目	得分	百分制	班级百分制
素养与常规	99.00	99	99
志愿与活动	100.00	100	100
奖励与惩罚	85.00	85	85
领航与管理	99.00	99	83
体质与健康	71.50	71	71
悦纳与发展	90.00	90	90

照片墙

军训　　　　志愿者　　　　家务

综合评语

班主任寄语：你是个懂事明理的男孩，有很强的责任心。积极参与班级活动，集体荣誉感强。在暑期军训中被评为"优秀营员"。在学军中表现突出，被评为"东方绿舟优秀营员"。对老师有礼貌，与同学关系融洽。作为纪律委员，工作尽责，任劳任怨。在学习上，老师希望你可以继续努力，高标准严要求，取得更大的进步。

图 2 "卓越学子"综合评价报告单

上图为课题组研发的数字化校园综合应用平台导出的《"卓越学子"综合评价报告单》。包括四大类信息。学生基本信息包括身高、体重等学生基本信息；课程评价信息包括文化基础、自主发展、社会参与三个方面；在评价反馈的基础上，初步建立基于学生综合素质发展的个性化培养方案。如我校的垃圾分类课程，则是为了满足学校学生对生态环境的研究要求而增设的。目前已取得了显著的成绩。2019 年 2 月 17 日，《新闻晨报》的《周到》发表了题为《垃圾分类市民知晓度到底如何？中学生自发上街进行问卷调查》的新闻，报道了扬波中学八年级(6)班生态环保小队的社会调查实践活动；2 月 18 日，《人民日报》的《人民网》也随后发表了题为《沪中学生自发调查垃圾分类知晓度，不少市民接受了调查》的新闻报道。这次的社会调查活动，可以说引起了社会的广泛赞誉。

学校的培养方案一方面通过各类活动、检查、评比从行为规范角度，提高学生垃圾分类意识和水平，规范垃圾分类行为。另一方面，教学环节中设置垃圾分类相关的课程，通过课堂对学生开展垃圾分类教育，增加学生参与度，培养环保意识和科创精神。如：学校在低年级通过"科学"学科课堂鼓励学生开展垃圾分类相关的调研并形成调研报告；在初二年级通过"生命科学"课，撰写垃圾分类方面的小论文；从而推荐指导有能力的学生开展相关的课题研究。安排教师指导学生开展课题"厨余垃圾粉碎机对上海市水环境的影响"。

四、"卓越学子"评价平台的多层级应用

到目前为止，平台运行良好，实现了"评价"平台系统的多层级应用。

（一）实现了数据的记录、承载、分发、存档诸功能

（二）达成了内嵌评价、引导发展的平台构建目标

学校各种活动为学生表达表现的平台，由此成为数据产生的源头，使得各平台分发传播了丰富多样的数据，产生了良好的"评价"效果。

（三）便捷了教师、学生、家长、学校中高层管理者等多方人员对平台的登录、使用

1. 学生和家长群体对平台的登录、使用

课题组抽样调查了包含六、七、八年级和高一年级的一组11名学生，他们知道本校各种信息的途径主要有：

表2　校园信息传播途径调查表

类　　别	选择数	占　比
A. 学校微信公众号	10	91%
B. 班级的班牌	3	27%
C. 学校门口的电子屏	8	73%
D. 学校的墙报	4	36%
E. 班会课	3	27%
F. 家长之间聊天	6	55%
G. 学校卓越学子发展评价平台	7	64%
H. 其他途径	1	9%

学校微信公众号、学校门口的电子屏、学校卓越学子发展评价平台分列前三名,是校园信息传播的主要途径。

2. 本校教师群体对平台的登录、使用

在课题组对本校教师的调查访谈中,老师们对卓越学子发展评价平台的使用和关注度更为专业、更体现出"长期主义"即对学生的未来发展更长久的关切。一是导入成绩时使用。二是优秀学生、班干部选举及各种其他类型的评优时使用。三是想全面了解一个学生时会查看使用。

3. 支持了教师对数据的挖掘与利用,使问题发现、对策制定更精准

以"全通教学质量监测平台(网上阅卷系统)"为例。

课题组预先构建的平台功能,规定了它对产生的基础数据(即学生试卷各题得失分和总分原始数据),可以形成多种可视化报告。如当次测试数据的可视化报告、多次测试数据的可视化报告、测试数据的得分率可视化报告、测试数据的学科比照可视化报告。

(1) 平台数据支持教师作整体分析、评估、制定对策,支持教师为学生"画像";

(2) 平台数据支持教师制定针对性帮助措施,支持教师标定"临界生"并开展重点关注与指导;

(3) 平台数据的挖掘,支持了教师预判并能动弥补教材不足。

4. 间接促进了教师专业成长,助力提升了学业质量;促进了扬波学子"五育并举",全面而有个性地发展

(1) 学科组活动内容充实,有解决问题的现实针对性;

仅以网络教学为例,扬波中学各年级各学科的老师们都在线测试之后,开展了质量检测分析会。大家援引平台上的"平均分、优秀率、优良率、及格率、各小题得分率、临界生得分"等数据进行评价反馈。

(2) 导学案设计、校本练习设计针对性精准,质量提高;

目前,我校校本练习已研发到 3.0 版,除此以外,还形成了《单元学科教学设计与实施(2.0 版)》《导学案》《小升初衔接校本教材(2.0 版)》等。

(3) 形成诸多相关的研究成果。

课题开展以来,我校教师围绕课题积极开展各项研究,形成各级各类课题与项目数十篇,现已结题的市级项目有 2 项,其中乐霆校长负责的"基于学生核心素养培育的卓越学子发展评价平台构建与应用"项目获上海学校德育"德

尚"系列项目优秀研究成果三等奖。形成的相关论文有 3 篇,发布于市区级期刊。孟小红撰写的《扬波评价实践案例:以多维度承载与多层级发表的评价信息平台,助力"卓越学子"培育与发展》获 2020 年"黄浦杯"长三角城市群"创新视角下的教育现代化"征文比赛二等奖。教师相关课题申报立项的市级项目有 1 个,区级课题有 5 个,校级课题有 4 个。已结题的市级课题与项目 2 个。

参考文献

雷新勇.大规模教育考试:命题与评价[M].上海:华东师范大学出版社,2006.

黄光雄,蔡清田.核心素养:课程发展与设计新论[M].上海:华东师范大学出版社,2017.

林崇德.21 世纪学生发展核心素养研究[M].北京:北京师范大学出版社,2016.

鲍明丽.中学物理个性化教学探索与学习平台架构[M].上海:华东师范大学出版社,2017.

黄小莲,魏晓婷.基于核心素养的学生评价改革构想[J].教育测量与评价,2016(9).

徐冰冰.从综合素质评价到核心素养评价[D].上海:华东师范大学,2016.

关于新时期民办学校党的建设整体提升实践与思考

施恩全

上海市民办扬波中学创建于1992年8月,是上海市最早创办的五所民办中小学之一。我校党支部成立于1995年10月,现有中共党员40人。

一、学校开展"党的建设整体提升实践与思考"的必要性

曾经有一种认识误区:民办学校要办出质量、得到家长和社会的认可,学生成绩是硬道理。党建工作是软任务,点缀一下就行了。直到今天,认同这种观点的人还大有人在。但我校多年的实践告诉我们,党建工作在民办学校一样重要,它在坚持办学目标、引领育人方向、优化师德师风、凝聚学校发展等方面都发挥着至关重要的作用。

(一)全面从严治党要求,坚持和加强党的领导需要

中共中央办公厅印发的《关于加强民办学校党的建设工作的意见(试行)》(中办发〔2016〕78号)的通知指出:"民办学校党建工作仍然面临一些新情况新问题新挑战,党组织覆盖率比较低,隶属关系不顺畅,党组织书记队伍还不强,党员教育管理比较松散,党组织保证监督作用发挥不到位,思想政治工作薄弱……按照全面从严治党要求,加强党对民办学校的领导,加强社会主义核心价值观培育,确保学校按照党的要求办学立校、教书育人。要加大民办学校党组织组建力度,理顺党组织隶属关系,健全党组织参与决策和监督机制,充分发挥党组织政治核心作用。"

(二)充分发挥民办学校党组织政治核心作用的需要

1. 要保证政治方向。引导学校宣传执行党中央、市、区各级党组织的决议,全面贯彻党的教育方针,依法办学、规范办学、诚信办学,坚决反对否定和削弱党的领导,反对西方所谓"普世价值"等错误思潮传播,反对各种腐朽价值观念。

2. 要凝聚师生员工，把思想政治工作贯穿学校工作各方面，贯穿教育教学全过程，密切联系、热忱服务师生员工，关心和维护他们的正当权益，统一思想、凝聚人心、化解矛盾、增进感情，激发教职工主人翁意识和工作热情。

3. 要引领校园文化。坚持用社会主义核心价值观塑造校园文化，组织丰富多彩的文化活动，开展文明校园创建活动，推动形成良好校风教风学风。

4. 要加强组织建设，完善组织设置和工作机制，加强党组织班子建设，做好发展党员和党员教育管理服务工作，严格组织生活制度，认真贯彻民主集中制，强化党组织日常监督和党员民主监督，抓好党风廉政建设。

（三）推动学校教育改革发展的需要

1. 要推动学校发展。支持学校理事会和校长依法依章行使职权，开展工作，参与学校改革发展稳定和事关师生员工切身利益的重大事项决策，帮助学校健全章程和各项管理制度，促进学校提高教育质量、培养合格人才。

2. 要注重"双引领"强化"双结合"。即以党建引领学校发展，以党员教师引领教师团队发展，坚持实施强化党员队伍建设与引领"适合教育"教师队伍建设相结合、学校品牌创建与党建品牌创建相结合的工作思路，为社会提供民办教育的优质服务，实现组织建设和学校发展双丰收。

3. 要全面领导学校工会、共青团等群团组织，进一步发挥少先队、共青团、工会在学校发展中的作用。

二、学校在开展"党的建设整体提升实践与思考"面临的挑战

结合我校的相关实践调查不难发现，我校理事会及行政部门积极支持党建工作，始终把党建工作放在首位，采取扎实有效的策略和手段，促进党建工作资源的优化配置和利用，但是在实践运作的过程之中，学校还面临诸多挑战。

1. 多元思想的影响。广大师生的思想或多或少也受到多元文化以及思想影响，同时，特别是少数学生因为生活实践经验有限，难以有效地应对不良思想的影响，学生的人生观以及价值观还需加强教育和引导。

2. 管理模式的影响。学校规模不断扩大，同时学校管理体系和管理模式有待跟进，离上级党组织要求还有不小距离，影响了党建工作的大力落实，也无法保证党建工作作用的充分发挥。

3. 教育方法的滞后。在互联网以及科技化时代之下，学校的教育手段和方法比较单一，没有很好地吸引党员参加"三会一课"以外的其他相关党建活动,多数处于被动接受参与的状态,最终实际上制约了学校党建工作的大力落实。

三、在新时代、新形势下,我校党的建设整体提升的实践

我校党支部在党的建设实践中,不断健全党的组织,持续扩大党的工作覆盖面,选优配强党组织书记,巩固壮大党建工作力量,积极探索党组织发挥作用有效途径,且取得了明显成效。

(一)强化措施,贯彻落实党建主体责任

1. 注重思想政治学习,提高党员政治站位。支部利用党员大会、党小组会和"互联网+"、微信群等新载体,抓好中心组和党员学习,多次深入学习习近平新时代中国特色社会主义思想、学习习总书记在上海重要讲话精神和全国、上海教育大会精神等,突出政治建设,树牢"四个意识",坚定"四个自信",坚决做到"两个维护",提升党员干部党性修养。

2. 规范支部组织设置,扩大党建工作覆盖面。党支部书记、副书记和宣传委员等三位支委委员进入理事会,参与学校章程修订、财务预算、基本建设以及关系师生切身利益等事项的重大战略决策,形成党组织与学校决策机构的协商沟通机制,继续落实校长、书记"一肩挑"以及支部和行政形成工作合力管理运行机制。学校支部书记全面负责学校党建工作。其他四位成员分工负责宣传、组织、纪检、青年教师培养等工作。建立党支部与党小组两级联动制度,充分发挥党小组长的工作积极性,激活基层党组织的"细胞"活力,增强党组织的战斗力。

3. 完善党建工作机制,不断加强党的建设。支部已形成了"三会一课"制度、民主评议党员制度、党员发展制度、党员活动日制度、意识形态工作责任制度等一系列规章制度。学校党组织书记、支委成员带头讲党课,坚持把党员教育融入日常,抓在经常。学校加强教学一线的骨干教师的培养,近年来,已有7位教师积极主动向党组织靠拢,按照党的有关发展党员原则和规定,成熟一个发展一个,已发展了2名党员,为党组织补充新鲜血液。

4. 紧抓主题教育实践,拓展党建工作路径。2019年,支部以"不忘初心,牢记使命"主题教育为重点,组织学习《习近平关于"不忘初心、牢记使命"论述摘编》,书记和副书记分别开设"坚守、创新、发展"和"不忘初心,牢记使命,立足岗位作贡献"等党课。组织党员查找党员意识、担当作为、服务群众等方面差距和不足,及时整改。支部以"传承红色基因,落实立德树人"的红色文化学习为特色创新点,2019年7月,五位党员教师带领30位学生干部到贵州遵义进行了研学旅行,参观遵义会议会址、娄山关战役纪念地,传承红色基因,弘扬红色文化。2019年11月,支部以党小组为单位,参观中国劳动组合书记部旧址陈列馆、上海工匠馆、"致敬!劳动者"主题图片展等系列活动,不断增强党员"四个意识",自觉做到"两个维护",不断提高党员的理想信念和党性修养。支部还继续开展了"党员在行动,岗位建新功"主题教育活动。重点做好、做实党员结对"爱心预控生"活动。对学习困难的学生、生活困难的学生,党员老师家访无偿送教,自掏钱包资助,等等。党员围绕学校中心工作,认真地践行着学校的"适合学生,成就未来"的办学理念,发挥了应有的先锋模范作用。

近两年,学校有1位教师评为市园丁奖,2位教师评为区园丁奖;2位教师评为区学科带头人;1位教师获上海市民办中小学第六届"青年教师课堂教学大奖赛"一等奖;4位教师的课获"上海市一师一优课、一课一名师"活动部级和市级"优课";1位教师获上海市民办教育协会"坚守做有良心的好教师"主题征文演讲一等奖;1位老师在区首届行为规范主题教育课教学展评活动中获特等奖。

5. 加强党建课题引领,提升民办党建实效。支部撰写的《探索民办学校提升组织力建设的实践路径》在2018—2019年度区教育系统党建创新科研项目中获三等奖。扬波中学党支部也入选党工委开展的"全面进步开创新局面,全面过硬实现新作为"的"好支部"名单,并进行了书面和视频展示交流。

6. 注重文明校园创建,深化"结对"服务活动。发动全校师生学习宣传社会主义核心价值观、未成年人思想道德建设等创建内容,开展了志愿者服务活动。用实际行动为创建静安区第六届全国文明城区做出自己的努力。支部每年结对青云路芷江养老院,购买饼干、饮品等慰问老人。每位党员在寒暑假期间积极到社区报到,开展"双结对""双报到"活动。学校支部已与静安区闸北中心医院党委、芷江西街道大统居委会党总支、街道保安大队党支部进行了结对,开展后续系列教育和实践活动。

(二)规范程序,切实加强党风廉政建设

1. 严格落实党风廉政责任制和"三重一大"制度,确定党支部书记是学校党风廉政建设的责任人,处室负责人是部门党风廉政建设的责任人,一级对一级负责,层层把关,层层落实,形成了党政齐抓共管、各负其责的反腐倡廉工作局面,确保把党风廉政建设落到实处。

2. 学校支部经常性组织全体党员认真学习《中国共产党党员领导干部廉洁从政若干准则》等法律法规,在党员教师中开展党性、党风、党纪教育。支部积极加强师德师风建设,组织开展新教师入职前培训;实施"青蓝工程",深化师徒结对活动;成立青年教师联合会,举行"学习、实践、反思"系列主题论坛等等;通过系列活动,努力造就政治素质过硬、业务能力精湛、育人水平高超的高素质教师队伍。支部每年支持德育室开展评选"我心目中好老师"活动。

3. 德育室、团委、大队部积极推进"廉政文化进校园",利用国旗下讲话、校班会课、文化展板、课堂等多种形式,介绍古今中外廉洁人物事迹,努力在校园形成诚信做人、遵纪守法、廉洁奉公等良好的道德意识氛围。

4. 推进领导干部述职述廉活动,召开专题组织生活会和党员民主评议活动,开展批评与自我批评。自觉接受群众监督。根据"德、能、勤、绩、廉"的标准对其进行民主评议。

5. 学校工会每学期初开展合理化建设征集活动,少先队开展"我与校长、书记面对面"活动,实现开门纳谏。充分了解广大师生的需求和困难,及时掌握校内管理存在的问题与不足,帮助解决师生和家长希望解决的问题。

(三)筑牢阵地,全面落实意识形态工作责任

1. 学校成立扬波中学意识形态工作领导小组,牢牢把握意识形态工作的领导权。书记、校长任组长,副书记任副组长,各处室负责人为成员,领导小组每季度专题研究意识形态工作,分析研判舆情。党组织对学校意识形态工作负直接责任。

2. 支委成员做到"二个带头"(带头抓意识形态工作,带头管阵地、把导向、强队伍)、"三个亲自"(重要工作亲自部署、重要问题亲自过问、重大事件亲自处置)。副书记是直接责任人,协助好书记校长抓好统筹协调指导工作。进一步建立完善责任考核机制。全体中层干部和党员都签订《党员干部规范网络行为承诺书》。

3. 强化校园网、微信宣传稿件审核制度,按时统计部门和处室宣传稿件数量,打造导向正确、具有较强影响力的校园网、微信传播平台。加强对网络媒体的有效监督管理,构建有效防范、安全可靠的舆情管控机制,牢牢掌握网上舆论工作主动权。密切关注全校师生思想动态,预防和管控不良思想入侵师生心灵。

四、今后做好学校党建工作的粗浅思考

今后,学校支部将围绕"立德树人""履责争先"总要求,着重从以下两大方

面做好新时期我校党建工作,着力打造学校党建工作新常态。

(一)聚焦"强化""紧扣""突出""创新"八大关键字

1. 强化责任抓党建。根据区教育党工委工作要求,落实党建工作责任,学校校长书记履行第一责任人责任。校长书记抓党建,要有办法、有点子、有思路,要结合民办学校实际情况,深入研究思想政治工作规律、教育教学规律、学生成长规律。

2. 紧扣中心抓党建。学校党建工作与教育教学要同频共振,要围绕教育教学的中心,按照融合式党建的总体思路,紧紧把党建工作与学校的各项工作相结合,通过党建工作来提振队伍的精气神、营造学校的好生态、改进学校管理机制、办出教学特色。

3. 突出重点抓党建。发挥学校党组织核心作用,通过抓方向把根本、抓班子带队伍、抓基层打基础、抓德育强师风,保证中央"全面贯彻党的教育方针、保证社会主义办学方向、落实立德树人根本任务、办好人民满意的教育"的教育方针在学校得到落实,打造一支强有力的师资队伍,培养学生对党的感情、正确认识,听党话、感党恩、跟党走。

4. 改革创新抓党建。学校党建工作不能按部就班,不仅是简单的上上党课、搞点活动、弄点演讲,要以党建工作为学校各项工作的统领,有新的思维、新的举措、新的能力,以系统的谋划、实在的举措,把学校的基层党组织建得更加坚强有力,为实现学校教育教学目的做保障。

(二)实施"初心""知心""交心""匠心"四大工程

1. 坚守初心,党员示范凝聚正能量。做教育改革的"先锋队",做关爱学生的"贴心人",做服务社会的"文明使者",这是每一位扬波党员的使命与责任。党支部将学校发展中的关键点作为彰显党员本色的切入点,引导党员融入学校发展大局。党员干部带领团队在课程改革中攻坚克难;党员教师要主动多上示范课,成为教育、教学、科研各项活动的"主力军",党员骨干教师始终走在最前面,继续深化"党员在行动,岗位建新功"和党员结对"爱心预控生"活动。在党支部的号召与引领下,党员教师实实在在地做示范、能担当、有作为,成为团队共同前行路上的先行者和引路人。

2. 力求知心,民主管理共话新主张。学校党支部继续发挥领导与监督作用,全力支持学校依法治校,构建现代学校制度体系。在原有的党务公开、校务公开、教代会提案制度基础上,学校将建立入党积极分子、年级组长、教研组长、教师代表列席党支部大会制度、列席学校教代会制度、列席学校行政会制度。

3. 重在交心，党群结对激发新活力。为密切党群关系，营造互帮互学、共同发展的良好氛围，学校将组织开展"党群结对·圆梦扬波"活动，党员教师分别与普通群众结成对子。结成对子的党员和教师每月至少谈心交流一次，可以反映问题、提出建议，也可以谈谈思想、聊聊家常，以及时化解思想困惑，增强感情，传递扬波正能量，为支部工作提供第一手信息，共同培育向上向善的学校文化。与"党群结对"相呼应，学校要继续做好基于教师专业发展的"青蓝结对"工程。从思想建设和专业发展两个维度出发，"党群结对·师徒结对"实现教师群体的全覆盖，让党员和普通教师不断突破成长上限、超越自我，实现共同成长，形成团队合力。

4. 传承匠心，借助"互联网＋"加强党建创新能力。移动互联网、大数据、云计算迅猛发展，对于创新创业意识较强、体制机制较灵活的民办学校来说，要精心筹划运用微信、客户端等新媒体平台，让党员在任何时间、任何地点，以任何方式学习和了解任何党建相关信息，为广大党员建立一个网上精神家园；在内容策划上要运用匠心，积极通过微电影、动漫、创意选题图文等形式，让生动、鲜活的内容通过互联网平台传递给广大党员，深入触动党员的心灵；积极通过"互联网＋"打开与党员的沟通渠道，通过议题设置、讨论、信息收集和反馈，倾听广大党员的心声，实现与党员的无缝沟通；探索通过大数据实现党建工作的数据化和互联化，通过"党建云"的精心打造实现智慧党建，真正打通党建"最后一公里"。

学校多年的党建工作实践证明：党建做实了，出生产力；做细了，出凝聚力；做强了，出学校发展的竞争力。在价值多元的今天，要实现学校的可持续发展，更需要增强党组织的凝聚力、战斗力。展望未来，我校将进一步围绕静安区委、区府的战略部署，按照区教育党工委工作部署，对照"新标杆""新亮点"要求，铭记"崇尚真理，追求卓越"扬波校训，践行"适合学生，成就未来"办学理念，发扬"勤、进、严"扬波精神，不断提高学校党建水平，努力把扬波建设为"质量高位、科研领先、科创特色的创新型生态文明学校"。

深入推进学校教学改革的思考

章炯毅

民办扬波中学创建于1992年,是上海市在教育改革大潮中最早建立的五所民办学校之一。经过30年的不断发展,以"崇尚真理,追求卓越"的校训为指引,学校形成了深厚的文化积淀,成为一所有文化内涵,有品牌特色的沪上名校。

而今在新的历史时期,学校将进一步推进教学改革,迎接时代机遇与挑战,践行"适合学生、成就未来"的办学理念。

一、坚持科研引领,促进深度教研

坚持科研引领学校内涵发展,引导全体教师加强教学研究,基于问题和学情的分析,"让教研真实发生",实现"深度教研"。推动教科研成果转化,完善教科研工作机制,激发教师自主优化发展的内生动力,营造与教育改革核心项目实施相匹配的教科研环境,让教研工作领跑教育质量。

增强教师教科研意识。开展重大政策解读,扩大政策知晓度;积极搭建各类平台,传播先进教学理论;关注教育热点问题,营造全校关注教育改革氛围。鼓励教师积极参与教育教学研究活动,探索适应新时代要求的教书育人有效方式和途径。引导教师总结和推广在教育教学上的典型经验,不断提升教师的理论研究水平。

拓宽教科研工作边界。新时代教育目标的方向和内涵已经发生深刻变化,教研目标指向立德树人,着力探索学科整体育人功能;立足"双新"和中考中招改革新形势,教研贯穿探索课程、教学、作业和评价等关键环节。教研方式灵活多样,主题牵动,在课堂情境中开展备课组、项目组联动教研;问题导向,以深度教研提升教师的问题研究能力、课堂教学能力、反思改进能力。

明确教科研重点工作。坚持"科研兴校"战略,引导和鼓励教师立足学校、立足学生、立足课堂,积极开展问题导向的教学研究和课题研究,以课题研究驱动教师团队专业发展,促使教师向教学研究型教师转变;积极申报区级、市级教育规划课题。

倡导问题导向的教研、基于证据和数据的教研、跨学科教研、跨学段教研、跨区域教研、线上线下混合教研等多种新型综合性教研模式。加强线上和线下教育教学融合、大数据驱动评价、分层教学模式、项目化学习、全员育人导师制等关键领域的课题研究,结合学校发展需求,提升教师教科研水平,把握教科研重点工作,以解决学校发展过程中的关键问题。

优化教科研生态环境。支持教师开展原创性、探索性研究,鼓励共建跨学科、跨领域的科研创新团队。加强教研组建设,邀请专家对教学、教研进行深层指导;加大专项经费的支持力度,为课题研究提供经费资助。进一步完善教育科研成果评价考核制度,健全项目管理工作体系,实行制度化和科学化的全程管理。

探索集教科研与培训于一体的校本研修模式,着眼于学校发展中的现实问题,通过集体备课、公开课、教研活动、学习培训、课题研究、项目推进、撰写论文等专业活动方式,获得问题的解决方案,营造创新型生态文明学校学术氛围。

强化教科研成果转化应用。主动把握学校发展机遇,推动各级各类课题和项目申报,且取得新突破。确定"十四五"期间,学校新一轮发展的主课题。全面推进市、区级项目、课题的过程管理与成果推广工作。

注重教科研成果向教学实践的转化,把"教学研究的密度"转化为"教学创新的浓度"。课题研究聚焦学校教育教学改革重点工作,推动深入具体的过程研究,为全面提升教育教学质量、加快推进学校品牌建设进程提供实证依据和行动策略。

二、做强校本课程,彰显创新特色

围绕学校"让每一位学生得到卓越发展,成为'人格健全,力学笃行,自主创新,国际视野'的国家优秀的后备人才"的培养目标,聚焦核心素养的培育,坚持自主办学,以课程规划、实施、评价、管理等为载体,在课程教学实践中不断增强课程意识,优化课程行为,逐步提升课程思想力、设计力、行动力和评价力,科学推进课程教学改革。

形成高品质课程体系。基于我校办学理念,瞄准育人目标,初中部贯彻落实上海市三类课程方案,即基础型课程、拓展型课程、研究(探究)型课程,落实学校课程框架。高中部按照"双新"要求,组织好必修课程、选择性必修课程和选修课程三类课程的实施。继承与创新"适合学生,成就未来"的"卓越课程体系"。从课程内容、结构及设置等方面,探索课程实施的有效策略,明确目标与内容框架图、任务与时间推进表,通过实践探索,突显创新能力、协作能力等高阶能力的培养,形成高品质的课程体系。

建设优质课程资源库。基于学生个性特长、兴趣爱好和发展需求,重点建设创新思维训练课程、跨学科课程(STEM等)、艺术体育(音乐、美术、体育、健康等)课程,保护和发展学生的想象力、好奇心和求知欲及赖以存在的健康身体,优化、整合不同学科的优质课程资源,为初中品牌特色创建,高中多样化特色办学新局面做准备。

实施课程开发培训计划。开展现代课程理论再学习,提高广大教师的现代课程意识和课程执行力。从转变教师课程观、提高课程意识、赋予课程权力等方面,引领教师建构与智慧课堂以及新中考、新高考改革相适应的课程开发能力体系。加大教师培训学习力度,提高教师课程整合能力,鼓励优秀教师承担精品课程建设任务,使教师从课程的践行者转变为课程的设计者和生产者,将课程资源建设与促进教师专业发展相结合,培养和提升教师课程自主研发能力。

三、创新生动课堂,优化教学方式

探索构建以培养创新人才为目标的创新课堂与生动课堂,培养学生的创新意识、创新思维习惯和创新品质,引导学生有效发展发现问题、提出问题和解决问题的能力,为每个学生成长为创造性人才奠定基础。

培育创新思维。研制智慧课堂标准、文化环境、教学方式、师生关系和评价工具,形成体现学科思想方法和创新思维的学科创新课堂教学模式。结合教学实际,研究明确各学科核心素养框架,并细化到具体教学各环节,使学生能够在学科思想方法的基础上形成创新思维,有效发展学生超越变化的学习与创新能力。

培养高阶能力。创新课堂关注教学内容与现实社会生活建立联系,找到学科知识与现实生活和学生经验的结合点,注重利用课程资源,创设情境,激发兴趣,充分调动学生学习的主动性和积极性,培养学生跨学科知识应用能力等高阶能力。

塑造创新风格。创新课堂倡导教师个性化教学,鼓励教师体现专业风格的创造性劳动。创新课堂教学评价更注重师生的课堂体验，评价标准灵活开放，尊重学生的个性特点，重视教师个人的教学风格与创造性。

创新教学方式方法。采用案例教学、项目化教学、启发式教学等研究性教学方法，培养和发展学生的创新思维；重视发散思维、聚合思维、多向思维、综合思维等多种思维方式的训练和培养，重视认知多样性探索以及新方法和新技能的学习。

探索多元化学习方式的综合运用。引导学生综合运用研究型学习、项目学习、合作学习以及跨学科学习等多种学习方式，倡导学生主动、合作、探究性的学习方式与有意义的接受性学习方式相结合，为学生的终身学习和适应变化奠定可靠的基础。

四、研制评价工具，深化教育评价

认真学习中共中央、国务院关于《深化新时代教育评价改革总体方案》，在精准把握基础教育发展规律与趋势的基础上，结合校情，努力探索符合教育发展方向、指向"德智体美劳"全面发展、结果性评价与过程性评价并重的教育质量综合评价体系，用科学的评价引导教育教学改革方向，推动教育教学创新，促进学校教育高质量加速发展。

依托数据驱动评价。全面推进市级"以大数据驱动的学生发展性评价应用研究"项目，借助专家引领保障教育评价及研究的正确方向和质量。在深度挖掘教育大数据资源的基础上提高决策的科学性与效率。信息技术的发展让支持个性化学习、个性化成长的发展性评价得以实现。因此，数据驱动决策，能够保障教育教学决策的精准性、适用性。

开展评价工具研制。为推动以创新人才培养为目标的个性化教育，实施包含师生行为测评、发展性评价、过程性评价以及结果性评价在内的综合评价，重视学生、教师和学校的增值评价。借助教育评价专业力量，研制创新课堂师生行为测评工具，引导和约束师生行为，进而强化观念，促进"行为—观念—行为"的螺旋式循环，把师生行为引入正确的方向和轨道。

激励教育教学改进。通过监测跟踪、积累数据等方式，建立健全评价标准，在科学诊断与分析的基础上，为教学教研、教学行为、教学指导提供科学的评价信息依据。基于教育质量评价，帮助教师和教研人员改进教学、教研工作，提高教学质量；帮助教育工作者和家长更加全面地了解学生学习与成长的过程，促进学生核心素养的形成和发展，为教育教学改进实践提供具体参考。

总之，民办扬波中学将坚持科研引领，促进深度教研，做强校本课程，创新生动课堂，改进教育评价，探索多样化办学，深入推进教育教学改革。注重教研与科研共同体建设，积极开展以教育个性化、教育信息化为路径，以课程教学评价一体化为重点的实践探索，在深入推进学校教学改革的道路上不断前进。

中华民族共同体意识在中学教育中的实践探究[*]

宋晋贤

上海市民办扬波中学是一所民办寄宿制完全中学,成立于1992年8月,是上海市最早创办的五所民办中小学之一。

学校处于散居地区少数民族数量和范围分布较为广泛的上海,少数民族类别较多,党支部书记、校长乐霆系维吾尔族,另有5名教职工分别为朝鲜族、回族、瑶族、蒙古族等4个少数民族,占教职工总数的5.2%。目前学校有少数民族学生34名,分别为回族、满族、蒙古族、朝鲜族、瑶族、苗族等6个少数民族,占比3%。

党的十九大明确提出"铸牢中华民族共同体意识",并写入党章。青少年作为祖国的未来,也是中华民族共同体意识的传播人和践行者,培育其中华民族共同体意识具有长远的战略意义。开展铸牢中华民族共同体意识教育,从学校工作角度来讲,就是以课堂教学为主渠道或者主要手段,辅之以专题教育或实践教育活动,对学生进行有助于中华民族共同体意识形成的知识、文化、精神及理念传授,通过科学渗透、启发、引领等思想干预活动,使学生内心深处产生情感共鸣,最终促成学生对中华民族共同体的认同意识。

一、构筑"共同体"家园,夯实铸牢氛围基础

(一)营造和谐发展的家园氛围

学校将中华民族传统文化融入校园基建改造中,设计具有中式庭院风格的校园环境。在校门口、食堂等墙壁上布置富有中华民族共同体意识的社会主义核心价值观、《中小学生守则》、弘扬中华民族传统文化等内容,营造各族师生和谐发展的校园环境,润物无声地启发各族师生形成中华民族

---

[*] 本文发表于《静安教育探索》2021年第2期。

共同体意识。

（二）设计浸润心田的廊道文化

在教学楼各楼层的廊道内设计蕴含中华民族优秀传统文化内涵的"洁静精微""诸子百家""文化名人""四大发明"等知识的文化墙，让各族学生沉浸在优秀传统文化的氛围氤氲中，感受中华民族悠久的历史文化积淀。

（三）强化学生自主的民族共同体意识的班级氛围

发挥板报、电子班牌等硬件设施的宣传作用，设计每月一期的"民族团结一家亲，共同奋进新时代""当家理纪，孝亲敬老！""观馆敏于思，志愿善于行！""青春礼赞中国梦！""勤俭风尚我引领，文明餐饮我践行！""树立正确劳动观，争做劳动小能手！""法治教育护成长，遵纪守法悦青春！"等主题的板报和电子班牌。发动学生的自主管理能力，通过学生互助、合作制作主题教育活动电子小报，将中华民族共同体意识教育融入学生自发参与、自主管理的班级集体建设中。

二、聚焦"共同体"课堂，夯实铸牢课程基础

（一）提升课程育人基础

在课堂教学主阵地上铸牢中华民族共同体意识教育，借助学校校本教材学材资料，以"五个认同"为基础，将铸牢中华民族共同体意识教育渗透入语文、历史、道德与法治、地理、社会、音乐、美术等课程中。例如，在历史课堂中加强学生中华民族上下五千年历史的学习，使他们认识到从秦朝开始中国就是一个统一的多民族国家。在各民族人民群众共同努力与建设之下，祖国不断繁荣强大，从而激发各族学生对伟大祖国的认同感与归属感。

（二）激发学生各类活动自主创新的能力

利用每周五的班团队课，设计围绕"铸牢中华民族共同体意识教育""向世界讲好中国的故事""传承中华民族优秀传统文化"等方面的主题班会、队会、团会课程。鼓励各族学生积极主动地组织策划班团队课，通过亲身搜集、分析、学习相关材料，潜移默化地培育其中华民族共同体意识。

（三）充分利用媒体工具

加强各族学生线上与线下的中华民族共同体意识教育。在2019—2020年期间，学校通过线上教育教学，引导各族学生关注人民军队、医务人员、各族人民群众驰援武汉的感人事迹，启发教育各族学生对社会主义制度优越性加深认识，真切感受中华民族一家亲的伟大力量。

三、开展"共同体"实践,夯实铸牢活动基础

(一)坚持开展"推普周"活动

推广普及国家通用语言文字是《宪法》规定的各族公民的义务,是铸牢中华民族共同体意识教育的重要途径。学校依托每年9月第三周的全国推广普通话宣传周(简称"推普周"),举行"推普周"主题教育活动。通过经典诵读、演讲与写作、书法展示、相声表演等多种语言文化实践形式,向全校师生大力推广和规范使用国家通用语言文字,充分发挥语言文字在铸牢中华民族共同体意识教育方面的重要作用,传承弘扬中华民族文化,增强各族学生的文化自信。

(二)广泛开展主题教育活动

以重大节日为契机,广泛开展"学雷锋·献爱心""清明祭英烈,网上寄哀思""匠人之心,手作之美——端午节职业体验活动"以及"青春心向党,建功新时代"纪念五四运动主题团日活动、"你好,新时代!"——庆六一活动、"争做新时代好队员"行为主题教育活动、"学习两会精神,争做新时代好少年"主题教育活动、"勿忘国耻、铭记历史"纪念九一八活动、"九九重阳,孝亲敬老"和"纪念一二·九"团日活动等社会主义核心价值观主题教育活动,提高各族学生爱党、爱国意识,启发各族学生在活动中领悟社会主义核心价值观,传承并弘扬中华民族优秀传统文化,增强民族凝聚力和认同感。

(三)举办一年一度语文节

通过一年一度的"经典浸润心灵,智慧点亮人生"语文节活动,开展国学经典诵读、飞花令、猜字谜等形式的传统文化知识普及活动,提高学生参与国学知识学习的热情。利用扬波讲堂开展民族服饰专题讲座,帮助学生认识并了解各民族服饰的特点及其蕴含的深意,增进各族学生之间的心灵沟通。

(四)打造丰富心灵的艺术节

通过艺术节活动培育学生艺术素养。艺术节期间,举办"班班有歌声"合唱比赛、器乐演奏会、硬笔软笔书法、舞蹈等活动,让学生通过合唱红歌和民族歌曲、演奏民族乐器、跳民族舞蹈等艺术表演形式,体会多民族文化的绚烂多彩,增强各族学生的中华民族共同体意识。

(五)开展形式多样的实践活动

通过学生喜闻乐见的校内外实践活动,号召学生践行中华民族共同体意识。假期和重要节日,各族学生以小分队形式走进红色场馆、历史博物馆、科

技馆进行实地调研,通过探究历史遗址、传统文化、红色文化,以实际行动传承并弘扬中华民族传统文化。2019年7月,学校开展"传承红色基因,弘扬红色文化——贵州遵义研学实践活动"。通过研学实践追随革命先烈的步伐,寻访红色印迹,实地感受红色革命文化与先辈爱国精神,培养各族学生成为新时代中国故事的体验者与叙述者,铸牢中华民族共同体意识。

　　深入开展铸牢中华民族共同体意识教育是一项长期而又艰巨的任务,学校责无旁贷。我们将进一步提高认识,加强中华民族共同体意识教育的顶层设计,不断丰富具有中华民族共同体意识的校园文化建设,完善多学科、多渠道、多层次的中华民族共同体课程系列,打造具有区域影响力的中华民族共同体意识宣传阵地,积极争创铸牢中华民族共同体意识教育的宣传教育示范校。

科研引领学校内涵发展[*]

孟小红

在"十三五"发展规划中,我校明确提出了科研兴教、科研兴校的发展战略,并把"科研领先"写入了办学目标。"十三五"期间,学校始终坚持将教育科研作为学校发展的引擎,在区学术季"学术精进、专业卓越"指导思想的引领下,用科研工作引领学校内涵发展。回顾"十三五"期间我校科研工作,扎实开展,突破创新,成果显著,形成特色。

一、坚持教研与科研融合,增强教师科研意识

教研不等于科研。长期以来,老师们认识上存在一个误区:单纯的为科研而科研和为教研而教研,这种分离式两张皮,使教学研究与教育科研"脱钩"。

然而"教而不研则浅,研而不教则空",教学中的疑难问题要想得到很好的解决,必须要用科学的方法,必须将其提升为科研课题来研究。如我校跨学科案例研讨,看着似是一节课的教研,实际上是科技教研组聚焦"双新"(新教材、新课程)与中考中招变化,进行了持续的、有计划的、有目的的研究,改变了原有的教学方式,最后形成了一定的可操作的方法或模式。早在2019年,科技教研组申请的"基于跨学科项目式学习,提高学生解决综合问题能力的研究"就立项为区级课题。2020年中考改革方案出台。可见,把科研融入教研,助力我们前瞻性地抓住了改革的着力点。

二、坚持跨部门合作,开展一体化工作

为增强教师科研意识,教科研室与教导处开展一体化工作。形成"三会"学习、"四个一"计划、"五个一"要求的运行机制。

"三会"学习,即通过行政会专题研讨,两长会,教研组会议组织教科研培训。并遴选推送学习文章,让教师了解教改动态和研究理论。"四个一"计划,

---

[*] 本文获2022年静安区"教育科研高质量发展的实践智慧"征文二等奖。

指教研组、备课组制订教科研计划做到四定"定时间、定地点、定人员、定内容"。"五个一"要求,即每位教师参加或承担一个课题或项目研究;每学期读一本教育理论专著;执教一节公开课(区、校、组内);制订一份个人专业计划书;撰写一篇教科研论文。形成了以科研带教研,教研促科研,向科研要效益的良好发展态势。

三、推进项目化管理,提升团队科研能力

我校以目标为导向,以问题为抓手,聚焦改革动向,从自身实践提炼最感兴趣且急需解决的问题,选择主攻方向和目标,通过小课题研究,以项目推进的方式形成团队研究的合力,提升团队科研能力。要求人人有课题,个个有项目。

按照"细、实、准"的三字方针,即落实聚焦问题要准确,制订计划要实在,管理过程要细致。全体教师开展前期调研,进行方案设计,细化工作流程经过预审、初审最终成功立项72个校级项目。

我们开展的12届英语节正是贴近英语组"听说读写"的能力培养项目,从课内延展到课外,提升学生能力发展。我们的理化实验课堂研究也扎根于教研组项目研究的基础之上。以教师小课题为抓手,以团队项目为载体,集思广益,聚合力量,提升团队科研能力,确保教学质量高位稳定。

四、创设教学研讨平台,促进科研成果转化

科研的主体是教师。为了让全员教师"动"起来,让新教师"秀"起来,让骨干"亮"起来。学校每年在全校范围内开展主题教学公开课展示活动,目前已形成九期主题。

从2016—2020年整个"十三五"期间,我校开展了以下的主题式教学研讨。

1. 2016年5月开展"如何上好复习课"教学研讨——旨在研究复习课教学的主体性与主导性相结合、针对性与系统性相结合、精讲与巧练相结合。

2. 2016年9月开展"基于学科指南"教学研讨——旨在研究我校编撰的《学科教学指南》它是否适合学校的实际,是否贴近学生的学情,是否益于教学效率的提高。

3. 2017年3月开展"方法·手段·效益"教学研讨——旨在研究"改进教学方法,改善教学手段,提高课堂效益"。

4. 2017年10月开展"我的教学主张"和"同课异构"教学研讨——旨在研

究师生主动学习、积极实践、善于总结、及时反思,优化课堂结构,变革教学与学习方式。

5. 2018年3月开展"努力打造高阶思维课堂"教学研讨——信息技术在课堂教学中的应用、融合与创新——旨在研究信息技术与学科深度融合对促进教学方式的改变,学习方式的转变,高效课堂的构建,教学模式的优化,教育理念的更新,新型师生关系的建立的作用。

6. 2018年10月开展"基于学科教学反思"教学研讨——旨在鼓励教师从教学实践出发,遵循教育和人的发展规律,寻找和运用科学的方法,积极探索个性化教学的策略与方式,进而促进学生的核心素养提升。

7. 2019年4月开展"基于课程标准"的课堂教学活动设计研讨——旨在促进教师教学方法、学生学习方式的改善,教师的教学要有利于学生自主探究,有利于学生实践体验,有利于学生合作交流,有利于促进学生学习方法的改善和学习时空的拓展。

8. 2019年10月开展倾听课堂真实声音,引导学生深度学习——"单元教学设计"视角下教学研讨——旨在聚焦当前教育发展热点、难点,发现真问题、解决真问题,提升学生的思维能力,引导学生深度学习。

9. 2020年10月开展"双新"和中考中招改革背景下课堂教学方式的转变教学研讨——旨在充分发挥教师主导作用,突出学生主体地位,推进高中"双新"新课程新教材的实施,高度重视中考中招改革,探索和研究教学方式的转变,全面提升学业质量。

通过多年的探索和研讨,教师的教学方式得到了优化,注重启发式、互动式、探究式教学,注重融合运用传统与现代技术手段,重视情境教学,探索基于学科的课程综合化教学,开展研究型、项目化、合作式学习;注重精准分析学情,重视差异化教学和个别化指导,着力培养认知能力,促进思维发展,激发创新意识。这些有效提升了课堂教学的实效,提升了智育水平。

五、创新活动运行机制,提升教师成果意识

为促进教师教科研成果的转化,增强教师成果意识,我校积极创新教师参与活动的运行机制。

一是积极组织教师参加"一师一优课·一课一名师"活动,聘请专家指导,搭建平台,展示风采,2018年我校获四个部优奖项。

二是组织参加各类各级优秀评选活动。通过组织教师参加新苗奖、名爵杯、优秀案例评选、征文,让教师在活动中成长。他们曾分别获得了市、区级教学评比一、二等奖;征文评比,获 2020 年"黄浦杯"长三角城市群征文二等奖,2021 年"黄浦杯"长三角城市群征文三等奖;2020 学年学术季我校组织全员参加区学术季征文活动,分别获一等奖一名,三等奖三名。

三是建立数学学科基地,提升校内教师专业能力的同时,将成果辐射兄弟学校。

四是立足校本研修,形成五大成果。我校立足校本课程建设,以导学案、校本练习、小升初衔接材料、单元设计与实施四大学材的编撰为抓手,以评价为特色形成五大成果。目前,校本练习等已经编撰 3.0 版。结合新中考要求,在广泛征求学生反馈意见的基础上,开始 4.0 版本的修订。

六、实施课题带动策略,引领学校内涵发展

"十三五"期间,我校以静安区立项的国家级子课题"基于学生核心素养培育的卓越学子发展评价平台构建与应用"为龙头课题,引领学校各项工作,优化卓越课程体系,形成五大特色课程群,着力打造评价特色品牌。其中,德育板块荣获上海学校德育"德尚"系列项目优秀研究成果三等奖;该课题研究成果荣获静安首届科研成果奖二等奖。在这个基础上,我校成功申报立项了"上海市中青年优秀教师团队发展项目"。

同时,我校教师课题也提量增质。据不完全统计,我校"十二五"期间立项的课题只有 1 项,而"十三五"期间课题总量达到 22 项,其中校级重点课题 2 项,市级课题 1 项。市级项目立项成功从"十二五"的 3 项,增加为 23 项。根据《科研室管理制度》中的激励政策,学校已投入可观的科研奖励经费。

通过制度保障,资金落实,规范管理,实施课题带动策略,以课堂教学为中心,以课题研究为重心,形成"领导带头、骨干带动、人人参与"的科研氛围,增强了办学特色,提高了办学质量,引领了学校内涵发展。

回顾我校的教科研发展经历,经历了从无到有的许多突破,然而毕竟发展还不够成熟,未来发展还存在很大空间。"十四五"期间,我们还需要从以下几个方面去努力,如推进科研团队建设,推进课题研究常态化,完善管理制度与激励制度,擦亮评价、科技特色。

教 学 论 文

因"材"施教

吴子静

于漪老师在首届中国个性化教育高端峰会上说:"教育的本质就是培育人。以促进学生的发展为本,这是教育本质的回归。……必须通过因材施教,深入细致的做法,才能真正实现每个孩子的成长。因为每个孩子都有接受良好教育的权利。我们从事教育的每一个人,应该有教好每一个孩子的义务……尊重爱护每一个孩子,这就是新世纪教育改革的新起点。"

初中语文新课程标准也规定:九年义务教育的语文课程,必须面向全体学生,使学生获得基本的语文素养。

究竟如何在语文教学上实施因材施教,可谓众说纷纭,也很难有个明确的标准。但无论是知识传授上的因"材",还是教与学方式完善上的因"材",抑或是学生核心素养与发展学力培养上的因"材",都离不开执教者面面俱到的教材(文本)解读、横拓纵掘的深入思考、精心预设的流程设计和得心应手的课堂组织。换言之,只有执教者在教材、学情和教法上做到三个"吃透",因"材"的课堂方能得以有效实施。那么,怎样才能做到三个"吃透"呢?下面笔者结合自己的教学实践谈几点浅薄体会,以求抛砖引玉。

一、吃透教材是打造因材施教课堂的基石

吃透教材除了常规的"教学目标与重难点的确定""对教学内容地位与作用的分析"和"教学过程的精心设计"外,还要从文本解读入手,着重挖掘语文教材中每一篇选材的隐性意义,为科学设计和有效组织课堂教学奠定坚实的基础。

(一)吃透教材所蕴含的课程理念

新课程理念强调:"语文课程丰富的人文内涵对学生精神领域的影响是深广的,学生对语文材料的感受和理解又往往是多元的。因此,应该重视语文的熏陶感染作用,注意教学内容的价值取向,同时也应尊重学生在学习过程中的独特体验。"

《秋天的怀念》一文,从全文整体来看,歌颂母爱、怀念母亲无疑是显而易见的,但在尊重学生情感共鸣的同时,更要引起学生深一层的思维,作者史铁生没有用"怀念母亲",而是用"秋天的怀念"为题,这里面无疑有着比怀念母亲更为深刻的内蕴:那就是对过去苦难岁月的怀念,怀念自己由脆弱(暴怒无常)走向坚强(明朗灿烂)的心路历程。由此及彼,前一个层面为后一个层面做好铺垫,递进式地表达了应该怎样面对人生的苦难以及追求生命的意义和真谛。此外,笔者也只问了一个小问题,就"让学生有了意外的体验":文章结尾一段"……妹妹也懂……"中"也"字如何理解?因为这个问题,学生重新回到文章中,研读、思考三个人物他们各自遇到了什么情形?面对这种情形他们是如何表现的?从中可以揣摩出作者怎样的写作意图?同学们可以围绕这组问题再深入讨论,力求对文章能有更全面、更深刻的理解。这不仅可以让学生对文本有完整的感受,更重要的是,回读的过程,提高了他们的思维能力,也使他们真正认识到生命的价值,从而对文本的理解进一步加深。

(二)吃透教材所隐含的实用价值

语文教材是专家们经过反复斟酌和层层审核才通过并交付使用的,因此每个选材(每一句话、每一幅图、每一道习题等)都凝聚着编者的心血与智慧,除了显性的知识价值外,还有众多潜在的隐性功能。因此,教师对教学内容的取舍一定要三思而后行,多揣摩专家为什么这样选?它的潜在功能是什么?否则难免会留下无法挽回的遗憾。

在完成部编教材六年级上册第二单元"历史回声"教学任务后,我请学生标注出整个第二单元课文内容所涉及的时间节点:《七律·长征》是毛泽东主席写于1935年10月;《狼牙山五壮士》记叙的是1941年秋,日寇向我晋察冀根据地的狼牙山区大举进犯的事;《灯光》一文写的是1947年的初秋,我军挺进豫皖苏平原的一次战斗;《开国大典》当然是记录1949年10月1日在首都北京举行开国大典的盛况。学生也就恍然大悟:《灯光》里"我"笔下"光明""温暖""璀璨"的不仅仅是灯光,还有郝副营长等革命先烈们用生命为代价换取到的而今美好幸福的生活!至此历史的回声响彻学生的耳边,学生缅怀革命英雄、珍惜幸福生活的情感油然而生。

(三)吃透教材所蕴含的育人功能

新课程理念提出:"应通过优秀文化的熏陶感染,提高学生的思想道德修养和审美情趣,使他们逐步形成良好的个性和健全的人格,促进德、智、体、美诸方面的和谐发展。"于漪老师也强调语文学科要充分挖掘它内在的育人价值,将其与知识传授能力的培养相融合,立体化施教、全方位育人,真正将立德树人落实到学科主渠道、课堂主阵地。

毛泽东《纪念白求恩》一文,被选入部编版七年级上册第四单元"人生之舟"单元。毛泽东同志对白求恩同志的逝世表达沉痛悼念,高度赞扬了白求恩的国际主义精神,号召全党学习白求恩同志毫无自私自利之心的共产主义精神。这篇文章对当下的初中生来说理解是有难度的,所以教师要积极引导学生关注本课重复的词语、大量近义词语、双重否定的句式这些独特的语言,从中体会语言形式背后的精神力量,并通过"温故"来感知课文所蕴含的丰富的人文内涵,像白求恩这类人,其人格魅力和高尚精神所具有的普适价值,足以超越时空,永垂不朽,以期达到立德树人的核心价值追求。

一篇教材,教师自己都没嚼烂,看不出教学的重难点,不知道这篇文章的教学价值在哪里,不去研究文本自身隐含的"德性"和"智性",只是遵循着教学参考书去教,那么这样的课堂看起来内容满满当当,老师讲得头头是道,实际上却是,学生并不会自己去沉浸在文本中品味语言文字的灵性,然后渐渐地就会失去了阅读与思考的能力。如此一来,我们所培养的学生充其量也只能是眼中有他人,而非"心中有他人"的人。

二、吃透学情是因材施教课堂的保障

吃透学情主要包括吃透学生的认知基础、认知状态和认知能力,并把三者进行有机整合,为因材施教的课堂提供有力保障。

(一)吃透学生的认知基础

在学生认知的基础上,一篇选材,不仅知道"写了什么",还要知晓"怎么写",以及"为什么写",从而拓宽学生处理实际问题的思维广度与深度,从学法指导的角度强化学生的学习力。

《表里的生物》,是冯至先生的一篇回忆性的、叙事性的文章。这篇短文,主要回忆了"我"儿时对父亲怀表发出的声音一步一步做出疑问、推测的过程。这一层面,所有的学生都"知道",但是,教师不能仅满足于此,还应带领学生走近、走进文字的"表"和"里"。

从"怎么写"和"为什么写"的层面满足那些"吃不饱"的学生,使所有层面的学生均有收获。

（二）吃透学生的认知状态

生活有多宽广，语文的课堂就有多大。语文跟生活息息相关，但又不仅仅是生活本身，它存在于生活中的每一个角落，正因此，对于2020年这样一个特殊的春天，即便是六年级的孩子又怎能"事不关己高高挂起"，而应该秉承的是"家事国事天下事，事事关心"。此刻，正是家国情怀教育的绝佳时机。早在寒假延长期，我就布置了一项特殊的作业：将歌曲《祖国不会忘记》改成第二人称，明确所歌颂对象，如医护人员、警察、社区工作人员、志愿者……在歌词里要体现所歌颂对象的职业特点和精神品质。没有在线上课堂过多讲解，只是让学生和老师在云端共同听了两遍韩红的原唱，也许是在连日看半个小时的新闻有所感，也许是亲眼看见过，也许是身边有亲人的参与……总之，生活这个课堂教会了孩子们很多。

老师对学生认知状态的"胸有成竹"，不会发生"节外生枝"预知，这样的课堂教学才得以有序开展，效率也就得到切实保障。且看他们改编的歌词：

> 在茫茫的人海里，
> 你是哪一个？
> 在奔腾的浪花里，
> 你是哪一朵？
> 在征服病毒的大军里，
> 那默默奉献的就是你；
> 在抗疫事业的大军里，
> 那义无反顾的就是你；
> 白衣披甲终不悔，
> 不斩瘟神志不平，
> 你把忠诚融进，
> 融进祖国的江河。
> 山知道你，江河知道你；
> 祖国不会忘记，不会忘记你。
>
> 在逆行的队伍里，
> 你是哪一个？

在灿烂的群星里，
你是哪一颗？
在救死扶伤的方舱里，
那迎难而上的就是你。
在雷神山的病房里，
那永远忙碌的就是你。
把危险留给自己，
用生命守护健康，
你把希望播进，
播进病人的心间。
山知道你，江河知道你；
祖国不会忘记，不会忘记你。

（三）吃透学生的认知能力

学生对新知的认知能力除了常规的理解与运用外，还包含感悟新知的生成过程、解读新知的潜在内涵和挖掘新知的横向联系等，教师也只有充分吃透学生在这些方面的潜在能力，积极做好有效预案，才能从容应对课堂生成。从实际操作上看，只有老师对学生的认知能力有了足够认识，才能进行有效掌控。

三、吃透教法是因材施教课堂的润滑剂

吃透了教材，也吃透了学情，但若没有科学的教学方法来融合与助推，因材施教的课堂也就难免成为一种美好的愿景。深谙其中道理的老师，在课堂教学设计与组织中融入近来的各种流行教法（问题驱动、先疑后教、小组合作等），其中"小组合作"，效果不错，能使小组内不同层面的学生各有不同程度的收获。如笔者在教授名著导读《童年》时，就以小组合作的方式解决阅读时的问题。

在形式上，协同作战，有效完成教学任务。早在前期的课前准备时，就把学生分好了小组，每个组员各司其职，完成了情节的梳理，理清了人物关系，更重要的是清晰了阿廖沙所经历的"温暖美好的事情"和"恐惧害怕的事情"。在课堂实施环节，组内会委派两人上台，一人负责汇报阿廖沙所感受到的"温暖美好的事情"，另一人负责汇报阿廖沙所感受到的"恐惧害怕的事情"。其他组员要负责在彩色纸片上简要概括相关内容,上台贴在鱼骨形的图形板书上。包括前期的知识竞赛必答题,每组也须选派一人参加,以此保证每一个学生在这节课上都有参与、体验。分组合作的形式也可以使学生互补不足,共同促进思维提升。

在内容上,联系生活,读懂读透阿廖沙的苦难。初读《童年》时,大多数学生会看不下去,因为它毕竟是写的"苦难"。然而我想,高尔基自己未必把"苦难"确定为这部经典小说的核心词。我想带领学生重新为它定性:没错,这是一部充满苦难经历的书;但苦难,只是它的背景。就像黑色的天鹅绒,只是夜明珠的背景。这本书的灵魂,是一只闪耀着人性光芒的夜明珠。当苦难与人性交织,编织出来的,是温暖的诗意。我们不应该强调"苦难",应该强调"苦难"背景上的"爱";应该强调"苦难"背景上,"爱"的重要性;应该强调"苦难"背景上,怎样"爱"。

六年级的学生正处在童年时期,他们的童年如花一般,他们应该更愿意在舒适区待着。然而人生并不一直"舒适",生命是一个从生到死而不以人的意志为转移的自然发展过程,科学认识生与死的辩证关系,既不吝惜生命而苟且偷生,也不恐惧死亡而惴惴不安,尤其是要敢于面对生命过程中的各种困难与挫折,在任何情况下都绝不轻易放弃自己的生命权。"阿廖沙们"的童年肉体、物质、精神都遭受着真正的苦难,然而,这一类人不悲观,不绝望,在黑暗中看得到光明、在苦难中寻得到温暖。

第6小组负责的是梳理阿廖沙生活在"继父家"所感受到的"温暖美好的事情"和"恐惧害怕的事情",这一章节内容确实比较令学生迷惑,一个是生活地点不停地在"外公家"和"继父家"转换,需要学生有提取整合信息的能力;另一个是这一阶段的生活在高尔基的笔下也确实比较"苦难",部分学生在看长篇小说时不够细致,容易忽略那些"温暖"的细节。于是设计分角色朗读,让所有学生沉入文本。组内设"领头羊"式的人员,在其带领下共同讨论,相互补充,读懂读透了阿廖沙在"继父家"的生活,在老师的提示下顺利找到了隐藏着的"温暖"细节——宁愿冒着被暴打的危险,也要偷一卢布去买书,阅读的力量可见一斑。

虽然教学方法众多且教无定法,但根据教学内容选择科学的教学方法必然能在生本、生生和师生之间起到高效的润滑作用,有利于教与学的有机融合与完美统一。

当然,课堂教学是一门艺术,要真正实现因材施教课堂实在不易。换言之,实施因材施教的课堂只是追求"高效课堂"或"好课"的一种境界。教师只有在教材、学情和教法上力求做到三个"吃透",才能使"不易"的程度减轻。

锤炼学科必备知识　提升学生语言素养

孟小红

学习的本质是认知结构的变化,学生的认知结构是由教材的知识结构转化而来的。以典范的语言材料帮助学生形成自己的学科知识结构,是形成语言素养的重要路径。

一、以典范的语言材料训练语感

我们把文字、词、短语、名言警句和句式统称为语言材料。脑子里的字、词语、句式和进入言语交际的字、词语、句式相比较,前者是静态的语言材料,属于语言体系,后者是动态的言语的组织成分,属于言语体系。语感在言语活动中发挥作用是快速而直接的,学生一旦形成了敏锐的语感,是终身受益的。我们可以借助非文学类文本阅读,让学生分析词语运用的精确性。在文学类文本阅读中,品味词语的细微差别,感受词语的魅力。

下面是非文学类文本。

……对水稻的研究进一步证实,有亲缘关系的水稻种植在一起,根系会尽量小心翼翼地避开彼此,最大程度减少竞争,非亲非故的水稻种植在一起则相反,它们的根系会扎得更深,极力侵入和挤压对方的生存空间,抑制对方生长。

这段文字中"极力"一词不能删除,为什么?(2020年上海中考题)

"极力"是用尽一切力量的意思,这是拟人化的写法。水稻虽然没有人的意识,但是为了生存,它们其实也在抗争、拼搏,为了获得更多的阳光雨露和土壤里的营养。"极力"二字很容易让人想到动物为了生存而进行残酷竞争,如果没有

---

* 本文发表于《新世纪智能·教研探索》2020年第12期。

这个词语,主要意思的表达影响不大,但是剧烈竞争的画面感就没有了。

哪怕是说明性的文章,也要特别注意语言的精确性,我们分析此例,是希望教师教学时,要唤起同学们对语言精确表达的敏感程度。

再看文学类文本。

> 刘标标四十岁那年,不用闹钟就能早起,还能做最喜欢吃的排骨面。他每天早晨叫女儿起床,"跟打仗似的"。
>
> 刘标标坐在桌前,忽然想起很多年前,<u>那个姑娘对着一个小孩也这么说过</u>。
>
> 他突然哭了。
>
> 这场战争妈妈终于赢了。他每天都会早起,而她却再也不会早起。
>
> 从此,再也没有他和她的战争了。

文末画线的句子"那个姑娘对着一个小孩也这么说过"中,"那个姑娘"指刘标标的"妈妈",文章为什么用"那个姑娘"指称"妈妈"?(根据2019年上海中考题改编)

从意思传递清晰的角度看,这句话完全可以这样写:

> 刘标标忽然想起,很多年前,妈妈对他也说过这样的话。

但是,如果这样表达,后面"他突然哭了"就显得很突兀。

"那个姑娘"一词,一下子将时光拉回到三十年前,时空倒错,一瞬间,眼前就出现了妈妈年轻时的模样。那时候,四十多岁的刘标标还是一个小孩,妈妈还是姑娘模样,多么美好的时光啊,可是当时刘标标多么不理解、不珍惜,现在想起来,好想妈妈,好后悔当初的顽皮。有意思的是,当年被催促起床的小男孩变成了父亲,在催自己的女儿起床,爱就是这样的传递。——将"妈妈"替换成"那个姑娘",就有这么神奇的效果,这就是语言的魅力。

二、在写作教学中培养语境意识

汉语言表达具有高语境的特点。如疫情期间,一位家庭成员从外面进门,搓着手四下张望,问:"还有酒精吗?""酒精"的意思可能是酒精式洗手液,也可能是液体酒精,或者医用酒精棉球。根据问话中的"还有",可以推知到底是哪种意思,要看他家里本来的存货是哪种。

语文阅读教学中的重要任务之一便是理解作者的语境意义,同时自己的表达要尽可能地精确,保证信息接收方无须依赖语境就能明白意思,不会发生歧义,不会漏掉要点。比如本例,如果表达为"家里还有酒精式洗手液吗?"就会连外人也能听懂了,但在家人之间如此表达,就不符合交际情境。

输出信息时,选择语言材料和表达方法,接受信息时,理解对方的意图和深层含义,都受语境的制约。衡量一个人言语技能的强弱,标准之一是看他能不能依据语境来调整自己的表达和理解。语言是为交际需要而产生、而存在的。几乎一切运用语言的活动,都是为了别人的需要而进行的,因此,交际对象是制约、影响言语行为的重要因素。对于交际对象的背景了解得越清楚,言语的内容、角度、方式就越有针对性,交际的效果就越理想。

可以毫不夸张地说,每一篇宗旨明确的文章背后,都站着一位(类)特定环境中生活,有着特殊需要的读者。因此,教师指导学生阅读范文时,要结合学生的性格特点、心理感受,而不能脱离交际对象孤立地分析文章好在什么地方。如性格直爽敢于担当的学生可以有意识让其阅读情感细腻的作品;而优柔寡断的学生则建议其多读理性刚毅的作品。

写作训练,学生心目中只有教师这唯一的读者,实际上,我们应设置更丰富的语境,设定具体的交际对象,让不同环境中长大的学生都有话可说。如家境优裕的学生,可以让他介绍自己是如何帮助其他同学的,设定阅读对象为被帮助的同伴;性格内向的学生,可以让他尽情发挥想象,如撰写与宠物对话的文章。

看下面的写作试题。

根据要求作文。(2020年浙江某市中考题)

笔记:指听课、听报告、读书时所做的记录。有摘抄、批注、写提要、写心得、做思维导图等方式。

	写作对象	写作目的	文本	参考角度
任务一	班级同学	分享	叙事	做笔记的经历、感悟/用笔记的发现等

(续表)

	写作对象	写作目的	文本	参考角度
任务二	不愿做笔记的某同学	说服	书信	笔记的重要性/做笔记的乐趣、思考等
任务三	刚进入初中的弟弟	提供信息	说明	如何做笔记、用笔记/做笔记的误区等

写作提示：①围绕"笔记"这一话题，选择一个任务；②明确写作对象和写作目的；依据文本类型，可借助"参考角度"栏进行构思；③"任务一"也可以选择文学创作。

设置写作对象和写作目的，就是对交际语境意识的呼应。一定的语境肯定与写作目的密切相关。如上题，若读者是班级同学，那写作目的就是分享自己做笔记的经历、具体做法，运用的多半是叙事描述等手法。若是写给不愿做笔记的某同学看，那写作目的就是劝说，告诉对方做笔记的好处，做笔记带来的乐趣，以及做笔记给自己的学习生活带来的启迪，等等。若是写给比自己年龄小、学历低的人看，主要目的是教会对方如何做笔记，如何运用笔记等知识性的内容。——教师在命题时，如果只是要求写一篇关于"记笔记"的文章，学生就会茫无头绪，写作的有效性无法落实。

三、在多种言语实践活动中提升语言素养

在具体的语境中如何运用语言达成最好的交际效果，设计写作任务时需要教师深入探讨。在情境运用中提升语言素养，更需要不断在教学实践中进行精巧的设计。

学生学习具有整合经验的特征，需要学生在新旧言语经验之间建立联系。一方面，我们关注教材和试题中典范的语言材料，作为欣赏、训练的文本；另一方面，将获得的语言技能应用到有目的的交际语境写作中。因此，在阅读教学过程中，教师应当设计组织以真实的语言运用情境为基础的言语实践活动，用真实具体运用语言的任务来引领学生言语实践。

除了上面设计的写作任务，我们还可以在课堂教学中随时设置语境，让学生进入虚拟的情境，选择合适的角度和对象，与同学进行言语交际，在词语的甄选和磨炼中提高语感和表达能力。

教师还可以通过设计学习任务，组织课堂活动，提供学习资源，包括语言

运用的示范和学习活动引导,让学生获得运用语言的方法、技巧和策略,在言语训练中不断提升语言素养。

参考文献

邹春盛.全国卷文学类文本阅读的"必备知识"和"关键能力"[J].福建基础教育研究,2020(8).

诸定国.于永正阅读教学:在言语实践中提升语文素养[J].语文知识,2017(16).

俞丽美.与成语结伴 感悟母语之美[J].江苏教育,2020(81).

小说教学的"厚"与"薄"

王 萍

小说是最接近人生的一种文本形式,小说本身就是最丰富、最具体、最真实的一种人生体验。读小说能够丰富我们单一的生命经历。学生对于小说这种文学形式是有阅读兴趣的,作为语文老师,我们的任务是要让学生从一个只注重故事情节的、肤浅的读者向注重故事背后的精神及心理的、成熟的读者发展。

一、小说教学中的"厚"

"厚",具体来说就是把小说"读厚",即深入研读小说文本,把与小说文本相关的内容都做一番研究。小说是虚构的、高于生活的文学作品。教师首先要作为一个有文学素养的读者,对其进行深入研究、深度阅读,发掘小说的文学价值和艺术魅力。

从专业读者的角度深入研读小说的关注点有以下几个方面。

一是作者和写作背景。小说是作者在特定时代背景下创作而成的,表现了作者所处的社会环境和生活状态,表达作者在这一时期的思考与想法,反映着作者对当时社会和生活的深刻理解。初中教材中的《我的叔叔于勒》《变色龙》《故乡》《孔乙己》《范进中举》等,这些小说的写作背景都具有鲜明的时代性,在研读这些小说之前务必要对它的写作背景有所研究,才能帮助我们更好地理解小说想要传递的思想。如《变色龙》创作于19世纪80年代,当时亚历山大三世实行高压政策,加强警察的实权,使俄国陷入了更黑暗的境地。

有些小说取材于作者的个人经历,小说中的人物与作者的生平经历有重合之处,如《爸爸的花儿落了》选自林海音的《城南旧事》。《城南旧事》追忆了作者自己儿时在北京城南的童年故事,故而小说的笔触中总是流淌着淡淡的挥之不去的感伤。如《社戏》中的"我"或多或少有作者的影子,这样的小说中人物往往是作者的代言人,情绪表达包含着作者的主观性,情感代入感比较强。

有的小说既反映特定时代背景,又融入了自身的经历,往往能带给读者更深刻的思考。如《故乡》写于辛亥革命后,封建王朝虽被推翻,但军阀官僚的统治使中国的广大人民,尤其是农民在底层苦苦挣扎。1919 年 12 月初,鲁迅回绍兴接母亲,看到故乡的残败和农民生活的贫困不堪,一年后就以这次经历为素材,创作了小说《故乡》。小说通过对"我"儿时的玩伴闰土如今悲惨境况的描述,真实地反映了当时底层农民民不聊生的社会状况,表达了作者想要走新道路的强烈愿望。

二是叙述者。阅读小说,一般读者首先关注的多数是小说中的主人公,很有可能忽视小说的叙述者。但是小说的叙述者很有可能是解读小说真正写作意图的重要切入点。来看下面两篇教材中的小说。

《我的叔叔于勒》中的若瑟夫就是一个看起来不那么让人印象深刻的"叙述者"。

"我"作为一个叙述者在文中出现,但不同于他的父母的是,若瑟夫发现穷苦的老水手就是亲叔叔时,既仔细观察着叔叔的容貌,又在心里呼喊"这是我的叔叔,父亲的弟弟,我的亲叔叔",并擅自给了叔叔十个铜子作为小费,这些举动都源于我对亲情的认可,"我"对于勒叔叔的同情。小说通过若瑟夫这个叙述者让我们看到作者伟大的人道主义情怀,同时作者也通过这个叙事者为读者撒下一缕阳光、希望和信心。

同样《孔乙己》的叙述者小伙计在小说中的作用也显得格外重要。

《孔乙己》的叙述者是咸亨酒店的小伙计,一方面,作为小伙计,终日在酒店中,他能够更为完整地观察孔乙己、酒客和掌柜等人;另一方面,更在于小说中小伙计对孔乙己的态度发生了微妙的变化:从一开始"我"跟着大家一起笑,孔乙己教"我"写字却遭到"我"的鄙弃,到后来孔乙己被打断腿最后一次来喝酒,"我温了酒,端出去,放在门槛上",是对孔乙己无声的同情,到"我"成年后的表述"我到现在终于没有见",也表明"我"始终牵挂着孔乙己的生死。再比如同样是偷窃,第 5 段"我"的陈述和第 10 段"酒客"的陈述情感态度完全不同。作者对于这样一个没有进学的读书人的情感态度也就包含在叙述者的选取中了。

在以专业读者的眼光阅读小说作品之后,教师再从教者的角度去深入思考,挖掘小说教学上的价值以及启智之处,成为学生学习阅读小说"引路人"。

从教师的角度深入品读小说的关注点有以下几方面。

一是环境。小说中的环境背景至关重要,它服务于文章的主题和人物刻画,与文章的主题以及所塑造的人物形象紧密相连。

如《孔乙己》伊始就介绍了长衫主顾和短衣帮互相对立的环境——咸亨酒店。从两者泾渭分明、毫无交集的状态,读者不难感受到当时的阶级固化现象之严重。这段社会环境的描写在开篇就为读者营造了冷漠无情的气氛,也为孔乙己悲剧命运做足了铺垫。再如《故乡》开篇的环境描写中一些关键词:深冬、阴晦、冷风、呜呜、苍黄、横、萧索、荒村,奠定了小说惨淡悲凉的氛围。而下文中杨二嫂和闰土的言行举止的变化也因这样的环境背景而不显得突兀。还是鲁迅的《社戏》开头关于平桥村的环境介绍,"乐土"之乐趣无穷,在这块乐土上成长的双喜阿发怎会不可爱,在这块乐土上发生的事怎能不叫人念念不忘?

二是人物。小说中个性突出、生动鲜活的人物是学生最感兴趣的,教师要抓住人物不同寻常之处进行品析,更全面地品味作者塑造的人物形象。

如《变色龙》的主人公奥楚蔑洛夫发现广场上有突发事件后发出了一连串问话:"这儿出了什么事?""你在这儿干什么?""你干吗竖起指头?""是谁在嚷嚷?"这连续的问话明显不符合对话的交际原则。询问需要得到什么?是回答。但是他的一串问话没有给旁人回答的空间,其实他的发问不需要回答,只是要通过连续发问来显示自己的官威。一连串的发问是身份、腔调、气派的体现。由此奥楚蔑洛夫居高临下、装腔作势的形象跃然纸上。

除了语言描写,动作描写也是不可忽视的。《我的叔叔于勒》中关于菲利普的描写很生动传神,当他被妻子训斥时,"这个可怜人这时候总做出一个手势,叫我看了心里十分难过。他总是张开了手抹一下额头,好像要抹去根本不存在的汗珠"。当得知老水手就是于勒时,面对妻子的愤怒,他"用手抹了一下额头,正如平常受到太太责备时那样"。两处"抹",刻画了一个社会底层小人物可怜可悲的辛酸模样。

三是标点。标点符号是汉语文字系统中不可缺少的一部分,不仅能表示句子、短语的停顿,还能起到表情达意的作用。标点符号看起来不起眼,却也能发挥大的作用,作者的构思和用意往往通过标点符号传递给作者。

《变色龙》中当奥楚蔑洛夫最终从厨师那里得知小狗是将军哥哥的,有一段特别有意思的语言描写:"哎呀,天!他是惦记他的兄弟了……可我还不知道呢!"用了感叹号来表达激动之情,进而想和将军哥哥套近乎,一副阿谀奉承之相。"得了,你干什么发抖呀?呜呜……呜呜……这坏蛋生气了……好一条小狗……"这几处省略号既有学小狗低声叫时的声音,也有说话过程中边说边思考的断断续续,但都是表达讨好小狗的意思。卑躬屈膝、奴颜媚骨的样子就通过标点符号更有力地刻画出来了。

《故乡》中"我"见到闰土时,"他分明地叫道:'老爷!……'"感叹号显示出闰土在经过心理挣扎后下定决心表露对"我"的恭敬态度,省略号表明闰土重见儿时玩伴有许许多多话想要说,但是碍于身份境况的差异却又一时无法开口。读者可以想象出穷困不堪的中年闰土的无奈和辛酸。

二、教学中的"薄"

"薄",具体来说是把小说"读薄",是指在教学过程中,用学生更易接受和理解的方式指导学生阅读小说,教师选取合适的教学方法,为学生读懂小说搭设桥梁。

(一)情景再现

通过教学实践,我们常常体会到,教师一味地分析人物形象,学生的习得大都是被动接受,比较抽象比较间接,如果教师能带领学生走进小说,走进人物,让学生置身在小说里,学生对小说中的人物的感受往往会更直接,印象更深刻。

比如《孔乙己》中长衫主顾"踱"进里间喝酒,这个"踱"表现的人物形象特点与其由老师分析,不如让学生来演绎。通过指导学生走路的体态、步伐的大小、步速的快慢、面部表情等,让台下的同学们一下子就感受到了长衫主顾盛气凌人的气势。比如《故乡》中杨二嫂的招牌动作,请一位瘦高的学生模仿杨二嫂的形象,两手搭在髀间,下巴扬起,斜眼说话,一下子演活了她尖酸刻薄的形象。

(二)抓住细节

细节是小说中看起来与主要情节发展关系不甚密切的细微之处,但往往能起到画龙点睛的妙处。小说中除了个性鲜明的人物、精心设计的情节,细节也是吸引读者的一个重要因素,好的细节往往能使读者掩卷深思、久久回味。

环境描写中的细节如《故乡》中"瓦楞上许多枯草的断茎当风抖着",写老屋上的枯草,寥寥数字就描绘出一副衰败落寞的景象,暗示了主人公的家道中落,为小说定了伤感的感情基调。

人物描写中的细节如《孔乙己》中孔乙己教"我"写字,几次提到他的长指甲。孔乙己的手留着长指甲，说明他平时不干体力活，表现他不愿从事劳动。从侧面表现了孔乙己轻视劳动、不愿与"短衣帮"为伍、以读书人自傲的迂腐形象。

（三）关注反常

高明的小说作者常常会通过设置反常的情节、反常的人物表现来刻画人物，表现小说的主题。教师在教学中如果能抓住这些反常的地方启发学习来阅读、理解小说，往往能起到事半功倍的效果。

如在教学《故乡》时，找到中年闰土再见到"我"时一反常态的拘谨和恭敬，杨二嫂二十年前后外貌和言行举止反常的变化都能让学生感受到无论农村还是城镇底层老百姓生活都艰难辛酸，每况愈下、毫无出路。《孔乙己》中学生找到的反常之处更让人震撼，丁举人对待同是读书人的孔乙己下手之狠毒，酒客谈论孔乙己被丁举人毒打了大半夜又被打断腿时的平淡冷漠，都让学生感受到封建社会的黑暗与冷酷。

外国文学作品也不例外，《我的叔叔于勒》中学生可以找出最大的反常之处在于菲利普夫妇先前是多么渴盼于勒回来，但当见到于勒时却又是咒骂又是避之不及，教师再引导学生思考出现前后反常表现的原因就能大致勾勒出菲利普夫妇的人物形象了。《变色龙》中一会儿穿大衣，一会儿脱大衣，一会儿冷，一会儿热，奥楚蔑洛夫前前后后的反常表现正是为了掩饰内心的慌乱，为接下来转移话题打岔，这样一来，奥楚蔑洛夫的人物形象也就越来越清晰鲜明了。

综上，教师只有以专业读者和教师的身份对小说文本进行了充分深入地研读，才能为接下来的教学打好扎实的基础，才能思考如何以最有效的方法指导学生清晰直接地理解小说文本的内涵。

参考文献

曹刚:《探索文本解读的路径》，上海教育出版社 2020 年版。

孙绍振:《经典小说解读》，上海教育出版社 2016 年版。

詹丹:《阅读教学与文本解读》，上海教育出版社 2017 年版。

褚树荣:《语文教学对话录》，上海教育出版社 2016 年版。

王荣生:《小说教学教什么》，上海教育出版社 2015 年版。

诗歌教学中对语言敏感性的培养

刘 涛

诗歌是一种以凝练的语言抒发情感的文学体裁。现代诗的语言美首先体现在用词的凝练上，十分讲究词语的选用，要求选取最准确、最生动的词语表现尽可能丰富的内容，以便做到"言约意丰"。叶圣陶先生曾说："凡是学习语言文字如不着眼于形式方面，只在内容上去寻求结果是劳力多而收获少。"可以毫不夸张地说，诗中语言形式的独特之处往往也是作者的匠心独运之处，值得读者驻足、揣摩。

然而学生在阅读现代诗的时候，常常容易忽略诗歌语言的反常之处，不善于在看似无疑处设疑。这就需要教师在文本挖掘过程中拥有一双慧眼和一颗敏感的心，然后再引领学生不断去捕捉他们容易忽略的语言表达的精妙处，发现隐藏在语言形式背后的意蕴，进而真正把自己对诗歌独特的理解感悟梳理出来，以提升学生的语言敏感性。

吕叔湘先生强调，语言是文字的根本。语文教学应该是语言和文字并举，以语言为基本，以文字为主导。曹刚老师说过，语言的敏感性，主要是指比较灵敏地感悟语言文字的能力，是对语言文字分析、理解、体会、吸收全过程的高度浓缩，表征为不仅能快速、敏锐地抓住语言文字所表达的真实有效信息，感知语义，体味感情，领会意境，而且能捕捉到言外之意、弦外之音。正因为如此，我们在现代诗歌教学过程中应引导学生捕捉不同的语言形式，从而培养学生的语言敏感性。

一、捕捉外显的语言

现代诗中有些语言没有外加诗人的任何写作技巧，大多直接抒情。任何读者都可以把握诗人所要传达的情感。比如《祖国啊，我亲爱的祖国》中，前三节诗歌的最后都会重复一句"——祖国啊"，最后一节诗歌"——祖国啊，我亲爱的祖国"，回环往复，气势贯通，强烈表达了作者对祖国炽烈的热爱之情。教学这类语言形式的诗歌,教师可以通过不同方式的朗读,引导学生在诗中找到与自己已有的人生体验的契合点。教师可以把抒情语言和朗读感悟巧妙自然地结合,在朗读中感悟诗人的情感,在感悟诗人的情感时捕捉语言的独特魅力。

二、捕捉反常的语言

诗人雪莱就说过:"诗使它所触及的一切变形。"(《为诗辩护》)雅各布森也认为,诗歌是对普通语言有组织的变形,要获得表现力,就要学会运用违反常规的词。从日常语法角度来说,语法搭配必须符合一定的规则,但是有些文章的语言是有悖于常态下的语言形式,即不遵循固定的语法规律,语言显得"不合法"。

舒婷《祖国啊,我亲爱的祖国》[部编版九年级(下册)]"我是你河边上破旧的老水车,数百年来纺着疲惫的歌。"诗人打破语法规律,创造新的语言搭配。"纺"的宾语是"疲惫的歌",这种搭配显然是不合常理的。正因为用"纺"而不用"唱",极言单调、重复的动作,写出了祖国发展的沉重、缓慢,正所谓是"于不合'法'处抒诗情"。

穆旦《我看》[部编版九年级(上册)]:

我看一阵向晚的春风悄悄揉过丰润的青草,
我看它们低首又低首,
也许远水荡起了一片绿潮;
我看飞鸟平展着翅翼静静吸入深远的晴空里,
我看流云慢慢地红晕无意沉醉了凝望它的大地。

我们时常说"春风拂面",诗人这里写"春风"没有选用我们常用的"吹拂"而用"揉过",这里运用了拟人的修辞手法,突出了春风既温柔又有力度的特点。"平展着翅翼",平时鸟儿的翅膀应该是挥动,而这里却用"平展"看似静止实则灵动,灵动的鸟儿在怎样的天空中飞翔呢?"吸入"表现出天空主动敞开胸怀接纳飞鸟。天空也似有了生命、有了感情。诗人借助这些反常的语言形式抒发了一种独特的情感。

林徽因《你是人间的四月天》[部编版九年级(上册)]:

那轻,那娉婷,你是;
鲜妍百花的冠冕你戴着;
你是天真,庄严;你是夜夜的月圆。

雪化后那片鹅黄,你像;
新鲜初放芽的绿,你是;
柔嫩,喜悦水光浮动着你梦中期待的白莲。

诗人在这两节诗中运用反常的断句和倒序句。"倒序"是为了表达需求,特意将某个词、某个句子语序颠倒的一种手法。根据上下文和生活常识,语序应该是"你是那轻,那娉婷,你还戴着鲜妍百花的冠冕""你像雪化后那片鹅黄,你也像新鲜初放芽的绿"。简单的倒装组合带来的陌生化,看似打破生活规律的语言,却彻底打开了读者的想象空间,将读者带入诗人营造的优美意境,我们仿佛可以触摸到诗人丰富而真实的心灵跳动!同时,这穿插其间的"你是"或"你像"将"你"和美好的景象浑然融为一体,这种组合将读者带入人间四月天的丰富意境,感受所有的美好事物都自然融合在一起的喜悦与丰富。诗人采取突破语法结构的断行,这种断行使每一节都呈现为三行。每一行的字数几乎接近,构建起了反复对韵的形式,这样的语言形式正是诗人的匠心独运所在。

教学诗歌的时候,教师要引导学生从品味诗歌"不合法"的语言入手,深挖诗歌特有的美,养成对"类"的敏感。

三、捕捉留白的语言

文学性作品讲究含蓄隽永、言简意丰。诗歌中不说话的留白,构成了诗歌的跳跃性,教师引导学生捕捉诗歌的留白,进行想象、填补、还原、领悟。语言是情感的载体,虽然"不说话",但是情感无穷,"不说话"的语言给了诗歌以新的生命。诗人常常采用标点符号、省略等方式来给作品留白。

比如《祖国啊,我亲爱的祖国》第二节中"我是贫困,我是悲哀。"一个逗号一个句号。但是,诗中第一节出现"我是"的时候后面是分号。逗号表明"我是贫困,我是悲哀。"这两句话合在一起表达一个完整的意思,是表现一体的两面,贫困是客观现实,悲哀是主观感受。

比如穆旦《我看》第三节"哦,逝去的多少欢乐和忧戚,我枉然在你的心胸里描画！哦！多少年来你丰润的生命，永在寂静的谐奏里勃发。"两次使用"哦"感叹词和第二次还加了感叹号，这表明"我"猛然间有所感悟，内心激动，忍不住要向大自然倾诉的意味。

正如王尔德所说："作品一半是作者写的，一半是读者写的。"教师在诗歌教学过程中，要引导学生捕捉诗歌所提供的"有尽之言"，去填充那些"无穷之意"，去感受诗歌的深层意蕴。

四、捕捉内隐的语言

歌德有句名言："内容人人看得见，但文字背后的意义只有少数有心人看得见。形式对大多数人永远是个秘密。"这句话的意思是说，在阅读的时候，读者要用心品读，通过揣摩诗人的用意，明白文字形式背后的意义，引导学生捕捉语言的创意，在阅读中做个有心人。在诗歌的创作中，诗人总要直接或间接地给读者传递他的主张。有时既不想明说，却偏偏又要说出来。这样，诗人的语言往往就在于表现自己和隐藏自己之间。现代诗中有一些看似平常实则含义浓重的词语。这些词语往往会被忽略，教师要引导学生发现这些词语并体味这些词语的深味。

副词往往用来修饰或者限制形容词、动词，表示程度、范围等，在传情达意上有很强的表现力，用得好，能给诗歌增色不少。比如《我看》中"悄悄""静静""慢慢"这几个副词值得我们关注："悄悄"突出春风的轻柔；"静静"突出晴空的静谧；"慢慢"暗示时间的消逝悄无声息，红晕的变化缓慢。三个副词传神地流淌出诗人对生命的感悟，让我们读到一首春的赞歌，一首生命的赞歌。

诗歌的语言力求简洁，不少诗人都不喜欢用过多的助词，因为助词一多，会显得拖泥带水。但《我爱这土地》中[部编版九年级（上册）]，"这被暴风雨所打击着的土地"助词"着"写出了这土地正在遭受着暴风雨的打击，这土地是繁衍着中华民族的祖国大地，正在遭受着日寇欺凌的祖国大地的象征。

含蓄是中国人思维的一个重要特性，也是语言表达的重要特性。诗歌里的很多话都不是直白道来的，需要教师引导学生用心感受诗人思维的角度和层次，以及心理的变化。比如《海燕》[部编版九年级（下册）]中诗人对海燕的称呼的变化：第一阶段"这鸟儿"是客观的称呼，似乎不带什么感情色彩；第二阶段"精灵""敏感的精灵"这带有赞美之情；第三阶段"胜利的预言家"不但有赞美而且有评价。称呼的变化暗示着作者情感的变化。作者的真实情感，就蕴藏在读者不注意的语言表达中。推敲这些语言，诗歌教学就变得很实在，就是实实在在地培养了学生的语言敏感性。

　　语文课就是要研究选文中的语言文字,表达了怎样的思想感情;这样的思想感情为什么要用这样的语言文字,而不用那样的语言文字来表达。因此,教师教授一首诗歌,如果只停留在了解思想内容和一般的写作方法上,那是远远不够的,我们应该引导学生钻到诗里面去品味语言。就是说,要引导捕捉关键的句子、词语以及标点符号,认真推敲,仔细揣摩,深入感悟语言的意蕴,体味语言的情感,领略语言的韵味。

　　总之,语感是语文能力的核心,语文教学要着力于培养学生的语感。语言敏感性的培养主要依托于学习与运用语言,而诗之所以为诗,是因为其有特殊的语言规则。因此,我们在诗歌教学时,可以引导学生先从词汇、句式、标点等入手,发现不同内容、相近内容的不同语言表现形式,再采用替换一个字,删掉一个词,更改一下句序,变换一种句式,换一种表达方式等方法,得出其独有的意义与作用。然后逐步进入对"平常"语言的捕捉与分析,将其置于段、篇的语境中,思考其蕴含的"情味"。一言以蔽之,诗歌教学从捕捉不同的语言形式着手,于潜移默化中提升学生语言文字的敏感性。

参考文献

曹刚. 课文可以这样读[M]. 上海:上海教育出版社,2017.

林爽. 读出"我"的语言,读出"我"的情感[J]. 语文教学通讯,2015(5).

解正宝. 从"倒序句"直抵诗歌之核[J]. 中学语文教学参考,2017(34).

赵飞. "言语发现"在现代诗歌教学中的研究与实践[J]. 中学语文教学参考,2016(14).

"1＋X"阅读教学模式实施策略初探

何　薇

《义务教育语文课程标准》明确指出，义务教育阶段学生的课外阅读总量应达到400万字以上。可实际情况究竟如何呢？据调查，大部分学生的课外阅读量远远没有达到课程标准要求的最低限度。那么造成这种现象的原因是什么呢？由于语文是一种厚积薄发的学科，它需要学生日积月累，而如今的学生课外阅读时间严重不足，而课堂阅读教学的低效又使得学生的阅读兴趣大大降低，周而复始，恶性循环。这就促使我们不得不思考一个问题，如何牢牢把握课堂有限时间增加学生课堂阅读的容量和提高课堂阅读的效率，从而提高学生对于语文的学习兴趣，培养学生的语文素养。这些年，一种新型的阅读教学方式——群文阅读开始为许多教师所接受，并不断进行实践与改进。

首先，我们要弄清什么是群文阅读。群文阅读是在较短的一定的时间内，师生自行设计一个或多个讨论或研究话题，随后选择多文本进行阅读、研究、探讨的新型阅读教学模式。

群文阅读与传统的单篇课文精讲相比，有什么优势呢？它对于学生语文素养的提高究竟有何作用？

一、扩展阅读视野

群文阅读的文章不止一篇，是相关联的几篇文章。这几篇文章同中有异，异中有同，属同一类文本。较之单篇课文的阅读，学生在群文阅读中一定获得比单篇文章更宽阔的阅读视野，更丰富的情感体验，更深入的理解感受。学生的理解也会深刻得多，丰富得多。而且不同文章有不同的表达方式，语言形式也会有差异，它能使学生的阅读认知更加丰富。

二、解放学生的思想

多年以来，教师们都是根据《教学参考书》进行文本解读，把文章的内容和主旨按部就班地传输给学生，这些"标准答案"就使得学生的逻辑思维受到了限制,创造力也得不到提高。而群文阅读的教学方式不再是单篇文本的教学,而是先确定一个或多个议题,以此来选择多篇文本组合成群,如感受父爱,每一位作家对父爱的理解是不同的,当然父爱的表现形式也不尽相同,因此落实到材料的选择与文章的表达方式和表现手法也会各有千秋。一旦选定文本,学生就可以从多角度、多方面进行学习探究,理解父爱这一主题,在实际操作过程中,甚至可以让学生联系自己的生活经历,从而对主题有更深入的理解。这样学生的思想不再受到教师讲授的局限,既拓宽了视野,又拓展了其思想深度。

三、真正做到以学生为中心

我们都知道学生是学习活动的主体,教师则起着组织和引导的作用。但传统教学中,学生的主体地位常常被教师所取代。教师只管将知识传输给学生,学生则是被动接受,教师常常忽略了学生究竟获取到多少知识。那群文阅读是怎样的呢?议题是由师生共同拟定,学习与探究也是共同参与,在这种变化下,学生真正成为学习的主体。在学习过程中,教师不再高高在上,而是与学生彼此尊重互相倾听,每位参与学习及讨论研究的人都有表达自己观点的机会,在这样的学习方式下,学生的收获也必然更丰富、更全面、更深刻。

四、培养学生辩证思维能力

由于教师和学生处于平等地位,每个人都可以畅所欲言,表达自己的观点,既锻炼了学生语言表达能力,同时通过多篇文本的群文阅读,学生进行分析和比较、归纳和概括,他们的思维就更加深刻与灵活,他们的创造性也能得到锻炼与提高。同时群文阅读中特别强调多角度的观察、逆向思维和注重事物之间联系,这些可以很好地培养学生的逻辑思维和多向思维。

总之,群文阅读相比较单篇文章的阅读而言,具有非常多的优势,无论对拓展学生视野,丰富阅读材料,提高学生思维能力,形成语文核心素养,都有单篇文章无可比拟的优势。

上海自2018年起统一使用统编版语文教材,其总主编温儒敏先生提出的阅读教学"1+X"模式与群文阅读无论在思想、形式还是意图上都有许多相似相同点。温儒敏指出,"1+X"即精讲一篇课文,附加若干篇泛读或者课外阅读的文章,可以在课堂上读,也可以在课后读,在学校读,也可以在家阅读。这是一种通过增加学生阅读量,日积月累,最终达到量变到质变的新型语文教学方法。

在具体实践操作中，不少老师慢慢摸索，不断改进尝试，也纷纷总结出了许多经验方法，"1＋X"模式便不再局限于精讲一篇课文了。

如果"1"是教材某一单元的某一文本，那么"X"就可以是该单元的其他文本。比如我们将九年级下册第五单元"活动与探究"中的《天下第一楼》作为"1"，那么同一单元中的《屈原》《枣儿》就是"X"，通过对《天下第一楼》的学习，把握戏剧冲突，品味人物语言，分析人物形象，深入理解主题。进而总结戏剧欣赏的方法，探究戏剧表演的策略，运用到其他剧本中，设计舞台表现，甚至尝试戏剧演出。

如果"1"是某一道理启示或情感心理，那么"X"就可以是同类主题的各类文本。比如我们将爱国的主题作为"1"，"X"就是九年级上册中的《我爱这土地》和《沁园春·雪》，或者七年级下册的《木兰诗》，甚至是作为课外阅读的法国作家都德的《最后一课》。又如我们将父爱作为"1"，那么"X"可以是八年级上册第三单元朱自清的《背影》，也可以是七年级下册李森祥的《台阶》。

如果"1"是某个知识能力训练点，那么"X"就可以是该单元或该册课本，甚至是该本书之外的其他文本，只要文本中有同一知识点。比如我们将借景抒情作为一堂群文阅读课的建构中心，即那个"1"，那么我们可以选择的"X"就有很多，文言文篇目比如《记承天寺夜游》《湖心亭看雪》《小石潭记》，现代文篇目比如《紫藤萝瀑布》《白杨礼赞》，等等，可以根据老师的喜好或学生的特点进行选择与组合。

如果"1"是统编教材中推荐的名篇或名著，那么"X"就可以是该作者的其他名篇或名著。比如"1"是统编版六年级教材中的《从百草园到三味书屋》《长妈妈》《好的故事》，那么"X"就可以是鲁迅散文名著《朝花夕拾》，选定一个或多个研究主题便可，比如《朝花夕拾》中的那些人们——鲁迅回忆性散文阅读，鲁迅小说中的看客形象分析（解读）……

另外，还有一点要强调，以一篇课文构建出的"1＋X"方式可以有许多，以《小石潭记》为例：1.阅读《小石潭记》《始得西山宴游记》《钴鉧潭记》，体会柳宗元山水游记的特色；2.阅读《小石潭记》《桃花源记》《核舟记》，感受坚守的力量；3.阅读《小石潭记》《记承天寺夜游》《湖心亭看雪》，学习环境描写对作者情感表达的作用。

基于以上内容，教师在进行教学设计的时候，应尽量给学生提供丰富多样、思维含量较高的操作路径。群文阅读课常见的操作路径有提取信息、比较统整、文本互证、参照阅读等。提取信息相对来说思维含量较低,也是我们在设计群文阅读课的时候,非常喜欢采用的操作思路,如果单一化地设计"提取信息"类的问题,对学生思维的发展帮助不会太大,这堂群文阅读课就会显得不够"高级",甚至被诟病为"假群文"。倘若老师在群文阅读教学中,不仅引导学生跨文本提取信息,还在此基础之上引导学生进行比较统整,或文本互证,或是参照运用,甚至打通文本和生活的界限升华思维,那么这堂群文阅读课相对来说会更高级些。

接下来,请允许我以我的"1+X"阅读课例来抛砖引玉:

"看客"形象及其存在的意义
——《孔乙己》《范进中举》《变色龙》群文阅读教学设计

【教学目标】

1. 研究学习小说中"看客"的行为表现,探究其心理情感。
2. 分析归纳"看客"在小说中的社会意义与价值。

【教学重点】

研究学习小说中"看客"的行为表现,探究其心理情感。

【教学难点】

分析归纳"看客"在小说中的社会意义与价值。

【教学对象】

九年级学生

【课时安排】

2—3课时

【教学过程】

一、明确概念,引出小说中的"看客"

(一)出示现代生活中的看客图片(《怎么还不跳?》),请学生谈谈对"看客"的理解和看法

(二)出示百度百科及名家对于"看客"一词的定义,明确概念

鲁迅《〈呐喊〉自序》:"凡是愚弱的国民,即使体格如何健全,如何茁壮,也只能做毫无意义的示众的材料和看客,病死多少是不必以为不幸的。"

茅盾《我们这文坛》:"朋友!这不是苦了看客?看客们不是一个印板

印出来,看客们的嗜好各殊咸酸。"

巴金《家》八:"我既不是演员,又不担任什么职务,我只是一个看客。"

《百度百科》:看客是一个汉语词汇,读音为 kàn kè,指观众;读者;旁观者。最先出自鲁迅的《呐喊》自序,有深刻含义,指旁观者。

补充:中国的看客,仅仅是麻木的围观,鲜有平息事态的援手。围观者双眼紧观事态发展,交头接耳更有甚者叫好鼓劲。

二、研究学习小说中"看客"的行为表现,探究其心理情感

(一)浏览《孔乙己》《范进中举》《变色龙》三篇小说,找出三篇小说中的"看客"

明确:《孔乙己》中的酒客、掌柜和"我";《范进中举》中的众邻与众人;《变色龙》中的人群。

(二)学生任选自己感兴趣的某一"群众角色",朗读精彩人物描写,分析"看客"的心理、行为特征

1. 学生可以畅所欲言,言之成理即可。

2. 最后,教师分别归纳总结。

《孔乙己》

酒客"看"孔乙己的悲惨命运,他们没有意识到自己和孔乙己一样处于被剥削被压迫的境地,反而嘲笑他、奚落他,以此为平庸生活增添一丝欢乐。在孔乙己不理会他们的调侃时,他们"故意高嚷",说孔乙己"一定又偷"人家的东西;拿对方最痛处进行取笑,问孔乙己"当真"识字否,怎连"半个秀才"都捞不到……对于酒客来说,孔乙己狼狈尴尬、难于招架的样子让他们很快活。

这在孔乙己被打断腿后,酒客与掌柜的对话中也可见一斑。掌柜只关心孔乙己欠下的十九个大钱,酒客只是冷漠地回答掌柜的提问,可见他们都只关心事件的结局,完全是好奇心理,根本没有作为一个人应有的同情心。这四次一问一答,将酒客和掌柜的自私冷漠刻画得淋漓尽致。

"我"也是"看客",鲁迅借"我"的眼去看孔乙己,亦借"我"的眼审视这群看客的麻木冷漠和愚昧无知。与酒客和掌柜不同的是,"我"虽然附和着笑孔乙己,打从心里也把孔乙己当作乞丐,认为他"不配"和自己对话,但"我"的心中对孔乙己存有一丝同情与怜悯,在孔乙己被打断腿后,"我"并未直接将酒碗放在地上,而是放在门槛上,孔乙己离去时,"我"又默默

注视其离开，明显让人感受到小伙计内心的情感，这也让其长大后重新审视这段过往，变得更加自然而真实可信。

《范进中举》

范进中举之前，无论是众人的代表——张乡绅还是众邻居，无一人将他放在眼里，更别提关心他帮助他。然而中举之后，邻居都来了，更有意思的是，范进发疯时，众人不仅出谋划策，而且拿出家里的鸡蛋酒米。范进被胡屠户一巴掌打得昏倒在地时，众邻居"一齐上前"，"抹胸口、捶背心，舞了半日"，范进醒时又"慌忙"把他扶起，连他发疯时掉落的鞋子也"早"被邻居寻了来，并且替他穿上。张乡绅更是表现突出，在此之前与范进从无来往，而现在却送房送钱，连称呼都改成"世弟兄"。

吴敬梓借范进未中举前众人的冷漠与范进中举后众人的"热情"，表现他们的阿谀之态，以此揭露社会趋炎附势、巴结权贵之风。

《变色龙》

"四下里一片沉静。广场上一个人也没有。"但当狗叫声人声响起时，"木柴厂四周很快就聚了一群人，仿佛一下子从地底下钻出来的"。这样强烈的对比，不仅让人印象深刻，充满讽刺意味，还为"看客"的出现奠定戏剧化的基调，更是突出了整个社会的压抑、了无生机。

"看客"一下子，最终一哄而散，他们只是为了"看戏"而来。虽然小说对这些人的着墨并不多，但又不可或缺。"这好像是席家洛夫将军家的狗""没错儿，将军家的"，两处对狗身份的指认直接影响了奥楚蔑洛夫处理事情的态度和方向。值得注意的是，此处群众对狗的身份从不确定到无比肯定，却并未拿出确凿的证据，可见他们只是随意胡诌，他们只是来看热闹罢了，断案是否公正合理并不在他们的考虑范畴。

三、小组合作：结合以上分析进行思考，作者为何要安排这些"看客"？

（一）加强讽刺效果

《儒林外史》中"众邻居一齐上前，替他抹胸口，捶背心，舞了半日"，一个"舞"字极尽夸张，邻人殷勤作态、漫无章法地救人，尽显奉承巴结的心理；《孔乙己》中重复出现"店内外充满了快活的空气"，这种快乐是建立在孔乙己的痛苦之上的，喜剧的氛围中上演着孔乙己的悲剧；《变色龙》中"仿佛一下子从地底下钻出来的"以至于连警官都需要"挤进人群里去"，小市民幸灾乐祸的好事心态一下子显露出来,极具夸张讽刺效果。

(二)反映社会现实

《孔乙己》中的酒客麻木冷漠、愚昧无知,《范进中举》中的乡邻们嫌贫媚富、巴结讨好,《变色龙》中的庸俗小市民趋炎附势、随风而倒,由于这些看客都代表了大多数中下阶层民众,以此来凸显国民的劣根性就显得尤为可信,同时也具有深刻的社会意义。

(三)推动情节发展

酒客一次次的嘲笑,以及他们的麻木与凉薄令孔乙己更加寂寞与悲哀,最终走向死亡;"乡邻们"的趋炎附势让范进更醉心科举,一朝得中就与之前判若两人,变得圆滑世故;"随风倒""庸俗"的群众让奥楚蔑洛夫更加谄媚权贵、专横跋扈,让赫留金更加怯懦不敢反抗。三篇小说的情节因看客的存在而不断向前推进,甚至这些看客还对主角的性格命运产生了一定的影响。

四、拓展材料,进一步探究"看客"在小说中的社会意义与价值

补充阅读鲁迅小说《药》《示众》《阿 Q 正传》,引导学生运用求同法探究"看客"在小说中的意义与价值。

五、打通文体,感悟"看客"在生活中的社会影响

1. 你还读到哪些"看客"?引导学生在更开阔的空间里搜索信息。

2. 这些"看客"还会产生什么社会影响,联系实际生活谈谈启示或反思。

六、教师总结或交由学生小结这堂课的收获

参考文献

赵正怡、童志斌:《"看客"形象及意义——〈范进中举〉〈孔乙己〉〈变色龙〉对比阅读》,《教学月刊:中学版(语文教学)》2019 年第 12 期。

吴耐:《浅析〈变色龙〉与〈范进中举〉之异同》,《北方文学(下旬刊)》2018 年第 4 期。

素养导向下"三位一体"阅读教学模式实践研究

孟小红

义务教育"部编版"初中语文教材关于阅读教学的阐述:以各单元课文学习为主,辅之以"名著导读"和"课外古诗词诵读",共同构建一个从"教读课文"到"自读课文"再到"课外阅读"的"三位一体"的阅读体系。我们一直提倡素质教育,当下提倡的素养和素质有什么区别?崔允漷指出:素质是教育话语,它既包括先天因素,又包括后天习得;素养是课程话语,素养是后天习得,一定要经过学习而逐步养成的。在"三位一体"阅读教学中培养学生课程核心素养,需要教师及时转变教学思路,针对具体课文类型,运用不同的教学方法,明确学生的主体地位,让他们通过阅读更好地获取信息、发展思维和认知世界,获得良好审美体验,全力构建"三位一体"阅读教学模式。

一、问题导向教读任务,习得阅读基本方法

针对初中语文阅读教学中"教读—自读—课外阅读"的"三位一体式"的课型结构,纵向延伸内容深度,横向拓展阅读范围。教读课文具有时代性、适宜性、经典性和文质兼美的特点,教师可借助这类课文指导学生学习语文知识,培养他们的思想情感。"教读课"要重视阅读策略和阅读方法的渗透。部编教材很重视阅读策略和阅读方法的渗透,并且更加重视多种阅读方法的整合。统编教材对不同文体课文的教学,在单元导语与预习、课后思考题、教师用书中均做了提示,教师可以参照实施,自觉运用到自己的教学中。在此过程中,要特别注意对学生阅读方法的指导,要科学、到位。

在初中语文阅读教学中,教师需明确教读课文的本质和任务,要精讲和精读,在教读课中传授一些基本的阅读方法,着重培养学生的阅读能力,为自读课起到触类旁通与示范性作用。笔者实践表明,以问题链为导向设计教读课学习路径,可以让学生在教师引导下自主习得阅读的基本方法。

如在《背影》一课的教学设计中,笔者根据教学目标,首先确立了理解本文

要解决的主要问题:"背影"出现前后,作者情感变化的原因是什么?然后,围绕主问题设计了两个下位的子问题:1."背影"出现之前,父亲也为"我"做了那么多体贴入微的事情,"我"明明表达的是对他的不屑与嘲弄;而看到父亲买橘子的"背影"时,为什么"我"会为他的艰难流下眼泪?从父与子认知错位的角度分析。2."我"如此害怕别人看见,更怕父亲看见自己流泪,可是时隔八年,作者为什么写下《背影》让一代又一代的读者,其中包括他的父亲,看到了他一次又一次的"眼泪"呢?从父与子变化的角度分析。

前一个问题,引导学生从"我对父亲"与"父亲对我"两个角度理解情感突转的原因。关注"背影"的特定情境,情境对读中感悟父子之间的错位与隔膜,随文把握语言特点。通过默读、圈画、朗读父子不同情境的"对话"内容、分组讨论等方法与形式,习得阅读方法。第二个问题,从父与子变化的角度理解"缓转"原因。以合作、探究的方式激发学生自主学习。父子沟通、和解的情境对读与之前错位,隔膜的对读构成参照。最后,读写结合,用第二人称改写第7段相关文字并与原文对比朗读;再与父亲的信形成情境对读,感受并理解父子之间的沟通与和解。

二、灵活设计自读活动,引导学生自主阅读

自读课文属于部编版初中语文教材中阅读课型的一类,介于教读课文与课外阅读之间,主要起到沟通教读课文与课外阅读的纽带和桥梁作用。统编版教材设置自读课文的目的就是培养学生的自读能力,举一反三地运用在教读课中已经掌握的部分阅读技巧与方法;因此,在自读课文教学过程中,教师需灵活设计自读活动,引导学生自主阅读。学生只有在对文本的自主阅读中,才能产生独特的自我感受,才能体悟到文本的精当之处。

学生的自读活动中包含着学生的各种自学行为,如默读课文,借助工具书识记生字词,理清文章脉络,辨析文章体裁。在学生自读之前,教师要明确自读要求,指导阅读方法,设置合宜的思考题,通过问题的形式来引导学生开展自学活动,让学生快速感知文章内容,引导学生用在教读课中学到的阅读方法(如精读、略读、圈点批注法)去读,并要求学生用圈点批注法在课文旁边写下自己学习的体会和收获,提出在自读过程中遇到的问题和困惑。如在学生自读《昆明的雨》一课前,笔者设置了这样几个学习活动板块:

1. 默读课文和课后阅读提示,思考:围绕"昆明的雨",作者主要回忆了哪些景、物和事？用"我想念昆明的雨,我想念_____"的句式来表达。

2.这是"一篇充满美感和诗意的作品",试着找出你觉得最有味道的词句,进行圈点批注,并通过朗读佳句加以品味。

3.问题探究。在讨论交流的基础上进行问题探究,有助于学生把握课文主旨和写作手法,培养学生的思维能力。笔者设计了若干问题(可任选其一)供学生探究:(1)明明说"我想念昆明的雨",却又说"我不记得昆明的雨季有多长",这不矛盾吗？作者仅仅是"想念昆明的雨"吗？(2)从"城春草木深,孟夏草木长"这个句子中,你感受到了作者怎样的语言风格？你还能从课文中找到类似的句子来谈谈吗？

在学生自读过程中,教师应给予时间保证,让学生充分自主学习,揣摩体会语言文字;同时教师还应随时了解和掌握学生在自学过程中的疑难问题,并进行梳理归类,为后面的交流做好准备。只有通过学习活动来引导学生进行自主阅读,让学生快速感知文章内容,学会抓住关键语句理解文意的方法,复习圈点批注的阅读方法,才能真正达到让学生在自主阅读体验中不断提高对语言的理解和感悟能力的目的。

三、名著导读项目化,激发学生阅读兴趣

课外阅读属于课内阅读的延伸和补充。初中语文新课程标准中明确指出:着重培养学生广泛的阅读兴趣,增加阅读量、扩大阅读范围,提升他们的阅读品位。在部编版初中语文教材中,设计有课外古诗词诵读部分,包括名著导读和自我阅读推荐,教师应当围绕教材中固有的课文积极开展课外阅读活动,为学生推荐一系列具有关联性的文章,拓展他们的阅读范围与知识视野,真正实现课堂内外的有机整合,让他们在潜移默化中提升自身的阅读品位。

其中,教师该如何指导"名著导读",培养学生整本书阅读的能力,笔者借助项目化学习方式,做了一些实践探索。

项目化学习的重点是创设真实的驱动性问题,也就是将比较抽象的本质问题转化为具体的、可操作性的、学生感兴趣的问题,来激发学生的阅读兴趣,从而将被动的名著阅读转化为主动的、探索性的快乐阅读。

例如《海底两万里》名著项目化学习设计。首先,借助特定的情境确立项目的驱动性问题:在《海底两万里》出版150周年之际,请你为"海底两万里纪念馆"设计几个展厅。通过思考路径和问题链,展开头脑风暴,激发学生自主探究精神,用学生学习的内驱力实现主动阅读。其中,核心知识有:人物形象概括、情节梳理、书信、采访、口头表达……其本质问题是如何更好地阅读名著。其次,用支架性学习促进项目实施。如在"人物展厅"活动中,设计小说人物海报,并由展厅介绍员向参观者介绍人物,此时,就需要教师提供策略性知识给学生当学习支架。比如,海报的设计需要图文并茂、吸人眼球、人物形象突出等要点;成果展示中海报设计的分享需要按照一定的逻辑,要有听众意识;展厅介绍员介绍人物可以从第三人称介绍,也可以尝试将自己当作小说中的人物,用第一人称介绍,让活动更有意思。最后,用评价量规表检测项目学习。在项目化开展过程中,教师注重时间计划表和实施量化表,即如何评价学生参与过程和学习成果。

四、结语

在初中语文阅读教学中,教师需以新课程标准为基本教育理念,以课程核心素养为导向,改变精读和略读不分明的情况,强调由教读向自读的转变,由课内向课外的拓展,明确区分不同的课型结合,努力打造"三位一体"阅读教学模式,提升学生的阅读水平与综合素质。

参考文献

李柃煜. 初中语文自读课文教学策略之时间管理[J].甘肃教育,2019(7).

罗振丰. 构建自主学习课堂教学模式,提高语言运用能力[J]. 文理导航(上旬刊),2018(8).

兰婧. 初中自读课文微探究教学实践研究[D]. 长沙:湖南师范大学,2018.

"双减"背景下,教师课堂教学行为的转变
——以初中语文课堂教学评价语言为例

谢 玮

《语文课程标准》明确提出:"在评价时要尊重学生的个体差异,促进每个学生的健康发展。"课堂教学中的评价语言要充分调动学生学习的主观能动性、探究创新精神。允许学生有不同的见解,鼓励学生从不同角度思考问题,尊重他们在学习中的独特感受。

一、课堂教学评价语言的概念与作用

课堂教学评价语言是指在课堂教学这一特定的时空范围内,教师以口语形式,对学生在课堂内的表现做出的即时反馈性评价。其是教师组织教学的主要手段之一,是一种最常用、最简单的定性评价方式。

教师课堂教学评语是围绕教学目标做出的评价,不仅是为了让教师对学生的学习情况进行即时把握,也让学生明确了解自己当时的学习状况,能有效地协助教师教学和学生学习,对提高课堂教学效率具有很大的帮助。

课堂教学评价语言属于非系统评价,其时机、内容、方式等很难在备课时预设和安排,因人而异,因时而异,因课而异。其很大程度依赖教师丰厚的专业功底和教学的随机应变能力。

教师充满魅力的评价语言看似即兴,却根植于其深厚的教学功底、良好的口语素养和正确的教育理念。恰当、简洁、精妙的评价语言不是刻意营造的结果,而是在长期的教学实践中逐渐历练的成果。

苏联著名教育家苏霍姆林斯基在《给教师的一百条建议》中明确指出教师的语言修养,极大程度地决定了学生在课堂上的脑力劳动的效率。课堂评价语言是课堂语言的重要组成部分,教师的课堂评价语言是对学生学习过程和结果的评价,更是对学生有效学习的一种激励。

课堂上教师的评价反馈语言有较强的即时性和随意性,转瞬即逝,常常被

教师自己忽视,但学生却能敏锐地感觉到其存在。教师在课堂上的教学评价语言是否合适恰当,对学生的学习状况、情绪心态、道德修养等方面都会产生至关重要的影响。

学生发展课堂教学是学生学习的主渠道,而评价语言作为师生交流的有效方式,贯穿于课堂教学的始终。课堂评价起点低、目标小、评价勤、反馈快,对此学生最感兴趣,最容易接受,课堂评价也最能拨动孩子的心弦。

教师课堂教学评语作为教师语言修养的重要组成部分,越来越倍受关注。有效进行课堂教学评价也被公认为优秀教师的基本素质之一。

二、课堂教学中教师评价语言的现状

(一)宏观层面的进步

随着"双减"政策的深入,教师越来越体会到课堂评价语的重要性,认识到科学的课堂评价语言可以开启学生的学习心智,调动学生愉悦的学习情绪,提高学生的自信心,从而提高课堂教学效率。

评价方式由以前的终结性评价转变为当今的发展性评价。把学生看作不断发展的个体来进行评价,不再是"一刀切",评价的内容由单一的知识性评价转为知识、能力与情感三位一体的评价。评价语言更注重提高学生学习兴趣和参与课堂活动的热情,为学生思考与探究问题提供了相对安全的环境。

(二)微观层面的不容乐观

1. 课堂评价语言时机不恰当

课堂评价用语的时机把握是十分重要的。如在教学时,学生的回答正好是教师心中的标准答案时,教师立刻对其大加赞扬。这时一股无形的压力遏制了其他同学思考的欲望。其实有些学生可能根本没弄懂,还云缠雾绕,一头雾水。

2. 课堂评价语言缺乏多样性

每当学生成功完成了一个课堂活动,教师马上用"你真棒!""非常好!""你真是太聪明了!"等语言表扬学生。一堂课中"你真棒!""非常好!"满天飞。如果一句评价语言用得过多、过滥,就会失去其本身的魅力,学生的浓厚的学习兴趣也会因教师机械的评价方式逐渐消退。

3. 课堂评价语言情感偏差明显

情感偏差造成语文教师的评价语言感性成分多于理性成分,甚至完全被感性成分所占据。教师一味想要"保护学生""赏识学生",对学生回答中存在的错误视而不见,听而不闻。如作文课上,教师让学生把"我渴望_____"这个半命题作文题目补充完整。

　　生:我渴望自由。
　　师:这位同学很会思考,能够把内心最真实的想法体现到作文中。
　　生:不需要大人管,我想做什么就做什么,这内容没人写。
　　师:这是创新的表现。能够逆向思维,打破常规,很好!

　　学生对作文题目的补充似乎没有什么问题,但从教书育人的角度来考虑,教师应对某些行为和观念予以纠正。教师对学生的评价存在明显不足,势必使学生自我感觉盲目良好,可能会助长学生的浮躁情绪,不利于培养学生健康积极向上的写作态度和人生态度。

三、改善课堂教学中教师评价语言的实践与探索

1. 注重课堂评价语言的准确性

　　课堂语言要简洁而准确。课堂教学评价的主心骨是准确性,没有"脊梁",又如何支撑得起课堂教学的生命力?课堂教学评价应客观公正地指出学生的可取之处和不足,没有绝对的肯定评价,也没有全面的批评否定。

　　让学生准确无误地知道正确或错误的缘由:老师赞赏自己是因为审题细致,还是语言表达准确,或是两者兼有,在哪些方面还需改进;错误的原因是审题不清的错误,是语言组织的错误,还是考虑不周全的错误……这样准确到位的评语,往往能让答题学生从心坎里信服。没有答题的学生也能通过他人的回答,对问题本身有清晰的认识,从而使自己得到提升。

　　我在教学《花的话》这篇课文时,让学生朗读课文中写玫瑰花、芍药花等"窃窃私语"的语句。一个学生用非常平直、响亮的声音大声朗读,我笑着说:"你那么读,花儿们会被吓跑的,谁还愿意跟你窃窃私语啊?再来读一下,争取把它们都吸引回来吧!"评价语言客观地指出了学生不足,学生改进了对"窃窃私语"的表现方式,第二次朗读得十分精彩到位。

　　准确的课堂教学评价语言来源于教师时刻关注的教学主体和课堂细节,适时地指导学生纠正错误。教师在对学生的学习活动进行评价时,要把握好评价的尺度。表扬但又不过分夸大,避免学生得意忘形;批评但又不过分严

厉,保护学生的自尊心。用温和的语气、准确的用词,给予学生即时的、有针对性的准确评价,激发他们的进取心,这样的课堂才是真正的高效率。

2. 注重课堂评价语言的激励性

教师评价应有激励性,充分肯定学生的优点和进步。在学生的心目中,教师的评价往往具有权威性,他们的每一点细微的进步,一旦得到老师的鼓励、肯定之后,内驱力会成倍地激增。

我在教学《爱莲说》时,"菊之爱,陶后鲜有闻"这句话看似简单,但很多同学翻译错误。他们大多直译为:"喜爱菊花,陶渊明之后变得很新鲜,有所听闻",也有同学翻译得非常到位:"对于菊花的喜爱,陶渊明之后就很少听见了"。对于前者的答案,我说:"同学们刚才各抒己见,踊跃发言,尤其是某某第一个站起来回答,敢于展现自我,这一点非常好。但是翻译有些偏差,大家再讨论一下,到底偏差在哪呢?"

学生们在热烈的讨论中找到了症结。原来,学生们把"鲜"的语境意思搞错了,文中不是"新鲜"而是"很少"的意思,正确答案也就水落石出了。

当学生表达不清时,如果教师用不耐烦的表情、语言打断了学生的发言,学生可能陷入非常难堪的境地,甚至会蒙上自卑的阴影。若教师能耐心地倾听,用"别急,慢慢说"之类的语言鼓励他,或者用提示性的评价语言"先看清题目,想想用哪些知识点来思考,再按要求来回答",学生往往能顺利地表达出独到的见解。

在课堂中,遇到学生正在讨论交流的话题或错误的回答,教师不要立即给予肯定或否定的评价,要学会延缓等待。倘若教师在课堂上过早地对学生的回答给予终结性评价,势必会阻断学生的思索与探究的欲望,打击其学习积极性。若是以鼓励的语言、恰当的方式,巧妙地给学生的思维腾出"驰骋的空间",让学生畅所欲言,尽可能地对学生进行必要的引导,让学生充分亮出自我。

3. 注重课堂评价语言的机智性

在课堂中,教师评价要充分运用温馨机智、幽默风趣的语言,让学生在开怀大笑的同时受到智慧的启迪。温馨幽默能打破课堂的枯燥局面,使课堂达到师生和谐、其乐融融的美好境界。而这种美好的课堂氛围不仅能提高课堂教学语言的品位,还能优化课堂的教学环境。

在课堂中,有时候学生会重复前面同学的答案,聪明的教师不但不会去批评学生,反而会幽默地笑着说:"你真是个善于向别人学习的人,这么快就把别人的变成了自己的。"

教学过程是一个动态生成的过程,常常会"节外生枝",出现尴尬的场景。教师要善于用灵活机智的评价语将尴尬巧妙地化解,帮助学生"转危为安""化险为夷",避免让学生陷入一种尴尬的窘境,而是让其他学生由衷地佩服他回答问题的勇气和知错就改的品质。

一个学生在朗诵余光中的《乡愁》时,节奏轻快,丝毫感受不到忧伤之情。"这位同学是一个天生的乐天派,成天脸上带着微笑,朗诵这首诗也是乐呵呵的。大家说说这首诗的感情基调应该是怎样的?"其他学生回答说感情基调是忧伤。请他稍作酝酿后再次朗诵,情况有了明显改变。

温馨机智、幽默风趣是教师思维的火花,是教师智慧的结晶,是教师长期积累的结果。

4. 注重课堂评价语言的多样化

美国心理学家艾伯特·梅拉别恩根据实验指出,人们获得的信息量7%来自文字,38%来自语言,55%来自面部表情。为了帮助学生更好更快地掌握知识,教师除了充分利用有声语言外,还可以辅助适当的身体语言,把有声语言和无声语言有机地结合起来。

教学《陈太丘与友期》时,有个问题:"对元方'入门不顾'这一举动你是怎么看的?"学生们给出了截然不同的答案。大部分学生认为元方傲慢无礼,只有一个学生认为元方并非无礼:一个七岁的孩子可以把失信于人、不知自责的人拒之门外。

我走到那个学生身边,握着学生的手说:"我跟你握手,不是我赞成你的说法,而是感谢你为课堂创造了两种不同的声音。要是我们的课堂里总是只有一种声音,那多单调无趣啊!"在接下去的环节中,学生一致认为元方有些自负气盛,我竖起大拇指:"老师喜欢课堂上有许多不同的声音,老师也喜欢你们坚持自己的意见!"

语言、手势和微笑等相结合的评价方式,使评价更加真实有效。在老师的赞叹声中,潜移默化地培养了学生求真求实的精神。

四、提高教师课堂教学评价语言效益的建议

(一)课堂教学应多让学生参与评价

课堂评价应该是教师对学生的评价、学生的自我评价与学生间互相评价相结合。但我们平时评价方式单一，缺少多元的互动式的评价。多是教师对学生的评价，而学生间的互评、学生对教师的评价则比较少。

课堂评价成了教师的"专利"，学生常常处于被动甚至被忽略的地位。学生间的互动评价即使有，大多是"挑刺"，而缺少"赏识"和改进性的建议。教师应让学生参与评价，使评价成为一项双向甚至多向的活动，并通过"自评互评"实现教学的发展，开拓学生的思维空间。在教学中，可以创设学生评价老师的情境，鼓励学生大胆评价老师，勇于向老师质疑，发表自己独特的见解。

（二）教师应把善于评价学生作为教学基本功来钻研

口语表达是教师最重要、最基本的职业技能。在教师的教育教学工作中，无论是传授文化知识、培养能力技巧，还是启迪学生的心灵、陶冶学生的情操，都离不开口语表达。一个教师口语能力的强弱，直接关系到教学工作的成败优劣，会对学生素养产生潜移默化的影响。

充满智慧和艺术的课堂评价语言虽然于即兴产生，却植根于教师深厚的教学功底和过硬的专业素养。教师要加强理论学习，夯实知识基础，加强课堂教学评价语言研究。教师应把学会评价学生、善于评价学生作为教学的一项基本功来钻研。

语文课堂教学评价语言，它是一门学问，更是一门艺术。它不是教师对学生简单的肯定与否定，而是教师引领学生深入理解文本的方向标，折射出教师驾驭课堂教学的艺术性。它引发我们在"双减"政策下的诸多思考，值得我们细细品赏。"用点睛之语，就能指点迷津"，让课堂多一分精彩，少一分遗憾！

参考文献

教育部.义务教育语文课程标准（2022年版）[M].北京：北京师范大学出版社,2022.

张虹.提高课堂评价语言有效性的研究[D].上海：华东师范大学,2006.

柳胜华.用智慧的课堂评价点燃激情[J].文学教育,2013(2).

乔树莲.课堂教学评价语言的运用策略[J].甘肃教育,2015(19).

李如密,姜艳.核心素养视域中的教学评价教育[J].当代教育与文化,2017(6).

核心素养，由"表"及"里"生成于课堂

——以《表里的生物》教学实践为例

赵严雯

准确把握语文核心素养，才能使其在日常的教学实践中得以真正有效地落实。新课标对语文核心素养界定清晰，其中听、说、读、写是最基础的语言能力，思维能力则是按照一定的方式对所学内容进行分析、整理、加工与消化的过程，审美情趣是指学生欣赏、评判鉴别美的能力。

冯至《表里的生物》被选入统编初中语文教材的六年级第二册第四单元，此单元教学有：理解人类探索未知世界的不同方式，把握文章思路，领会文章深刻内涵等。内容丰富，主题统一。从文章的内容来看，《表里的生物》回忆作者儿时"探究"怀表的趣事。内容并不复杂，但经过一读再读，"切问远思"后，会发现除其"表"之趣，更有"里"之味。

一、巧设学程，优化整合，提升思维能力

"学程"是与"教程"相对的，具体指学生的学习过程，即学生学习某一知识点或某一主题项目的全部过程。也就是学生通过与教师、同伴以及教学信息的相互作用获得知识与技能及形成态度的全过程。

郑桂华老师说，"学程是一段相对独立的学习进程，是将某些目标或任务过程化；用一种适当的形式组织学习活动、串联起彼此相关的学习任务"。因此教师在设计学程时，要把聚焦点放在"渔"上，而非面面俱到的"鱼"上，从而让学生能真正通过一个抓手、一种途径做到"不待老师教，自己会阅读"的理想境地。

学生阅读文章往往存在"少""慢""浅"三大问题。教师在设计学程时，首先，要尊重学生的认知规律，循序渐进，由易到难，让学生边读边收获。其次，要给予学生一定的抓手。填表格和列思维导图，是教师在设计学程时常用的方法，如情节结构图、人物关系图等。因此，笔者在执教《表里的生物》时也尝

试着设计支架,请学生们填写内容。

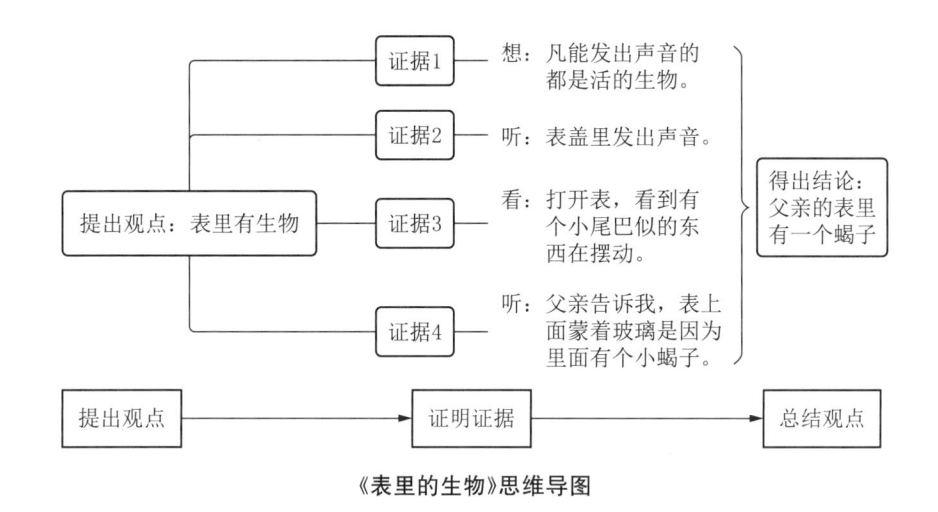

```
                    ┌─── 证据1 ──  想：凡能发出声音的
                    │               都是活的生物。
                    │
                    ├─── 证据2 ──  听：表盖里发出声音。         ┐
                    │                                          │  得出结论：
提出观点：表里有生物 ┤                                          │  父亲的表里
                    ├─── 证据3 ──  看：打开表，看到有           ├  有一个蝎子
                    │               个小尾巴似的东             │
                    │               西在摆动。                  │
                    │                                          │
                    └─── 证据4 ──  听：父亲告诉我，表上         ┘
                                    面蒙着玻璃是因为
                                    里面有个小蝎子。

    提出观点  ──────►  证明证据  ──────►  总结观点
```

《表里的生物》思维导图

通过图表的提示和学生自主阅读后对表格的填写,能较快引导学生一步步走进文本,梳理文章内容。

在学程的设计上,教师不能为了设计而设计。而应该符合整套教材的教学规律,善于总结归纳,建立前后知识点联系。正如尹后庆在《让素养在中国的课堂上真实地生长》中提到:核心素养就是所学的知识、观念、方法、在解决实际问题中所表现出来的价值观、必备品格和关键能力。

统编语文教材六年级下册中,第二单元与第四单元的教学目标中都有:学习作者富有特色的表达情感方式。在第二单元课文《那个星期天》《别了,语文课》中老师都设计了:通过圈画直接抒情的句子,梳理作者的情感变化。这一技能是记叙文阅读探究作者写作意图的重要途径,值得反复练习、学以致用。因此在执教《表里的生物》时,勾连前单元出现过的学习方法,设计学程,借助寻找内心独白的方式,来梳理"我"的情感心理变化,完成梳理表。

《表里的生物》情节、作者心理梳理表

情　　节	作者心理
我想：表里边一定也有一个蝉或虫一类的生物吧,这生物被父亲关在表里,不许小孩子动。	猜测
我吓了一跳,蝎子是多么丑恶而恐怖的东西,为什么把它放在这样一个美丽的世界里呢？但是我也感到愉快,证实我的猜测没有错：表里边有一个活的生物。	愉快

(续表)

情 节	作者心理
我只想,大半因为它有好听的声音吧。但是一般的蝎子都没有这么好听的声音,也许这里边的蝎子与一般的不同。	猜测、坚定
哪里有死的东西会自己走动,并且能自动地发出和谐的声音呢?	确信
可是父亲怀里的表有时放在桌子上,不但它的秒针会自己走动,而且它坚硬的表盖里还会发出清脆的声音:滴答,滴答……	疑惑
"不许动",里边该是什么东西在响呢?我对于它的好奇心一天比一天增加。	好奇
越不许我动,我越想动,但是我又不敢动。	痛苦着急

以上两大问题:梳理情节、梳理心理变化是语文记叙文教学中的常规问题,解决此问题时若不做归纳整合,将会一遍遍重复着徒劳之功。而通过精心设计学程,融汇学生的认知规律,将形象生动思考路径植入学生的学习过程中,则能有效提高学生的思维能力,使问题化繁为简,一一攻破。作为一种学习方法,设立学程让教学课堂从"教的课堂"到了"学的课堂"。

二、聚焦细节,平字见奇,鉴赏语言魅力

阅读分析,在语文学习中占据鳌头之地,受到学校师生的重点关注和深入探讨,也常被称为"文本解读"。它基于语言文字和逻辑,把语言文字作为抓手探求"作者借助文章要表达什么",是一种常态化的教学手段。师生通常把视觉聚焦在各种类型"好词好句"上,从而体会作者的"匠心"。但经过反复推敲,则发现一些质朴平淡的语言也散发着精彩的魅力,使学生惊喜地发现平易的遣词造句亦常字见奇,陈字见新。

副词往往用来修饰限制词、形容词,表示范围、程度。若是细细品读会发现,其在传情达意上亦有很强的表现力。《女孩独立》曾被选入沪教版七年级第一册。讲述的是:秦文君的女儿在12岁时,被寄宿学校录取,开始迈出独立第一步,然而女儿在住校的第一个月频频向母亲诉苦。作为母亲的作者内心很复杂:

我说小鸟你必须试着解决这些事,至少试一试,万一解决不了,你再打电话给我。挂断电话后,我整天都守着电话机,一旦有朋友的电话进来,我只能三言两语,说我正在等一个重要的热线电话,稍后再打给他们。

> 的确,眼下我最大的心愿是帮助一个女孩站起来。独自迈出第一步。

当学生第一时间分析这段话时,似乎索然无味,只是简单地在心里独白。在老师提示下关注几个副词,试着一一分析"必须""至少""万一"等。经过一番讨论,学生渐渐发现:"必须"这一"严厉"的副词背后是挣扎后再次独立站起来的勇气,是一种积淀后的崛起。是作者极力克制自己,促使女儿走上磨砺之路的决心。而后续的"至少""万一""再",口气一个比一个软,又见作者的慈母心肠。简单的几个副词将人的情感起伏波动淋漓地表达出来。伴随着体验式的分析,结合语境,引导学生"抓"副词,方能体味出生动传神处。

《表里的生物》中老师带领学生探寻"我"的心理变化中,有这样一句话:

> 越不许我动,我越想动,但是我又不敢动,因此很痛苦。这样过了许多天,父亲一把表放在桌子上,我的眼睛就再也离不开他。

几个句子关系密切,"想动"而不敢很痛苦,延续"许多天"更痛苦,所以一旦稍有机会接近怀表,就会"死盯着看"。两个副词"越"表现出心理的势能,"一"和"就"强化了那种"寻觅机会"和"抓住机会"的心理,将孩童的天真童趣、可爱幼稚凸显出来;同时也能体现出孩子探索、思考的过程。

教师在引导学生分析《表里的生物》中父亲的形象时,让学生通过通读课文中对父亲的人物描写,初步判定:父亲的这些表现,有时是无情的拒绝和"不许",有时是"谎言"的欺骗,有时是冷漠的"不回答"。他的言行似乎忽视了"我"的好奇天性和探索未知世界的决心。接着老师启发学生深度与文本碰撞,将关注范围扩大,连看似闲笔之处也不"放过",如:"我一边说一边就向着表伸出手去。父亲立刻把我的手拦住了……""立刻"一词可以看出父亲见到"我"想要动表这个举动之后的迅速而紧张的反应,原来"表"面冷漠、不近人情的父亲"里"面也不乏温情和慈爱。父亲的"不许"禁令与"小蝎子尾巴"的谎言,却恰恰在客观上激发了当时充满疑惑的"我"的种种想象,也客观上激发了"我"执着探索某一现象的意志力,更客观上让"我"养成了通过已知去印证未知的钻研态度。

在老师不断的引领下,学生逐渐读懂课文中的深厚之处、特别之处。这种阅读方式不但提高学生的鉴赏能力,同时也让学生自主积累语言经验,学会运用文字。

三、创设情境,营造氛围,发展审美情趣

在初中语文教学中,特别是预初阶段,创设各种情景是一大"法宝"。教师在创设问题情境时,需要遵循目的性、指向性。学生得到问题后需要充分发挥主观能动性,按照自己的方式对问题进行分析,探索课文内容,沉浸其中,感受课文中不同角色的思想、情感,从而实现阅读学习的目标。

以统编教材六年级上册《那个星期天》阅读教学为例,本节课的阅读教学中可以创设情境:你和父母有个约定吗?最后你们的约定达成了吗?在达成约定的过程中,你的心情如何?

同学们的话匣子一下子打开了,老师进而引入本课内容,使学生主动深化到阅读当中,为学生构建广阔自主的学习空间。以此,让学生更有感触和兴趣参与到阅读活动中,并且创设的问题和实际生活联系起来,使学生更能真切体验、思考探索,形成对阅读文本的客观认知和主观感受。

创设情境也可通过多方位的介绍,补充相关知识链接,如:播放视频、音频等方式营造浓厚的氛围,让学生有身临其境的感知、感悟。在《表里的生物》阅读教学中,虽然课文内容比较简单。但对于学生来讲,一个古老的怀表与他们的距离似乎有些遥远。教师可以借助事物,拿一块怀表给学生看,让他们触摸,也可以让学生听听怀表中的声音,进而引起学生的好奇心,想要一探究竟。

在教学时实时抓住创设情境的契机,支持学生自主探索,发散思维,让学生在阅读过程中结合自身经历、生活体验等理论,逐渐发展自身审美情趣。有效实现在日常教学阅读中培养学生的核心素养。

四、立足教材,关注背景,重视文化体会

统编教材总主编温儒敏教授特别强调设计要有个性,有温度,有创造,课才能激发学生学习的兴趣。对于许多经典现代文,难度较大,老师在讲解前要先精读。老师要想让自己"在状态中",除了围绕教材,比较系统地熟悉课程之外,还要适当跟踪和了解学术研究界的新成果,将一些比较新的、有共识的学术观点转化到自己的教学中。对于学生理解不透的文字,增加写作背景是常用之举:

(屏幕显示:我与父亲不相见已两年余了,我最不能忘记的是他的背影。)

师:我想从惜字如金的角度来看朱自清为什么不直接写"我与父亲分

别已两年余了"这样不是更精炼吗?

中学生在这个成长阶段,很难理解这个问题,对于他们父子之间微妙纠结的情感,学生如"雾里看花",此时让他们分析出"不相见"的表现力是极其有难度的。

因此老师增加补充了背景资料,标题为"《背影》的背后……",内容显示在多媒体屏幕上:

> 1915年,朱自清父亲包办了朱自清的婚姻,朱自清有怨言。父子生隙。
> 1916年,朱自清上北京大学后自作主张改"朱自华"为"朱自清"父亲很生气。
> 1917年父亲失业,祖母去世,家庭经济陷入困顿。朱自清二弟几乎失学。
> 背影的故事就发生在这一年。
> 1921年朱自清北大毕业参加工作,父亲为了缓解家庭经济紧张私自扣留了朱自清的工资,父子发生剧烈的矛盾。朱自清离家出走。
> 1922年朱自清带儿子回家,父亲不准他进门,只能怅然离开。
> 1922年朱自清再次回家,父亲不搭理他。父子开始长达多年的冷战。
> 1925年,朱自清的父亲写信给儿子"大约之去不远也",朱自清在泪水中完成了《背影》。
> 1928年朱自清父亲读到《背影》。父子冷战关系解冻。
> 1945年,朱自清父亲离世。

(生默默读完,均感慨)

通过本课实例不难看出,在增加了背景介绍后,学生们很容易能够体会到"不相见"的表现力。父子之间的爱是自卑且自尊的,是想说却又说不出口的。以此学生可以分析出"不相见"里有太多的无可奈何,这对父子的爱是艰难的。用"不相见"是更贴切的。也因为对背景的"刨根问底",唤起学生更深刻的感受,促使他们细细"咀嚼"作者复杂的情感。

又如在笔者在执教《表里的生物》时,通过上述方法——设计学程,不难探

讨出文章着力变现:四五岁的小作者在探索怀表时的心理情感变化。紧跟着老师又问:

> 如何理解"这样的话我不知道说了多久,也不知道到什么时候不说了"这样的话具体指什么？作者为何不说了？

看似突如其来的内心独白令学生们无从理解,这时老师将引领学生走进作者冯至。学生们从中了解到:这是作者三篇"向儿童说我童年故事"其中之一,另外两篇文章分别是《彩色的鸟》《猫儿眼》；并且向学生展示作者在《彩色的鸟》前给《大公报》的编辑信中写道:一是因为我曾经真正感到过片时的欢乐；二是要在"艰难而严肃"的现实中,让孩子看到一些快乐。

增添此背景后,学生不难理解文章的核心不仅是记录作者儿时趣事,还表现出成年后的作者写下这篇回忆性散文时内心所包含的成年人的人生感喟。当学生明白作者的人生经历和写作背景,他们在情感上就更能与作者达成情感共鸣。

教材是一座桥梁。牵系着中国文化思想理念和学生。教师在教学中要善于"抛砖引玉",不断挖掘教材中的人文精神、文化因素,让学生们学习、理解并传承优秀文化。

学生在课堂上语文核心素养生成是方方面面的,教师一定要为学生搭建语言支架、创设学习情境、合理运用各种资源方式,从而提高学生的学习能力,让学生在日常学习中发展情趣,培养思维,提高语文素养。

参考文献
曹刚.《课文可以这样读》[M].上海:上海教育出版社,2017.
肖培东.《语文教学艺术镜头(初中卷)》[M].上海:上海教育出版社,2019.

浅析初中语文教学中的情感引领

骆虹华

一、问题的提出

现在的语文课堂中不难发现这样的现象：学生一接触文学作品，教师就带着学生立即进入主题探讨、思想分析阶段，忽略了以联想想象为主的感性思维和形象思维。久而久之，导致了学生机械地掌握知识要点，他们的情感游离于作品之外，因此而出现了只注重知识积累不注重感悟体验的现象。事实上，这是语文教学中长期以来不被重视的一个问题，复杂的知识体系使得语文教学索然无味；而能将语言能力的培养融入一种积极、愉悦的情感氛围中，语文教学不失为情感培养的一块沃土。

二、语文课堂要走进学生的情感生活

著名教育家夏丏尊说："教育不能没有情感。"由此可见情感教育在语文教学中占据着重要的地位。初中语文教材中文质并茂的文学作品占据相当篇幅，其中有着对祖国的大爱，对身边亲人的关爱，有着对理想事业的追求，对困难挫折的坚持，有着拍案而起的激愤，催人泪下的凄切……怎样才能使学生受到作品中情感的冲击呢？我想，只有通过学生内在的亲身体验和外在的情绪感染才能对学生的情感施加影响。在这一过程中，教师的情感引领作用尤其重要，我在语文教学中对学生实施情感教育的方式做了如下的尝试：

（一）情"润"师生

作为一名语文教师，首先应该具有丰富的情感，有着超乎常人的对情感把握的敏锐度。假如你缺乏对人生、对职业的热爱，就不可能比学生更多地发现课文中的感人挚情。作为一名优秀的语文教师，他应该具有诗人的豪情；也应具有画家善于发现美的敏锐眼睛；更应具有音乐家的柔情。唯此，才能更好、更多地发掘真情，感悟真情。在一线从事教学工作的人，大多有这样的体验：学生会因喜欢、崇拜某一教师而对其所任课程产生浓厚兴趣，并会努力将它学好。这就不禁使人想起哲人说过的话："知之者不如好之者,好之者不如乐之者"。学习兴趣在学习中发挥着至关重要的作用,而教师在培养学生的这种健康的学习情感上起着不可忽视的作用。

"学高为师,身正为范。"教师以其独特的人格魅力感召学生,会使学生受益匪浅。因为在传授知识的同时,教师的行为、活动已经潜移默化地达到了培养学生健全人格的目的。语文教师尤其如此。我们的语文教学内容是更多地秉承着以儒家文化为主体的华夏民族数千年的文化结晶。这一文化体系本身就对知识分子的人格提出了较高的规范和要求。语文教师作为这种文化的直接传播者,更应该向这种规范和要求看齐,其"指点江山,激扬文字"的满腔热情,势必使学生产生共鸣,直接对学生身心产生深远的教育意义。古人云:"亲其师而信其道。"充分说明了教师的教学效果与师生情感关系的密切性。教师对学生的爱及各种积极情感必然能激发出学生对老师的尊敬与喜爱,从而也愿意与老师交流探讨,愿意听老师的课。记得,刚接手六年级一个班时,在一次题为《____,我想对你说》的写作中,有个学生写道:"老师,你与以前的语文老师最大的不同就是你的脸上常挂着微笑,当你微笑着走进教室,我就被你的微笑征服了,听得很认真,渐渐地爱上语文课了。"我突然明白:原来我不经意的微笑却能使学生爱上语文!从那时起,我即便是心情不好,在课堂上我也总是面带微笑,满足学生的情感需要,让学生在轻松愉悦的氛围中学到知识。试想在一个精神紧张的课堂氛围中怎能让学生思绪飞扬呢?19世纪德国教育家第斯多惠说:"教育的艺术不在于传授本领,而在于激励、欢欣和鼓舞。没有兴奋的情绪,怎么能激动人,没有主动,怎么能唤醒沉睡的人,没有生气勃勃的精神,怎么能鼓舞人呢?"这表明了教师掌握和控制自己的情感的重要性。教师要给学生亲切感、信任感,要以爱子之心去爱生,以教子之诚去育人,给学生以无形的温暖,培养学生对自己的信任。因此,建立教育"情感场",营造积极健康的学习环境是优化课堂教学的良药。

当然,在教学中,教师要想用教学内容所内含的情感打动学生、感染学生,自己必须首先被这种情感打动、感染。正如托尔斯泰所说:"把自己体验过的情感传达给别人,而使别人也为这情感所感染,也体验到这些情感。"因此,教师在备课时,不仅要把握教学内容中的要点、重点,考虑到学生可能出现的难点、疑点,还要在全面、深刻地了解作者的人生经历、写作背景的基础上,正确理解把握教材中作者和某些人物角色的思想感情,充分挖掘教材中的情感因素,并运用自己的生活经验,去努力体验其中的情感,激起自己的情感波澜,使自己情动于心,这样教师才有可能带领学生走进作者所创造的艺术世界,教学场景也才会呈现出强烈的共鸣状态。

(二) 情"溢"课堂

现在的初中生"一心只读圣贤书",再加上生活范围很小,所接触到的除了家长和老师外,就是书本上的知识,对于生活他们没有多少经验,更谈不上感悟和体验,所以面对课内外有着丰富情感的文学作品,他们总是显得束手无策。此时,教师的引领作用尤为突出,教师要充分利用好课堂这个平台,引导学生与作者进行深入的情感交流和心灵对话。

1. 创设情境,以形激情

情境即情感境界或情绪氛围。教师运用语言或直观教具将作者在作品中构造的情境再现出来,甚至为达到某种教学目的而独创教学情境,来诱发学生的联想与想象,唤起他们的各种感觉,从而获得新鲜、真切的感受和体验,学生就会产生身临其境的感觉。在具体的语文教学中,要结合课文与作文的有机衔接,进一步升华真情实感。如朱自清先生的《背影》,以朴素的语言,从微小的细节,描绘出父亲的感人形象,表达了父子深情。结合本篇课文,让学生回忆亲人们留给自己的深刻印象,写出亲情作文。有个学生从自己的爷爷为乞丐端饭、穿鞋等细节描写中,表达了对爷爷的敬佩之情,并以"天堂里的笑声"为这篇作文命名,写出爷爷对自己潜移默化的影响,同时对于关注弱势群体,创建和谐社会,谈出了切身感受,体现出情感的升华与灵魂的洗礼。对于相近的课文,应通过比较分析的方法,让学生善于从不同角度体会作者的情感。孟浩然的《过故人庄》与陆游的《游山西村》同样是对友情的赞美,都描绘了美妙的田园风光。但在语言风格上,孟浩然的诗自然朴实,陆游的诗于平易处见工整,富有哲理色彩。记得在执教《黄河颂》时,我把学生带到学校的演播室,站在高台上,通过多媒体和影像制品充分让学生身临其境,寻找诗人的那种感觉,与诗人产生共鸣,这种做法收到了很好的教育效果。

2. 以情带声,以声入情

朗读能将无声无情的语言文字变成有声有情的口头语言。郭沫若在《文艺论集》中描述道:"立在海边,听着一种轰轰烈烈的怒涛卷地吼来的时候,我们不禁心要跳耳要鸣,我们的精神便要生出一种勇于进取的气象。"节奏有力的涛声能引发人的情思,教师声情并茂的朗读自然也能激发学生的情感,使学生与作品中的人物一起分担喜怒哀乐,从而直接受到感染熏陶。语文教材中有不少语言生动、优美的佳作,教授这样的文章,不宜把知识过于割裂,而应该通过有感情地朗读来完成教学任务。教学时可让学生从正确的停顿、重音、语调、句调等方面直接感受作品情感的脉搏,使学生"耳醉其音""身醉其境""心醉其情"。《黄河颂》要读得豪情万丈,读出诗的意境,读出黄河喷薄而出、荡涤尘埃的气势;同样,只有抱着掏心掏肺的心态,带着恳切无比的语气朗读才能体会得到《出师表》中诸葛亮"鞠躬尽瘁,死而后已"的良苦用心;《威尼斯商人》中安东尼据理力争反驳那些嘲笑者的一段话,在读这段时声音应逐渐加大、音速逐渐加快、情感也逐渐由激动到自豪再到坚定,要读得气宇轩昂,读出凛然正气……在学生的情感得到激发时,要顺势引入课文深层次的学习中,将知识内化为学生自主思维的动力,提高学生感悟语言文字的能力。从而激起一种强烈的积极的审美愿望,激发学生的创新思维,培养学生的审美能力。

3. 扣住情点,以情动情

"动情点"即情感的触发点,通过它能够引起我们的种种情思。动情点既是作者情感的爆发点,情与景的焊接点,也是意境的落脚点,也恰恰就是阅读者的共鸣点。这就决定了教师在课堂阅读教学中必须准确地抓住文章的动情点,引导学生找到理解的切入点。朱自清先生的《背影》,其动情点毫无疑问是身材臃肿、动作蹒跚的父亲翻过铁道去买橘子的片段。我在上课时,就直入这个场景,引导学生去体会这是一个蹒跚、艰难、沉重而又努力,但却又拼命地显示着轻松的背影。学生把所有的着眼点集中在这里,情感也都慢慢地汇集,通过文字我们渐渐地能感受到作者对父亲的感激感动,对父亲艰难生活的同情,对父亲爱子情深的理解,对自己误解乃至责怪父亲的深深忏悔,甚至于对父亲未来生活的忧虑。泪水直接指向背影,背影总被充满泪水的双眸所关注。这颗石子投入湖中激起的是满湖的涟漪。入情的学生,自然而然就会想起自己的父亲,想起了围绕在自己身边的父爱,也许自己身上发生的故事会一件一件蹦出来。此时,学生的情感无疑跟作者的情感产生共鸣,达到了"学文""悟道"的目的。

4. 品词赏句,以语表情

品词赏句在整个语文课堂教学中有着举足轻重的地位。教师讲解课文的过程,不仅是师生共同进行文学鉴赏的过程,同时也是一种情感交流、艺术形象再创造的过程。语文课堂因为有了品词赏句,课堂才不会显得浮华、浅薄;

语文课堂因为有了品词赏句，文章才能真正地被理解、感悟和鉴赏。当然，教师要善于抓住课文中的动情处、重点词句，满怀感情地诱导、讲解、分析。语言不仅具有传统教学中所要求的准确性、简明性、逻辑性的特点，还具有生动、形象、富有情趣和感染力的特点，以便激发学生的情绪体验，使审美主体与客体融为一体。在执教《我的叔叔于勒》一文中，怎样让学生理解父亲与母亲的人物形象，就可通过文中重点的词句落实。比如，当在船上见到于勒时，学生从文中找到了对父亲母亲神态、语言的描写，父亲的"不安""脸色煞白""两眼呆直""哑着嗓子""结结巴巴"和母亲的"吞吞吐吐""哆嗦""暴怒"等，以及对于勒的前后称呼，从"正直的人""有良心的人""有办法的人"到后来的"贼""讨饭的""流氓"，使人物形象跃然纸上。我又继而引到文章课题"我的叔叔于勒"以及文中的"这是我的叔叔，父亲的弟弟，我的亲叔叔"来呼唤亲情，让学生在这一对比中完全领会小说的主题，从而引导学生对人生价值观的清晰判定，对金钱与亲情的深刻认识。通过这一品词赏句的过程，将文中的情感充分内化为学生的主观情感。

（三）情"延"课外

初中生的情感价值观相对来说还略显稚嫩，如果仅仅依靠课堂 40 分钟的时间来塑造，还远远不够。想抓住"动情点"就必须丰富自己的人生体验。正所谓经历得越多，感受得越多。情感体验越丰富，就越能够感受到人生的酸甜苦辣，也就越能够受到外界的激发，产生共鸣的冲动。作为老师，帮助学生强化某些人生体验的感受对于学生的情感积累是很有帮助的。比如，经常朗读或印发一些优秀的、饱含感情的文章，引导学生对某种情感反复揣摩；运用多媒体展示经典的图片或照片，以文字之外的方式刺激学生平时没有注意到的或是感受不深的某类情感；寻找旋律优美、歌词蕴涵丰富的情感意味的歌曲给学生听，播放感人的电影片段等；几个角度一起下手，激发学生心灵的共振。事实证明，这些方法带来的情感体验、情感强化效果很好，有时甚至具有震撼性。作为在校生，接触到的人是有限的，经历过的事也是有限的，这些无疑都是他们丰富自己人生经验的障碍，这时候就很需要老师的帮助和指点，老师可以通过情感移植，不断培养学生心灵的情感小苗，让它茁壮成长。

语文素质教育就是以情感教育唤醒学生的心灵，启迪学生的灵性，挖掘学生情感的潜质，让学生的心灵激荡，与作品和作者的感情相互碰撞，产生共鸣。使学生在领略中国语言魅力，陶冶情操的同时，感情也得到升华。教师要善于利用教学中的情感教育,提高课堂教学效率,变单纯的知识教育为素质教育,用真诚诱导每一颗求知的心灵获得丰富的情感体验,在潜移默化中滋润每个学生的心田,使语文课堂焕发出应有的生命光彩,进而促进学生自身各方面的全面发展。

初中生整本书阅读的意义和实施路径

——以《城南旧事》为例

王 晶

什么是整本书呢？整本书不仅要与单篇区分开来，还不同于编者个人出于某种意图和取向将各种单篇作品结集成书的"文选型"书籍；所谓整本书，重在"整"。整本书阅读在语文教学中已经不是一个新概念，最早由我国著名教育家叶圣陶先生在《论中学国文课程标准修订》中提出"把整本书作主体，把单篇短章作辅佐"，"除单篇的文字外，兼采书本的一章一节，高中阶段兼采现代语的整本书"。之后，这个要求一再被提起。教育部2011年发布的《义务教育语文课程标准》在对7—9年级学段的课程目标中提出："学会制订自己的阅读计划，广泛阅读各种类型的读物，课外阅读总量不少于260万字，每学年阅读两三部名著。"此后，《普通高中语文课程标准（2017年版）》更是将"整本书阅读与研讨"列在18个语文学习任务群之首。整本书阅读在整个中学语文教育中的重要性由此可见。然而，初中生由于学段的特点，有进行整本书阅读的必要性，但在实施上较有难度。

一、初中生整本书阅读的意义

初中生的识字量、阅读储备和思维水平都足够支持他们完成整本书的阅读，虽然理解消化程度因人而异、因书而异，但在这个学段进行这方面的培养训练，无疑是大有裨益的。

语文课程标准提出"语文课程应致力于学生语文素养的形成与发展"，而语文的核心素养，包括"语言建构与运用""思维发展与提升""审美鉴赏与创造""文化传承与理解"四个方面，近些年来，一直广泛渗透指导我们的语文教学。

这里以我进行整本书阅读教学的《城南旧事》为例，谈谈其对提升核心素养的意义。这部作品借孩童英子的眼睛，描绘了一幅北京的风景人情画卷，展现真实热闹的市民生活，呈现成人世界的悲欢离合，亦可使读者从中窥探时代风云。

书中有非常丰富的语言材料,纯净、自然如同散文式的小说语言,能让学生在持续集中的阅读中反复品析、潜移默化,对初中生尚不成熟的语言建构和运用能力产生积极影响。

书中的篇章各自独立,但在时空人物和叙述风格上连贯,学生们通过完整阅读,可以强化对主要人物的认知和判断,对不同时期呈现的人物悲欢有深刻的领悟,对书本想要表达的内涵会进行更为准确的辨析,这些过程可以培养学生思维的灵敏性、深刻性、独创性和批判性。

一部优秀的文学作品必然带有强烈的审美特性,《城南旧事》中,北京的风景民俗人情和温馨又哀伤的基调会让学生在阅读中形成审美意识,不由自主置身到画卷中,获得审美情趣,也为他们学习表现美和创造美提供能量。

不同的书籍都在某种层面展现某种文化,古今中外、文学、历史、科学,皆是如此。《城南旧事》呈现的20世纪初北京的文化风情、时代风情对于中学生培养继承中华优秀传统文化、理解借鉴不同民族和地区文化的能力,以及拓展文化视野无疑是有帮助的。

二、初中生整本书阅读的实施路径

(一)书目选择

优秀书籍瀚如烟海,在开展整本书阅读活动前,首要确定的便是读什么书?叶圣陶先生有言:"学校课程的设置,通常根据三种价值:一是实用价值,二是训练价值,三是文化价值。"阅读书目的选择亦同此。在大量能充实知识技能、提升思维能力、丰富情感文化的书籍当中以什么作为取舍标准呢?我认为教师可参照以下两点:

1. 由课内延伸到课外

语文教材是语文学习的根本,课文篇目经过理论和实践的反复检验,共同构筑起学生学习语言文字文学的完整体系。而教科书中的文章多数选自整本书,选择课文出处的书籍,既可以让学生更好地理解课文,拓展视野,也可以引起学生的阅读兴趣,比如沪教版七年级下册的课文《爸爸的花儿落了》出自林海音的《城南旧事》一书,学生在学完课文后,会想了解英子整个小学阶段发生的故事和英子一家人的悲欢离合,等等。

2. 符合学生年龄层次和兴趣趋向

教师要根据学生年龄特点和兴趣趋向去选择书目。年龄阶段决定了他们的认知层面和思维深度,"学习情境的构成,必须使新异情境与主体的已有发展水平具有一种适度的关系",让小学生去阅读《悲惨世界》自然是不可取的;而整本书阅读的实施困境中有一部分是因为学生觉得读书枯燥无味,这就需要教师适当考虑学生的兴趣点,在当下的时代背景、城市生活中,在他们的年龄会对哪些内容的书籍投出关注目光?教师要做好书目选择的主导。《城南旧事》以七岁到十三岁的一个孩童的视角,观察思考人情百态;五篇小说各自独立,篇幅不长;故事情节曲折有趣;语言流畅自然,通俗易懂。不但符合初中生年龄特点,更迎合了他们的趣味。

(二)实施路径

阅读的方式有很多种,即便是在教师指导下的初中生整本书阅读,在具体实施上也可以见仁见智。但是无论是课堂教学还是书籍阅读,都应遵循由浅入深、层层深入的逻辑推进方式,关注学生的学习经历,提升学生的思维品质。因此,可将整本书阅读的实施路径设定为"感知——理解——鉴赏——创造"的过程,从知道是什么、了解为什么、懂得怎么样,到最后在文本内外发散迁移。下面我结合对七年级学生阅读《城南旧事》的指导,谈一谈初中生整本书阅读的实施路径。

1. 激发兴趣,梳理内容

要让整本书阅读活动在班级开展起来,必须在规定时间内集中阅读完毕,避免零散拖沓阅读带来的记忆不深、思维断续,也影响后面活动的开展。万事入门难,要让学生在初读书本之时就怀抱兴趣和热情,除了书籍本身的吸引力外,更需要教师采取激趣手段协助,竞赛机制是很符合初中生心理特点的方式之一。

在全班布置下两周内阅读完《城南旧事》,平均两天一篇的任务,分好阅读小组。预告两周后进行小组比赛,内容为"读原文猜人物",每组准备三段关于人物描写但不出现人物名字的语段,让别的小组猜人物;"看图片读原文",由教师准备图片,竞赛当天出示让学生识别内容并读出原文;"读原文讲故事",每组准备一个自己最喜欢的故事,当天复述。三项内容,得分高的小组获得奖励。比赛内容并不艰难且富有趣味,能考查学生对书籍内容的熟悉程度,引入竞赛机制后,学生们读书的劲头就蓬勃兴起。活动最后,教师再根据学生所说,出示本书内容导图,由学生共同完成,导图包括篇名、人物、时间、故事。这样就完成了对《城南旧事》的初读,内容和结构都得到梳理,在共同阅读完成任务的过程中,学生也品尝到了读书与合作的成就感。

2. 疑难筛选,合作阐释

完成初读感知之后,要进入理解这个层面,这也是符合阅读规律的。学生阅读一本新书的过程,有好奇就一定会有疑问,随着阅读的精细化,问题会越来越多且越来越深刻。在阅读活动的第二阶段,需要学生就整本书有疑难的地方提出问题,教师进行汇总,最后在班级集中呈现,师生共同筛选出最有意义的提问,讨论探究、互相阐释。在阐释当中碰撞思维、丰富认知。

在完成对《城南旧事》内容的梳理后,我让同学们分组提出自己的问题,有诸如"骊歌是什么歌?""会馆是什么地方?"这些浮于名词概念的问题,也有"英子一家到底是哪里人?"这种牵涉背景的问题。但这些提问并非一无是处,教师应让学生自己通过查询资料迅速获得认识。在学生的众多提问中,师生共同筛选出了这样一些提问:秀贞究竟是不是疯子? 草丛里那个厚嘴唇的人是好人还是坏人? 英子为什么能撮合兰姨娘和德先叔在一起? 英子的爸爸是好爸爸吗? 秀贞和宋妈都是命运悲惨的女性,那么兰姨娘和英子妈妈呢? 全书既温馨有趣又伤感惆怅的情调是怎么回事?

因为这些问题主要还是学生自己提出的,也是自己筛选的,教师只是适当引导,学生们对于解决它们热情很高,"从对学习的促进来说,兴趣可以成为学习的原因;从由于学习产生新的兴趣和提高原有兴趣来看,兴趣又是在学习活动中产生的,可以作为学习的结果",于是合作阐释的环节也进行得颇有成效。比如"秀贞是不是疯子"的问题,小组 1 罗列了原文情节:秀贞的孩子明明出生就被抛弃了,秀珍却经常回忆小桂子小时候玩闹的场景;思康走了多少年了,秀贞的话里却说她走了个把月……这样看确实是精神失常;小组 2 马上反驳说:秀贞与英子的交往中显示出的热情、真诚、善良,语言表达的清晰流畅都反映出她不是疯子;小组 3 紧接着说:至少在英子眼中秀贞不是疯子,而是个可以与她说话交心、痛失爱女的可怜人,而秀贞之所以可以和英子成为"忘年交",也是与秀贞的"疯"分不开的;小组 4 又补充道:"疯了"的秀贞以一种孩子的淳朴姿态与英子对话,而英子的眼光是没有受到大人世界影响的纯粹的视角,两个人之间形成一种平衡。学生的原话可能没有如此准确,教师在他们分享之后帮他们做调整和修饰,最后梳理成这样一个讨论轨迹。苏霍姆林斯基就认为:"不一定要把学生一个接一个地喊起来回答问题,而是听他们说些什么,然后从他们的零散的回答里凑成一个总的答案。"

在合作阐释中,学生们急切想表达自己的发现,在思维碰撞中,逐渐丰富了自己的认知。

3. 摘抄句段,审美赏味

语文课程是学习语言运用的综合性实践性课程,学习语言文字运用的基本规范后,再去感受文学语言。步根海老师说过:我们过去还有一个概念是,初中阶段以学习语言运用的共性为主,而高中阶段则是学习语言运用的个性。初中生阅读整本书,实现对建构和运用语言文字的素养的提升,把握好对语言的模仿、归类、鉴赏是十分重要的。摘抄句段的过程是强化印象的过程,在此基础上鉴赏其优点,模仿其运用,懂得如何通过凝练生动的语言去表达内容和思想,了解一本书的情感基调是如何通过语言风格奠定的,是整本书阅读可以为语文学习达成的目标之一。

来到阅读活动的第三阶段,学生们对《城南旧事》的情节内容和人物理解都较为深刻了,而作者是如何通过自己的语言如此有力地去表现他们的呢?我让学生分类摘抄——场景描写、景物描写、人物描写、抒情段落……摘抄赏析句段的表达效果。摘抄景物描写的小组就发现了本书语言运用的特点——极少使用修辞,多以白描为主。老师发问后,他们很快说出这是配合本书的儿童视角,语言直白简单甚至有几分幼稚,这也是本书纯净自然的风格的形成条件。这样的训练强化了学生对语言的敏感度,在潜移默化中提升了文学素养。

4. 思迁情移,落笔成文

在对整本书进行了"是什么、为什么、怎么样"的有序探讨后,在学生与书本、同学、老师的充分交流碰撞之后,学生们自己心里也会产生许许多多的想法,教师切不可放过这个学生灵感密集迸发的时候,应采取撰写书评、文评的方式去拓展学生思维、梳理学生阅读成果。可在读书活动涉及的话题上再做进一步阐释,也可以在师生讨论之外谈谈自己感兴趣的内容。教师作为整本书阅读活动的发起者、指导者,更是全身心和学生一起阅读的参与者,可以先做示范,这样学生的积极性更会被调动起来。最后将学生们的文章汇集成册,让学生饱尝认真阅读后收获果实的满足滋味,触发对整本书阅读的持久兴趣。

一本经典著作,必能在认真阅读者的心里产生余响。《城南旧事》里老北京的风俗人情、人类对悲欢离合的复杂感知、作者回观童年怅惘的视角给我们学生留下了深刻印记,他们有话可写,有情可表。有学生跟我说,当她读到"我默默地想,慢慢地写。看见冬阳下的骆驼队走过来,听见缓慢悦耳的铃声,童年重临于我的心头"时哭了,她说:"明明是那么简单的句子,不知道为什么这么打动人!"我反问她:"是啊,为什么呢?在你为文字流下眼泪的时刻,就是你获得诗心的时刻,你要去捕捉它、追问它,不要让它逝去。把你追问的过程记录下来,那就是你的心灵之诗。"也有学生对书中着墨不多的宋妈的丈夫黄板牙感兴趣,要为他写一篇分析的文章,也有学生对当时北京的社会风俗感兴趣,查阅了很多资料,集中记录下来……内容多样,没有一样是无意义的。

整本书阅读的实施路径是与其意义相对应的,一切方法都是基于目标而定。初中生整本书阅读既是阅读训练的开始阶段,也是关键时期,语文教师要用科学的方法指导阅读,让学生获得语文综合素养的提升,建立持久阅读的兴趣,萌发终身阅读的观念,让语文教育真正成为浸润生命的灵魂工程。

参考文献

叶圣陶.论中学国文课程标准修订[M].北京:教育科学出版社,1941.

中华人民共和国教育部.义务教育语文课程标准(2011年版)[M].北京:北京师范大学出版社,2012.

中华人民共和国教育部.普通高中语文课程标准(2017年版)[M].北京:人民教育出版社,2017.

叶圣陶,朱自清.精读指导举隅[M].郑州:河南教育出版社,1988.

冯忠良.教育心理学[M].北京:人民教育出版社,2010.

[苏]B. A. 苏霍姆林斯基.给教师的100条建议[M].杜殿坤,编译.北京:教育科学出版社,1984.

初中整本书阅读教学中因材施教的实践与运用

——以七年级名著阅读《西游记》为例

陈晓怡

为了顺应统编教材的教学要求,在七年级正式开学前的暑假,我给学生布置了课内名著《西游记》的阅读任务,以期在学期内再讨论解读《西游记》时学生的负担能更轻一些。然而事与愿违,绝大部分学生都未能坚持阅读,甚至班级里基础较好、阅读量较大的同学也倍感吃力。如果不顾学生阅读感受,再一味推进阅读进度,将会极大抹杀学生阅读积极性,甚至使其产生厌烦的情绪。

"求也退,故进之;由也兼人,故退之。"孔子在千年之前便实践了因材施教的教育理念,他看到了各个学生的特性,尊重学生个体之间的差异,给出了不一样的教育指导。现代教育对因材施教的教育理念也有了继承与发展,现代教育强调尊重个性,正视个性差异,鼓励个性发展。学生个性的发展程度各不相同,这也对我的教学提出了新的要求——如何在尊重学生个性的前提下推进名著阅读的教学进程?如何针对学生的个性特点提高学生的阅读兴趣?这将是七年级上学期整本书阅读教学的一个难关。

一、把握整体情况,进行初步教学分层

因材施教的前提,是教师对自己学生足够了解。目前,教学活动仍主要是以班级授课的形式进行的,这样的集中教学可以便于学生的管理,标准的统一,整体效益的提高,也能节省教师资源。尽管每位学生各有特点,但在同一教学任务中,兼顾到每一位学生独有的个性特征也还是一个较为理想化的状态。针对班级学生进行初步教学分层,是阅读教学开始前必要的举措。

在了解了学生的阅读困境后,我开始着手排摸学生的阅读能力情况。在第一次阅读课上,我给学生布置了情节概括、语句摘抄和问题思考的任务。通过学生的阅读和讨论可以发现,情节概括和语句摘抄对大部分学生而言并无难度,而问题思考的质量就会因为学生阅读量和思维能力的不同而有所差异。

因此在第二次课堂阅读中,我首先对问题思考的部分做出了调整:部分学生可摘抄原文依据并用词语概括,而学有余力的学生则要求摘抄原文依据并做出完整分析。

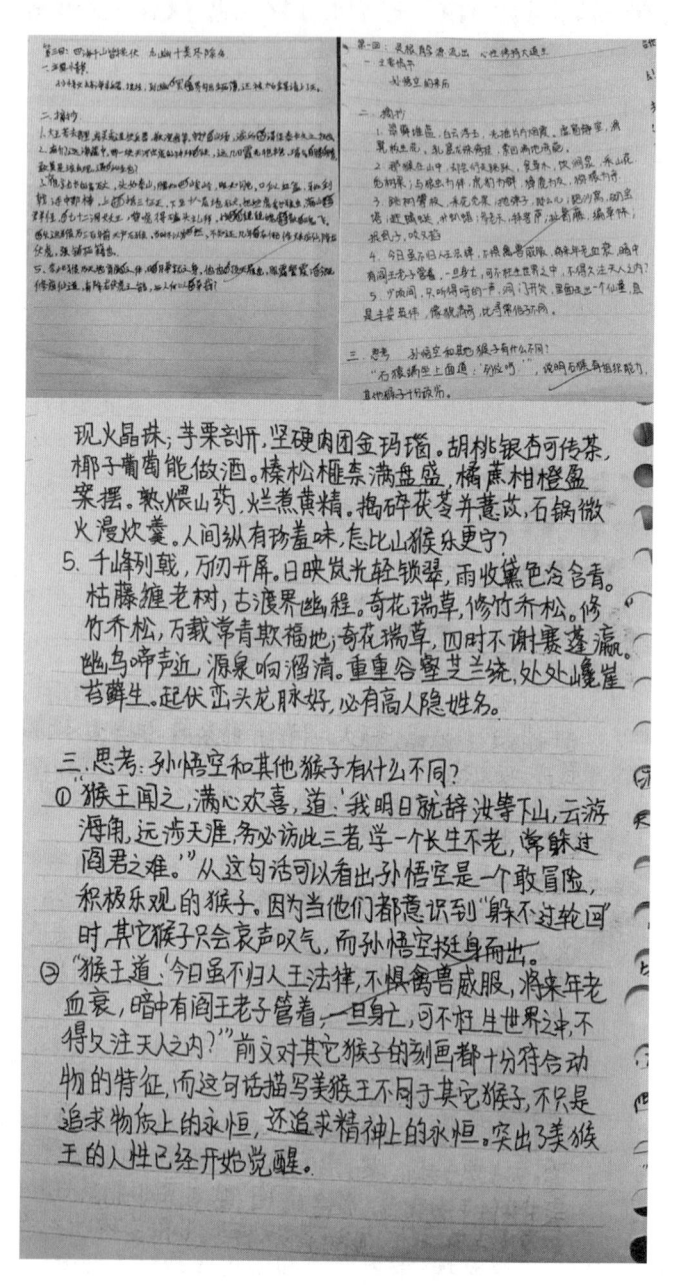

图 1　同期不同任务难度的学生作业

然而一项学习任务，难度对于学生而言并不是最主要的矛盾，《西游记》里深厚的文化知识以及陌生的古白话，都给学生设置了天然的阅读障碍，使之不由得对阅读产生畏惧情绪。而阅读本身应该是轻松快乐的，若无法克服学生这项心理障碍，阅读教学的推进也是举步维艰。因此，在作业反馈中寻找学生不同类别的阅读兴趣，是个性化教学的进一步举措。

二、针对学生个性特征，进行分类教学引导

学生之间的差异绝不仅是分数与成绩上的差别，更是知识面、生长发育速度、兴趣特长、发展方向上的不同。教师只有具备了对学生学习兴趣、性格差异、思维方式等各因素的审视能力，才能有效判断学生的行为，采用相应的教学方法。因此在实施"因材施教"时，教师应考虑的除学业难度以外，更应帮助学生扬长避短，把自己擅长的方法迁移到新的学习任务之中。

在常规阅读作业单中，部分心思精巧的女同学有了"装扮"自己作业的行为举动，例如用不同颜色的笔做摘记、在摘抄旁画画、贴上喜欢的贴纸等。我敏锐地察觉了这一主动学习、乐于学习的行为，并在第二次阅读课上予以表扬并投影展示。第二次作业，就有了一批"后来者"更加勇敢的尝试——根据故事情节画上了各式各样的小图标。这样的举动启发了我对于学生分类阅读教学的思路——不妨把阅读过程中的情节梳理任务完全交给他们，成为他们展示自我的舞台！

阅读教学中的因材施教，可以兼顾不同学生的学习基础和学习能力，使不同层面的学生在语文课堂上都有思考和探究的空间，积极投身于教学活动中。

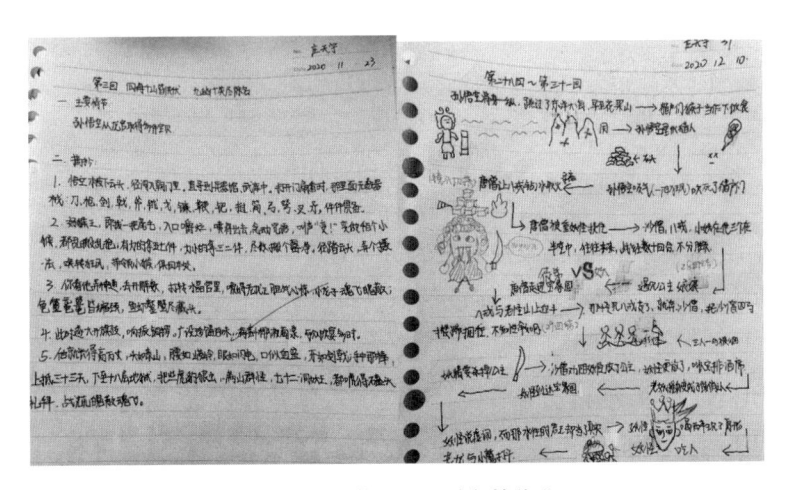

图 2　同一学生不同时期的作业

有了因材施教的理论支撑以及课堂实际反馈,我便放开手脚让学生自由创作。很快,《西游记》的阅读课由原来的"任务型课堂"转变成了"趣味型课堂"。此外,在课堂外,许多学生在实际行动和日常生活记录中也表达了对阅读课的兴趣与热情。

除喜爱绘画的学生以外,部分学生还尽力发挥自己其他方面的特长,不断创新作业形式,真正把阅读当成了乐趣。

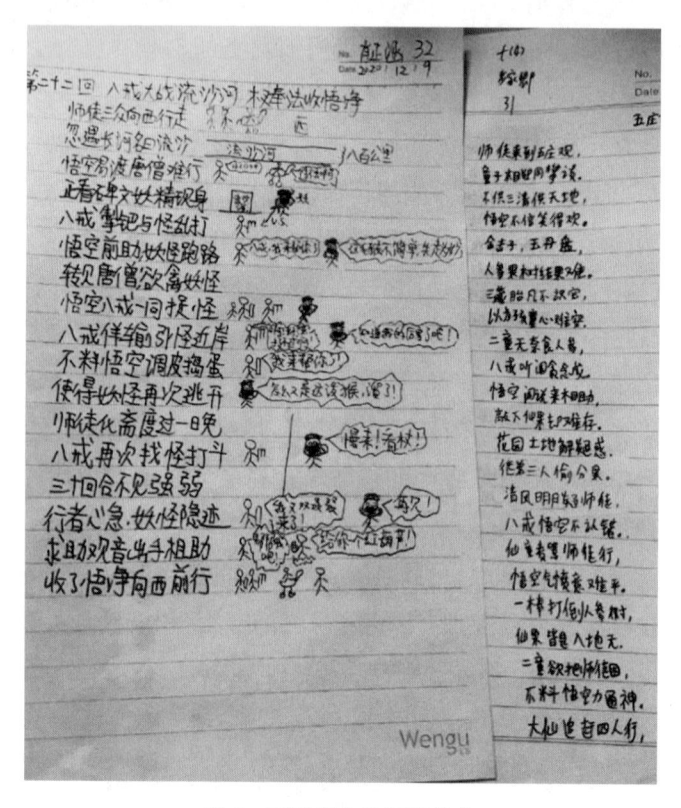

图 3　不同学生的同期作业

三、注重评价,教师要做好学生的引导者

因材施教的目的是为了让每个学生获得适合自己的指导和启发。在教学中,教师与学生之间的互动非常重要,教师要通过语言和行动调动起学生学习写作的积极性和主动性,引导学生对现实进行思考和探索,避免学生因为因材施教产生压力。因此每次在作业提交后,我们教师都会在班级进行一次小型展示,共同欣赏学生的优秀作业,也一起探讨他人在作业中埋下的心思,以此

引导学生思考与创造。

在传统对"因材施教"的理解中,往往过于武断地把学生按照学业成绩分为上中下等,并且在一定程度上,教师会对成绩上游的学生寄予厚望,在教学与情感上对其倾斜。而这种对"因材施教"不恰当的理解与实践会对其余学生产生情感落差,从而影响对该任务、该学科的情绪。因此,在阅读教学中,评价与反馈是我尤其注重的一环,正因为学生作业形式多样化,平常成绩不亮眼的学生能发挥出自己的特点,教师在此时更应该用发展变化的眼光看待每一个学生,构建动态的评价机制,尽力使每一位学生得到关注与指导。

目前,班级里已经有了各个相对稳定的阅读习惯群,在此基础上,教师也应鼓励并引导学生做更多的尝试,激发他们更大的潜能。针对不同的阅读习惯群,教师也应给予相对公平的展示机会,从而更大程度上激发学生的创造力与思维品质,也避免因材施教走向静态和僵化的歧路。

在初一语文名著阅读的课程教学过程中,班级内部已经形成了一种乐学、会学的良好风气。十分有幸,在学生这个学习习惯和阅读习惯正在养成的年纪里,为不同的学生找到了适合自己的阅读方式。"因材施教"在这一教学环节中也有幸地未沦为一句口号,成为帮助学生成长的有力推手。

"因材施教"这一教育理念从古代发展至今,许多教育名家的实践也证明,合理因材施教,能取得不俗的教育成果。而时代的变革也对学生提出了新的要求:培养具有核心意识与创新思维、跨学科视角解决问题、团队合作等核心素养的人才成为各国教育改革核心关注的核心要点。在未来的教育实践中,还需要进一步将因材施教的教育理念与核心素养目标结合起来,以人为本,培养全面发展的学生。

参考文献
张自平.初中写作教学中因材施教原则的运用研究[J].中华少年,2020(2).
杨子镟. 核心素养目标下中学语文因材施教研究[D].陕西理工大学,2019.
闵振玲."因材施教"理念在初中语文素质教育中的作用分析[J].新课程(中),2016(1).
李煜晖,郑国民.核心素养视域下的中小学课堂教学变革[J].教育研究,2018(2).

名著任务书作业设计

——以《艾青诗选》整本书阅读教学为例

谢 玮

《语文课程标准》中提出要转变学生的学习方式,努力体现语文的实践性和综合性,"重视学生读书、写作、口语交际、收集处理信息等语文实践,提倡多读多写,改变机械、粗糙、烦琐的作业方式。让学生在语文实践中学习语文,学会学习。"

一、名著作业现状

"双减"政策强调要有效减轻义务教育阶段学生过重的作业负担。当下初中生常常觉得名著阅读作业负担过重。原因之一是随意化:阅读名著需要占用学生大量的阅读时间,有些教师在考试前随便给学生布置大量的习题来应付考试,平时的不重视和考前的突击准备大大增加了学生的负担。原因之二是机械化:一些教师常常将名著概念知识材料作为名著阅读作业,供学生复习使用;过于注重对识记性内容的操练,反复给学生布置填空、选择等缺乏思维含量的名著作业。虽然可以增加名著基本知识的积累,但也很容易打击学生阅读名著的兴趣。

名著阅读教学迫切需要改变上述作业方面的现状。这就要求语文教师设计一些具有实践性的名著作业,更好地推进名著阅读,真正激发学生阅读名著的兴趣。名著任务书作业可以起到促进学生有效阅读的作用。

二、《艾青诗选》名著任务书作业

《艾青诗选》是九年级第一学期必读名著篇目,所选的98首诗歌主要创作于二十世纪三四十年代和七十年代。时代感较强,诗歌中的不少意象和画面与现在的生活差别较大,对学生而言比较陌生。

《艾青诗选》整本书阅读需着力解决学生对现代诗及其阅读方法不熟悉、缺乏阅读现代诗的经验、难以体会文字背后的整本书脉络等问题。帮助学生在整体感知的基础上提升阅读的信心,触发阅读整本书的兴趣。

我将《艾青诗选》整本书阅读分为三个阶段,每个阶段设置不同的任务书。

(一)第一阶段:提纲挈领,触发阅读兴趣

《艾青诗选》按照年代分别收录了艾青早期(忧郁与悲哀的笼罩)、中期(希望与理想的追求)、晚期(赞美与歌唱的情怀)三个阶段创作的诗歌。如何让学生愿意阅读并深入阅读这部经典的现代诗集,是教师首先要关注的问题。导读阶段的教学,首先要激发学生的阅读兴趣,帮助学生克服阅读障碍,引导学生制订读书规划,指导学生学会必要的阅读方法。导读阶段的作业设计要以激发学生的阅读兴趣为第一目标。

[任务1]

浙江金华艾青文化公园门口镌刻了哪两句诗?艾青文化公园里的艾青雕像是根据《艾青诗选》中的哪首诗歌的意象设计的?

[任务2]

朗读是诗歌的重要阅读方法,用自己喜欢的朗读方式,每天品味一两首诗,完成四周的阅读规划,见表1。

表1 阅读规划

时间规划	教学内容	学习内容	我喜欢的诗	朗读感受
第一周	指导:朗诵技巧	阅读第1—28首。总结朗诵得失。		
第二周	指导:意象对于诗歌表情达意的作用	阅读第29—52首。学会分析诗歌意象。		
第三周	指导:辨别诗风	阅读第53—75首。诗歌比较阅读和仿写。		
第四周	编辑班级诗刊	阅读第76—98首。设计诗刊封面、扉页、栏目等,收集同学作品,编辑班级诗刊。		

教师制定阅读规划和每周阅读量,是为了约束学生按时完成整本书的阅读,培养学生良好的阅读习惯。"我喜欢朗读的诗"和"朗读感受"两项未做硬性规定,留给学生个性化朗读的空间,让学生自主补充阅读规划。诗歌有别于其他文体,是有声的艺术,必须通过朗读细细体会。学生用朗读的阅读方式可以对艾青不同时期的诗歌内容与情感有初步感知。

（二）第二阶段：专题导引，聚焦诗选核心

"提纲挈领"阶段的核心任务是激发学生的阅读兴趣，"专题导引"阶段就要破解阅读中出现的难题。现代诗有其特有的韵律，诗人情感的抒发也有其独特的呈现方式。活跃学生的思维去聚焦《艾青诗选》的核心，是本阶段的重点。

[任务1]

举办一次班级"艾青诗歌朗诵交流会"，见表2。

表2 朗诵交流会任务安排

任务内容	任务要求
1. 推选两名主持人。 2. 按三个主题（艺术手法、语言、意象情感）分为三组，各组成员明确自己任务。 3. 各组精心选择三首诗歌作为朗读作品，其他组做点评。 4. 每组推选两名同学担任评委。	1. 主持人拟写开场白与串联词。 2. 全员参与，分工明确，确定本组的朗诵形式。 3. 各组确定朗诵作品及每一轮的赏析评价角度，做好批注。 4. 评委组制定评分要求和细则。

优秀的诗作需要用多彩的形式去演绎，声情并茂的朗诵正是其中之一。通过朗诵，学生感受诗歌音律美、意境美；通过点评，学生能体验作者的情感，领悟作品的内涵。

[任务2]

每个学生为班级"微信公众号"撰写一期图文、音频稿件，主题为"推荐艾青的诗歌"。内容包括诗歌推荐理由、诗歌赏析、与诗歌相吻合的图片、朗诵诗歌的背景音乐等。

诗歌本身就是听觉艺术，有音韵、节奏与旋律。读诗歌不宜默读，必须大声朗读，体会诗歌字词句的韵味。阅读《艾青诗选》也必然需要声情并茂的朗读，在朗读中体会现代诗内在的韵律和节奏，感受艾青诗歌口语化语言的内蕴。诗歌的语言需要积累和品位的，让学生在读诗的同时，积累语言，对艾青诗歌的语言特色有直观的感受和思考。

[任务3]

细读《艾青诗选》，整理归纳诗选中出现频率较高的意象。选择某一类意象，探究这类意象在艾青诗中的意义，将探究的结果在班级"艾青诗歌意象探讨会"上交流。

通过整理归纳诗歌中的意象，探究这些意象的内涵，学生能找到解读艾青

诗歌艺术的密码,理解艾青诗歌的内涵。"土地""太阳"两个意象,在艾青的诗歌中出现的频率最高。

"土地"这个意象,凝聚着诗人对祖国以及对大地母亲深沉的爱,对祖国命运深沉的忧患意识。爱国主义是艾青作品中永远唱不尽的主题,把这种感情表达得最为淋漓尽致的作品,是《我爱这土地》。"为什么我的眼里常含泪水?因为我对这土地爱的深沉",这两句诗真实而朴素,却是来自诗人内心深处,来自民族生命深处,具有不朽的艺术生命力。

"太阳"的意象表现了诗人灵魂的另一面:对于光明、理想、美好生活热烈的不息的追求。在诗人眼中,"太阳"这一永恒主题,是中国光明前途的象征,也是中国必胜信念的象征,它蕴涵着诗人对光明、理想和美好生活的向往和追求。《向太阳》从一个独特的角度歌颂了抗日解放战争给民族带来的新生,揭示了中国革命前进的方向,寄托了诗人对光明、理想的热切追求。《黎明的通知》则是以一个更加乐观、明朗的基调宣告新时代的来临。

通过整理归纳并理解艾青不同时期的诗歌中的主要意象,寻觅艾青诗歌创作的脉络,学生能找到解读艾青诗歌艺术的密码,理解其情感内涵及创作风格。

[任务 4]

探究艾青诗歌的色彩运用,研究艾青诗歌"诗中有画"的特点。选择喜欢的一组诗歌,体会其在色彩运用上的特点;"探究艾青诗歌中的色彩运用"专题可采用 PPT 或阅读小报等形式展示。

艾青诗歌常从感觉出发,"诗中有画"成为艾青诗歌的主要特色。

"黑色"是艾青在早年使用频率很高的色彩词汇。《大堰河——我的保姆》《铁窗里》《马赛》等大量诗中都有"黑"出现。诗中的"黑"色多用于表现黑暗、痛苦、贫困与忧郁,这也是诗人生活的时代现实的真实表现。在诗里"黑"被细分为不同程度——"泥黑""乌黑""浓黑""焦黑""深黑""黝黑"等,艾青用不同的"黑"表达不同程度的哀愁。色彩有丰富的象征意义,在诗作中,除了黑色,还有大量其他的色彩。

在艾青的诗歌中,不同的色彩所代表的阶层和感情也截然不同。纵观艾青的全部诗歌创作,有个大致的规律:明朗、积极的情感往往用黄、红、蓝、绿来形容,忧郁、消极的情感一般与灰、黑、土、紫色相对应。

(三)第三阶段:整合重构,挖掘诗选深度

"整合重构"阶段,是知识真正内化成能力的阶段,要求更高。学生阅读整本书是否有效,在这一阶段得到真正的检验。为了挖掘阅读的深度,在该阶段设计了3个任务。

［任务1］

沉浸在诗歌朗诵中的同学们,你最喜欢哪一首诗呢?请从《艾青诗选》中选取你最有感触、最打动你的诗歌,写一篇读后感;为了引导其他同学能更好地阅读《艾青诗选》,同时也分享你阅读的收获,请你为这本书写一则书评或好书推荐语。

第一阶段,学生粗略浏览了整本书;第二阶段,学生通过小组合作对艾青诗歌的意象进行了分类整理。第三阶段的这项任务让学生对艾青诗歌的思想内容及特色有更深理解。

［任务2］

经典需要阅读,更需要铭记。请选取《艾青诗选》中你最喜欢或最受鼓舞的诗句,把它制作成一枚精美的书签。

［任务3］

有人说,诗,在远方。同学们在阅读朗诵了这些优秀的诗歌,赏析揣摩了它们的精彩后会发现,诗其实离我们并不遥远。让我们拿起手中的笔采撷艾青诗歌中的精彩句子,书写我们的生活感悟吧!

仿写是读诗的拓展,写诗是读诗的延续。学生可先仿照现代诗的外在形式,再关注诗歌内在的表达。通过写诗,学生完成了从学习到运用的飞跃。丰富的形式激发学生的学习兴趣和创作欲望,加深学生对诗歌的理解。

设计名著任务书的目的在于给学生的名著阅读减负,避免名著习题的机械化训练,激发学生对名著阅读的兴趣,让名著作业变得高效高质。学生在完成名著任务书的过程中,进行的是持续性的探索实践活动,不仅锻炼了高阶思维能力,更达到了深度阅读的层次。

参考文献

教育部.义务教育语文课程标准(2022年版)[M].北京:北京师范大学出版社,2022.

艾青.艾青精选集[M].北京:北京燕山出版社,2012.

温儒敏.如何读现代诗:三步阅读法——以阅读《女神·天狗》为例[J].中学生阅读(初中版),2020(7).

王月芬.重构作业:课程视域下的单元作业[M].北京:教育科学出版社,2021.

王跃平.初中语文整本书阅读学程设计的一般策略[J].语文教学通讯,2021(2).

《聊斋志异》"错位"叙事艺术研究

蒋强龙

《聊斋志异》是17世纪清代小说家蒲松龄历经半生心血完成的一部文言短篇小说集,本文借助孙绍振的"错位"理论研究《聊斋志异》的叙事艺术,一是试图解决目前国内对其研究存在如缺乏系统化与现代化的叙事理论支撑,或者机械套用西方叙事学成果作为理论依据的弊病;二是结合孙绍振"错位"理论的可操作性与本土性的特点,给笔者以全新的视角;三是对"错位"理论这一文艺理论适用性的开拓与发展。

一、孙绍振"错位"理论介绍

"错位"理论是孙绍振文艺理论的核心范畴,主要包含"情感错位""逻辑错位"和"语义错位"三个子范畴[1]。"情感错位"是指人的情感是一种复杂的多维结构,环境与情感的表层结构有着最密切的联系,只要调动环境中某一因素就会引起人物的情感表层结构发生失衡。当人物被处于极端顺境或逆境中时,人物情感的表层结构会瓦解、失衡,这时候人物内心的真实情感就会暴露出来。人物的心理情感拉开的距离越大,人物的艺术感染力就越强,反之就越弱[2]。

在情感错位理论的基础上,孙绍振提出了"真善美三维错位"的审美价值论。孙绍振认为,文学作品的真善美三者不是完全统一的,而是"错位"的。所谓错位,是价值的交错,而不是绝对的对立或分裂[3]。"美不一定是善的,可能是恶的,恶不一定是丑的,相反,可能是美的。它们既有统一的一面,矛盾的一面,并非绝对矛盾的,这三者是'错位'的。"[4]真善美的这种三维错位结构是文学作品打动读者的重要基础。同时,他辩证地指出,"以'美'为代表的审美价值不能完全脱离以'真'为代表的科学价值和以'善'为代表的实用价值"[5]。

二、《聊斋志异》"错位"叙述的艺术

(一)兼容并蓄,各取其长——史传、传奇与志怪的文体错位

《聊斋志异》一经面世,各种评论便纷至沓来。高珩在《聊斋志异序》中将

它上升到补缺圣人之言的高度,但是纪昀在《阅微草堂笔记》批评其"一书而兼二体",作品文体混杂,不伦不类。的确,根据冀运鲁对志怪与传奇两类小说文体特征的归纳梳理,他们之间的区别至少在清代还是很明确的:在叙事内容上,志怪多记述"变异之谈",传奇多传颂人间奇事;在叙事风格上,志怪传其梗概,缺少细节描摹,传奇描摹细致,富有文采;在叙事原则上,志怪遵循实录精神,传奇则可以作意好奇,尽设幻语,有意虚构;在叙述目的上,志怪是"发明神道之不诬",而传奇多"寄托笔端",表达作者自己的情感思想。然而,后世读者和研究者与前人不同,他们并没有囿于小说文体混杂的特点,而更看重小说淋漓尽致地表达作者满腔的"孤愤"之情,展现作者曲折生动、娴熟高超的文学艺术水平。如鲁迅先生评价其"描写委曲,叙次井然,用传奇法,而以志怪"[⑥],他充分肯定了《聊斋志异》作为小说的成功之处,并将其文体混合的特点概括为"用传奇法,而以志怪",这是在前人认识上的进步。

其实,鲁迅虽正面评价《聊斋志异》在文体上的特点,但是他没有对其混杂的原因和由此产生的艺术效果做具体阐释。总的来说,《聊斋志异》的文体特点可以概括为:史传、传奇和志怪三种文体的"错位"。

书中诸多篇目的叙事视角、叙事人称、叙事体例都是效法史传的体式,开篇先交代小说主人公的姓名、籍贯等,然后开始详尽叙述故事;同时,有194篇小说结尾仿照《左传》的"君子曰"、《史记》的"太史公曰"和《汉书》的"赞曰"形式,有"异史氏曰"的议论性文字;而且,近300篇作品以人物的姓名命名,约占全书的60%[⑦],这都证明它是深受史传文体的影响,或者说是效法史传文体特征,此其一。其二,书中多数作品具有传奇小说的特点,故事情节曲折生动,人物形象复杂、多样,描写、叙述讲究起伏波澜。如《田七郎》一篇,情节跌宕起伏,与唐传奇无二,甚至因其有更多的细节描写,艺术性远远超越了唐传奇。其三,《聊斋志异》中许多篇目是描写花妖狐媚、鬼灵精怪的,这些由作者驰骋想象创作的瑰丽神奇的故事,都是志怪小说的传统题材。

从"错位"的角度审视《聊斋志异》的叙事艺术,会发现它是综合各种文体之长,相互融合、互相补充、相互渗透,共同服务于塑造小说的人物形象,寄托作者的"孤愤"之情的目的。正是史传的体例、传奇的手法、志怪的内容三者的"错位",它们相互交织、相互渗透,共同造就了这部文言小说的巅峰之作。

(二)鬼狐妖异,皆具人情——隐秘而丰富的情感错位

将人物打破常规,来表现人物的表层心理和深层情感之间的错位,这是

《聊斋志异》常用的叙事策略,也是我们解读这部小说的关键。

《王成》最能体现《聊斋志异》情感错位叙事的艺术魅力。小说起笔,作者介绍王成"平原故家子,性最懒"[⑧]。寥寥数语,人物的家世、性格以及作者的褒贬似乎都已囊括其中。作者笔锋一转,一日他在周氏园中拾得金钗一枚,此处出现一个不同寻常的顺境:穷懒汉拾得金钗,要发横财!他毕竟会欣喜若狂、据为己有,但是王成却显得很平静,甚至有些"不太正常",他"把钗踌躇",见到有人来寻,竟然"遽出授之"。此时,平日的懒汉与此刻拾金不昧的形象形成错位,这个人物突然可敬起来,也可爱了许多。接着,作者又写其在狐仙祖母的帮助下市葛以得微息,不料又因其懒散、怕苦的缘故,做生意亏本,连本钱也丢了。此时,作者又将其推入极端的逆境之中:他要么一蹶不振,要么向店家索要赔偿。但是王成却说:"此我数也,于主人何尤?"虽遭受巨大的打击,但他没有丧失理智,不尤人怨天,勇敢地承认自己的过错,这一点又与他平日的懒散性格拉开了差距,形成错位,他的形象更加丰富可感了。接着,作者用极其生动详尽的文字写他购得上好的鹌鹑,赢得大亲王的青睐,并与店主人和大亲王讨价还价的过程。在这一富有戏剧色彩的叙述中,人物内心与人物之间的情感距离不断被拉大,进而产生了极强的艺术张力。纵观此篇小说,我们看王成一时要走投无路,突然又有柳暗花明,一时做生意本钱都赔光了,最后又身价陡增。作者在情节的大开大阖之中,反复将人物置于极端的顺境和逆境之下,让人物的表层心理与深层情感发生错位,最终塑造了一个有血有肉、可爱又可敬的王成。

(三)一夕通达,半生潦倒——纵横交织的时空错位

成功运用时间与空间的错位来叙事也是《聊斋志异》的一大特色。《续黄粱》《贾奉雉》《莲花公主》等都是运用时间错位的叙事手段达到其叙事目的的佳作。

古人早就认识到了时间与空间紧密结合、不可分割的特性,"还将时间循环与空间变换联系起来,提出了时空一体化的理论学说"[⑨]。在《续黄粱》中,福建曾孝廉会试高中,得意之际与二三新贵郊游,在一禅院僧舍中伏榻休息,随即进入梦境:现实世界中刚刚中举的曾某,在梦中立刻成为位高权重的太师。此处,人物的现实境遇与梦中的情境出现错位,在梦中极端的顺境中,曾谋志得意满,他公报私仇、草菅人命、强抢民女等恶行一一显露,后被龙图学士包弹劾:"朝廷名器,居为奇货,量缺肥瘠,为价重轻。"[⑩]这是蒲松龄借龙图学士之口对那些汲汲于科场功名的读书人鞭辟入骨的嘲讽,也是空间错位的叙事手段

才能达到的叙事效果。随后,作者进一步将曾某推入第三空间——阴间地狱,在这里他经受了各种残酷的惩罚,最后,又将他推入梦中的现实世界——投胎为女性,他(她)因丈夫惨死而被冤入狱,正当其"胸中冤气扼塞,距踊声屈,觉九幽十八狱,无此黑黯"之时,现实世界的同游者将他从梦中唤醒,他才醒悟,刚才历经的显贵与磨难,不过只是一场梦而已。在这段故事中,作者不仅使人物生活的空间环境发生了错位:由僧舍入梦境,由梦境入鬼府,由鬼府再入梦境,最后由梦境回到僧舍,而且还将叙事时间进行变形:曾某在一段小憩的时间中历经三世。通过空间与时间交织错位的叙事手法,让醉心宰相之位的曾孝廉顿时明白:中举为官,如果"声色狗马,昼夜荒淫;国计民生,罔存念虑",最终等待他的将是锥心刺骨的审判与惨绝人寰的惩罚,同时,也将众多一心渴求功名的知识分子的真实心理揭露无疑。

(四)花妖无恶,鬼魅亦良——真善美的价值错位

真善美是审美活动的核心范畴,也是我们阅读小说的主要落脚点,小说人物在这三者上不仅存在错位,而且错位越大,其艺术感染力就越强,越能打动读者。

《乔女》在《聊斋志异》中并不被多数读者熟知,但它很能体现真善美价值错位的叙事艺术的特点。乔女是整部小说集中相貌最丑陋的一个,但是她的品德却十分高尚:替与自己无多少关系的孟生抚养遗孤,保全财产,但是对孟家"锱铢无所沾染",且终身不事二夫。相貌丑陋至极,但又为"知己"鞠躬尽瘁、守身至死,两者之间形成错位,乔女的形象特点就凸显出来了。然而,在她死后,其子将她与孟生合葬,作者写道:"及期,棺重,三十人不能举。穆子忽仆,七窍血出。自言曰:'不肖儿,何得遂卖汝母!'乌头惧,拜祝之,始愈。乃复停数日,修治穆墓已,始合厝之。"这一事件显然是虚构之笔,作者似乎犯了塑造人物时"德胜而近妖"错误。乔女道德的极度崇高与生活的真实之间出现了巨大的错位,读者必然要怀疑人物形象的真实性,或者说二者的错位是不是超过了必要的限度,而使人物的艺术感染力降为零了?因为,如果真善美的价值结构在本质上出现歪曲,则容易致使审美价值量直线下降,甚至成为负值。乔女的形象真的失去了审美价值吗?没有。如此不合常理的道德品行与生活真实之间的错位,恰恰揭示了乔女不事二夫、极力保持自己德行的真正原因:在男权社会中,女性容貌丑陋,只能以道德的自我完善为代偿。并且,进一步来说,这反映出封建社会夫权对女性生命的禁锢之深,女性不仅在其生时要恪守"不事二夫"的道德要求,即使是死了,也不能逾越这条红线。至此,我们才算

彻底理解蒲松龄为何要塑造一个不合常情的乔女形象的深层意蕴了。

三、结论

本文运用孙绍振"错位"理论研究《聊斋志异》的叙事艺术，最终发现：第一，蒲松龄在创作《聊斋志异》时，并没有囿于古人关于传奇、志怪小说的文体界限，而是大胆突破创新，运用史传的体例、传奇的手法、志怪的内容三者的"错位"，取众体之长，撷精湛技法，用大胆想象，共同造就了这部文言小说的巅峰之作。第二，作者通过人物表层心理和深层情感之间的错位，丰富了小说的情节结构，成功塑造了许多鲜活生动的人物形象，并寄托了自己的人生感慨。第三，作者将小说中个体人物境遇的偶然通达与群体命运的必然悲剧通过时空错位的方式展示出来，让人物的形象呈现出不同的侧面，其形象也会更立体、更饱满。第四，在真善美的三维错位叙事中，蕴含着作者独特的人生思考和深刻的社会批判，也让小说的艺术性不断增强，从而打动了无数的读者。

参考文献

① 郑榕玉.原创、自洽、开放:孙绍振小说"心理错位"理论[J].闽江学院学报,2009(3).

② 孙绍振.文学文本解读学[M].合肥:黄山书社,2019.

③ 孙绍振.名作细读:微观分析个案研究(修订版)[M].上海:上海教育出版社,2009.

④ 孙绍振.文学性讲演录[M].桂林:广西师范大学出版社,2006.

⑤ 周琳莎.孙绍振文艺理论研究[D].厦门:集美大学,2020.

⑥ 鲁迅.中国小说史略[M].桂林:广西师范大学出版社,2010.

⑦ 王瑾.从《聊斋志异》的篇目命名看蒲松龄的小说文体意识[J].明清小说研究,2019(3).

⑧ 赵伯陶.《聊斋志异》详注新评[M].北京:人民文学出版社,2015.

⑨ 黄霖,李桂奎,韩晓.中国古代小说叙事三维论[M].上海:上海书店出版社,2009.

诗歌教学探索之"深入"与"浅出"

王 萍

一、"深入"

所谓"深入",就是在教学诗歌之前,教师教学应先从诗人的生平、诗歌的创作背景入手,挖掘出一些学生容易忽视的内容。通过诗人的生平来了解诗人的胸襟情怀、人生追求;通过诗歌的写作背景感知诗歌背后的故事,从而体会诗人在特定背景下产生的情感思想。

(一)诗人生平

诗人的生平是解读诗歌必须要做的准备工作,诗人生平的遭遇往往会影响他的人生选择、性格秉性以及创作风格,有些诗歌的解读和教学如果脱离了诗人的生平经历,就显得平淡无味,诗歌真正要传达的情感内涵也就无法读透。

比如教学王绩《野望》,介绍诗人的生平是必要的环节。王绩,隋朝末年已获封官,但是他不喜在朝为官,请求到地方上任职。但是当时已天下大乱,加上他爱喝酒,不愿多理政务,就弃官还乡了。唐代初年,他三次出仕又三次退隐,自知生性孤傲,难以为官场所容,就以病辞官回到故乡东皋,自号"东皋子",亲自从事农业劳动。贞观十八年去世,时年五十六岁。王绩一生爱喝酒、爱读老庄、爱弹琴,自比阮籍、嵇康,追求隐居生活。

了解了王绩的这些生平,再读《野望》就能体会到他在诗歌中流露出来的那种经历朝代更迭、几度官场退隐之后,隐居山野的孤寂、惆怅之情。诗中的"徙倚"不仅仅是不知该身往何方的徘徊,更是不知心灵归宿的彷徨。"相顾"之后却发现"无相识",只得追念古代的隐居的高士。结合诗人的生平,这份孤独抑郁的心情就不难理解了。

再如讲到杜牧《赤壁》,也不免要了解一下杜牧的生平经历。杜牧是名相杜佑之孙,他政治才华出众,读书之余,关心军事国事,他还专门研究过《孙子》,并为《孙子》作注解。宰相李德裕曾采用过他的平虏计策,大获成功。杜牧进士及第后五年,淮南节度使牛僧孺授予他官职,这样一来,杜牧和李商隐一样,不可避免地陷入了"牛李党争"。李德裕把杜牧算作牛党一派,杜牧因此在朝中很受排挤,他实现人生理想的道路变得缥缈难行。所以满腹才华又有心报国的杜牧非常抑郁苦闷,感叹不已。

由此我们再看《赤壁》中的后两句,就不难理解杜牧要表达的深层意思了。周郎得了天时地利之便,才在赤壁之战中大获全胜;若非东风借力,恐怕也结局难料。诗句既透露出对周郎所获机遇的羡慕,又何尝不是饱含着对自己人生际遇的感慨与悲叹呢?

(二) 写作背景

解读诗人的生平可以大致了解诗人一生的主要经历,而诗人的创作风格、创作内容不是一成不变的,所以我们还需要了解诗歌特定的写作背景,了解诗歌是在什么前提下写的,诗歌创作背后有怎样的故事,这样才能使我们心里有底地去了解诗歌的情感思想。

比如苏轼《水调歌头》写于宋神宗熙宁九年(1076)八月十五日。之前因苏轼反对熙宁变法,遭到变法派打压与排挤,他就自己请求外放,辗转在各地为官。而弟弟苏辙早在熙宁二年(1069)被贬出京,词人与他分别之后,已有七年未能团聚。这期间苏辙调任齐州(今济南),苏轼也就要求调任到离苏辙较近的地方为官,以期兄弟能多相聚。熙宁七年(1074)苏轼调任知密州。但是到了密州后,兄弟俩仍未能相见。熙宁九年中秋,明月当空,苏轼睹月思人,感慨万千,写下了这首传世佳篇。

仕途上的坎坷使词人在"入世"和"出世"间游移不定,但是苏轼终究是能看淡挫折的,所以他仍觉得天上月宫哪里比得上人间。与弟弟七年未见,如今虽相隔不远,但也难如愿,这份思念是深沉愁苦的,但是中秋的明月既勾起了此人的思亲之情,也开导了词人,对于人生避免不了的种种无奈,词人显得那么旷达洒脱。

再说回苏轼《江城子·密州出猎》,这首词作于宋神宗熙宁八年(1075)的冬天。熙宁四年(1071)的时候,苏轼上书给皇帝提了很多变法的弊病,对变法中的一些做法进行严厉批评,这惹怒了王安石,于是在神宗面前陈说苏轼的过失,于是苏轼自请外任。他先去了山水怡人的杭州任通判,不久又改知密州。虽然密州离京城更近,但实际环境和条件却远不如杭州,但是苏轼与百姓同甘共苦，一到任就和百姓一同深入田间地头，治理蝗灾，使密州的蝗灾得到了控制，百姓无不称道。

所以教师在介绍了词作的创作背景后，再让学生去理解倾城而出的百姓跟随太守出猎时那种热闹非凡、宏大壮观的场面就很容易了。而词中提到的冯唐、魏尚的典故也和苏轼此刻的处境那么切合，苏轼虽身在地方，但仍然心系国家大事，希望为国出力，渴望杀敌报国。了解写作背景后，我们不由得钦佩身处逆境中的苏轼仍忧国忧民。

二、"浅出"

所谓"浅出"，就是教师应该用学生乐于接受、易于接受的方式来教学诗歌，古诗词毕竟是离我们很久远的古人写就的，我们如何用最轻松有效的方式去帮助学生、引导学生学习古诗词，是值得好好思考的。

（一）朗读

朗读是学生打开诗歌大门的第一把钥匙。通过这把钥匙，学生可以从感受诗歌的音韵美入手，进而感受诗歌的意境美、情感美。

一般我在新授课时，会先让同学结合课下注释大声自读诗歌，读上三五遍，遇到自己读不顺的诗句，多反复几遍，直至在字音、节奏、停顿上完全正确后再全班齐读。全班齐读之后基本上可以请朗读好的同学再个别读，并让学生自己分析一下他这样朗读是基于对诗歌怎样的理解才做出的相应处理的。

比如我在教学课外古诗词宋代林逋的《山园小梅》时，希望发掘学生自学古诗词的能力，在学生自行疏通句意、通读诗歌的基础上，请课代表来范读首句"众芳摇落独暄妍"。她在朗读这一句时把重点放在了"独"字上，她分析道，这样读能表现出小梅面对风雪表现出的与众不同的风骨。我觉得学生的朗读和理解非常到位，她把自己的理解放入朗读中，又在朗读中诠释出自己的理解，两者相得益彰，学生的朗读水平和理解能力都得到了相应的提升。

对于朗读能力尚且一般的学生，教师可以引导学生在理解诗句的基础上，通过创设诗歌营造的情境来激发学生有感情地朗读。比如教学杜甫《望岳》时，可以作如下教学设计：首联作者来到泰山脚下，看到绵延不已、绿意扑面的泰山，不由得感叹道：（生诵）岱宗夫如何，齐鲁青未了；颔联作者面对大自然的鬼斧神工，看到泰山南北两面截然不同的景色，诗人惊叹不已地吟道：（生诵）造化钟神秀，阴阳割昏晓；颈联让我们看到眼前云雾缭绕，请学生设想自己就是面对壮丽泰山的杜甫，睁大眼睛要把眼前的这一切收入眼底，哪怕是一只归巢的小鸟;作者满怀欣喜地诵到:(生诵)荡胸生层云,决眦入归鸟;颈联想象站在泰山之中,决意要登上山巅,甚至是人生顶峰,不由得意气风发,慷慨激昂地道出:(生诵)会当凌绝顶,一览众山小。通过这样的诵读形式,使学生乐于参与到朗读中来,乐于通过自己的理解提升自己朗读诗歌的能力,同样也是一种有所成效的教学方式与手段。

(二) 关键词

解读诗歌时教师还可以引导学生抓住诗歌中的关键词,有的关键词可以串联起诗歌的主要内容,有的关键词可以表现出诗人的情感,有的关键词可以折射出诗歌的主旨。学生如果能准确地找到诗歌中的关键字,就是找到理解诗歌的切入点,理解诗歌也就事半功倍了。

比如教学杜甫《石壕吏》,通读诗歌后,可以请学生找出诗歌中最能体现老妇生活状态的一个字。学生比较容易找到,是"妇啼一何苦"的"苦"字。然后再请学生找出老妇生活的"苦"具体表现在哪些方面。学生可以整理出:夜不敢寐,要提防差役捉壮丁;三个儿子上了战场,已经战死两个;生活条件艰苦,儿媳衣不蔽体;自己年老体衰,为了掩护老翁,自己随差役离去等。

通过老妇种种"苦"的具体表现,可以引导学生思考,老妇如此之"苦",差役对她的态度如何,她的"苦"有没有改变她的结局。从诗的结尾看,诗人天明的时候只和老翁告别,老妇真的被差役带走了。老妇对差役的诉"苦"没有引起差役一丝一毫的同情,没有起到一点作用。由此诗歌所要表达的情感也呼之欲出了,控诉了官吏的强暴,反映了百姓的艰难,表达了诗人的深切同情。

再如教学辛弃疾《破阵子·为陈同甫赋壮词以寄之》,请同学找关键词,不少学生往往容易忽视小标题,而在词中反复寻找,教师需要提醒学生注意,词牌名后的小标题是和词作内容有关的,不容忽视。学生找出小标题中的"壮"之后,再回溯诗词找出词中有哪些壮举。学生可以整理出:吃烤肉、奏军歌、检阅军队、战场杀敌、大功告成等。这些"壮举"可以用哪个包含壮的形容词来形容呢?雄壮、豪壮这类词语都可以。

再引导学生分析词中还剩下几句和"壮"有没有关系呢?发现剩下的句子分别是开头和结尾句,这些句子描述的是词人现实中的处境,喝酒醉看剑,头发都白了,对于一个有心杀敌却被闲置的人,是多么痛苦啊!请同学用哪个包含壮的形容词来形容这种处境和心情呢?悲壮无疑是最合适的了。所以围绕"壮"可以理出词人的情感情绪变化,词作由雄壮一下子陡然跌落至悲壮,词人壮志难酬的悲愤就很好体会了。

（三）意象

古诗词毕竟是"古人"之作，作为"今人"的学生，在理解上不免有些隔阂。这就需要我们教师做一些适当的指导。我觉得在古诗教学中若能抓住诗歌中的意象，有助于帮助学生把握诗词的感情主旨和意境。所谓"意象"就是指作品中创造出来的生动具体的激发学生思想感情的事物，是物象和情意的组合。我认为把握诗歌中的意象就能形成生动的画面，进而把握诗歌的意境。

那么如何把一个个意象组成一幅画面呢？这需要学生化零为整。学生在学习诗歌时，先找出包含作者情感的一个个意象，然后把意象构成一幅幅画面，从而体验作者的情感，感受诗词深处的主旨意境。

比如马致远《天净沙·秋思》，曲词非常的通俗直白，先指导学生找出意象："枯藤""老树""昏鸦""小桥""流水""人家""古道""瘦马""西风"。然后把这些意象有机地组合在一幅画面中，再去感受这幅画面传递出来的情感。比如：黄昏时分，秋风瑟瑟，缠着枯藤的老树孤零零地立在清冷的道旁，树上栖着归巢的乌鸦，游子牵着瘦马走在古道上，看见远处小桥流水边人家炊烟渐起，不由得伤感失落。

教师帮助学生把零散的意象组成这幅画面后，游子断肠漂泊异乡的悲凉凄苦的心境就跃然纸上了。

再以散曲为例，白朴《天净沙·秋》，前二句有六个意象，"孤村""落日""残霞""轻烟""老树""寒鸦"，它们都渲染了秋天的凄清氛围。学生很容易将它们组成一幅完整的图画：夕阳将落，残霞散在天际，孤零零的村子里飘起若有若无的炊烟，苍老的大树上，一只寒鸦僵立着。这幅颜色是暗黄、灰色的。然而"一点飞鸿影下"，却出现了"青山绿水，白草红叶黄花"，这两句的五个意象用了极其明快的颜色。"白草红叶黄花"嵌在"青山绿水"之中；"青山绿水"是整体的画面，"白草红叶黄花"是特写的镜头，融合在一起色彩一下子由暗到明，充满生机与活力。

所以我认为教师在指导学生欣赏诗歌时，应该先找出其中的意象，调动想象力，然后把这些意象串联成一幅生动鲜活的图画，再从这图画中揣摩作者所营造的意境就变得很容易了。

古诗词的传统意象很丰富，教师在教学的时候可以带领同学探讨同一意象在诗词中的不同情感内涵，或者是不同意象在诗词中也可能表达相同的情感内涵。

比如"梧桐"这一意象,"梧桐"在古代诗文中早有使用,由于古人认为梧桐是雌雄相依相生的,所以梧桐也象征着爱情。汉乐府《孔雀东南飞》中已出现:"东西植松柏,左右种梧桐。"这个爱情悲剧把梧桐抹上了凄郁的色彩。与梧桐相互搭配的意象很多,常见的有梧桐与凤凰。李商隐《韩冬郎即席为诗》中有"梧桐万里丹山路,雏凤清于老凤声",鸟既为神物,栖木也自非凡物,梧桐因此成为树中翘楚。梧桐与月一起构成画面,也有离乡孤寂的内蕴。比如苏轼的《卜算子》"缺月挂疏桐",梧桐还与雨(特别是秋雨)一起出现在诗词中。梧桐又是树木中最早落叶的,梧桐也就成了悲秋最好的代言者。宋代李清照的《声声慢》"梧桐更兼细雨",这里的"梧桐雨"将女词人的丧偶之痛扩大化,融入了身世家国之悲,更显深沉苦痛。

诗歌教学应该通过有效的方法带领学生去欣赏诗歌的意蕴和内涵,更好地提升学生的文学素养。先"深入"后"浅出",提高诗歌教学的实效性,使学生爱上读诗、学诗,拥有一颗晶莹的诗心。

参考文献

董旭午:《我这样教学古诗文》,商务印书馆 2020 年版。

韩素静:《上一堂朴素的语文课》,华东师范大学出版社 2015 年版。

魏本亚、步进主编:《语文课堂教学反思》,华东师范大学出版社 2015 年版。

初中语文教学中的因材施教:为何、如何

孟小红

春秋末期,孔子始创和实践了"因材施教"教育思想。他认为教育学生的前提是了解学生的个性差异,针对不同的学生要选择不同的教学内容和教学方法,即先了解学生是何种"材",再实施何种"教"。时代发展到班级授课制广泛存在的今天,"因材施教"作为基础教育普遍尊奉的教育思想,既有其得以继续传承光大的一面,也有其独特、具体的内涵、标准、前提;具体实施时,应尊重学情,尊重学科特点,以期达成学业质量标准。

一、"因材施教"的学科内涵、标准、前提

(一)班级授课制下,初中语文教学"因材施教"的内涵

中国现代文学研究会原会长、北京师范大学教授、汕头大学终身教授王富仁在他的《语文教学与文学·呼唤儿童文学》中说:"现代的学校教育,是一种集体性的教育,是把不同的儿童编入同一个年级、同一个班级进行集体教学的形式。仅就趣味而言,他们彼此之间的差别是很大的,不仅男女儿童之间有天然的生理的和心理的差别,就是同性儿童,由于家庭、环境、身体、习惯、知识范围等各种条件的不同,也会有彼此趣味的差异,趣味都是个体的,教学活动永远不可能照顾到每一个学生的趣味,'因材施教'在这种集体性的教育中永远只是一个努力的目标,而不可能得到完全的实现。"

初中学生正处于人生中心理特点、认知风格等各方面急剧发展变化的黄金年龄时期,有旺盛的学习精力、充沛的求知欲望。因此,在常规班额(每班40—45人)情况下,"因材施教"的"材",固然可以指一个个独立个体,也可以指按学业、兴趣、强弱能力等粗略分类、动态分类的学生小组,给学生更多机会充分探索自己的能力极限、兴趣所在、情感倾向,等等;"因材施教"的"教",也并

---

* 本文发表于《成功教育研究》2021年第2期。

不表示每一节课都要为班级里的每一个学生设定适切他个体的若干教学问题或任务,而是根据教学问题或任务的具体情况,由学生完成全部或部分。

东北师范大学与吉林省教育学院联合培养硕士研究生导师张玉新教授在他的《优秀语文教师的三个维度》一文中说:"'道'的境界,我以为应该从本学科的教育教学实践出发,在充分研究教育教学对象——学生的基础上,通过对个别教育对象学习规律的探索,概括出适合全体教育对象的一般性规律,并致力于发扬光大,让更多的教师在教育教学上少走弯路,让教育面向全体学生,使因材施教得以落实。"——张教授也把"因材施教"的"材"看作全体对象、全体学生,所施之"教"是适用性更广的"一般性规律"而非特殊规律。

(二)"上海市初中语文课程终结性评价指南"界定了"因材施教"所应达到的学业质量标准

"因材施教"是儒家传统教育思想之一。儒家对"教"的"质量标准",是有自己的要求的。

> 公孙丑曰:"道则高矣,美矣,宜若登天然,似不可及也。何不使彼为可几及,而日孳孳也?"
>
> 孟子曰:"大匠不为拙工改废绳墨,羿不为拙射变其彀率。君子引而不发,跃如也。中道而立,能者从之。"
>
> ——《孟子·尽心章句上》

弟子公孙丑向孟子提建议——您讲的道理是高深且美妙,就像登天一样,似乎不可以达到;您为什么不把它变得几乎可以触手可及,因而让大家每天去努力得到呢?孟子回应说,技艺高超的工匠不因为拙劣的工匠改变或废弃"绳墨"(制作的规矩、标准),射箭高手后羿不因为拙劣的射手而改变拉弓的标准。君子张满了弓却不射出箭,做出跃跃欲试的样子。他在恰当的位置站着做示范,有能力学习的人便跟着他学习。

对不同的人,亚圣孟子的技能要求可以不同,但不意味着他会放弃标准。

中考考试统一为初中学业水平考试有着双重属性:初中毕业、高中阶段学校招生"两考合一"。虽然两考合一共用同一张试卷,但刚入初中时,学生们都是有继续升学读高中的愿望的。遵循"因材施教"原则,并不意味着放弃对学业基础相对较弱的同学的合理学业要求,而是多多加设阶梯帮助这类学生拾级而上，最终达到基本学业要求。同时，补充更高难度广度的学习内容，满足学业基础坚实、学力优于同侪的学生，让他们能进一步发展和提升。

以初中语文为例，《2021年上海市初中语文课程终结性评价指南》（以下简称"指南"）三·（三）相关说明有"试题的难易比例约为1∶1∶8"的表述。这就已经回应并界定了试题兼有初中毕业考和高中招生考的双重属性。因此，日常教学中必须兼顾到全体应知应会的学习内容，与可能仅部分同学能够完成的学习内容。

（三）学生认识过程的充分呈现是语文教学实施"因材施教"的前提

汉语言表达具有高语境的特点。如疫情期间，一位家庭成员从外面进门，搓着手四下张望，问："还有酒精么？""酒精"的意思可能是酒精式洗手液，也可能是液体酒精，或者医用酒精棉球。根据问话中的"还有"，可以推知到底是哪种意思，要看他家里本来的存货是哪种。而语文阅读教学中的重要任务之一便是理解作者的语境义、言外意，同时自己的表达要尽可能地精确，保证信息接收方不须依赖语境就能明白意思，无歧义，不会漏掉要点。比如本例，如果表达为"家里还有酒精式洗手液么？"就会连外人也能听懂了，但在家人之间如此表达，就很古怪，言不尽意反而是正常的。

实际教学中，经常会有教师认为自己讲得很全很细了，学生也觉得自己听懂听会了，但一到实践应用，一些学生对字句理解上的偏差以及在习作、答题时表达上的模糊，就反映出他们其实仍有不懂不会。因此，教学时，要通过师生互动交流、生生互动合作、学生自主学习等路径，通过课堂发言、习作表达、演讲比赛等活动，让学生充分呈现自己的认识过程，使教师识别出没懂没会的部分，再有效地因材施教。

二、遵循"因材施教"原则，开展初中语文教学

（一）持恒落实"因材施教"的基础性目标、发展性目标、创新性目标

正如孟子所说"君子引而不发，跃如也。中道而立，能者从之"那样，落实"因材施教"原则一要持恒，预防个别"拙工""拙射"落下太多太远；二要根据教学中生情、学情的实际，以"指南"中"试题的难易比例约为1∶1∶8"为划分层次的参照，把初中语文日常教学的目标层次设定为共同基础性目标（80%）、发展性目标（10%）和富挑战意味的创新性目标（10%）。

1. 教学目标的基础性、发展性、创新性

以七年级上册《植树的牧羊人》为例，字词正音释义；圈画出结构上有总起

总结过渡伏笔照应的句子;圈画环境描写句;辨识并标注出比喻句及其本体、喻体;了解创作背景——这些都是可以通过查阅工具书、运用现有知识基础来解决的,因此,作为共同基础性目标;理解牧羊人性格特征的内核,把握作者对牧羊人的态度和评价——这些问题,学生需要找准文章相关词句,进行综合、归纳,加上教师课堂引导,甚至需要教师把它们分别作为主问题,化主问题为若干小问题,小问题之间构成问题链,才有可能正确周全地解决。类似的需要依照学情、经验、铺设台阶、化难为易后,才能完成的问题,应当作为发展性目标。理解作者塑造牧羊人形象的社会意义,涉及作家作品的若干背景知识在文本中的映射,和作品在当下社会的积极意义,未经训练、指点的话,学生很难用三言两语准确完备地说清楚,可作为创新性目标。

2. 发展性、创新性目标达成的台阶铺设

仍以《植树的牧羊人》为例。"理解作者塑造牧羊人形象的社会意义"需要先理解牧羊人性格特征的内核。文章中直接说出的牧羊人性格特点有若干个近义的、同义的词语,散落在文章各处,需要学生能沙中淘金地归纳、综合、比较后才能得出。因此,这实际涉及两个难点。教学中,可以铺设如下台阶:

> 提取文中环境描写的语句,把这里的环境状态分为两个不同阶段。
> 提取环境描写中三处描写"风"的语句,把它们跟环境状态相对应。
> 文中用什么比喻牧羊人?什么关键性格使得他能改变所在的环境?
> 作者用"神秘泉水"比喻牧羊人,二者有哪些相似处?
> 作者用"神秘泉水"比喻牧羊人有哪几层用意?牧羊人形象在当时、当下的社会意义有哪些?

在理解这两个难点问题的过程中,通过化大问题为小问题,达到了化难问题为易问题最终解决难问题的效果,所涉及的绝大多数要求,是绝大多数同学能达到的。

通常,教师都会把容易回答的题特意留给学业基础弱的同学,时间久了,学生之间对教师的苦心善意就心明如镜、心照不宣,结果相当于隐形地给学生贴上了标签。而铺设台阶,则让所有同学都能经历解决问题的全部过程,都能透彻理解作者意图;优秀同学也能从中习得如何经由分析而后综合地解决问题的思路。

（二）日常教学追求因"材"施教，促进掌握学科最佳知识结构

科技发展迅猛，但学习所需要用到的学习策略、所经历到的学习心理却变化不大。如，学习需要温故知新，善于学习和学会学习的表现之一是能够举一反三；我们仍然要在数学练习、英语对话等具体学习内容中设计丰富多样的变式练习。我们仍然要根据学情校情决定温哪个故从而知哪个新，用什么介质、从什么角度来温故知新，决定举哪个"一"从而促进学生正确快速地反"三"，所举的"一"的难易度，所期待学生"反三"能达到的程度。

当代美国著名认知心理学家布鲁纳认为，教学的主要目的是使学生掌握学科的由概括了的基本思想或原理构成的最佳知识结构。知识的概括性越高，对学习者越有用。因"材"施教，促进掌握学科最佳知识结构，是我们着力追求的日常教学目标。如，语文教学中，经常会引入教材以外的素材开展教学，但如何用好这些素材，却是需要用心设计的。自主学习需通过"教自己学"来实现能力提升。而在教学过程中，充分发挥素材功能，是一条可靠路径。但通常教师的注意力放在寻找素材、创造情境上，目的也仅止于用这些素材营造氛围、吸引兴趣、帮助理解，这就未能物尽其用，甚至起了分散注意力、消解语文学习目标的反作用。

比如引进音视频素材时，教师可以预先为学生提供费德曼赏析法作为自主学习和实践的示范框架，对作品或作品片段进行由表及里的分析和感悟，在对示范框架（叙述、形式分析、解释、评价）的多次实践中，增进理解水平和运用能力。

教师引入多个视频片段辅助教学时，可以把自己引入的目的作为选择此视频的标准、组织片段的逻辑，用学生猜测、帮助老师、师生交流、探讨等方式，呈现给学生。这样的教学过程，能让学生领会教师备课的教学构思，迁移这种"领会"到习作的布局谋篇中，到理解欣赏文章技法中。

引进文本类素材时，可以把引进它的目的，寻找时的搜索方法、取舍依据、概括时的思路，等等，也用上述方法呈现出来，学生的收获就不只是素材本身，而是多方面多层次的了。

（三）作业数量、模块的自主选择

如前文所述，初中语文教学的目的，不是为了过早地把学生分成三六九等，然后在教学各个环节"因材施教"，而是为了让各个学业基础层次的学生都能在学习中有所进步，尤其是让基础弱的学生通过分层教学、分层作业，渐渐

理解学习内容、掌握解决问题的方法,最终达到合格水平。因此,作业分层可以通过数量、模块两条路径来实行。

作业数量的自主选择。每日课堂作业和家庭作业可以参照"试题的难易比例约为1∶1∶8"的比例设计。其中,"共同基础"部分占80%,中等难度和高难度部分各占10%。题目都标好大小不等的分值,学生自主组合作业,题量不限(全做、做部分、不做),分值达到某个数值即可。这样,"共同基础"的题,分值小,但学生多做几题,就可以达到分值。如此也能收到"各知识技能点训练充分"的效果;后两种题分值大,学生可以少做几题,也仍然达到分值,以思维品质取胜。根据学生各学科学习情况,对少数语文学业基础确实很好的学生,有些作业允许其申请免做。又如,对于有些同学来说,写一篇作文是难事。不过,造几条内容有内在关联的句子、段落是可以争取做到的——前提是,教师设计出这样的造句写段练习——后期引导学生用适当的词句把几个句子连缀起来,补上开头结尾,就是一篇习作或提纲了。这样,可以让学生领会到写作的方法,消除畏难情绪,最终愿写作文、能写出成篇作文。

作业模块的自主选择。初中学生语文能力目标分古诗文阅读能力、现代文阅读能力、综合运用能力、写作能力;每种能力下面又各有若干条细分能力点,各细分能力点之下还有具体内容。师生双方都可以评估每位学生的能力中最薄弱的点,在一段时间内强力攻坚。比如,有些同学语文学业非常薄弱,与其跟着多数同学辛苦作业,还不如先做到"写作能力6:字迹清楚、书写规范、文面整洁",同时,确保古诗文阅读作业量。有些则可以在冲击、确保写作A等第上下功夫,当然也可以申请免做。其他同学则须一步一个脚印,扎实完成自己薄弱板块的作业,稳步推进学业水平。

作业辅导、试卷讲评等各个环节,也都可以参照上文所述实施。

三、结束语

随着社会对人才需求的复杂、多样,对"因材施教"的要求将更加迫切;小规模学校或小班化教学,方便教师更高质量更加精准地因材施教,教师将根据学生情况组织学习内容,做个性化的课程创制和选择,以适应线上线下结合的混合式学习。"因材施教"的内涵、标准、前提、实施策略也将与时俱进,发生新的变化,不变的是教师对学生高度负责的心和不断精进的专业水准。

巧设问题,使文本解读更有效

王 萍

一、趣味性设问

苏霍姆林斯基说:"所有智力方面的工作都要依赖于兴趣。"假如教师提出的问题学生不感兴趣,即使这个问题设计得再完美,也不能发挥"问题教学"的作用。教师应根据教学目标和教学内容,引用古今中外故事、成语、俗语、名言等形象化的语言,设计探究性问题,点燃学生的思维火花,使学生情绪高涨地投入到探究活动中。

常言道,为人贵直,为文贵曲。语文教学和为文有异曲同工之妙,它也要避免直来直往地讲析与灌输,而是要尽量多地让学生的思维拐弯,提高他们对课堂的兴趣。就阅读教学课堂中的提问而言,要善于转弯抹角、改头换面,留有思考的余地。

著名特级教师钱梦龙老师十分讲究这种"曲问"艺术——"变直为曲、引人入胜"。他在执教《愚公移山》时,有两个典型的范例:一是"愚公年且九十"的"且"字,钱老师没有直向其意,而是问:"愚公九十几岁?"学生稍感疑惑之余,顿悟"且"为"将近"意,愚公还没到九十岁,只是将近九十。二是"邻人京城氏之孀妻有遗男"的"孀"和"遗",钱老师也没有直解其意,而是问"邻居小孩去帮助曲问愚公挖山,他爸爸同意吗?"这样"孀""遗"二字字义就迎刃而解。如果说学生掌握知识的最佳动力是兴趣,那么曲问便是巧妙激发学生兴趣的艺术魔棒,通过它,产生了"错综见意、曲折生姿"的功效。

直题曲问,要独辟蹊径,以曲求伸,忌故弄玄虚、艰涩隐晦。在阅读教学中,直题曲问是趣味性设问的一种方式,可以使课堂取得事半功倍的效果。

二、逻辑性设问

一节课教学重难点的突破,往往不是一两个问题就能解决的,而是需要教师在课堂上连续发问,环环相扣,层层深入。这样,前一个问题就是后一个问题的前提,后一个问题就是前一个问题的继续,每一个问题都是训练学生思维发展的一层阶梯。从而形成链式思考,提高分析理解的能力。这就是逻辑性设问。

如教学《故乡》一课,学生在预习了课文、了解了课文的背景之后,我提出了一个问题:故乡产生了哪些变化?在学生边读边拟发言要点。10分钟后,课堂上开始闪现学生思考的结果:故乡的面貌变化了,故乡的人也变化了(闰土和杨二嫂)。我以此为基准进行调控,要求学生继续深入比较闰土和杨二嫂两个人物前后的变化并思考产生变化的原因。分析完毕后追问:作者写这些变化的用意何在?这样就引出了全文的主题所在:作者一方面批判革命的不彻底,一方面仍对未来抱有希望。

这篇课文的教学中,我设置的主问题就是"故乡产生了哪些变化?"这个问题在教学中主管着、牵动着教学进程,减少无效、无谓、无用的提问,节省出一定量的课堂教学实践;能一线串珠地整体地带动课文的理解品读;能形成学生长时间一系列的深层次的智能课堂学习活动。于是,课堂气氛以学生的读、思、说、评为主要成分构成,课堂气氛因此而显得生动活泼。

三、开放性设问

学生在教学活动中处于主体地位。《语文课程标准》也指出:"阅读是学生个性化的行为,不能以教师的分析来代替学生的阅读实践。"而且"一千个读者就有一千个哈姆雷特。"所以,在阅读教学活动中,要以学生为主体;对文本的解读,应尊重学生阅读和理解的个性,珍视学生独特的感受和体验。但我们也注意到,学生认知水平毕竟有限,如何才能点燃学生个性的火花呢?我认为可以设置一些开放性的问题来推进学生的个性化阅读。

针对课文中很多省略和空白的地方,我鼓励学生对这些地方展开大胆合理的想象,从而更深入地理解课文。如在教古诗《石壕吏》时,我设置了这样一个问题来引导学生思考:诗人说"夜久语声绝,如闻泣幽咽"。到底谁在"泣幽咽"?面对这样的问题,学生思维的火花被点燃,他们充分发挥想象的潜力,各抒己见。有的认为是那个"乳下孙",因为他受了惊吓,已经哭了很长时间,没有力气再大声哭了,所以在"泣幽咽"!还有的说是那个媳妇因为婆婆被抓,又想起了丈夫,见家中只剩老小全都要自己照料,想起自己今后的日子会十分艰难,所以在"泣幽咽"。也有人认为是潜回家中的老翁,想着自己妻离子散,家破人亡的遭遇而在"泣幽咽"。更有同学理解为别的人家有人在哭。因为"安史之乱"并不仅仅这一家人灾难,肯定还有很多家庭也有同样的遭遇,而被石壕吏捉去服差役的也不会只有老翁这一家人。这些丰富多样且合情合理的理解,结合起来可以给我们展现作品背后更丰富的画面。

还有,在学生掌握了课文知识后,我们如果设置一些开放性的问题,引导学生把这些知识与课外相关知识联系起来思考,就能扩大知识的利用价值。如在学习了《背影》一文后,可以引导学生思考:"父亲"的人物形象特点可否在自己的父亲身上找到? 通过追问,让学生想得更深,并与阅读、做人联系起来,既能有效地促进学生思维能力纵向、横向的发展,还能对学生加强人文精神教育。

教师通过开放性设问,引导学生在领悟文学作品内涵的丰富性和多元性中,真正用自己的眼睛和心灵去解读作品。这既对学生深入理解教学内容、培养学生的创造能力是十分有益的,也是符合建设开放而又有活力的语文课程的新课程理念的。

教育家陶行知曾经说过:"发明千千万,起点是一问。"由此可见,巧设问题在教学中具有极其重要的地位。问题的设计与解决贯穿于课堂教学的始终,直接影响着课堂教学的成败。教师只有在课前认真研读文本,研究学情,精心设计问题,课堂中灵活调整运用,这样才能让语文课堂焕发出无限的生机和魅力。

参考文献

方贤忠:《备课:基于教师的专业成长》,华东师范大学出版社2018年版。

吴筱玫主编:《让学生爱上你的课堂》,天津教育出版社2019年版。

刘祥:《有滋有味教语文:语文教师应知的教学技巧》,华东师范大学出版社2017年版。

创新意识的培养来自数学课堂

朱武巍

思维品质的优良与否是国民素质的重要决定因素。现代高科技和人才的激烈竞争，归根结底就是创造性思维的竞争，而创造性思维的实质就是求新、求异、求变。创新是教与学的灵魂，是实施素质教育的核心；为了促进学生思维能力的发展，我们必须高度关注学生在数学学习过程中的思维活动，必须研究思维活动的发展规律，研究思维的有关类型和功能、结构、内在联系及其在数学教学中所起的作用。数学是思维的体操，从这个角度讲，数学本身就是一种锻炼思维的手段。我们应充分利用数学的这种功能，把思维能力的培养贯穿于教学的全过程。在教学中，我们尤其要注重培养学生良好的思维品质，使学生的思维既有明确的目的和方向，又有自己的见解；既有广阔的思路，又能揭露问题的实质；既敢于创新，又能具体问题具体分析。

心理学研究表明，思维发展具有阶段性的特征。初中学生一般正处于经验型抽象思维向理论型抽象思维过渡的时期，这是思维发展的关键期。在关键阶段，采取有力的措施加强思维的训练，促使学生抽象思维的发展，形成良好的思维品质显得尤为必要，数学教学蕴含着丰富的创新教育素材。数学教师要根据数学的规律和特点，认真研究、积极探索培养和训练学生创造性思维的原则、方法。

当前，数学教学改革和发展的总趋势就是发展思维，培养能力。要达到这一要求，教师的教学就必须从要优化学生的思维品质入手，把创新教育渗透到课堂教学中，激发和培养学生的思维品质。

一、开放式教学与创新能力的关系

开放式教学往往以学生自主探索活动为主体，以教师点拨为主导，以培养学生学习兴趣和创新能力为中心，以优化课堂教学、培养学生数学素质、大面积提高教学质量为目标。开放型问题的自主探索活动包括创设问题情境，学生自主探索、讨论交流、教师点拨、变式训练、自我归纳小结等环节。在活动中要特别鼓励表扬有独特思维和创新见解的学生,既树立"人人能创造"的意识,又能体验创造成功的喜悦,以朝着更有利于培养创新能力的方向前进。

开放型问题与实际问题相结合,在实践中培养学生的创新能力。创新与实践是当前教学改革大方向,并已明确写进了教学大纲:"使他们能够运用所学知识解决实际问题,并逐步形成数学创新意识。"学习的目的在于应用,数学教学的最终目标是让学生能将所学得的知识用于解决现实世界自然和社会的各种问题。开放型问题只有与实际问题结合起来才能发挥其更大的效能,才能更具有生命力。这是因为学生创新意识及创新能力的培养不能脱离生活和实践,一旦脱离了现实生活和实践的需要,学生的创新之源就会枯竭。

要使学生感到数学不是空中楼阁虚而没有用的东西,让学生充分认识到"数学"的威力。只有这样学生才能对学习数学产生浓厚的兴趣,也只有这样学生才会从内心深处产生不竭的动力,从而学生的无穷潜力才会被挖掘。

二、创设问题情景,培养创新意识的策略

1. 创设"悬念式"问题情景,激发学生的求知欲望

创设"悬念式"问题情景,是指教师用新颖的方式、生动的语言设置一些学生欲答不能而迫切想要得到解答的问题,在学生的心里产生"悬念",以引起学生学习数学的兴趣,从而激发学生的求知欲望。

如在讲解"全等三角形的判定"时,可创设这样的问题情景:如果有两个三角形,它们的三个角对应相等,并且其中的一个三角形的两条边与另一个三角形的两条边相等,这样的两个三角形全等吗? 学生绝大部分会回答全等。

然后教师出示下图:

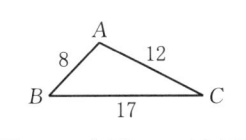

图 1 三角形 ABC 示意图　　图 2 三角形 DEF 示意图

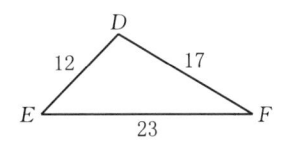

△ABC、△DEF 中,三个角对应相等,其中两条边又相等,但两个三角形明显不全等。此时,学生不禁会问:为何三边、三角六个量中五个量相等,两个三角形还不能全等呢? 两个三角形全等到底需要满足怎样的条件呢? 这一

"悬念"情景的创设在学生的大脑里立即产生了撞击,思维被迅速地激活起来,此时,学生会产生强烈的求知欲望。

2. 创设"探究式"问题情景,诱发学生的创新动机

创设"探究式"问题情景是指教师根据学生已有的认知结构和思维水平,在探索数学知识的过程中设置一个个彼此相关、循序渐进的探索性问题,通过连续提问,诱导学生去发现问题、分析问题和创造性地解决问题。在这种方式下,教师以问题为引子,让学生带着问题去学习,从而激发学生的创造欲望。

例1 已知 AB 为 $\odot O$ 的直径,P 为 AB 延长线上的一个动点,过 P 作 $\odot O$ 的切线,切点为 C。(1)当点 P 在 AB 延长线上如图 3(a)所示的位置时,连结 AC,作 $\angle APC$ 的平分线,交 AC 于点 D,请你测量出 $\angle CDP$ 的度数;(2)当点 P 在 AB 延长线上如图 3(b)所示的位置时,连结 AC,请你用尺规作 $\angle APC$ 的平分线(不写作法,但需保留作图痕迹),并设此角平分线交 AC 于点 D,然后测出 $\angle CDP$ 的度数;(3)猜想 $\angle CDP$ 的度数是否随着点 P 在 AB 延长线上的位置而变化?并对你的猜想加以证明。

分析:只要作图准确,$\angle CDP$ 在两个图中的度数都是 $45°$,由此作出猜想:在上述条件下,$\angle CDP$ 的度数不随点 P 在 AB 延长线上的位置的变化而变化。如图 3(a),连结 OC,则 $OC \perp PC$,$\therefore \angle 2 + 2\angle 1 = 90°$,即 $\frac{1}{2}\angle 2 + \angle 1 = 45°$。又 $\angle 2 = 2\angle A$,即 $\angle A = \frac{1}{2}\angle 2$。$\therefore \angle CDP = \angle A + \angle 1 = \frac{1}{2}\angle 2 + \angle 1 = 45°$。

图 3(a)

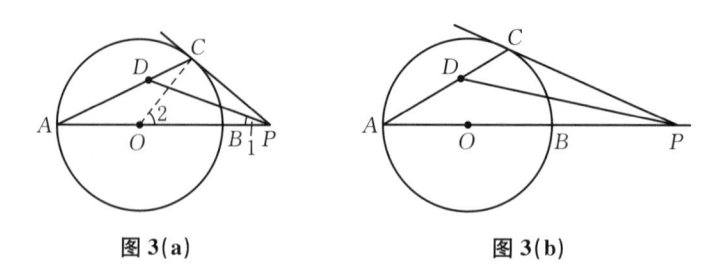

图 3(b)

解题意味着什么?有人这么说明,解题就是意味着把所要解的问题转化成已经解决过的问题。解题即转化,解题的过程是一个不断转化问题的过程。

而问题的转化,依赖于丰富的联想。联想转化的解题方法,就是指对所遇问题进行观察、分析,联想将其移植改变转化成与之有关系的另一问题,通过对它的研究,达到解决原问题的目的的一种数学思想。

教师通过上述问题情景的创设,引导学生自主探索、思考、发现,每一位学生实时体验知识的发现和"创造"过程,在学生体验成功的过程中不断引发他们的探索欲望。

三、有意识地培养发散思维

发散思维是指从同一来源材料探求不同答案的思维过程。它具有流畅性、变通性和创造性的特征。加强发散思维能力的训练是培养学生创造思维的重要环节。根据现代心理学的观点,一个人创造能力的大小,一般来说与他的发散思维能力是成正比例的。

在教学中,培养学生的发散思维能力一般可以从以下几个方面入手。比如训练学生对同一条件,联想多种结论;改变思维角度,进行变式训练;培养学生个性,鼓励创优创新;加强一题多解、一题多变、一题多思等。特别是近年来,随着开放性问题的出现,不仅弥补了以往习题发散训练的不足,同时也为发散思维注入了新的活力。徐利治教授曾指出:创造能力 = 知识量×发散思维能力。思维的发散性,表现在思维过程中,不受一定解题模式的束缚,从问题个性中探求共性,寻求变异,多角度、多层次去猜想、延伸、开拓,是一种不定势的思维形式。发散思维具有多变性、开放性的特点,是创造性思维的核心。

在教学中,教师的"导":需精心创设问题情境,组织学生进行生动有趣的"活动",留给学生想象和思维的"空间",充分揭示获取知识的思维过程,使学生在过程中"学会"并"会学",优化学生的思维品质,从而得到主体的智力发展。教学中不仅要求学生的思维活跃,教师的思维更应开放,教师只要细心大胆挖掘,这样的结合点随处可见。

1. 利用开放性问题,训练发散思维,培养学生的创新意识

新课程标准强调要关注学生个性差异,有效地实施有差异的教学,使每个学生都得到充分发展。面对全体学生多样化的学习需要,开放性问题能较好地达到这一要求,学生需要通过一系列分析,展开发散性思维,运用所学的知识经过推理,得出正确的结论,充分显示出思维的多样性,同时也体现了学生的创造能力。

例2　写出以 $\begin{cases} x=2 \\ y=3 \end{cases}$ 的解的方程(组)

题中未明确是何种类型的方程(组)？解题方法无模式好循，诱导学生展开想象，多方位探寻，得出以下结果：

(1) $|x-2|+\sqrt{y-3}=0$；(2) $(x-2)^2+(y-3)^2=0$；(3) $\begin{cases} x-2=0 \\ y=5-x \end{cases}$；

(4) $\begin{cases} 2x+y=7 \\ 3x-2y=0 \end{cases}$ [可写出无数个方程(组)]。

思路拓展：把 $\begin{cases} x=2 \\ y=3 \end{cases}$ 看作坐标系中的一点(2，3)，过此点的任意两条直线的解析式构成的方程组都可以。

此题求解的范围、想象的空间是广阔的，思维是开放的。

2. 一题多解，训练发散思维，培养学生的创新意识

注重"创新"，努力培养学生良好的思维习惯，善于从多角度、多渠道、多方位思考，用不同的方法来解决同一问题。这样既能培养学生数学应用能力，又有利于培养学生的创新精神。

例3　若 $(z-x)^2-4(x-y)\cdot(y-z)=0$，求证：$x+z=2y$。

解法1：从"条件"和"结论"的结构形式进行联想。

∵ $(z-x)^2-4(x-y)\cdot(y-z)=0$，

∴ $z^2-2xz+x^2-4xy+4xz+4y^2-4yz=0$，

∴ $(x^2+2xz+z^2)-4y(x+z)+4y^2=0$，

即 $(x+z)^2-4y(x+z)+4y^2=0$，

∴ $[(x+z)-2y]^2=0$。

∴ $(x+z)-2y=0$，即 $x+z=2y$。

解法2：从已知等式左边呈 b^2-4ac 的形式，联想到一元二次方程根的判别式，构成辅助方程求解。

若 $x\neq y$，作关于 t 的一元二次方程 $(x-y)t^2+(z-x)t+(y-z)=0$。

∴ $\Delta=(z-x)^2-4(x-y)(y-z)=0$，∴ 此方程有两个相等的实

数根。

又 $\because (x-y)+(z-x)+(y-z)=0$，$\therefore 1$ 必定是方程的一个根，

$\therefore t_1=t_2=1$，由韦达定理可知 $\dfrac{y-z}{x-y}=1\times 1$，$\therefore x+z=2y$。

(2) 若 $x=y$，由已知可知 $x=y=z$，$\therefore x+z=2y$。

解法 3：从乘法公式 $(a+b)^2-4ab=(a-b)^2$ 变形联想到：

$\because (z-x)^2-4(x-y)\cdot (y-z)=0$，

即 $[(x-y)+(y-z)]^2-4(x-y)(y-z)=0$，

$\therefore [(x-y)-(y-z)]^2=0$. $\therefore x+z-2y=0$，$\therefore x+z=2y$。

3. 一题多变，发展求异思维，增强学生的创新意识

一个创新思维活动的过程，要经过从发散思维到集中思维，再从集中思维到发散思维多次循环才能完成。在创造思维品质的发展中，发散思维和集中思维各处不同的地位，起着不同的作用。所以在培养学生集中思维的同时，必须重视发散思维的训练，因此可提供一些一题多变的题目，使学生在寻求各种结果中，表现思维的创造性。

求异思维的本质是创新，是培养学生创新能力的一种好方法。让学生在变化中思维，克服思维定式的干扰，在训练题的设计中，题目由浅入深，并多采用一题多变，由只改变题目中的条件、结论和解题过程三者之一的封闭训练，逐步发展到改变三者之中的两者以上的开放型的变式训练。还通过题型的转换，力求通过填空、选择、判断、解答论证等形式的练习，提高思维的灵活性、深刻性和创造性。逐步培养学生的发散思维，促进学生从不同的途径寻求各种解题途径的方法。促进思维向着横向、纵向、逆向及发散等方面深入发展，从而达到训练学生创新意识的目的。

爱因斯坦曾经说过："提出一个问题比解决一个问题更重要。"可见，提出一个有价值的新问题更是难能可贵的。在课堂教学过程中教师根据教学需要设置问题情景，加强问题意识和质疑能力的培养，是培养学生创新意识、提高学生创新能力的有效途径。在目前情况下，中学数学教学应使学生从过重的学业负担中解脱出来，让学生不断探索和总结科学的学习方法，提高理解数学知识的能力；让学生积极参与课堂教学活动，展开讨论、发现问题、分析问题，并引导学生创造性地解决问题。只有这样，才能培养学生的创新意识，提高学

生的创新能力,使学生保持持久的学习积极性。

　　总之,创造思维是创造力的核心。培养有创新意识和创造才能的人才是中华民族振兴的需要,教师在平时的教学中注重对例题和习题的开发,挖掘问题的内涵及潜在的教学价值,开展多种形式的探索活动,对培养学生的创新意识是大有裨益的。因此,教师应从开发智能、培养能力这一目标着眼,有意识地引导学生联想、拓展思维,注意总结解题规律,逐步培养学生的创新意识。

构建初中数学高效课堂的几点认识和做法

章炯毅

课堂教学是我们国家主要的教学组织形式,是学生在校学习文化科学知识的主阵地,也是对学生进行思想品德和素质教育的主渠道。如何在减轻学生负担的同时,又能保证教学质量和学生学习成绩的提高?这就要求教师用先进的教育理念指导教学实践,构建高效课堂。

高效课堂是针对课堂教学的无效性、低效性而言的。课堂教学高效性是指在常态的课堂教学中,通过教师的引领和学生积极主动的学习思维过程,在单位时间内(一般是一节课)高效率、高质量地完成教学任务、促进学生获得高效发展。高效发展就其内涵而言,是指知识与技能、过程与方法和情感、态度、价值观"三维目标"的协调发展。就其外延而言,涵盖高效的课前精心准备、课堂教学的实施和教师课后的反思与研究来提高课堂教学效率。

下面结合自己的教学实践谈一下关于如何构建初中数学高效课堂的几点认识和做法。

一、注重非智力因素,是构建高效课堂的前提和基础

教学的艺术不在于传授的本领,而在于激励、唤醒鼓舞的一种艺术。"亲其师,信其道"说的也是这个道理。教学活动正是在知识与情感两条主线相互作用、相互影响下完成的。教师也是从学生时代过来的,深知作为学生非常渴望老师的关注、鼓励、赏识。教师不经意的一句话,一个眼神,一个动作可能会直接传达到学生心灵深处,影响他(她)的一生,教师要平等地给予每位学生参与的权利和成功的机会,体验成功的喜悦,激发学生学习的积极性和主动性。可见情感因素、心理因素等非智力因素会影响学生学习的能动性,教师要善于利用一切有利的因素,唤起一部分处于"浅睡"状态的学生的思维,以更好地提高学生有效学习的效率。

案例1 在等腰三角形一节教学时,为了利用非智力因素调动学生学习的积极性,激发部分学生的学习情趣,体验学习成功的喜悦,我通过多媒体呈现问题:请你用你手中的七巧板七个部件,(1)任意两个部件拼成一个等腰三角形;(2)任意三个部件拼成一个等腰三角形,画出你的拼图,标上各部件。问题一经提出,全班学生跃跃欲试,很快拼出并画好图形。我找了几个基础薄弱的同学先向全班同学展示自己的拼图,后到黑板上画出自己的拼图,标上部件名称。在他们正确完成后,我及时给予了鼓励和表扬,使他们体验成功的喜悦,提升他们学习信心,整堂课他们踊跃举手发言,这不只是本堂课激发他们学习兴趣,提高他们学习的积极性主动性,在此之后的课堂上他们始终以自信、进取的学习状态进行课堂学习,成绩明显得到提升。

二、创造积极的学习氛围、转变学习方式是构建高效课堂的必由之路

为了提高学生有效学习的效率,必须让学生的思维处于活跃状态,积极地探索知识并试图将刚刚获得的知识转化为能力,为此教师需创造积极的学习氛围,转变学习方式,调动学生学习的兴趣和求知欲望,使学生的思维处于亢奋状态。具体的做法主要有以下几点:

1. 提出明确的学习目标

使学生知道学习的目标,是激发学生学习动机和调节学生学习行为的一种好方法。为了充分调动起学生自主参与课堂的积极性和求知欲,教师可以在每节新课学习之前向学生展示本节课要达到的学习目标,让学生在学习目标的引导下有目的地进行主动探索、讨论、交流;在新课结束后让学生梳理自己的收获,是否达到学习目标。

2. 创设有兴趣的问题情境

苏霍姆林斯基说过:"如果学生没有学习的愿望,我们所有的计划,所有的探索和理论统统都会落空。"而思维永远是由问题开始的,设计适当的问题激发学生的探索欲望,牵引学生的思维处于亢奋活跃状态。要提高提问的有效性,有效提问是课堂对话的开端,能激发学生的思维、兴趣。问题的有效性表现在一要具有一定的开放度,二要具有一定的深刻性,三要注意对象的层次性,以达到让不同的学生都拥有思考的兴趣、思维的空间,使全体学生得到发展。

案例2 同类项概念的学习,教师可用多媒体呈现给学生这样一个情境。请给下列式子找好朋友,并说出你找朋友的依据。

$-6ab^2$;$3a^2b$;$4ab^2$;$-2ab$;$-b^2a$;$-6ba^2$;$3ab$;$-3a^2b^2$;$-6ab^2$的好朋友是_____;$3a^2b$的好朋友是_____;$-2ab$的好朋友是_____;_____没有好朋友,它好孤单,请你写出它的一个好朋友_____。

通过上述情境,全体学生对同类项的两个本质特征已完全理解,教师再根据类比归纳思想,逐步引导学生对多项式如"$-6ab^2+3a^2b+4ab^2-2ab-b^2a-6ba^2$"中各项特征观察,使认识不断深化,为进一步学习合并同类项的法则,把教学逐步引向深入打下良好基础。

3. 创造合作进取的学习氛围

学生是学习的主体,课堂教学是否高效,自然也主要看学生有效学习的效果。在和谐的气氛中,在充满自信的时候,学生的学习效果最好,效率最高,课堂的高效也就水到渠成了。为此,在学生独立学习的基础上,积极开展小组合作学习,小组分组时应遵循"组间同质,组内异质"的原则,即不同小组之间各组的整体学习及活动水平大致相同,但同一个小组之间各成员的学习活动水平应该不同。从课前预习开始,到课内探究和课后帮教,充分发挥小组成员的积极性,对学习中的薄弱环节进行监控、反思、调节、补救,增强学生的学习效能感。要关注学习差异,也关注个性特质,让课堂充满合作氛围。通过小组合作评价,调动学生主动参与,同时教师适时激励,这为实现全体学生高效学习,实现课堂更大面积高效做好准备。教师要灵活运用各种教育方法,在组织课堂教学的各环节中,教师采用启发式教学,要彻底改变"注入式,满堂灌,教师讲,学生听"和把知识强行"塞入"学生大脑的传统教学模式和观念。

案例3 在学习分式方程时,有这样一道练习题"若分式方程$\frac{2}{x-2}+\frac{m}{x^2-4}=\frac{3}{x+2}$有增根,试求$m$的值",学生无从下手,思维陷入困境,这时我适时用启发式点拨引导学生合作学习。

师:若方程有增根,增根必须满足什么条件?

生:(讨论交流)必须使最简公分母$(x+2)(x-2)$为零。

师:你能求出增根吗?增根不是原分式方程的根,那么它是哪一个方程的根?

生:(讨论交流)增根是$x=2$或$x=-2$,它们都是由分式方程转化而来的整式方程$2(x+2)+m=3(x-2)$的根。

师:你能求出m的值吗?

……

4. 设置运动探索、开放、多解题型

为了促进学生的发散思维和创新思维,培养创新意识和能力,教师在备课时常设计一些运动探索、开放、多解题型,教师安排小组合作学习,让学生把自己的想法与理由表达出来,在此基础上形成共同的结论。

案例4 如图1,$\triangle ABC$中$AB=10$ cm,$BC=12$ cm,点P从A点以2 cm/s的速度沿AB边移动,点Q从B点以2 cm/s的速度沿BC边移动,问经过几秒钟后以B、P、Q为顶点的三角形与$\triangle ABC$相似?(此题有两解,提高学生思维能力和思维的缜密)

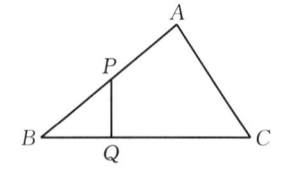

图1 三角形ABC示意图

5. 在"做"中体验感悟数学

让学生在"做"中体验,在"做"中感悟,是"做"数学的目的和功能。建构主义认为:"学习是一个积极有意义的建构过程,需要学生有很高的心理参与和智力参与,而不是教师简单的解释和示范。"因此教师要提供给学生一个相对完整真实的数学情境,还原知识产生的背景,再现知识的探索过程,使学生更好地融入数学情境中去,并以此为基础,产生学习的需要和兴趣,进行自主学习,从而达到主动内化知识,建构知识体系的目的。数学情境的设计必须要有丰富的数学知识和数学思考,给学生呈现一种数学智力的挑战,激发学生参与"做"的主动性。

案例5 在进行无理数的教学时,我先让学生测量边长为1 cm的正方形对角线$\sqrt{2}$ cm长度,学生不能精确测量其长度(实际上$\sqrt{2}$既不是整数也不是分数,这也是无理数起源的背景之一),测得对角线长近似值为1.4 cm,初步感受$\sqrt{2}$的大小;接着让学生用两个边长为1 cm的正方形,裁剪拼成一个面积为2平方厘米的大正方形,其边长为什么?进一步感受$\sqrt{2}$的存在,然后在数轴上画出表示$\sqrt{2}$的点,进一步启发学生能否在数轴上画出表示$\sqrt{5}$、$\sqrt{10}$、$\sqrt{13}$的点,通过量、拼、画等"做"的过程,展现无理数起源的背景,同时使学生确实感受到无理数的客观存在,消除学生学习新知的焦虑,学生积极参与到"做"中去,思维能力得到提升。

三、优化数学课堂的宏微观结构是构建高效课堂的根本保障

课堂结构既包括宏观的结构即一堂课的总体教学构想、教学流程,又包括微观的结构即课堂教学各个环节怎么进行,如何衔接,时间大体如何分配等。要完成宏微观结构的设计程序,就需要教师从备课标、备教材、备学生、备教法、备学法上下足功夫。让学生根据学习目标主动参与探索、讨论、交流、合作。问题让学生提出,内容让学生总结,方法让学生归纳的理念。教师应成为学生学习能力的培养者和促进者、组织引导者、合作者。指导学生懂得如何获取自己所需要的知识,掌握获取知识的工具以及学会如何根据认识的需要去处理各种信息的方法。这样教师才能充分发挥其主导作用,以高屋建瓴之势去把握课堂教学的宏微观结构,实现数学高效课堂教学。

四、培养学生的数学学科素养和思维方法是构建高效课堂的动力和源泉

陶行知先生指出:"我以为好的先生不是教书,不是教学生,乃是教学生学。"高效课堂的构建,应该回归"教学生学"的本质,引导学生解决"学什么"与"怎么学"的问题,因此要培养学生的数学学科素养和思维方法。

数学学科素养指的是数学学科的基本概念、基础知识体系以及思想方法。如果仅仅停留在知识的单向灌输和机械训练上,教给学生的仅仅是"学科"知识,而不去关注学科内在的逻辑联系和知识体系,不去引领学生发现数学学科知识背后的基本概念、基本方法,那么这样的学习显然是低效甚至无效的。例如平行四边形、矩形、菱形、正方形概念的内涵与外延和它们的判定方法,教学时应注重它们之间的内在的逻辑联系,形成知识体系。

数学思维方法是指能通过"发现问题—分析问题—解决问题—再发现问

题"的科学学习方法。教师在传授知识的同时,应注重学习方法的指导,帮助学生掌握科学的认知方法;善于为学生创设问题情境,鼓励学生敢于提出疑问,引导学生产生疑问,进而发现问题,要给学生质疑的时间和空间,使学生可以随时质疑,会质疑本身就是思维的发展、能力的提高。通过质疑使学生获得有益的思维训练,变"学会"为"会学",养成勤于思考的习惯,科学学习方法为创造高效课堂,提高学生的有效学习效率提供了重要保障。例如在学习相似形一章时,如何用综合法和分析法分析问题;如何将乘积式改为比例式;如何用等线段代换,过渡中间比等解题技巧说理;如何运用所学知识解决实际问题等都体现科学思维方法的重要性,教学时应刻意引导学生学会思考。

综上所述,教师只有把课程标准的理念落在实处,认识到学生在学习中的主体地位,学生的主体地位才能得到尊重。教师要转变自己的角色,在教学各个环节始终作为学生学习的引导者、参与者、合作者;创设民主、平等、合作、交流的学习氛围;适时点拨矫正、求真务实,更好地培养学生科学思维方法和独立思考、探索研究等优秀学习品质;充分发挥学生学习主动性和创造性,全面提高学生课堂学习的效率,才能使数学高效课堂落在实处。

刍议导学案在高中数学教学中存在的问题及解决建议

邹群伟

在高中数学的教学过程中,由于受到现今高考压力的影响,很多学校过分强调应试教育而忽视素质教育,在课堂上教师更多的是着重在教师的教上,教学模式也相对传统,这也就弱化了对学生自主求知能力的培养。新形势下的教改策略,导学案教学主要是以学生为中心,教师为辅助的模式,立足于学生,培养学生自主求知能力,加大力度给学生提供数学方面的探究交流机会,以学生活动的形式促使学生深入掌握基础知识。这既是新课改精神的体现,也提升了学生的整体发展水平。但是这样的教学新思路在现实的教学过程中也存在着一定的弊端,一些教师对于导学案的反对或是对导学案的教学方式执行形式化现象严重,并不能确实发挥好导学案教学在整个高中数学教学中的导向作用。因此,以下着重就导学案教学在高中数学中存在的一系列问题和相关解决方案进行探讨。

一、导学案模式在高中数学教学中的现状与分析

(一)高中数学导学案编制应遵循的原则

1. 探索性

对于数学的教学来说,积极的探索是数学前进的源泉,探索性的学习是引导学生进行问题自主探索、研究和解决的最主要的方式。以不同层次的问题为引导,促使学生自主思考,一步步向上探索,注重学生自主创新能力的培养,由个别到一般,由抽象到具体。

2. 灵活性

教无定法,殊途同归,教学方式是灵活多样的,根据学生实际情况,着眼现实,实事求是,灵活选择教学方法。同是数学课,却有不同的重点内容,如概念课、复习课、习题课主干内容各不相同,就必须对导学案进行不同的设计,编写

过程中不但要考虑到内容不同,更要注意参考学生的建议,让他们参与到导学案的编制中来,培养他们的积极性。除此之外,在整个学案的实施过程中,也应该根据不同的实际情况进行灵活地处理,导学案可以在其他时间发给学生,比如上课时间,或者提前一天发给学生预习也有很好的效果,不一定要在每节课上课之前才给到学生。

3. 指导性

教师必要的教学要求和目的要在导学案中体现,既要进行相关知识点的归纳总结,也要进行相应的学习方法的指导。在学生自主学习时要明确要求学生解决哪几个问题、解决问题用时的长短以及相应的效果检测设置题量的多少等;在进行小组合作学习时,要明确小组的讨论中心问题,并且要求学生之间要互帮互助进行问题的讲解分析。除此之外,还应该以一些例子来进行知识点的引导,并在例子下面附加一些提示性的语句,例如,"已知函数 $Y=\sqrt{1+x}+\sqrt{3+x}$,M 为最大值,m 为最小值,要求 m/M 的值为多少?你能用多种方法解决这道问题吗?你是如何想到这些方法的?比较各种方法说明它们的优劣。你能编制类似的问题吗?尝试编制一个类似的问题并解决它。"

4. 层次性

不同学生的学习层次和对已有知识的掌握程度不尽相同,所以导学案的编写应该将学习内容处理成难易有序,题目难度设置要分好梯度,以适应不同基础学生的认知规律。导学案应该循序渐进,一步一个台阶,以便能引导学生,由易到难,由点到面地理解教材,增加其对知识认知的广度和深度,促使学生思维能力不断加深。同时针对不同层次的学生,导学案的设计要有不同的难易层次,不论是优秀的学生,一般的学生,还是学习有困难的学生,都要使他们有成功的喜悦和困难的挑战,提高学生对数学的信心和动力。

(二)高中数学导学案的结构与组成

1. 学习目标

这里的学习目标既是教师的教学目标,又是学生的学习目标。对学习者的根本要求就是导学案的教学目标。每个教师应该清楚地明确教学目标,引导学生对学习目标进行剖析、理解,让学生对自己的学习进度有自由调节的余地。

2. 教学设计

这里的教学设计意在加强学生和教师之间教与学的交流上,但是因为学习的形式可以是课上的听讲交流或者是课下的自学,根据学生喜好的方式进行自主的选择。

3. 随堂练习

随堂练习是对以上教学知识点的应用联系,是对教师教学或对学生自学的一种成果的考察,在设计编写时由浅入深,由点到面,以便促使学生更加深入全面地理解知识点,努力让学生的知识转化成能力,从而达到举一反三的效果。

4. 重点归纳

在练习之后进行知识点的归纳能帮助学生构建系统的知识体系和能力结构,它对教学内容起到的是画龙点睛的效果。通过归纳总结,找到问题的相同点和不同点,找到相似问题的通用解答方法,自我总结和反思,不断积累解题经验。

二、高中数学教学在使用导学案过程中所出现的问题

(一)高中数学导学案被"高考"限制,涵盖面不广

当下,导学案的教学模式还存在不少缺点,其中较为突出的是全面的素质教育和追求成绩的应试教育之间的矛盾,导学案是全面素质教育发展的代表,而中考高考则代表的是应试教育。在课堂教学上,运用导学案的模式,总体来说是以学生为主导的学科知识学习,特别是把学生绑架在课本知识的学习上,素质教育精神相对缺失,学生难以做到全面发展。高考的强大压力下,应试教育的限制难以摆脱,不仅仅局限于学科知识,更包含生活能力、道德和精神准则、社交、人生规划等,而对比新课改下全面教育的理念:使学生的学习涵盖方方面面的领域,不仅有学科知识,而且有生活生存能力、人生规划、精神与道德发展、交往能力等。

(二)仅仅教师是导学案的使用和研制的"操控"者

教师"操控"导学案的研制和使用,这样一来自主课堂就没有真正体现。把学生在课外或课堂上的"自学"当成重要的外显的行为是对于自主学习比较常见的理解,甚至有的还规定课堂自学不得少于十分钟。但是,"自学"跟自主学习是两个不同的概念,比如有的导学案教学中"学习内容"或"学习目标"全部是教师控制和制定的,这样的"自学"跟自主学习还相去甚远,原因是这样对学生自主探索意识及其能力的发展是不利的。而且,学生的思维也会被"课本"绑架。"自主学习"应该是立足于学习的内在品质的培养,及学生在老师的

引导之下，发挥主观能动性，积极参与到学习中来。学生主动参与学习是自主学习的表现，本质上就是学生个性的呈现以及主体性的彰显，也就是让学生做自己学习的主人，因人施教也因材施教，发挥自己的主观能动性，以自身为出发点，有一套适合自己的学习方法。所以，以自觉性、选择性为特征，以主体性为内核的学习是自主学习的核心品质，也是我们判断导学案教学是否是自主课堂的主要依据。一份好的导学案所倡导的是学生能自主学习。学生是课堂的主体，研制导学案的是教师，让教师来书写教学知识点相当容易，但让教师来揣摩学生的主体能力估计就会因人而异。因此，如何对导学案的研制有一个合理定位显得尤为重要。此外，对于研制导学案的人力物力以及效率的问题，也是有待考究和验证的。

（三）"导学案"成为变相的"习题册"

由于考试成绩是现阶段无法避免的一个很现实的问题，导致学校的"导学案"成了"习题册"，学生的学习变成课前做数学题，课堂讨论数学问题，课后继续做题巩固练习以及预习下一个导学案上的习题。这样的学习其实又回到了题海战术的老路上，严重偏离了新课改全面素质教育的正确道路。其中更为严重的问题是，许多导学案变成教科书或者教辅资料，学生不但要做导学案的内容，还要重复做辅导书的内容，这样对学生的时间是浪费，也大大加重了学生的学习负担，不利于对学习兴趣的培养。理想的"导学案"应该是"导学"作用，可面对着应试或成绩的压力，"导学案"在很大程度上容易演变成学生的训练案。这对于理科学科来说是十分不利的；特别是数学学科，它需要的不仅是学生机械式的模仿"操作"，而更多的是概念的理解和逻辑思维的推演。例如在向量这一章节的学习过程中，很多学生在使用导学案学习完后可以记住向量的大部分公式，但对于什么是向量这一概念却一无所知，更不用说推演这些公式之间的来龙去脉了。

（四）导学案"效率本位"的教育观

导学案为周周清、月月清、堂堂清之类的美其名曰高中数学高效学习法宝提供了具体的措施，教育工程观的典型表现就在这里，同时也反映了工业社会以来把教育嵌入工业行业之对教育的急功近利的表现。这种"效率本位"的教育理念相当于把学生当作容器，在里面任意填充外部知识。原因是追求效率的任何行为，本质上追求的是单位时间内完成的任务量。效率的高低甚至成了衡量的唯一标准，就是往往从外部角度出发，看外部框架内的工作有无落实、落实多少。这种对于技术的过度偏爱促使教育变得工具主义，把计划、秩序、制度、组织形式等当作教育的法宝，没有立足于学生的实际情况，没有考虑他们的接受能力和兴趣喜好。

三、在高中数学教学过程中导学案所存在问题的改良方案

（一）明确导学案在高中数学中的价值定位

导学案要以对高中数学的引导作用为出发点，而不能是单一的练习作用，这是导学案存在的必要性、合理性的前提。导学案是基于学生被动应试教育的弊端而兴起的新的教学模式，不是要对学生进行题海战术。导学案必须立足于对高中数学教学的引导作用，才能发挥其应有的作用并产生相应的效果，它更应该是连接课外和课内学习内容的工具。依托导学案，教师们应该积极引导学生查阅整理相关资源，由点到面，整体学习，最后融会贯通，这样也同时培养学生逐步自主学习的能力。

（二）导学案使用方法的创新

导学案学习总体分为三个部分：学习前、学习中、学习后。学习前，教师应该同学生一起明确学习内容和目标，学习进度由教师辅导学生自我制定，这样，教师就可以以学定教。学习中，教师应该引导学生主动思考，发挥其主观能动性，发展各种思考和学习方式方法，注重独立思考解决问题，小组讨论解决问题的训练；并指引同学们在整个学习过程中根据认知活动的自我监控来及时地作出调整。学习后，教师应引导学生对自己的学习情况做出正确的总结，相关问题做适量的拓展和深入研究。温故而知新，导学案应可以实现多次使用：教师了解学情用、学生预习用、学生自己复习回顾时用、课堂用、课后同学之间交流用，充分发挥导学案的引导教学价值。

（三）导学案教学效果的评价

学习与发展都是一个逐步积累的过程，不可能立马见效、一蹴而就，学生各项能力的培养与发展以及整体素质的提高，均需要长期地不断积累，因此，不可能单靠其中的某一两节课堂的测试结果，特别单纯以几次的成绩来对导学案的真实使用效果下定论。我们应该形成可持续发展的眼光，摒弃急于求成的想法，去认真感受导学案的真正效用。例如在高中数学必修第一册函数的学习中，学生在使用导学案进行学习后，若想通过一份试卷来评价导学案的效果就显得不明智了，因为学生学习的知识除了学到具体的函数还更应该学习到的是函数的概念与思想；而试卷评价的估计就只能考查对具体函数的理

解，但对于抽象函数的思维考查就不显得那么科学了。导学案所引导学生去掌握的创造能力、理解能力和应用能力，恐怕就不是短期内一份卷子所能够完全评价的了。导学案的使用效果至少应包含学生课堂的表现、目前学生的思维品质、学习习惯以及学业成绩等，它的评价指标是一个多元化的指标所构成的评价体系，因此要以一种科学的全面发展的目光来看待同学们的考试成绩以及成长，从而评估导学案的教学效果。

（四）导学案教学模式与其他模式相结合

对于单一导学案的教学模式来说，本文着重分析了其中的弊端，但是它也有值得借鉴的地方，它一方面有益于教师相互之间的交流学习，相互借鉴、共同提高；所体现的是备课组里集体的智慧，是集集体之大成。另一方面，导学案明确了每一节课的具体目标，使得同学们和教师们均能做到心中有数，同时也更利于学生对知识点的具体把握。因此，应该依据具体不同情况采取相应的教学模式，从切实提高数学课堂教学质量的角度出发，依据实际的不同教学情境，使用最合适的教学方式，从而达到最理想的教学效果。

总体来讲，导学案教学模式得针对目前高中数学知识中的应用原则、问题分析以及目前存在的问题，积极改进，权衡其模式中的利与弊，从明确导学案在高中数学中的价值定位、使用方法的创新、教学效果评价、教学模式与其他模式相结合四个方面进行创新改进，切实在整个数学课堂教学中去发挥导学案的引导效果，以此来促进中学数学教学水平的真正提升。作为一线的普通教师，对于导学案的新课改，我们个人的力量或许只是微薄的，但我们可以主宰的是自己的课堂；我们可以不断改善的是自己的教学；我们教学的或许是一两个班级，但我们传播的却是一两代人的思想教育理念。

参考文献

陈雪蛟.高中数学教学中学案导学的构建和运用[J].教学与管理，2011(4).
仲一萍.高中数学导学案教学模式的研究[D].苏州：苏州大学，2014.
杨铁琼.关于"导学案"的几点思考[J].新课程（中学），2011(8).

高中数学"学困生"的形成原因及转化对策分析[*]

邹群伟

随着新课程改革的逐渐落实,社会对于教育行业的关注程度逐渐提升。而数学作为一门需要较强逻辑性思维作为支撑的科目,一些学生进入高中之后会逐渐呈现出跟不上课程进度的状态,长此以往,学生逐渐对数学失去了兴趣,数学成绩也一落千丈,所以被称为"学困生"。随着我国教育事业的不断发展,"学困生"已经成为高中阶段教育工作者所关注的重点问题。所以,教师当务之急在于要对其进行深入分析,找出"学困生"的形成原因,并针对性地提出解决方案,以此转变"学困生"的处境,增强数学课堂教学效果。

一、高中数学学困生的形成原因分析

(一)学生自身因素

1. 学习动机不足,学生意志力薄弱

学习数学,是一个逐渐积累的过程,只有一直坚持、不断地进行学习与探究,有始有终地进行数学课程的跟进,才能吃透教师在课堂上所讲的内容,并熟练运用于解题过程中。而一部分学生由于自身意志力不强,无法持之以恒,而造成这种现象的原因大体可以分为以下两种:某些学生先天比较聪明,认为学习两天就能理解别人三天学的内容,所以对学习掉以轻心,他们由于对学习缺乏正确的理解,一旦自己的想法和现实产生偏差,很容易放弃学习数学,这就是"三天打鱼两天晒网"的学习方法;另外一种就是学生自身对于数学的学习能力较为薄弱,缺乏理性思考所需的逻辑性思维,虽然自身很想学好数学,但由于数学的难度系数超出学生学习能力,导致学生常常半途而废。所以,学习动机的缺乏、学生意志力的欠缺是学困生形成的重要原因之一。

---

[*] 本文发表于省级刊物《试题与研究》2021 年第 16 期。

2. 学习兴趣不高，学习积极性不强

一般来说，许多学生在初中时可能会对数学产生一定的兴趣，但升入高中后，由于数学知识更加抽象化，难度系数明显增大，同时其他学科的学习所需时间更长、所需精力更多，学生一时难以适应，从而导致学习数学变得困难。基于上述原因，学生成绩逐渐下降，理所当然地越来越不喜欢数学。除此之外，部分学生在上高中之前并没有养成良好的学习习惯，尤其是针对数学学科未形成良好习惯造成学习基础相当薄弱，直接导致接受高中数学教学的能力不足，从心理上打击了学生的自尊心，导致学生不能树立自信，甚至会抵触、抗拒去了解和学习高中数学理论知识和实际问题的解决方法[1]。对于数学学困生来说，数学课堂就是煎熬，完成数学作业也完全只是为了应付老师，甚至有不少学生感慨"什么时候才能不学数学"。学生本身学习积极性不强，就会逐渐失去自信，由此可见，学习兴趣的培养对于解决高中数学学困生现状来说也极其重要。只有学生从心里自发地愿意进行数学学习，才能从根本上缓解学困现象，提高班级整体数学水平。

3. 学习方法不正确，缺乏学科意识

大部分学生在刚进入高中时都决定要好好学习，要争取良好的成绩，刚开始学习都比较积极，但由于学习环境、学习伙伴还有错误学习方式的影响，他们最后往往放弃了一开始的决心，离自己所定下的学习目标渐行渐远，最终成为一名学困生。高中阶段的学生正处于青春期，是自尊心最强烈的年纪，一定的竞争能够引发学生竞相学习、互相追赶，可一部分学生由于心理承受能力有限，一次失败之后就受挫而不想继续努力学习了，久而久之，则会导致学生在数学学科上的困难。

高中阶段数学学习不同于小学或初中的学习模式，单靠死记硬背是行不通的，而学习方法好坏在一定程度上决定着数学成绩的高低。陶行知先生曾经说过："先生的责任不是教学生，而是告诉学生怎么学。"所以，学习方法掌握不好，学生就很难发挥出自己的能力，学习效率也受到很大影响。如果没有通过正确的学习方法将知识进行合理整合，就不能很好地处理数学知识之间的内部关系，这样不利于学生在课后自发归纳知识点。学生只有通过运用正确的学习方法，才可掌握学习的主动权。

（二）教师教学因素

1. 缺乏正确教学观

目前很多高中教师的教学思想还停留在填鸭式教学阶段，教师习惯于作

为教学过程中的主导者,不断给学生灌输知识,忽略了接受学生的课堂反馈[②]。随着时间的流逝,学生逐渐跟不上教师的进度,导致学生的学习就变得愈发困难。或是在教学过程中,过于注重课本上的知识点,没有带领学生自主挖掘知识的来源和应用过程,导致学生"知其然而不知其所以然",不断重复机械化的数学训练,导致学生逐渐产生厌倦数学的心理。

2. 学习指导欠妥当

在国家大力提倡新课程改革的时代背景下,不少学校还是围绕高考开展教学活动,学校与学校之间也存在升学率、学校等级之间的种种竞争,导致数学试卷、数学周练、月考、统考、联考成为学生的家常便饭;教师更是要根据学生的测试情况开一场针对性分析会议,不仅分析平行班级之间的平均分,还分析各个班级之间的平均差异,总结教学的成果和不足,制定下一个月的目标,以期努力改善教学水平。处于这样的工作背景下,很多数学教师的陈旧教育观念已经难以转变,在教学过程中,忽视学习方法的指导,课堂上缺乏积极思考和创新,导致部分学生产生学习困难,最终成为学困生的一员。

3. 学科修养匮乏

目前虽然社会对于教师的要求不断增加,但仍存在部分教师缺乏责任感、知识更新不足、教学观念老旧的问题。部分教师责任感较低,认为自己的任务只是单纯的传授知识,并没有关心学生的心理发展,不但在教学内容上敷衍了事,更无视课堂管理、课堂纪律、学习环境、班级建设,从而不能为学生的学习创造出良好的学习氛围。教学使命感缺乏导致教师无法为学生的发展提供有效的帮助,因而更不能促进学生的成长。教师要充分了解、理解学生的学习难点,从学生的角度去考虑学生的发展水平、教学需要、思想观念,使学生从学困现象中摆脱出来,从而提高他们的学习兴趣,帮助学生成功摆脱学困生行列[③]。

三、高中数学学困生的具体转化对策

(一)突出学生教学主体地位,刺激学生自主探究

在学习如何解决具体数学问题的过程中,学生应该作为整个学习过程中的主体,在教师的引导下不断进行自主探究、自我提升。通过针对性的"学困生"的学习水平进行针对式培养,让学生能够从一无所知到后来对所给题目做出条理清晰地处理,再根据自身储备的知识要点,针对这个题型进行有效举一反三,最后做出知识归纳汇总,促使学生将所学知识不仅可以运用在理论内容中,同时增强学生在小组学习过程中的参与程度与协调能力[④]。

例如，含参数的二元一次方程组求解时，通过阶段性的针对培养，学生能够对参数的不同情况进行分类讨论，然后逐个验证，最终得出正确答案。在此过程中，学生从一无所知到问题分析更周全，推导过程更严谨，解题思路更规范，学生能够充分发挥自身的优势，不断提高自身知识储备，提高解决问题的能力。

(二)深度挖掘教材相关内容，结合生活实际现象

所有的教学活动都离不开教材知识，在课堂教学过程中，教师要有效利用课本中不同难度的问题范例，让学生在一个逐级提升的过程中提升运用教材知识解决问题的能力。同时还要合理结合生活中的实际现象，让学生在生活探究的过程中增强参与意识，培养其自主思考的学习习惯。

例如，在新授《数列与数学归纳法》章节时，引述《庄子·天下篇》的一句话："一尺之棰，日取其半，万世不竭。"通过古代思想家富含哲理的名言，引发学生思考，形成导入数列的概念。又如，在新授"等差数列的前 n 项和"内容时，先讲述德国数学家高斯在 7 岁时求解"1＋2＋3＋…＋100"的故事，引起学生兴趣，启发学生对这种求法可行性进行探讨，继而引入等差数列求和的倒序相加法。像这些通过生活化的学习方式，启发学生主动思维、积极探讨的模式，一改满堂灌的传统教学模式，有利于激发学生学习的主观能动性，培养学生的探究能力。

(三)科学实践创新教学模式，将学生进行分层次培养

如果说课堂教学是培养学生数学学习能力的主要阵地，那么课外练习和作业就是提高学生数学水平的演练场[5]。教师要针对课堂教学的相关内容，灵活地进行教学设计，并在课后留下与课堂讲解知识相适用的训练内容，以加强学生对于课堂的理解与吸收。同时对于不同能力层次的学生要制作不同的发展计划，从而提高课堂教学的有效性、作业反馈的针对性，这也有利于培养学生的学习信心。

例如，在《点到直线的距离公式：$d=\dfrac{|ax_0+by_0+c|}{\sqrt{a^2+b^2}}$》的课堂教学中，可设计基础和提高两个层次的教学：

(基础)熟记公式并会使用公式解决相关基础题型；
(提高)能够应用数量积的几何意义，推导两点间距离公式，培养学生

数形结合能力,在高三一轮复习中,甚至可类比至立体几何中"点到平面的距离公式"的推导,培养学生类比思维能力。

在布置作业时,也可进行适当的分层。如在布置"直线与圆锥曲线的位置关系"这一知识点的作业时,对 A、B 两个层次可设置如下两个题目:

(基础)直线 $3x+4y-12=0$ 与椭圆 C:$\frac{x^2}{16}+\frac{y^2}{9}=1$ 相交于 A、B 两点,椭圆 C 的右焦点为 P,则 $\triangle PAB$ 的面积为_____;

(提高)直线 $3x+4y-12=0$ 与椭圆 C:$\frac{x^2}{16}+\frac{y^2}{9}=1$ 相交于 A、B 两点,椭圆 C 上点 P,使得 $\triangle PAB$ 的面积等于 3,这样的点 P 共有_____个。

这两个填空题虽然都涉及同一知识点,但基础层次只需要应用点到直线的距离公式和三角形面积公式,对运算的要求也不高;而提高层次不仅需要应用基础层次中的两个公式,还需应用数形结合,计算出椭圆上的点到直线距离的范围,从而来进行判断。

这种分层教学,既能确保"学困生"有信心去学、掌握基础题型,又能激励基础较好、学有余力的同学积极探索,满足他们的学习需求。

四、结束语

综上所述,在高中数学课堂教学过程中注重学困生的形成原因才能更好地帮助学生摆脱学习困难症。由此,教师应注重让学生自主参与教学过程并成为主导部分,最大程度上激发学生的学习积极性,以利于取得最佳的教学效果。同时在如今信息化社会的时代背景下,加强数学思维的培养有利于激发学生的创新精神以及实践水平,帮助学生树立正确的学科意识,为将来的学习生涯打下坚实基础。

参考文献

① 汪林.高中数学学困生形成原因及其有效转化策略研究[J].名师在线,2020(18).

② 马小成.高中数学学困生的形成因素分析与转化策略研究[J].学周刊,

2020(10).

③ 李雪云.高中数学学困生的成因与转化对策探究[J].祖国,2019(22).

④ 谭少峰.高中数学学困生形成因素及转化策略分析[J].考试周刊,2019(50).

⑤ 牛小兵.农村高中数学学困生的形成原因调查分析[J].考试周刊,2019(3).

浅谈教学过程中数学语言表达的重要性

——基于课程标准的数学课堂反思

张艳娜

在《普通高中数学课程标准（2017年版）》中提到：数学是研究数量关系和空间形式的一门科学。数学承载着思想和文化，是人类文明的重要组成部分。数学与人类生活和社会发展紧密关联。数学不仅是运算和推理的工具，还是表达和交流的语言。

高中阶段是学生使用数学符号的重要时期，由于初中学生已经对数学符号进行了一定的学习和使用，但应用现状存在着一些问题，主要表现为学生数学符号意识不强、符号记忆不够清晰准确、书写不够规范、更多的时候偏向于文字叙述没有养成使用数学符号的良好习惯等。

语言是思维的外壳，数学语言是由数学符号、数学图形和简化了的自然语言所组成的高度抽象的专业语言，在世界范围通用，它是表达数学思想的工具，是传承数学知识的重要载体。数学语言通常可分为文字语言、符号语言和图表语言，三者之间有着千丝万缕的联系，可以互相转化。

为了让学生更加高效地学习数学，准确把握数学符号语言，并可以灵活地应用，教师可以采用以下几种策路展开教学。

一、诠释符号蕴含意义，帮助学生正确记忆符号

纵观当前高中阶段的符号语言学习活动，很多教师都是采取简单直接的方式展开教学，让学生机械地记忆数学符号。由于学生只能孤立地记忆数学符号的形状，不能建立各种数学符号之间的联系，所以大脑中存储的符号信息也比较单一。教师应结合不同的数学符号，挖掘符号所代表的意义，诠释数学符号蕴含的价值，帮助学生理解记忆，提升数学符号记忆的效果。在高中数学课程中，集合是刻画一类事物的语言和工具。作为高中数学学习的起始章节，要求学生使用集合的语言简洁、准确地表述数学的研究对象，学会用数学的语言表达和交流,积累数学抽象的经验。而且作为后续学习的基础,介绍的很多数学符号都贯穿于整个高中学习。学习集合运算的交、并、补时,常常有学生分不清交运算"∩"和补运算"∪"的符号,教师在授课时如果结合其文字意义和汉语的字形更容易记忆,"$A \cap B$"的集合元素满足在集合A中且在集合B中,如果能点明"且"字和符号"∩"的形似,相信学生错误率会大大降低。又比如在解释包含于"⊆"、真包含于"⊂"关系时,可以类比≤和＜符号,这样学生也更易理解。

我们可以来看一道例题:

设$A=\{x|-2 \leqslant x \leqslant a\}$,$B=\{y|y=2x+3,且\ x \in A\}$,$C=\{z|z=x^2,且\ x \in A\}$,若$C \subseteq B$,求实数$a$的取值范围。

命题意图:本题借助数形结合,考查有关集合关系运算的题目。

知识依托:解决本题的关键是依靠一元二次函数在区间上的值域求法,确定集合C,进而将$C \subseteq B$用不等式这一数学语言加以转化。像这样的题目就是我们高中生在高中数学学习起始阶段要掌握的数学语言,以区别于初中文字叙述为主,转为数学符号的概念叙述为主。

二、结合图形分析意义,帮助学生了解符号本质

在复数章节的教学中,应注重对复数的表示及几何意义的理解,避免烦琐的计算与技巧训练。复数的坐标表示是复数四则运算的基石,在课堂中描述时也是依赖图形完成定义的描述,如果脱离图像不仅事倍功半而且不易与之前所学的向量产生内在联系。

又如下题:

已知函数$f(x)=A\cos(\omega x+\varphi)$的图像如图所示,$f\left(\dfrac{\pi}{2}\right)=-\dfrac{2}{3}$,则$f(0)$等于_____。

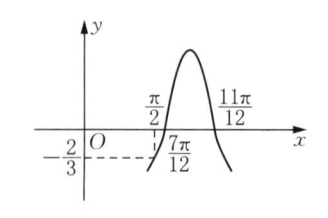

此类正弦型余弦型函数中的A、ω、φ都有其特定的含义,此时结合图像帮助其理解对应的意义,才能让学生更好更快地解题。

立体几何初步的教学重点是帮助学生逐步形成空间观念,应遵循从整体到局部、从具体到抽象的原则,提供丰富的实物模型或利用计算机软件呈现空间几何体,帮助学生认识空间几何体的结构特征,进一步掌握在平面上表示空间图形的方法和技能。通过对图形的观察和操作,引导学生发现和提出描述基本图形平行、垂直关系的命题,逐步学会用准确的数学语言表达这些命题,直观解释命题的含义和表述证明的思路(能够运用图形的概念描述图形的基本关系和基本结果),并证明简单的几何命题(平行、垂直的性质定理)。

三、谨记语言规范,帮助学生溃破陷阱

数学学科自身的严谨性决定了数学符号语言表达必须准确。在表达数学定理、公式时,符号的使用必须做到准确无误;同样在数学符号语言规定下,其所表示的含义应该是确定的唯一的,不能引起争议。以三角形的表示为例,如果三个顶点依次分别用大写字母"A、B、C"表示,那么这个三角形就可以表示为"$\triangle ABC$"。同时,对于$\triangle ABC$所表示的图形,只能是三个顶点顺次为"A、B、C"的三角形。

常用逻辑用语是数学语言的重要组成部分,是数学表达和交流的工具,是逻辑思维的基本语言。在教学中我们经常对"当且仅当""等价于""充分非必要条件""不都是""所有的"等词汇特别关注加以解释,也正是因为一旦理解错误整个题目就无法完成。

在概率章节经常会出现"至少有 1 个""至多出现 2 个"等词语,这些文字描述读起来简单,但是学生理解上经常会有偏差,如果在课堂上能灵活运用数学符号语言对题意进行转换,让学生与不等式中"$\geqslant$""$\leqslant$"进行联系,那么学生将更容易理解。

利用图形将概念和定义进行转化,比如圆锥曲线的题目多有将定义隐藏在条件中,学生稍有不慎,就会导致无法入手。以下举例:

已知 $A(1,1)$ 为椭圆 $\dfrac{x^2}{9}+\dfrac{y^2}{5}=1$ 内一点,F_1 为椭圆左焦点,P 为椭圆上一动点。求 $|PF_1|+|PA|$ 的最大值和最小值。

在解答这道题目时,如果不把椭圆定义$|PF_1|+|PF_2|=2a$作为已知条件,那么将会给你解题带来不小的麻烦。同样的概念、定义与数学语言的转化

也经常在数列专题中出现,在此不一一举例。

四、充分利用现代化工具,培养学生核心素养

随着现代科学技术特别是计算机科学、人工智能的迅猛发展,人们获取数据和处理数据的能力都得到很大的提升。伴随着大数据时代的到来,人们常常需要对网络、文本、声音、图像等反映的信息进行数字化处理,这使数学的研究领域与应用领域得到极大拓展。图形计算器的使用使得圆锥曲线的题目不再是同学们畏惧的重点,有了图形计算器,奇函数偶函数的图像关系也能一目了然,而对于一些零点的取值,更有同学能从一系列列表中逐步逼近。

统计的研究对象是数据,核心是数据分析。在统计的教学中,应引导学生根据实际问题的需求,选择不同的抽样方法获取数据,理解数据蕴含的信息;根据数据分析的需求,选择适当的统计图表描述和表达数据,并从样本数据中提取需要的数字特征,估计总体的统计规律,解决相应的实际问题。对统计中的基本概念(如总体、样本、样本量等),应结合具体问题进行描述性说明,在此基础上适当引入严格的定义,并利用数字特征(平均值、方差等)和数据直观图表(直方图、散点图等)进行数据分析。这些都是数学语言的魅力所在。

尽管世界各地的语言互不相同,但对于数学符号语言的使用却大致相同。也正是由于符号语言的通用性才使数学知识的探讨得以突破国界。正如阿拉伯数字"1、2、3、4、5、6、7、8、9、0"凭借其简洁明了的表达方式为全世界所有国家所接受。如今的高中学习正是让学生使用数学语言,表达数学对象、进行数学推理,体会常用逻辑用语在表述数学内容和论证数学结论中的作用,提高交流的严谨性与准确性,为今后更深入地学习打下坚实的基础,所以我们教师应不遗余力的和学生一起正确使用数学语言,体会数学之美。

浅议初中数学课堂教学中的提问艺术

李清泉

一、传统课堂教学中的提问暴露的弊端

要真正提高课堂实效,课堂提问是一个重要环节。素质教育对教师的提问技能提出了更高的要求。巴尔扎克说过:打开一切科学殿堂的钥匙毫无疑问的是问号。那么,巧妙的恰如其分的课堂提问能使学生集中精力、积极思维,充分发挥其主体作用,培养学生创新意识,从而取得良好的教学效果。

恰当的课堂提问是教学的重要手段,它不但能巩固知识,及时反馈教学信息,而且能激励学生积极参与教学活动,启迪学生思维,发展学生的心智技能和口头表达能力,促进学生认知结构的进一步优化。但是,实际操作过程中的情况却不尽如人意,课堂提问缺乏民主氛围,有的教师过分重视在教学过程中的主导地位,课堂上以权威的长者或智者自居,用自己的思维代替学生的思维,并千方百计地把学生引到自己设定好的标准答案上来,而学生是作为一个被动对象在接受教师的教导。在这样压抑、禁锢的课堂氛围中是不可能解决问题的,更不可能撞击出创造性的思维火花。

当前,教师在课堂教学提问中还存在以下几种问题:什么都要问,低级的、重复的、漫无边际的、模模糊糊的各类问题"应有尽有";只提问好学生,不提问后进生,或者专提问一小部分学生,冷落了大多数学生,或者对后进生进行惩罚性提问,给他们难堪;提问没有层次性,难易问题无梯度;对学生的回答不置可否,对学生的质疑不理不睬;不能灵活应变,拘泥于原有教案的设计,不善于针对课堂气氛、学生的回答和反应追问下去……这些弊端在很大程度上影响了课堂教学的效率。那么,怎样优化课堂提问,才能获得较好的教学效果呢?为此我对课堂提问的设计、实施上作一些粗浅地探讨。

二、优化课堂提问,增强课堂提问的艺术性

课堂教学是教师组织、引导、参与和学生自主、合作、探究学习的双边活动,其中教师的引导起着关键作用。这里的引导,很大程度上靠设疑提问来实现,它是课堂教学中最常用、最简单易行的教学手段,它是实现师生间信息交流与信息反馈的主要途径。教育家陶行知说:"智者问得巧,愚者问得笨。"因此,巧妙的课堂提问不仅能有效地保证教学质量,而且能够提高学生探索知识的积极性。下面综合自己的实践简要地谈谈优化提问的几点体会。

(一)提问要有启发性

提问要能够激活学生的思维,引导学生去探索、去发现。提出的问题应具有启发性,不是填空式问答,也不是判断式发问,更不是搞"提灌式"(用提问的方法去"灌",直到学生钻进教师预先设计好的圈子里)。怎样的提问才能启发学生思维呢?

1. 教师在课堂上提出的主要问题都必须是在课前精心设计好的,问题要紧扣教学目标,突出重点、克服难点、发展能力、学会学习,要有代表性,能使学生举一反三、触类旁通。提问的目的和方式要随教学进度灵活变化:要么复习旧课,抓住新旧知识之间的联系,提出问题,设疑激趣,导入新课;要么表演实验,列举实例,提出问题,指导学生进行分析和思考;或者课后结尾,总结深化,提出问题,承上启下,使学生回味无穷,增强学生学习的主动性。所提出的问题不一定都要学生回答,可以是问而不答,也可以是自问自答,要根据提问的目的灵活处理。若信口开河、随意提问,就很难达到预期目的。

2. 创设问题情境,教师应"慷慨"地提供思维加工的原料,用准确、清晰、简明的语言提出问题,充分发挥和调动学生的主观能动性,达到"一石激起千层浪"的目的。

3. 利用矛盾,引起思索。教师要善于把教学内容本身的矛盾与学生已有的知识、经验间的矛盾作为设计问题的突破口,启发学生去探究"为什么",把学生的认识逐步引向深化。

4. 提出激发学生进行发散思维的问题。教学中教师适当选取一些多思维指向、多思维途径、多思维结果的问题,引导学生纵横联想所学知识,寻找多种解答途径,有利于学生深刻地理解知识,准确地掌握和灵活地运用知识。

例如,在教《二元一次方程组及其解法》引入部分:

【问题】小明、小刚一起去文具店买同种钢笔和同种练习本;小明买了3支钢笔,2本练习本共用了19元;小刚买了1支钢笔,3本练习本,共用了 11 元。求出钢笔和练习本的单价？

教师：请大家看一下屏幕，有这样一个问题，你准备怎么解决？（等 15 秒左右）

学生：设：钢笔单价为 x 元，练习本为 y 元。小明买了 3 支钢笔，2 本练习本共用了 19 元，得 $3x+2y=19$；小刚买了 1 支钢笔，3 本练习本，共用了 11 元，得 $x+3y=11$。

教师：你怎么想到设两个未知数的呢？

学生：因为题目中需要求两个未知量。（或者：因为题目设一个未知数很难列出方程。）

教师：对的，当我们设一元解决实际问题有困难时，需要想到设二元便于找到量与量之间的关系。

教师：在这两个方程里 x、y 分别都表示同一个量吗？

学生：是的，x 表示的都是钢笔的单价，y 表示的都是练习本的单价。

教师：对的，像这样 x、y 都表示同一个量，并且同时满足这两个方程，我们就能把这两个方程联立起来，用大括号表示，像这样形式我们就叫作方程组。

教师：那像这个方程组又是什么方程组呢？

学生：二元一次方程组！

教师：谁能告诉我，什么是二元一次方程组呢？

学生：有两个未知数，未知数的次数都是一次的方程组。

教师：非常好，方程组中含有两个未知数，且含未知数的项的次数都是一次的方程组，叫作二元一次方程组。

在上课提问中，我通过事先精心设计好的主要问题导入新课，让学生顺其自然地知道方程组、二元一次方程组的概念，从而避免了学生觉得理解得突兀；而且在问题设置中还用到矛盾问题，例如：为什么不用我们学过的一元一次方程解决？利用矛盾，引起思索。学生会根据老师的提问引起思考，这样很自然地引出了我们需要引入二元一次方程组的作用，学生也较容易地理解了用以往知识解决问题遇到困难时，我们就需要引入新知识来加以解决。

（二）提问要突出重点

一堂课 40 分钟，问题不能都由问答式进行，有限的课堂时间也不允许对所有的问题都详细展开研究,提问的重点就是要将问题集中在那些牵一发而动全身的关键点上,问在最需要、最值得问的地方,以突出重点,攻克难点。对于课堂中的同类问题,不平均用力,尽量做到重详简略,提高课堂效率。突出设问的重点应注意以下几点:

1. 抓住教学重点,不在枝节问题上周旋。

2. 抓住知识的难点设问,有的放矢地帮助学生突破难点。

3. 针对学生认识模糊、易疏漏的地方,抓住关键词及制造矛盾为突破口设计问题,帮助学生将片面的、孤立的和形而上学的认识转化为全面的、辩证的认知结构。如:在学习了一元一次方程,学生知道一元一次方程的解可以表述为:$x=2$ 是方程 $2x=4$ 的解,或者方程 $2x=4$ 的解是 $x=2$;于是在学到方程组时,可以提问:二元一次方程组的写解过程和一元一次方程组的写解过程一样吗?大部分情况下,学生都会按照固定思维理解为二者是一样的,那我们可以利用这个机会在黑板上写出两种写解的语言,让学生去理解并讨论有何不同,让学生发现矛盾,锻炼学生自己解决问题的能力。

(三)提问要有层次

系统而周密的课堂提问能引导学生去探索达到目标的途径。提问的层次性原则要求教师紧扣教材重点、难点和关键,分析教材内容的内在联系、逻辑顺序和学生已有的知识、能力,按照由具体到抽象、由感性到理性的认识规律,由易到难、循序渐进地设计一系列问题,使学生的认识逐渐深入、提高。

设计问题,在知识范围上可以由小到大,先设问,后反问,再追问,最后得出概括的结论,使学生把握思维的正确方向,提高概括能力;设问也可以从大入手,问题提得大,并不要求学生立即回答,目的是让学生进行发散思维,明确思维的方向及途径。随后,教师再提出一系列小问题,引导学生思考、讨论,培养学生的分析能力。一堂课往往就是这样的几个先小后大或先大后小的问题组合,构成一个指向明确、体现教学思路、具有适当思维容量的"问题链",打通学生的思路,使学生有序地思考,获得知识,建立知识系统,掌握学习方法,进而得到能力的良性迁移。

(四)提问要发挥教师的主导作用

教师课前已设计的具有系统性、逻辑性的提问,教学中往往不会一帆风顺地得以实现,这就要求教师在课堂上不能完全拘泥于备课中的设计,应围绕提问的中心内容,根据学生答问的反馈信息,适当变通。例如:一次上课中引例是需要引出二元一次方程组,出示引例,问学生怎么设好?一个学生一上来就说设一元一次方程。这是我备课中没有想到的,我整理思路让学生列出方程,当这个学生列完方程的时候,我抓住机会巧妙提问:有没有更好的解决思路?台下一位同学说:老师他这样设比较烦琐,而且容易出错,我可以设两个未知数。由这件事可以看出,就算老师一次备课中没有备到的环节,只要引导提问到位,也可化被动为主动,让其成为这节课最精彩的环节。

对难以回答的问题采用分解、诱导的方法,把问题分成几个具有一定梯度的小问题;对回答不明确、不全面、不深刻的学生,可进一步追问;对离题的回答,要及时改变语言角度或改换提问方法,引导学生按照规范的思路去思考问题并做出正确的解答。

(五)提问要面向全体学生

面向全体学生就是要充分体现"学生为主体"的教学思想,调动每个学生思考问题的积极性,让全体学生参与教学过程,让每一位学生都有回答问题的机会,体验参与和成功带来的愉悦。

提问对应答人数要有量的要求,每个问题根据难易及重要程度提问1人至3人,形成一种讨论的氛围。每节课要尽可能让更多的学生参与回答,特别要考虑中低程度学生的参与面,选择有利于发挥学生特长的时机让他们参与。争取每节课全班大多数学生能有解答问题的机会,更好地激发班级群体积极思维的热情。

课堂提问不能满足于个别学生的回答。对个别学生的回答,无论正确与否,教师都要考虑这种回答与全班大多数学生的理解有无关系?是什么关系?如果个别学生的回答很好,那么全班多数学生是否理解他的回答?如果个别学生的回答需要纠正,那么他所存在的问题是否代表着多数学生?只有把这些情况搞清楚了,才能真正做到面向全体学生。所谓因材施教,就是充分发挥学生的特长,看到学生的"闪光点",要扬其长而避其短,调动学生的积极性,不断增强其上进心和自尊心。

(六)提问要亲切并富于手势

教育学、心理学研究的成果表明,只有当一个学生感觉到教师的温暖和关心时,他才愿意与老师积极配合,尽最大努力回答老师所提出的问题。师生之间的感情对提问的效果有很大的影响。

教师提出问题后,目扫全体学生,其作用有二:①用和蔼可亲的目光唤起全班学生的思维,对那些注意力分散的学生多看几眼,使其预感到老师马上要叫他回答问题;②用鼓励和试探的目光和学生交换意见:"你能否站起来回答问题?"认真思索而没有结果者皱眉,害怕老师指名者低头,对问题已弄清者常微微点头,根据学生各种表现,教师已找到了指名的对象。教师伸出右手,掌心向上,面带微笑:"××同学,请你回答。"学生回答正确,教师脸上又露出"柳暗花明又一村"的喜悦,伸出右手,掌心向下,做出结论:"很好!完全正确,请坐。"学生回答不确切,教师运用比喻、类比等方式进行启发,从教师那鼓励的目光和表情中,学生获得了信心和力量。即使学生一字未答,教师仍然温和地说:"没关系,请坐。"虽然教师没有批评,学生看到老师那种安慰的表情和目光,却会感到非常惭愧。教师如果不认真观察,翻开名册,随便指定一名学生,也没有丰富的表情和手势,能取得良好的效果吗?

(七)提问要符合学生思维

培养学生科学的思维方法是提高学生科学素质的主要内容。思路往往比结论更为重要。学生只有学会了思考,才能掌握获取知识的本领。多问几个"为什么",暴露学生的思维过程,不仅便于教师了解学生思考问题的方法,而且能达到学生间相互交流思路的目的,相互启发,取长补短,提高分析问题的能力。

培养有创新意识的学生,离不开富有创造精神的教师。常言道,名师出高徒。在课堂提问中,教师应该是大胆质疑、勇于创新的典范,这就要求教师必须认真开展教学研究,才能使课堂提问成为一种高超的启发艺术。

总而言之,课堂提问是课堂教学中的主要组成部分,是师生互动的最主要表现形式。课堂提问的方式应该灵活多样,不拘一格。课堂提问是一门教学的艺术,需要教师在深入钻研教材、了解学生实际水平的基础上,根据教学目的、要求精心设计,反复比较、筛选、提炼最佳提问方式,以便发挥教师的主导作用和学生的主体作用;特别是在课堂教学过程中还要鼓励学生大胆质疑问难,使学生始终处于主动学习的地位。激发学生探究数学问题的兴趣,激活学生的思维,促使学生加深对知识的理解,培养他们良好的学习习惯,从而提高课堂教学的效率。

参考文献

中华人民共和国教育部.义务教育初中数学课程标准(2011年版)[M].北

京:北京师范大学出版社,2012.

洪燕君,李霞,常道宽.数学史融入"加减消元法"的课堂教学[J].数学教学,2017(1).

王惠敏,陈彩虹,安勇.以问题为抓手发展学生的"核心素养"[J].数学教学研究,2016(9).

在初中数学教学中注重分层教学，引导学生深度学习

张佳佳

"新课改背景下的初中数学教学更注重学生的主体性，备课是上好一堂数学课的前提，授课是确保教学质量提高的必要步骤，作业是对学生所学知识巩固的有力武器，评价是对学生的鼓励，使得学生对自身的学习状态有一个清晰的认识。因而在这五个方面应用分层教学策略对提高学生的数学成绩和初中数学教学质量具有十分重要的意义。"

以下笔者结合自身教学实践，针对课前准备、教学设计和教学过程中的反思，做出以下几点分析与探讨。

一、学情分析，精准分层

"学生分层教学策略在初中数学教学中的应用的核心就在于学生的分组，才能提高初中数学教学的针对性，有的放矢地进行初中数学教学。因而作为初中数学教师，在应用分层教学策略进行初中数学教学之前，应对学生进行分层，在分层之前，应对学生的基本情况有所了解，加强与学生的沟通交流，结合学生的知识水平、文化素养、学习成绩等将学生分为高、中、低（A、B、C）三个不同的层次，一般按比例3∶5∶2进行分组，并根据教学的需要和实际情况，对学生分组实行动态管理和动态调整。"

从我校实情出发，我校学生生源不错，学生知识素养高，数学学科基础较扎实，但是由于孩子自身基础、家庭环境、后期努力程度等不同，导致孩子们学习两极分化还是存在的。我采用分层教学来让每一位孩子不掉队，让优秀的孩子"吃得饱"。首先介绍一下我带的两个班级——在我们年级中，2班数学基础一般，5班数学基础较好。

二、教学设计分层

针对"吃不透"的学生建立一个数学答疑群，鼓励孩子们积极参与，每天课

余抽时间给这部分孩子答疑解惑:先让孩子们提问今天课堂上遇到哪些问题还不明白,我及时给予解答;如果孩子们都没有问题了,我再给孩子们准备几道稍微加深一点的题目。如孩子们刚学一元一次方程的计算和一次不等式的计算时容易出错,我就设计了天天练,每天课前抽 10 分钟让孩子们练习,天天练夯实了孩子们的基础计算能力,也增强了孩子们学好数学的信心。

对于"吃不饱"的学生,他们思维能力很强,只是课本上的这些知识,他们难免会出现浮躁的情绪,所以针对这部分学生我们应该增加高阶思维的培养,让他们"吃得饱",尽情施展自己的才华。

例如,在乘法公式的应用拓展课教学中,我首先设计了如下两个教学活动:

活动1:正确选择公式简化计算

练习 1. 计算:$(x+y-z)(x-y+z)-(x+y+z)^2$。

练习 2. 计算:$\left(\frac{5}{2}a^2y+\frac{2}{5}ay^2\right)\left[\left(\frac{5}{2}a^2y-\frac{2}{5}ay^2\right)^2+a^3y^3\right]$。

活动2:初步利用乘法公式变形技巧化简求值

例 1　已知 $a+b=3$,$ab=2$,求(1) a^2+b^2 的值;(2) a^3+b^3 的值。

提示:想办法将所求式转化为用已知式表示的形式。

变式 1:已知 $a-b=3$,$ab=2$,求(1) a^2+b^2 的值;(2) a^3-b^3 的值。

变式 2:已知 $a+b=3$,$ab=2$,求(1) a^4+b^4 的值;(2) a^5+b^5 的值。

通过活动1让学生复习乘法公式,并注意合理选择公式,注意符号特征;观察题目特点,用整体思想套用公式,简化运算。活动2中,例题1师生共同解答,学生又通过练习变式1和变式2,最后讨论总结出 $a^{100}+b^{100}$、a^n+b^n 的一般方法,找出规律。这里通过分层设计,引导学生深度思考。

再比如,在讲一次不等式(组)的应用时,我给孩子们补充了"鸡兔同笼"问题:

例 2　将若干只鸡放入若干个笼,若每个笼子里放 4 只,则有一鸡无笼可放,若每个笼里放 5 只,则有一笼装不满,那么可能有多少只鸡?多少个笼?

解:设有鸡 x 只,鸡笼 y 个,

依题意,有 $\begin{cases} x=4y+1 & (1) \\ 5(y-1)<x<5y & (2) \end{cases}$

解此不等式得 $1<y<6$,

进而 $y=2,3,4,5$;$x=9,13,17,21$

答:可能有 9 只鸡,2 个笼;或 13 只鸡,3 个笼;或 17 只鸡,4 个笼;或 21 只鸡,5 个笼。

通过这道例题,学生很快可以模仿例题解决类似的问题,比如:(1)把若干个苹果分给几个小朋友,如果每人分 4 个,则剩下 9 个,如果每人分 6 个,则最后一个小朋友分得的苹果数将少于 3 个,求小朋友人数和苹果的数量;(2)某宾馆底楼客房比二楼少 5 间,某旅游团有 48 人,若全安排在底楼,每间 4 人,房间不够;每间 5 人,有房间没住满 5 人。又若全安排在二楼,每间 3 人,房间不够;每间 4 人有房间没有住满 4 人。问该宾馆底楼有客房多少间?

在孩子们学完绝对值的概念后,我给 5 班的孩子进行绝对值练习的拓展;在一元一次方程学完之后,又给 5 班的孩子们进行绝对值方程的拓展,孩子们在学习的过程中感悟到分类讨论思想,能够在作业讨论中不重不漏,而且越学越有劲,有家长和我反馈这些拓展课让孩子受益匪浅。以下是两位同学的部分拓展作业:

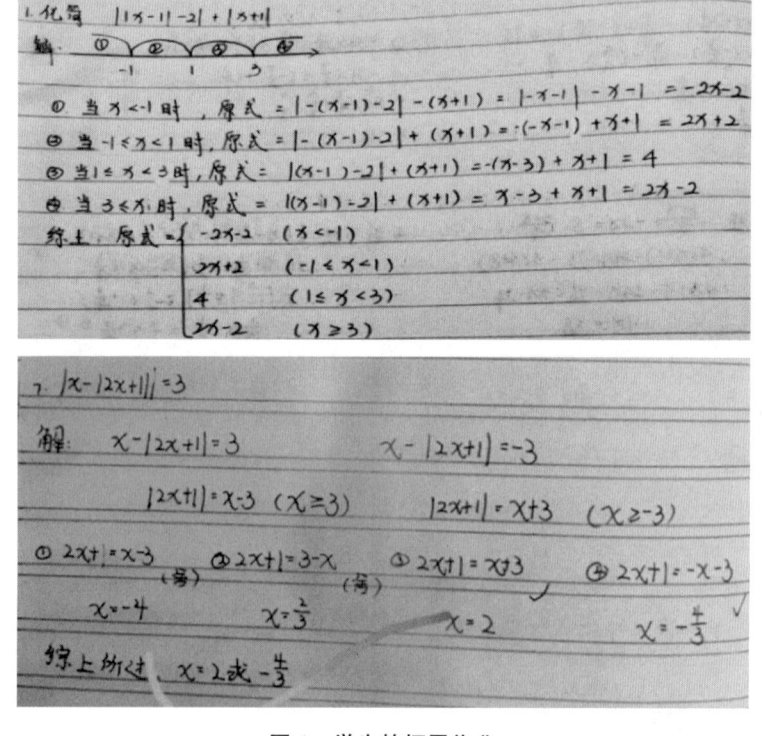

图 1 学生的拓展作业

在孩子们学完一元一次方程的应用之后，我们年级进行了行程问题的拓展：过桥流水问题、环形跑道问题、工程问题、利税问题、打折问题等的拓展。预备1、2、3班的拓展稍微简单一点；4、5班稍微加深一点；6班加强更多思维量的拓展，以此保证各个层次的孩子在本来的基础上，思维和对知识点的理解能力都有所提高。以下是2班一位同学整理的拓展课笔记：

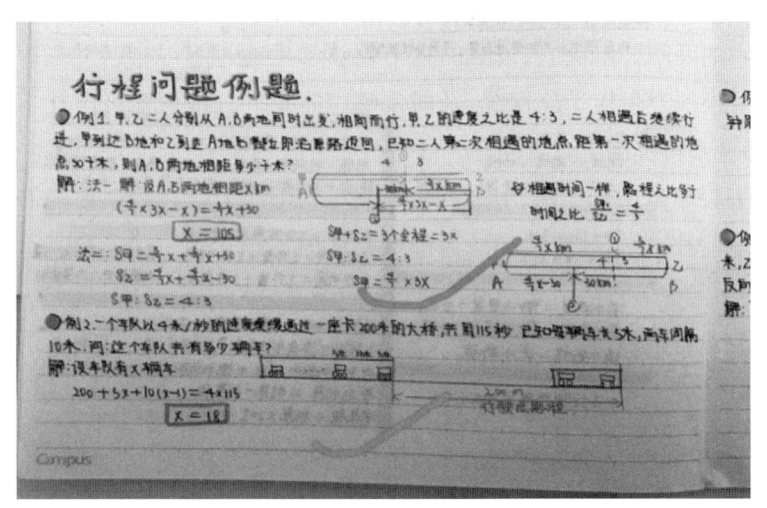

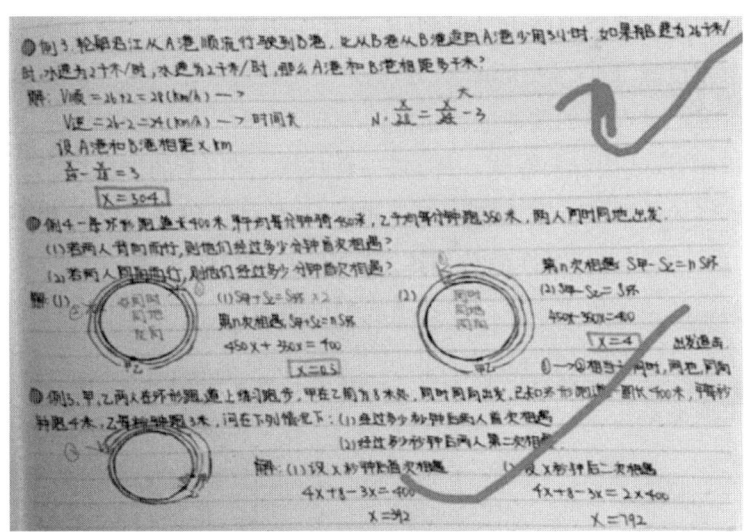

图 2 学生的拓展课笔记

该生图文并茂地整理了课堂上老师用希沃白板画的线段图分析、环形跑道图分析，并总结出各种情况下的公式和使用条件。相信这样的拓展学习对她的应用题分析能力和理解能力应该有所提高的。

三、下面谈谈在数学课堂分层教学中让学生主动参与学习的几点想法

1. 尊重学生，还学生学习的自由，提高学生学习兴趣。要使学生主动参与学习，必须使学生对学习有兴趣，兴趣是最好的老师。要使学生有兴趣必须给学生学习的自由。自由活动是人发展的内在依据，学生学习也应如此。学生不只受教于老师，也得益于自己独立地学。给学生充分自由，让其找到并发现自己存在的疑问并解决它。比如，这节课让学生通过练习自己发现规律。课堂上还要根据学生接受的情况，及时调整内容量。有些内容可以让学生先自行阅读，老师再提出重难点问题。

2. 发挥学生主体作用，引导学生积极主动参与教学过程。教师需要创设教学情境，激发学生学习兴趣。运用探究式教学让学生主动参与。运用变式教学，确保其参与教学活动的持续热情。

3. 促进各个层次的学生共同发展。我们可以改革数学课堂教学的空间形式，比如可以将学生分为几个组合作交流。我们也可以适当进行数学开放题教学，比如整式乘法这节拓展课，我们加入了二项式展开、杨辉三角、常用的正式恒等变形技巧等类型题目，开拓了学生眼界。

在初中数学课堂中注重分层教学，引导学生深度思考非常重要。哈佛大学心理学教授戴维(D. Perkins)认为，高阶思维是可以培养和训练出来的。他说，日常思维，就像我们普通的行走能力一样，是每个人与生俱来的。但是，良好的思维能力，就像百米赛跑一样，是一种技术、技巧上的训练结果。赛跑选手需要训练才能掌握百米冲刺技巧。同样，良好的思维能力需要相应的教学支持，包括一系列有针对性的分层练习。以上是我在初中数学课堂教学中关于分层教学的一点想法，不过，我知道我们的教育教学工作中蕴含着大学问，一线教师在分层教学、引导学生深度思考方面任重道远——路漫漫其修远兮，吾将上下而求索。

发挥几何画板优势,为数学课堂增添色彩

张佳佳

几何画板在初中数学教学课堂中的应用为孩子们营造了适合"自主探究"的环境,借助于几何画板,学生可以更好地进行观察、猜想、实验、交流、反思、验证,能够进一步提升他们的参与积极性,这些充分体现出了几何画板的优势。

一、几何画板的优势分析

几何画板是基于信息技术而诞生的一款具有代表性的几何操作软件,可以应用在物理、数学等多门学科的教学中,在人们的生活中,也有广泛应用。几何画板诞生于美国,从 20 世纪 90 年代开始传入我国。近年来,几何画板的功能也逐渐完善,涵盖至图形变换、几何图形操作、图形度量、图形计算、表格制作、标签应用等,能够满足不同情况下的学习要求,尤其是其中的动作制作、快捷操作功能,让几何画板在初中数学教学中的应用表现出了良好的前景。与传统教学模式相比,几何画板具有几个显著优势:

(一)画面展示优势

数学是初中阶段的难点学科,在某些抽象知识的教学中,学生可能无法想象出图形的变化,给教学带来了困难。几何画板能够显示出数学概念的动态变化,通过画面展示优势帮助学生解决了这一难题,让教学过程变得易于开展。

(二)软件便捷性

几何画板是基于现代网络科技下诞生的一款图形软件,稳定、快捷、使用、数据全面,操作起来也非常简单。学生在课后也可以便捷地利用几何画板来学习,几何画板为他们的自主学习提供了有效的支持。

(三)图形细节表现性

在初中数学教材中的内容是固定的,借助几何白板,能够对图形缩放、处

理,让学生多角度观察。尤其在一些结构复杂、庞大的几何图形中,通过几何画板的表现力能够让学生来感受图像细节规律,将抽象的知识变得具体化,从而降低学生的学习难度。

二、几何画板在初中数学课堂中的应用

(一)激发学习兴趣,提高学习质量

几何画板能激发学生的兴趣,有助于推动学生对自身主体地位的认识,激发学生参与课堂学习的兴趣,从而充分地发挥几何画板的教学功能。数学教学中最基础的就是定理和公式,在学生对定理与公式的学习中要进行积极的引导,使学生产生浓厚的学习兴趣;把握数学教学中定理与公式的魅力,才更能够解决现实中实际产生的相关问题。学生不仅仅要掌握定理与公式的使用,还要对其适用范围做到有效了解,让学生的学习对现实起到真正的指导作用。

以二次函数的教学为例,很多学生都对这一知识的学习感到困惑不已。在具体的教学环节,我们可以通过几何画板来呈现出二次函数的图像,写出二次函数的公式 $y=ax^2+bx+c$,利用几何画板来展示图像的变化,通过这种直观的展示,学生可以直接看到 a、b、c 数值的变化,再加上教师的讲解和点拨,学生很快掌握了二次函数的概念与本质。从而让数学函数学习不再枯燥、乏味,而是变得有趣、生动,学生自然而然会产生兴趣。

几何画板对中学数学定理与公式的教学起到了很大帮助,几何画板的合理有效使用,不仅加强了学生在学习过程中对定理和公式的理解,也提高了教学效率。几何画板的应用使学生对想象中的定理推理可以进行实际操作,真实地体验公式与定理的证明过程,从而让学生可以了解到数学产生的巨大魅力,而不再像传统的中学数学教学一样,只是死记硬背那些定理与公式,如此,活学活用的课堂开始真正地建立起来。

(二)绘制几何图形,呈现几何内涵

几何画板在几何教学中的应用是十分有效的,不管是平面几何,还是立体几何,几何画板都起到了很大的作用。平面几何的教学运用的是代数方法,根据已知条件来建立坐标系,再通过对应的关系算出相应的方程,将形的问题用代数的方法来计算,再把对数的研究通过形的方法来进行讨论。几何量的变化会使点、线的运动方式产生一定的变化,而方程往往比较抽象,不易于学生理解,因此,几何图形在运动和变化的过程中就要注重整体过程的展现。立体

几何的研究与平面几何有所区别,立体几何是以平面几何为基础进行空间上的问题探讨,教师在证明立体几何时会牵扯到很多的点、线、面的联系,这些点、线、面之间的关系构成了几何关系的存在;然而这在教学中也带来了困难,学生们需要根据教师的构图来寻找其中的几何图形,需要学生拥有很强的立体感和逻辑思维。利用几何画板的图形强制性,可以表现出运动过程中各个要素的联系,揭示出数学知识的本质内涵。

例如,在关于"圆周角与圆心角关系"时,即可利用几何画板来设置如下的图形(图1),$\angle AOB$、$\angle ACB$ 为弧 AB 所对圆心角与圆周角,两角大小为多少,提问:

① 移动点 C,在 $\angle AOB$ 不变的情况下,$\angle ACB$ 会产生什么样的变化;

② 移动点 A,观察 $\angle AOB$、$\angle ACB$ 变化,分析两者的数量关系;

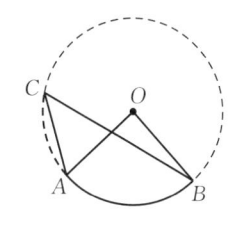

③ 移动点 C,观察 $\angle AOB$、$\angle ACB$ 的位置关系。

图1 $\angle AOB$、$\angle ACB$ 示意图

在解题时,学生可以先借助几何画板来测量角大小,再通过猜想、观察,自己来获取结论,最后,师生一起来总结,与传统的定理传授相比,这是通过学生自己努力得出的结论,掌握的也更为扎实。

(三)重视数学实验,引导自主探究

几何变化简单易学,学生可以很方便地自主操作,在操作过程中学会观察、发现、感受,实现了"做中学"。如此,激发学生的参与兴趣,提高学习效率。在初中数学课堂中,必须要重视实验环节,注重培养学生的自主学习意识和实践能力。就当前的初中数学教材来看,各个章节中都设置了数学实验环节,要提高实验质量,必须要让学生产生兴趣,发挥出他们的主观能动性。

例如,我们可以先借助几何画板来画出一个三角形,并画出其中的三条线,引导学生自己来探寻相关的规律,再利用电子白板拖动三角形任一定点,改变形状,让学生看一看,三角形的规律是不是会出现改变。让学生在自主探究的过程中来分析观察,提高他们的观察、总结能力。当然,在利用几何画板进行数学教学的时候,要能够根据当前学生的实际知识水平和理解能力进行相应的教学,只有这样才是正确地利用几何画板的功能,才能引导学生进行自主探究的学习,也只有进行这样的教学活动,才是对几何画板最有意义的利用。

三、结语

随着时代的不断变化与发展，信息的影响力变得越来越大，教育信息技术在教学中起到了重要作用。现代技术的发展逐渐推动着教学手段发生变化，多媒体技术的使用使教学变得更加有活力，增强了教学氛围的营造，几何画板正是其中的代表。几何画板在数学教学中的使用随处可见，并且无论几何图形如何变化多端，几何之间的关系往往是定量的存在，这也体现了几何图形研究中呈现的规律。在中学数学教学中，通过几何画板的应用，学生们可以拖动图形来观察图形的变换过程，观察其中的定量和变量，也能够对方程的形成有一定的了解。多媒体技术在中学数学教学中的使用，给课堂带来了更多的活力，使教学活动变得更加具有生机，教学也更加贴近学生。

参考文献

周九星.多媒体，让初中几何教学更精彩[J].学周刊，2013(4).

刘忠新.浅谈平面几何教学中逻辑推理能力的培养[J].科教文汇（中旬刊），2007(9).

瞿晓春.教会学生欣赏数学的艺术——以初中几何教学为例[J].内蒙古师范大学学报（教育科学版），2016(11).

冯晓娜.初中数学几何教学中存在的问题及解决对策[J].学周刊，2014(20).

覃亚平，黄琳，邓勇.几何画板 3D 工具在立体几何教学中的应用研究[J].中国教育技术装备，2017(4).

张雨琴，丁永刚.基于虚拟现实技术的立体几何教学模式的探究[J].软件导刊（教育技术），2017(8).

基于因材施教思想的教与学的实践探索

张艳娜

我在顺利送走2020届毕业生后，又接任了一个高中毕业班的数学教学任务，开学之初我对自己设立了这样一个目标：和学生一起快乐享受数学，收获数学的成功。但是短短一年后就要陪学生踏上高考的征程，而眼前还有不少学生对数学有一定的惧怕心理，对此我结合前几届学生的情况做了以下分析。

第一，缺乏数学学习的"成功体验"。

高中学生学习数学同样需要"成功体验"的支撑。这是因为学习中，兴趣是带有色彩的认识倾向，学生如果获得成功，就会产生愉快的心情，这种情绪不断反复发生，学习和愉快的情绪就会建立起较为稳固的联系，学生学习就有强烈的兴趣。由此而产生克服困难的内驱力，学习成绩好，成就感强，内驱力也随之增长；"学习困难"学生对学习的兴趣弱，甚至不感兴趣，自然成绩差。如果老师不能及时诊治，为其设计"成功教学"（即就其水平而设置渐进教案），越演越烈，成为痼疾，就难以根治了。

第二，缺乏克服困难的"成功自信"。

克服学习困难需要"成功自信"。学习意志是为了实现学习目标而努力的健康心理活动，也是学习能动性的重要精神力量。学习活动是与不断克服学习困难相联系的。当高中数学难度加深，数学节奏变快，变化复杂时，更需要学生有自主学习的动力。学习困难学生一般适应性差，表现出意志不够坚强，学习情感脆弱，学习主动性缺失。他们在学习中遇到困难和挫折就退缩，甚至丧失学习信心，导致成绩下降，克服困难的"成功自信"缺失是重要原因。所以老师必须在他们意志动摇试图退缩时，援之以手，给予心理上的鼓励和学习上的帮助，让他们也能在困难的磨炼中坚强意志，增加成功的信心。

第三，对数学"认知结构"的偏执。

高中数学教材的逻辑性、系统性都较强。前面所学的知识往往是后面学习的基础,新的技能技巧形成必须建立在已有技能技巧的基础上。学习困难学生一般对前面学习的内容没有较好掌握,造成学习困难"偏执"心理。所谓"偏",即知识系统有断层,造成单一知识点的理解尚可,一旦综合,即一片混乱;所谓"执",即学生将错误的知识当作正确,造成一错再错。所以老师必须不厌其烦地纠偏纠错,让学生有一个健康正确的数学"认知结构"。

第四,对数学"思维惰性"的障碍。

高中数学"学习困难"学生没有自己比较成熟的抽象逻辑思维方式,只能习惯机械地跟着老师进行解题操练;没有理解消化教师讲解的知识内容的能力,只能带着厌学情绪消极地应付。由于学习知识更多地联系生活实际,要求学习方法灵活,可他们学习还是以被动形式为主,学习方法和学习习惯不能适应新课改的变化,从而加剧了"思维惰性"的障碍。

以往的教学实践以及和经验丰富的教师的探讨中,我发现以下几点针对我们学生的问题能取得很好效果的经验。

第一,教师要"蹲下来"。

由于高中"学习困难"学生多数是对初中数学长期经受挫折,没有学习兴趣且成绩不好非常害怕老师批评,对自己缺乏信心。针对这一心理特征,在教学中,我们要实行民主化的教学模式,师生要平等相待,要鼓励他们发表自己的见解。不管学生提的问题多"低级",老师都要耐心解答,并鼓励学生的这种质疑精神。课堂教学中,我们要以学生的需求作为我们教学出发点,随时调整自己的数学思路,以满足学生不同层次的需要。

在认识一些问题过程中,由于教师与学生各自认知水平和思维角度不同,处理问题的方法就存在差异,特别是基础较差的偏科学生,他们的思维方式往往很简单。作为老师,教学中要充分发扬民主,尊重学生合理化建议,鼓励学生积极思考。一切从学生需求出发,讲他们最需要听的内容。这样才能提高针对性,提高课堂教学效果。

适当选取合适的方法,如"小组学习""一帮一结对学习"等,调用学有余力的学生的积极性,有时能起到意想不到的作用,因为学生间的教与学效果有时更胜于师生间的教学。

第二,教学要"低起点"。

教学内容和要求一定要适合基础薄弱学生实际。宁可慢一点,少讲一点,也一定要让学生听得懂,学得会,若遇到学生的初中知识空白,就从初中知识讲起。有的小学概念,学生没有掌握,那就从小学讲起。对于教材中稍难的内容,多数同学无法掌握的,可以暂时搁置,而把主要精力放在学生容易理解和可以接受的知识上。

基础内容,一定要严要求,确保人人过关,力争人人做对、做全。例如在教学中,我们发现许多学生对"绝对值"这一概念比较模糊,我就从小学绝对值概念开始,讲到绝对值的几何意义,再讲到绝对值不等式的解法,一直到含绝对值函数的分类讨论问题。表面上看浪费了很多时间,但实际上学生对这一知识点掌握了,要比讲了很多他们都没有搞懂的知识有效果,正所谓"伤其十指,不如断其一指"。

在高三的二轮复习中,学生会花不少时间在做综合试卷上,以前我总觉得一套试卷每个题都有相应的知识点,这也要讲那也要讲;但是现在越来越多的实践发现,原则上班级教学不用涉及过高综合要求的问题。在使用成套现成模拟试卷的时候,一定要根据学生的实际情况有所删减。

第三,教学要"重学法"。

数学教学重在教学生如何掌握规律。甚至可以让一部分学习有困难的学生先完成"模仿性"学习。我在教学过程中特别注意对基础薄弱学生的学法指导。例如在复习高一"诱导公式"时,为便于学生有效地掌握,我鼓励学生将36个公式归为两类,利用"奇变偶不变,符号看象限"的口诀记忆。通过对记忆口诀的理解,教会了学习基础比较差的学生一种学习方法,让他们知道数学学习有章可循。

在数学教学中,要强调注意严密性。经常教育学生不能顾此失彼,挂一漏万,做到全面准确。例如,在讲解"基本不等式"时,学生经常忘记等号能否成立的判断,为此,我将基本不等式求最值适用条件归结为"一正二定三相等",有效地杜绝了这一错误。通过教会学生自主学习,使学生思维统摄能力得到加强。

同时,在课堂教学中,还要注意启发学生专心听讲,重视思考。要求学生养成"听、看、连、想、问"相结合的习惯,充分调动各种感官积极参与学习活动。要指导学生建立并使用好"笔记本""错题本",便于复习时参考,从而提高解题能力,巩固所学知识。

第四,教学要"勤反馈"。

"看起来会,做起来错""听能听懂,做却不会"等"眼高手低"的不良习惯是基础薄弱的学习困难学生中普遍存在的问题。为了改变这种状况,我坚持每节课 5 分钟的复习提问和每周一次的 30 分钟小练习。5 分钟提问主要是检测本节课学生对基本知识的理解和记忆状况。由于提问的内容是随机的，较好地反馈了学生学习的薄弱环节。对于发现的问题，我及时调整教学计划，对于大多数同学没有掌握的内容，我会重新讲解一遍甚至数遍，直至绝大多数同学搞清楚后再进行下节内容，做到节节清，段段清。

每周一次的"周考"，主要检测学生对一周教学内容的掌握程度。测试题目全部根据学生作业中的问题改编而来，从不使用现成的测验卷，以增加题目针对性。测验后，我都会对每题错误人数及原因进行详细统计分析，还找同学了解他们考试时的想法，以准确把握学生学习中存在的问题。对于错误率较高的题目，在认真讲评的基础上，会将它"改头换面"地出现在下周的测验卷上，这样反复抓、抓反复，学生对基本问题的掌握程度不断加强，做到基本问题基本不错。

由于加强教学过程的及时反馈，把问题真正消灭在萌芽状态，学生的学习成绩有了提高，增强了学习信心，学习效果自然得到改变。原来成绩较差的学生人数不断减少，学习风气变浓了，经常提问题、研究问题的人增多了，偏科现象得以逐步消灭。

第五，教师要"有影响力"。

高中学生和初中学生一样，也都具有明显崇拜心理。他们由衷地崇拜他们认为值得崇拜的人，这些人是他们心目中的偶像。作为教师，如果我们有高尚的品质去感染学生，有高超的教学艺术去影响学生，有渊博的知识去启迪学生，那么学生就会信赖我们，尊重我们，我们就可能成为学生心目中的崇拜的偶像。到那时，他们就会把你的教导当作真理，把你的行为当作楷模；在你的课堂他们会跟着你的感觉走，你的教学效果就会很优秀。

三年来的实践表明，对于我校的高中学生来说，用"不让任何一个人掉队"的教学思想和"遵循学习规律提高学习有效性"原理来进行教学是完全正确的。希望我未来的学生能和我一起将高中数学的教学工作完成得更出色！

数形结合法在初等数学中的应用

韩园园

一、"数"与"形"的联系

几何图形中都蕴藏着一定的数量关系,数量关系又常常可以通过几何图形做出直观的反映和描述。通过"数"与"形"相互转化,从而达到解决问题的目的,所以数形结合也就成为研究数学问题的重要思想方法。尤其是在解决函数问题、集合问题及几何问题时,恰当运用数形结合,往往使得问题迎刃而解,达到事半功倍的效果。

二、"数形结合"思想方法在初等数学中的重要性

华罗庚先生曾说过:"数与形本是相倚依,怎能分作两边飞,数缺形时少直觉,形少数时难入微,数形结合百般好,隔离分家万事休。切莫忘,几何代数统一体,永远联系,切莫分离!"寥寥数语,把数形之妙说得淋漓尽致。数形结合这种重要思想,在中学数学中占有极其重要的地位。关于这一点,查查近年中考、高考试卷,就可见一斑。比较常见的是在解方程和不等式、求函数的最值问题、求复数和三角函数等问题中,巧妙运用"数形结合"思想解题,可以把抽象问题具体化。

三、数形结合方法的具体应用

数形结合的重点是研究"以形助数"。数形结合思想常用在解方程和解不等式问题中,在求函数的值域、最值问题中,在求复数和三角函数问题中,运用数形结合思想,不仅直观易发现解题途径,而且能避免复杂的计算与推理,大大简化解题过程。这在解选择题、填空题中更显其优越,要注意培养这种思想意识,争取胸中有图,见数思图,以开拓自己的思维视野。下面我通过具体的分类讨论加以说明。

（一）"数形结合"思想解决函数有关问题

例1 "沪教版课标教材九年级拓展Ⅱ（试用本）第18页"已知一个二次函数的图像经过点$P(-2,7)$，对称轴是直线$x=1$，图像在x轴上截得的线段长为8，求这个函数的解析式。

分析：本题利用了二次函数图像的对称性，求得图像与x轴的公共点的坐标，再求函数解析式。计算过程较简便。

解：如图1，设直线$x=1$与x轴的公共点为C，图像在x轴上截得的线段$AB=8$，点A在点B的左边。

由二次函数的图像关于直线$x=1$对称，可知$AC=BC=4$ 即 $AO+OC=OB-OC=4$。

因为$OC=1$，所以$AO=3$，$OB=5$，且A、B分别在原点的左、右侧。

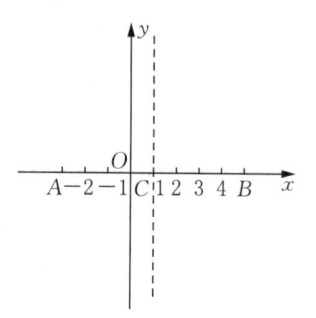

图1 坐标轴示意图

可得$A(-3,0)$，$B(5,0)$。

设这个二次函数的解析式为$y=a(x+3)(x-5)$。

∵图像过点$P(-2,7)$，

∴$a(-2+3)(-2-5)=7$，

解得$a=-1$。

所以，这个函数的解析式为$y=-(x+3)(x-5)$，即
$$y=-x^2+2x+15。$$

反思：本题如果不利用二次函数图像的对称性，求得图像与x轴的公共点的坐标，那么计算过程将会比较烦琐，而且不易算出答案。

（二）数形结合求解最值问题

所谓数形结合求解最值，一般是将一些抽象的解析式赋予几何意义，然后通过图形的属性及数量关系进行"数"与"形"的信息转换，把代数的问题等价性用几何的方法来求解，使之求解更简单、快捷。

例2 已知正实数x，求$y=\sqrt{x^2+4}+\sqrt{(2-x)^2+1}$的最小值。

分析：可以把 $\sqrt{x^2+4}+\sqrt{(2-x)^2+1}$ 整理为 $\sqrt{(x-0)^2+(0-2)^2}+\sqrt{(x-2)^2+(0-1)^2}$，

即如图 2，看作坐标系中一动点 $(x,0)$ 到两点 $(0,2)$ 和 $(2,1)$ 的距离之和，于是本问题转化为求最短距离问题。

解：$y = \sqrt{(x-0)^2+(0-2)^2} + \sqrt{(x-2)^2+(0-1)^2}$，

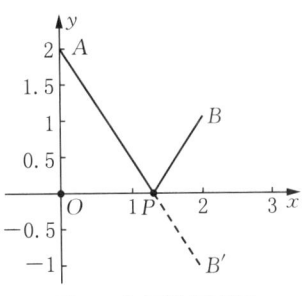

图 2　坐标轴示意图

令 $P(x,2)$、$A(0,2)$ 和 $B(2,1)$，则 $y=PA+PB$。

作 B 点关于 x 轴的对称点 $B'(2,-1)$，则 y 的最小值为 $AB'=\sqrt{3^2+2^2}=\sqrt{13}$。

在运用数形结合思想分析和解决问题时，要注意三点：第一，要明白一些概念和运算的几何意义以及曲线的代数特征，对题目中的条件和结论既分析其几何意义又分析其代数意义；第二，要恰当设参，合理用参，建立关系，由数思形，以形想数，做好数形转化；第三，要正确确定参数的取值范围。由此可见"数形结合法"有助于提高学生的学习能力，激发他们的学习兴趣。"数形结合法"重视"分析"的环节，能够把问题从抽象化变为直观化。

参考文献

陈学进.数形结合思想在数学解题中的应用[J].高考风向标,2008(1、2).

叶锦义.九年义务教育数学教学参考资料九年级拓展Ⅱ(试用本)[M].上海:上海教育出版社,2009.

薛金星.怎样解题:高中数学解题方法与技巧[M],北京:北京教育出版社,2007.

彭力.浅析数形结合思想在解题中的应用[J].课程教材教学研究·中教研究,2006(7、8).

张晓宁.如何利用数形结合巧解平面解析几何问题[J].科学教育家,2007(12).

张来庆."数"与"形"结合的巧用[J].广东教育·教研,2007(2).

叶立军.数学方法论[M],杭州:浙江大学出版社,2008.

创设自主管理,让学生个性成长

张佳佳

实行班级学生自主管理,使每一个学生从单一的被管理者成为管理者,他们既是被管理的客体,又是管理的主体,处于管理和被管理体系之中。这样,学生的民主意识得到增强,进而焕发出管理的积极性和对班级的责任感。事实证明,学生的自主管理体现得越充分,积极性就越高,班风、学风就越好。下面我就阐述自己在初中数学教育教学中如何创设学生自主管理的具体措施。

一、建立数学课班规,打好学生自主管理的基础

中学生生理、心理年龄的特征决定了他们是非观不清晰、自制力较差。常常管不住自己,不知道哪些该做,哪些不该做。如果不运用合理的规章制度去约束他们的言行,使他们的行为有章可循,那么,自主管理将成为一句空话。因此,就要建立一套完整、有效的管理制度,使他们相互监督、相互激励、相互教育,最终达到共同进步的目的。

那么该制度是如何制定的呢?

我是这样做的,先让学生在了解我的数学课一些要求的基础上,分小组讨论本班的数学课班规应包括哪些具体内容,并将各小组讨论的成果整理成文。在分小组讨论的基础上,由班委整合所有讨论成果,并形成一个完整的班规。最后大家制定了如下内容:

● 上课举手发言,天天练及回家作业优秀的各加1分,考试达到预计分的加10分;

● 上课插嘴,作业及天天练未及时上交或订正的扣1分(可无限扣);

● 0分及以下的无法开启段位;

● 分数无法互相赠送;

● 每日可获得段位所对应的基础分数;

- 兑换系统在黄金段位方可开启；
- 每周五统计积分，更新段位。

班规段位表

称　号	积分段（分）	福利（每日基础分）	福利（兑换折扣）
青铜	1—10	1	不能兑换
白银	11—20	2	不能兑换
黄金	21—30	3	不打折
铂金	31—40	4	不打折
钻石	41—50	5	打九五折
最强王者	51—500	7	打九折
荣耀王者	501—+∞	10	打五折

兑换系统表

兑换物品	所需积分
笔芯	6
巧克力（粒）	10
橡皮	15
笔	20
棒棒糖	25
本子	30
修正带	50
免作业（一天）	100
免作业（三天）	280
免作业（七天）	600

师徒系统表

1. 师徒一旦绑定，解绑需要师徒各自500积分；
2. 一荣俱荣，一损俱损：当徒弟得（扣）积分，师傅同得（扣）积分；当徒弟积分为0及以下，所有扣分由师傅承担。
3. 若徒弟段位到荣耀王者，奖励师傅10 000积分。

师傅签字　＿＿＿＿＿＿＿＿＿＿
徒弟签字　＿＿＿＿＿＿＿＿＿＿

每一位同学的基础分为0分，有加分和减分，具体操作由两名数学学习委员负责实施。每月由班委定期召开自主管理会议，交流汇报班级量化考核情况。月底由数学学习委员把本月班级量化考核结果进行公布。期末看谁的表现最好，得分最高。班委根据每个学生的总积分，由高到低排列名次，记录在案，以备作为班级评比"三好生"和"优秀学生干部"、发展团员等依据，并给予相应的奖励。这样，学生人人心服口服，个个心情舒畅，从而更加激发他们蓬勃向上的决心和信心，形成人人追求健康向上的良性发展风气，确保自我管理的顺利运行。

当然,在规范的执行过程中,一方面,要充分尊重学生实际,不能简单地用规章条例去限制学生;要注意思想教育,以理服人,让学生从内心深处感到遵守规范的必要性。另一方面,要严格要求,认真做好检查督促工作,及时表扬执行规范好的学生,批评违规犯纪的学生,使好的风气不断强化,这就为实施自主管理打好了基础。

二、师徒结对,创建自主管理框架

1. 学生积分系统自主管理的基本框架

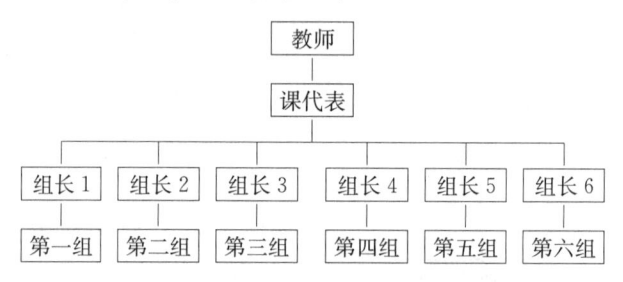

```
              教师
               │
              课代表
     ┌────┬────┼────┬────┬────┐
   组长1 组长2 组长3 组长4 组长5 组长6
    │    │    │    │    │    │
  第一组 第二组 第三组 第四组 第五组 第六组
```

学生积分系统自主管理的基本框架图

2. 学生自主管理各成员的主要职责

组长1~6:负责统计每天组员的得分情况。

课代表:负责整理组长统计的情况,把每位同学的得分情况登记在班级名单中。

教师:负责制作统计表格每周一发放给各组组长,并且每周五浏览课代表整理的班级积分表,每周五下午进行一次奖品兑换。

三、大胆放手,培养学生自主管理的能力

叶圣陶先生曾说:"凡属于养成习惯的事,光反复讲未必有用,一句老话,要能游泳必须下水。"因此,教师的任务就是要用切实有效的办法引导学生下水,练习游泳的本领。激发学生自己管理班级的热情固然重要,但光有热情还不够,必须采取强有力的措施,积极创造条件,提供机会,放手让学生管理自己。积极组织活动,使每次活动都能成为学生大显身手的好机会。

首先,教师以身作则,逐步培养组长和课代表的独立工作能力。

在课代表和组长刚选好时,我指导他们如何利用我发给他们的表格进行有效统计。在他们经过一段时间的锻炼并在同学中树立起一定的威信时,我就慢慢地由"主演"变成"导演",放手让他们自己统计。即使有时做得不够好,

我也不责备，只是细心地加以引导。

其次，定期统计积分，关注每位学生的积分变化，从而关注每位学生的日常学习情况。

每周五统计积分，兑换奖品，并总结每位同学的学习情况。找出积分低的同学，单独找他们聊天，分析他们的学习中哪些地方做得不够好，有哪些方法可以改进，及时弥补漏洞。师徒结对，一荣俱荣，一损俱损，这就对结对的师徒都有一定要求，学生互帮互助互学的氛围更浓，大大提高学生学习数学的积极性。每个学生根据自己学习情况，制定每次考试的目标分，达到目标同样可以加分，这让每位同学可以看到自己的进步情况。

实行"学生自主管理"，丝毫没有降低教师对班级管理的要求，相反，它需要教师具有更高的领导水平。引导"学生自主管理"，是一门教育艺术。只要充分信任学生，热情支持学生，巧妙启发学生，精心指导学生，"学生自主管理"是很容易发动的。但教师要在指导上多花心思，必要时还要主动承担组长和课代表解决不了的问题，这样，"学生自主管理"才能真正发挥作用，起到良好的效果。

教育教学管理是每一个教师的重要工作，实现学生自治是管理的最高境界，也是教育教学的成功体现。当然，这需要我们教育工作者继续潜心作深入地研究和探讨。

作为新时代数学教师，面对不一样的孩子们，我们要寻找新方法新思路，让孩子们能够横向、纵向全方位看待自己数学成绩的进步，不要狭隘得只看到分数。要让孩子们意识到只要自己在努力，哪怕基础薄弱，自己每一天都在进步，这也是值得高兴的，让学生个性成长。面对新的挑战，我们只有与时俱进，积极进取，不断"充电"，提升专业素质，才能不辜负时代赋予我们的责任和神圣使命！

高中填空题的两种特殊解法

邹群伟

填空题是数学测验中常见的传统的题型,也是高考试卷中的重要题型,在现行的上海高考试卷中,填空题稳定在 12 个小题,1～6 题每题 4 分,7～12 题每题 5 分,共 54 分,占全卷总分的 36%。由于填空题不需要写出具体的推理、计算过程,因此,利用各种技巧和工具,如特殊值法、计算器法,能够帮助学生实现快捷、精准解题。

一、特殊值法

如果填空题已知条件中含有某些不确定的量,但该题结论唯一或题设条件中提供的信息暗示答案是一个定值时,我们可以从题中变化的不定量中选取符合条件的恰当特殊值(或特殊函数、特殊角、特殊数列、特殊位置、特殊点、特殊方程、特殊模型等)进行处理,从而得出探求的结论。

1. (设特殊值计算)若 $f(x)=\dfrac{1}{2020^x-1}+a$ 是奇函数,则 $a=$_____。

解析:因为函数 $f(x)$ 是奇函数,且 $1,-1$ 是其定义域内的值,所以 $f(-1)=-f(1)$,故 $\dfrac{1}{2020^{-1}-1}+a=-\dfrac{1}{2020^1-1}-a$,解得 $a=\dfrac{1}{2}$。

2. (特殊值进行检验)设 $a>0,b>0$ 则下列不等式中不成立的是_____。

① $a+b+\dfrac{1}{\sqrt{ab}}\geqslant 2\sqrt{2}$ 　　② $(a+b)\left(\dfrac{1}{a}+\dfrac{1}{b}\right)\geqslant 4$

③ $\dfrac{a^2+b^2}{\sqrt{ab}}\geqslant a+b$ 　　④ $\dfrac{2ab}{a+b}\geqslant \sqrt{ab}$

解析:取 $a=4,b=1$,代入各选项中的不等式,易判断 $\dfrac{2ab}{a+b}\geqslant \sqrt{ab}$ 不

成立。

注意:特殊值代入命题检验成立,只是命题成立的必要条件。

3.(构造特殊数列)已知等差数列$\{a_n\}$的公差$d \neq 0$,a_1、a_3、a_9成等比数列,则$\dfrac{a_1+a_3+a_9}{a_2+a_4+a_{10}}$的值为_____。

解析:由a_1、a_3、a_9成等比数列,不妨令$a_1=1$、$a_3=3$、$a_9=9$,即$a_n=n$,易得答案为$\dfrac{13}{16}$。

4.(构造特殊图形法)在$\triangle ABC$中,M是BC的中点,$AM=3$,$BC=10$,则$\overrightarrow{AB} \cdot \overrightarrow{AC}=$_____。

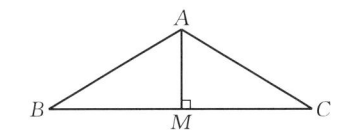

解析:如图,假设$\triangle ABC$是以$AB=AC$的等腰三角形,$AM=3$,$BC=10$,由勾股定理得$AB=AC=\sqrt{34}$。

则$\cos\angle BAC=\dfrac{34+34-100}{2\times 34}=-\dfrac{16}{34}$,$\therefore \overrightarrow{AB} \cdot \overrightarrow{AC}=|\overrightarrow{AB}| \cdot |\overrightarrow{AC}| \cos\angle BAC=-16$。

5.(构造特殊图形法)如图,在平行四边形$ABCD$中,$AP \perp BD$,垂足为P,且$AP=3$,则$\overrightarrow{AP} \cdot \overrightarrow{AC}=$_____。

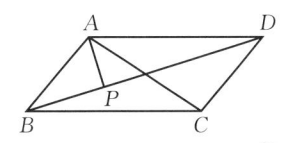

解析:假设平行四边形$ABCD$是特殊的平行四边形——菱形,则$\overrightarrow{AP}$与$\overrightarrow{AC}$共线,$\overrightarrow{AC}=2\overrightarrow{AP}=6$。$\therefore \overrightarrow{AP} \cdot \overrightarrow{AC}=3\times 6=18$。

6.(选取特殊位置关系)已知点G是$\triangle ABC$的重心,过G作直线与AB、AC两边分别交于M、N两点,且$\overrightarrow{AM}=x\overrightarrow{AB}$,$\overrightarrow{AN}=y\overrightarrow{AC}$,则$\dfrac{x+y}{xy}$的值为_____。

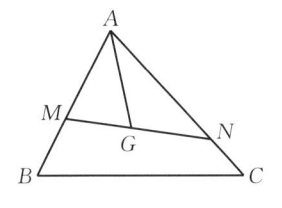

解析:不妨设$MN // BC$,则$x=y=\dfrac{2}{3}$,易知答案为3。

7.(选取特殊点)如图,在$\triangle ABC$中,点M是BC的中点,过点M的直线与直线AB、AC分别交于不同两点P、Q,若$\overrightarrow{AP}=\lambda\overrightarrow{AB}$,$\overrightarrow{AQ}=\mu\overrightarrow{AC}$,则$\dfrac{1}{\lambda}+\dfrac{1}{\mu}=$_____。

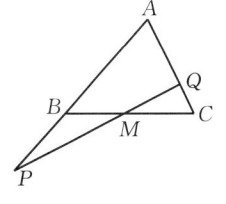

解析：假设点 P 与点 B 重合、点 Q 与点 C 重合，则 $\lambda=\mu=1$，易知答案为 2。

8. （设置特殊函数法）设函数 $f(x)$ 定义于实数集上，对于任意实数 x、y，$f(x+y)=f(x)f(y)$ 总成立，且存在 $x_1 \neq x_2$，使得 $f(x_1) \neq f(x_2)$，则函数 $f(x)$ 的值域为：_____。

解析：不妨令抽象函数 $f(x)=a^x$，易知答案为 $(0,+\infty)$。

二、巧用计算器求解

上海高考可以使用计算器，因此，对于部分求值（解方程、三角比、极限）的题型，以及判断数列（或函数）单调性、求最值等，可以利用计算器 SOLVE 功能（牛顿迭代法解方程）、表格函数功能或特殊计算功能得以直观、快速解决。

1. 解超越方程有关题型

例：利用两分法，函数 $f(x)=2^x+3x$ 的零点所在区间是_____。
① $(-2,-1)$　　② $(-1,0)$　　③ $(0,1)$　　④ $(1,2)$

解析：利用计算器 SOLVE 功能，直接求出方程 $2^x+3x=0$ 的近似解 -0.2754。

注意：对于有多解的超越方程，需要更换 x 的初始值以探求多个解。

2. 求角或三角比的值

例：若 $\cos\left(\dfrac{\pi}{4}-\alpha\right)=\dfrac{3}{5}$，则 $\sin 2\alpha=$ _____。

解析：直接通过计算器计算输入 $\sin\left(2\left(\dfrac{\pi}{4}-\cos^{-1}\left(\dfrac{3}{5}\right)\right)\right)$ 进行计算，得出结果 $-\dfrac{7}{25}$。

注意：要根据题目已知条件，切换弧度制或角度制。

另，如结果以无限不循环小数呈现，可通过将结果先平方再开根号求出根式形式：

例：已知 $\alpha \in \left(0,\dfrac{\pi}{2}\right)$，$\tan\alpha=2$，则 $\cos\left(\alpha-\dfrac{\pi}{4}\right)=$ _____。

解析：直接通过计算器计算输入 $\cos\left(\tan^{-1}(2)-\dfrac{\pi}{4}\right)$ 进行计算，如果

结果呈现的是一个无限不循环小数,只要将结果平方,再利用$\sqrt{Ans}$功能即可得出答案$\dfrac{3\sqrt{10}}{10}$。

注意:这种方法限于角α在对应三角函数的主值区间或角α的范围无限制条件。

3. 由计算器表格函数功能(菜单7),判断数列(或函数)的单调性、最值

例1:已知数列$\{a_n\}$是公差为6的等差数列,数列$\{b_n\}$是公比为$\dfrac{3}{4}$的等比数列,$a_1=b_1=1$,$c_n=a_n \cdot b_n$,则当$n=$_____时,c_n最大。

解析:先求出$c_n=a_n \cdot b_n=(6n-5)\cdot\left(\dfrac{3}{4}\right)^{n-1}$,然后在计算器表格函数功能(菜单7)中输入函数$y=(6x-5)\cdot\left(\dfrac{3}{4}\right)^{x-1}$,开始值设为1,终止值设为25,步长设为1,观察函数值列表,易得当$1\leqslant x\leqslant 4$时函数递增,当$x\geqslant 4$函数递减,故$n=4$。

例2:若在二项式$(x+1)^{10}$的展开式中任取一项,则该系数为奇数的概率为_____。

解析:在计算器表格函数功能(菜单7)中输入函数$f(x)=10Cx$,开始值设为0,终止值设为10,步长设为1,观察函数值列表,易知11个数据中有4个奇数。

4. 循环小数与分数之间的转化

例:循环小数化成分数$0.3\dot{2}\dot{}=$_____,$1.3\dot{0}\dot{1}=$_____。

解析:利用计算器计算的精确度和极限运算法则,直接输入0.32323232323232(精确到小数点后14位及以上)按下"＝"即可得出结果$\dfrac{32}{99}$。

5. 质因数分解

例:10 800有多少个正因数?

解析:利用计算器质因数分解功能,按照如下步骤操作:①输入10800;②按"＝"键;③按"SHIFT＋度分秒键"启动FACT功能,呈现质因数分解结果:$2^4\times 3^3\times 5^2$,故答案为$(4+1)(3+1)(2+1)=60$。

6. 代数式的极限的求解

例：$\lim\limits_{n\to\infty}[\sqrt{n+2}(\sqrt{n+1}-\sqrt{n-1})]=$ _____ 。

解析：将 $\sqrt{n+2}(\sqrt{n+1}-\sqrt{n-1})$ 中的 n 的赋予一个足够大的数字，如 $\underbrace{99\cdots9}_{10\text{个}9}$ 或 10^{10} 之类的数，计算结果将直接显示极限值 1。

以上例题用到的计算器是卡西欧 fx-991CNX 中文版机型，是目前上海市高考允许使用的功能最强机型。该计算器在选择题、甚至解答题中，都有一些可利用的功能，可提高解题效率。有兴趣的读者可以阅读说明书，通过实践去尝试更多的、能够应用于解题实际的功能。

数学课堂教学中的"过程"味

朱武巍

数学是一门基础科学,数学常常使人与逻辑、思维等词联系起来。M.克莱因曾说过:"数学是人类最杰出的智慧结晶,也是人类精神最富独创性的产物,音乐能激起或平静人的心灵,绘画能愉悦人的视觉,诗歌能激发人的情感,哲学能使思想得到满足,工程技术能改善人的物质生活,而数学则能够做到所有这一切。"对于初中数学,除了让学生感受数学的魅力,还需要让学生习得数学的基本知识。如何在教学过程中使学生习得知识,获得能力?《全日制义务教育数学课程标准(实验稿)》在教学建议中对数学教学提出了六条建议,其主题思想是:"数学教学是数学活动的教学,是师生之间、学生之间交往互动与共同发展的过程。数学教学应从学生实际出发,创设有助于学生自主学习的问题情境,引导学生通过实践、思考、探索、交流,获得知识,形成技能,发展思维,学会学习,促使学生在教师的指导下生动活泼地、主动地、富有个性地学习。"早在 1960 年美国教育协会就声明:"强化并贯穿于所有各种教育的中心目的、教育的基本思路就是要发展思维。"因此,教师在日常教学中需关注学习进程,关注学生思维,尽量使每堂课充满乐趣,充满价值与意义。

而课堂是学生发展思维的重要场所,如何利用课堂环境充分发展学生思维是需要不断被思考的问题。首先,教师需要对课堂环境的内涵进行了解。课堂环境也称为课堂学习环境,是近 30 多年来教育社会学、教育心理学和科学教育领域中比较引人关注的热点课题。但由于课堂环境内涵复杂且丰富,目前学术界并没有形成统一术语,更多以"教学环境"概念进行研究。整体的教学环境系统主要由两类环境组成,物质环境和社会心理环境。基于此,也有学者将课堂环境理解为:以促进学生成长与发展为出发点,是影响教师教学活动和学生学习活动展开,质量与效果改进的各种因素总和。大量研究证实课堂环境与学习成果有着密切关系,积极的课堂环境可以改善和提高学生的学习效果。

以下以三角形三边关系的应用为例,谈谈我如何在课堂环境下,本着学生积极思考的宗旨,让学生感受到数学学习的过程。三角形三边关系是沪教版数学七年级第二学期三角形基本概念中重要的一个知识点,阐述为"三角形任意两边之和大于第三边"。本课建立在学生掌握三角形三边关系的知识点后,继续研究三角形三边关系的应用展开,以下为教学相关片段。

课题:三角形三边关系的应用

教学目标:进一步理解并掌握三角形三边之间的关系;
　　　　　注重方法的选择,感受严谨的数学思想方法。

重点:进一步探究三角形三边关系,运用三边关系解决实际问题。

难点:三角形三边关系的理解与方法的选择。

(本课教学目标和重难点的确定是根据本班学生实际情况而定,本班学生大多基础良好,本课题难度与学生的认知水平相匹配,本课题属于一个较开放性的问题,希望在大背景下,根据学生的生成与思路开展本课。)

教学片段呈现:

师:已知三角形三条边的长分别是2、3和c,则c的取值范围是_____。

生1:我利用三角形任意两边之和大于第三边的性质得出以下不等式组

$$\begin{cases} 2+3>c \\ 2+c>3 \\ 3+c>2 \end{cases}$$,求出$1<c<5$。

生2:我直接列出不等式组$3-2<c<3+2$,也得出$1<c<5$。

师:第二位同学的方法比较便捷,得出的答案也是一样的,那这只是一个巧合吗?

目的:借由此题引出今天的课题,激发学生的学习兴趣,使学生主动思考,自由发挥,教师从关注自己的教转为关注教会学生学。

本问题中两位同学的方法在教师的预料当中,但是生2的方法是在教师未有任何提示下得出的方法,这也是本班特征之一,学生思维很活跃。我选择顺应学生的这种趋势,让他们自由发挥。我始终觉得教学活动没有计划的预设不行,但同时机械遵守计划,却解决不了没有聊到的生成问题。美国教师教育专家克里克山克说过两句教育名言,"好的计划会避免在你工作中可能出现的无数问题。老鼠和人类的最好计划也常常会走入歧途"。在学生的生成下，给出问题2，并让学生同时尝试以上两种方法，并进行比较。

师：如果三角形的两边是3、8，第三边是$1-2a$，则a的取值范围是_____。同学们再用以上两种方法试试，答案是否还是一样？

（等待片刻）

生：$\begin{cases} 8+3>1-2a \\ 8+1-2a>3 \\ 3+1-2a>8 \end{cases}$ 和 $8-3<1-2a<8+3$ 得出的答案一致 $-5<a<-2$。

师：第一种方法是根据三角形三边的关系列出三个不等式，过程合理，结果正确，两种方法答案一致，不禁让我们思考，两种方法是否是相通的，接下来我们来探究两种方法的一般规律，如何探究一般规律？

（目的：鼓励学生回想出一个具有相同或相似的熟悉的问题，这正如波利亚《怎样解题》一书中所阐述的："拟定计划，你以前见过它吗？你是否见过相同而形式稍有不同？"学生以前运用过含字母的式子来表示规律。）

生1：字母可以研究一般规律，我们可以把三角形的三边用字母a、b、c代替。

生2：没错，那第一种方法相当于这样一个不等式组 $\begin{cases} a+b>c \\ a+c>b \\ b+c>a \end{cases}$。

师：那第二种方法要如何表示的呢？

（学生陷入思考）

数学问题意识能让学生主动思索，进而不断提出问题、思考问题、解决问题。有了这种问题意识，学生的思维才有了方向和动力，学生的学习才具有能动性。在师生的一问一答中建立起良好的互动，同时渗透字母表示数的思想，笔者认为，在教学过程中，不能少掉宝贵的数学思想的渗透。思想是人类一切行为的基础，我思故我在，要使学生感受过程，需要让他们得到思考。

生1：如果将a看成未知的边，那第二种方法应该是$b-c<a<b+c$或者$c-b<a<b+c$。

师：为什么要列两个不等式组？

生：因为不知道b、c哪条边更长。

师：这两个式子能用一个等价的式子表示吗？

（目的：敦促学生对知识进行整合与提炼，使学生能力得到发展。）

生：可以写成 $|b-c|<a<b+c$ 因为引入绝对值后，等同于是两边之差的含义。

接下来给同学们时间验证 $\begin{cases} a+b>c \\ a+c>b \\ b+c>a \end{cases}$ 能推出 $|b-c|<a<b+c$。

苏霍姆林斯基曾经说过，"当一个年幼的人不是作为冷漠的旁观者，而是作为劳动者，发现了许许多多个为什么"，"并且通过思考、观察和动手而找到这些问题的答案时，在他身上就会像由火花燃成火焰一样，产生独立的思考"。在课堂上尽量创造条件使学生成为课堂的主体，并充分发挥教师的引导作用。

学生在讨论后，发现方法一前两个不等式变形后就是 $|b-c|<a$，第三个不等式变形后就是 $a<b+c$，因此问题得到解决，也即：三角形任意一边大于另两边之差，小于另两边之和。在整个环节中，学生本能地将他们所学的新知识与原有知识和个人经验（绝对值的知识，不等式的基本性质）结合起来，这也有利于学生进行深度学习。在良好的课堂情境下，学生的好奇心、求知欲、探究欲得到充分保证与激发，整个探索过程基本上是学生自主探索完成的，带着积累的成就感，他们开始尝试将所得运用于以下应用中。

知识应用 1

（1）等腰三角形腰长为 8，它的底边长 c 的范围是_____。

（2）等腰三角形底边长为 4，则它的腰长 a 的范围是_____。

预设 1：学生从底边切入，选择三角形任意一边大于另两边之差，小于另两边之和的结论，得出 $0<c<16$。

预设 2：部分同学从腰切入得出 $|4-a|<a<a+4$ 后，解不等式组遇到困难，做不下去；部分同学改变策略，选择用不等式组，得出 $\begin{cases} a+a>4 \\ a+4>a \\ a+4>a \end{cases}$，求出 $a>2$；部分同学选择继续从单边切入分析，但是以底边切入得出 $0<4<2a$，求出 $a>2$。

分析：每一次的问题设计都是逐步推进学生对所学知识的理解与感悟。在常规思路受阻或者一般方法较烦琐后，学生思考的过程给他们提供一次重新整理所学知识内涵的机会，完善他们对此类问题的认知，探究问题本质，体会在变化中寻找不变的奥妙。

知识应用 2

一条线段的长为 a，若要使 $3a-1$、$4a+1$，$12-a$ 这三条线段组成一个三角形，则 a 的取值范围是_____。

预设：部分学生选择从单边切入得出不等式组，难点在于如何解含绝对值不等式；部分同学选择换另一种方法得出 $\begin{cases} 3a-1+4a+1>12-a \\ 3a-1+12-a>4a+1 \\ 4a+1+12-a>3a-1 \end{cases}$ 得出 $\frac{3}{2}<a<5$，极少同学考虑到边和线段大于零的实际意义，列出不等式组

$\begin{cases} 3a-1+4a+1>12-a \\ 3a-1+12-a>4a+1 \\ 4a+1+12-a>3a-1 \\ 3a-1>0 \\ 4a+1>0 \\ 12-a>0 \\ a>0 \end{cases}$ 得出 $\frac{3}{2}<a<5$。

分析：知识应用 2 设计的目的一：对所学知识的巩固，经历知识应用 1 的思考后，大多数同学对知识应用 2 的思考更加系统，如遇到从单边切入较麻烦后，选择换一种方法，发现此时直接应用"三角形任意两边之和大于第三边"列不等式在本问题的解决中反而更简单，学生学会自主选择和比较方法的优劣，这是一个自主思考的过程；目的二：本问题的解决情况也能体现出分层思想，三种程度的完成情况在某种程度上也体现出学生数学学习的水平。最后，学生通过本问题的分析进一步感受到数学的严谨性，从而从情感、态度与价值观层面提升了学生的核心素养。

反思：

一堂好课不仅要考察教学目标是否达成，还需关注学生在教学过程中的感受，如果本节课直接告诉学生三角形三边关系符合 $|b-c|<a<b+c$，目的仅仅是学生利用三角形三边关系完成几道练习，那教学时间会节省不少，表面上看教学效率提高了，但学生能否真正理解掌握知识的本质，甚至运用这种方法去解决类似的问题就不得而知。

学生数学能力的提高应贯穿于课堂的始终，在日常教学中应关注学习进

程,学生思维的培养。因此,教师在教学设计中应思考"习题背后的设计意图是什么",该设计意图是否在学生认知范围内,在教学过程中需引导学生进行反思"为什么选择这种方法",将问题想明白,解明白。

本课程在关注学生上课"过程味"时,不仅从教学过程流畅性考量,教学中的艺术性也是上课过程中需要严格自我要求的,尤其对于一节数学课如何将逻辑性与艺术性相结合是需要不断探索的话题,"教学不是应用科学,好的教学应该依靠艺术和审美的思考,教学的许多方面更像是爵士乐演奏而非跟随行军部队的鼓点"。在整个教学过程中,学生热情饱满,师生真情互动,充分尊重学生的自主性和创造性,才生成如此有趣的一堂数学课,但美中也有一些不足,在实现教学艺术性,激发学生课堂参与的过程中,多了一些严谨与认真,少了一些风趣幽默,这也是今后需要不断加强的。

参考文献

[荷兰]弗赖登塔尔.作为教育任务的教学[M].陈昌平,唐瑞芬,等编译.上海:上海教育出版社,1995.

辛自强.问题解决与知识构建[M]北京:教育科学出版社,2005.

姜玉莲.技术丰富课堂环境下高阶思维发展模型建构研究.[D]长春:东北师范大学,2017.

张岱年主编.中华的智慧——中国古代哲学思想精粹[M].上海:人民出版社,1989.

基于项目式学习平行四边形判定的探究与实施

李清泉

一、问题的发现与提出

（一）情景概述

关于平行四边形的判断，其依据有平行四边形的定义和教材中提到的四个判定定理。我们在平行四边形的教学中，往往向学生介绍：平行四边形的判定是和边、内角、对角线的三个视角下得到的平行四边形的判定定理，但是我们学生也会经常有疑惑：一个四边形的边、角、对角线有怎样的关系就能够证明出它是平行四边形？

所以平行四边形判定教学中总是会遇见下面的问题：

满足下列条件的哪个四边形是平行四边形？（　　　）

A. 一组对边平行、另一组对边相等

B. 一组对边平行、一组对角相等

C. 一组对边相等、一组对角相等

D. 一组对边平行、一组邻角相等

学生在处理这样的问题的时候也会有很多疑惑：是不是只有符合平行四边形定义和四个判定说的四边形才是平行四边形？在定义和判定以外还有哪些条件可以判断一个四边形是平行四边形？

（二）提出问题

我们知道，"两组对边分别平行的四边形是平行四边形""两组对边分别相等的四边形是平行四边形""一组对边平行且相等的四边形是平行四边形""两组对角分别相等的四边形是平行四边形""对角线互相平分的四边形是平行四边形"。这些判定平行四边形的方法都是从边、角、对角线中选取两个而组成的,那是不是从边、角、对角线中任意选取两个条件,都可以作为平行四边形的判定方法呢?

在我们的教材中提到:平行四边形的判定定理 2 和定理 4,容易联想到把边、角的条件进行其他组合提出问题,如四边形中"一组对边平行、另一组对边相等"或"一组对边平行、一组对角相等""一组对边相等、一组对角相等"等;以及我们说到的学生疑惑:是不是只有平行四边形定义和四个判定说的四边形才是平行四边形? 在课本定义和判定定理以外,还有多少种情形可以判定为平行四边形?

基于此问题情景,并结合我校初中生认知水平,《基于项目式学习的平行四边形判定的探究》成为我们思考研究的一个主题。

(三) 问题的数学化

由于四边形利用边、角、对角线中两个元素形成的命题较多,所以在解决这个问题时,我们组织学生进行分类,让学生知道边、角、对角线一共形成 8 个元素,11 种不同的组合。分别是:一组对边平行且相等、两组对边分别平行、两组对边分别相等、两组对角分别相等、对角线互相平分、一组对边平行且另一组对边相等、一组对边平行且一组对角相等、一组对边平行且一条对角线平分另一条对角线、一组对边相等且一组对角相等、一组对边相等且一条对角线平分另一条对角线、一组对角相等且一条对角线平分另一条对角线。学生在小组活动时会发现它们不一定都是平行四边形,从而引出学生的思考:如何证明这些真假命题?

然而我们在解决实际问题中,学生很难准确地找到反例,难以设计出满足要求的图形。我们拟将利用小木棍模拟四边形,让学生找出不同条件下所有符合要求的图形,最后在纸上画出符合要求的四边形。这个活动中我们会给学生一定数量的四边形的四边,两条可以平分的对角线,以及可固定两边形成角的装置(起到调整角度的作用),学生会在具体任务中选两个条件拼搭四边形,从而探究任意两个条件是否一定能搭成平行四边形。让学生发现和说明形成的四边形是否为平行四边形,并形成探究实验报告。

二、问题的探究与解决

(一) 问题的探究

在活动开始前对学生进行项目活动的培训,对学生交代我们本次活动会以小组形式出现,而且小组内大家是共同合作交流,由小组长负责小组的全部流程以及确定小组呈现报告的书写、展示报告。

全部活动时长为两周时间，一共 4 课时，分段进行。

第一周主要是：1.确定活动内容；2.小组讨论四边形的边、角、对角线如何分类；3.组长安排任务目标；4.小组确定需要制作工具和制作材料。

第二周主要是：1.制作出符合要求的四边形；2.小组讨论确定活动所需要的图形；3.制作活动小报，完成小组评价表。

活动中老师主要起到指导作用，不提供具体的操作方法。

建议小组活动流程图：

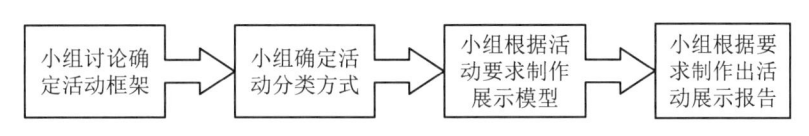

小组讨论确定活动框架 → 小组确定活动分类方式 → 小组根据活动要求制作展示模型 → 小组根据要求制作出活动展示报告

图 1　活动流程图

（二）问题的解决

平行四边形判定中，我们知道是依据平行四边形的定义和四个判定定理，所以我们本次活动中一定要注重学生对平行四边形的性质应用，更要关注学生的分析和归纳能力。此次活动应更好地展示学生的类比思想，意在体现出学生在学习中创造性的思维能力；同时也能够体现出学生对平行四边形的本质性理解，也能在后阶段学习其他几何中利用同样思考方法奠定基础，体现出数学的化归思想。

根据我们活动主题，我们的四边形可以如图 2，在四边形 $ABCD$ 中，对角线 AC、BD 相交于点 O，分别给出：①$AB // CD$；②$AB = CD$；③$AD // BC$；④$AD = BC$；⑤$\angle DAB = \angle BCD$；⑥$\angle ABC = \angle ADC$；⑦$AO = CO$；⑧$BO = DO$。写出由其中两个条件组成的所有组合，满足这些组合的图形都是平行四边形吗？若是，请进行证明；若不是请举出反例说明。

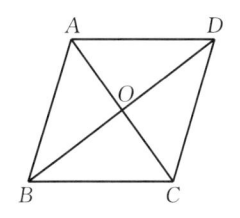

图 2　四边形 $ABCD$ 示意图

经过排列可以发现，共有 28 种组合情况，分别是：①②，①③，①④，①⑤，①⑥，①⑦，①⑧，②③，②④，②⑤，②⑥，②⑦，②⑧，③④，③⑤，③⑥，③⑦，③⑧，④⑤，④⑥，④⑦，④⑧，⑤⑥，⑤⑦，⑤⑧，⑥⑦，⑥⑧，⑦⑧。

下面分类进行讨论：

1. ①②或③④组成的四边形都是一组对边平行且相等，它们都是平行四边形；

2. ①③组成的四边形两组对边分别平行，它是平行四边形；

3. ②④组成的四边形两组对边分别相等，它是平行四边形；

4. ⑤⑥组成的四边形两组对角分别相等，它是平行四边形；

5. ⑦⑧组成的四边形对角线互相平分，它是平行四边形；

6. ①④或②③组成的四边形都是一组对边平行且另一组对边相等，它们不一定都是平行四边形，如等腰梯形。所以，一组对边平行且另一组对边相等的四边形不一定是平行四边形；

7. ①⑤，①⑥，③⑤，③⑥组成的四边形都是一组对边平行且一组对角相等，它们一定是平行四边形。现以①⑤为例证明如下：

如图 2，在四边形 $ABCD$ 中，$AB /\!/ CD$，$\angle DAB = \angle BCD$。求证：四边形 $ABCD$ 是平行四边形。

证明：如图 2，因 $AB /\!/ CD$，故 $\angle DAB + \angle ADC = 180°$，$\angle ABC + \angle BCD = 180°$。因 $\angle DAB = \angle BCD$，故 $180° - \angle DAB = 180° - \angle BCD$，即 $\angle ADC = \angle ABC$。所以，四边形 $ABCD$ 是平行四边形。

本题还有其他证明方法，可以让同学们自己去探索和补充。

因此，一组对边平行且一组对角相等的四边形是平行四边形。

8. ①⑦，①⑧，③⑦，③⑧组成的四边形都是一组对边平行且一条对角线平分另一条对角线，它们一定是平行四边形。现以①⑦为例证明如下：

如图 2，在四边形 $ABCD$ 中，$AB /\!/ CD$，$AO = CO$。求证：四边形 $ABCD$ 是平行四边形。

证明：如图 2，因 $AB /\!/ CD$，故 $\angle ABO = \angle CDO$，$\angle BAO = \angle DCO$。又 $AO = CO$，故 $\triangle ABO \cong \triangle CDO$，故 $AB = CD$。所以，四边形 $ABCD$ 是平行四边形。

9. ②⑤，②⑥，④⑤，④⑥组成的四边形都是一组对边相等且一组对角相等，它们不一定都是平行四边形。我们先从证明入手，如图 3，四边形 $ABCD$ 中，$AB = CD$，$\angle B = \angle D$。求：四边形 $ABCD$ 是不是平行四边形？

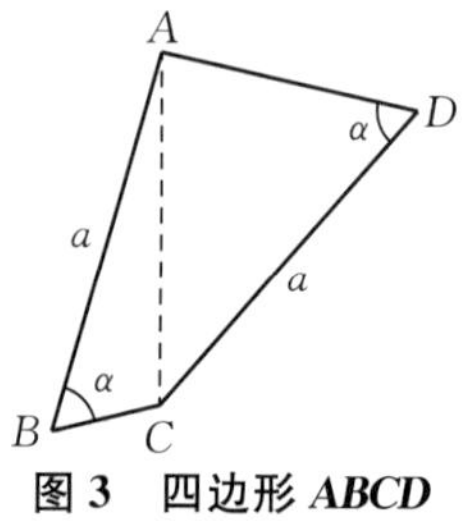

图 3　四边形 $ABCD$ 示意图

分析:经验告诉我们,遇到四边形问题往往要转化成三角形问题来解决。所以很自然想到联结 AC,分四边形 ABCD 为两个三角形,如果能够证明 △ABC≌△CDA,便可证明四边形 ABCD 是平行四边形。

可是现有的条件是:AB=CD,∠B=∠D,AC 公用,满足的是"边边角"的条件,不能证明△ABC≌△CDA,所以无法证明四边形 ABCD 是平行四边形。

上述问题让学生直接证明有难度,我们联想到八年级下学期数学课本中"平行四边形的判定"学习时,用四根小木条做一个平行四边形框架,并在相邻两根木条交叠处各钉一枚小钉来固定,推动其中一根木条改变其内角,来找到反例。给学生两根长度相等的小木条,另外给两根长度不等的木条,搭出满足一组对边相等且一组对角相等的四边形,同时它又不是平行四边形的反例图形。教师还可以选部分同学的作品展示,提高学生参与课堂的积极性。

注意:在这里还有其他方法找出反例图形:

(1) 拼图法

如图 4,已知△ABC 与△ABD 满足"边边角"的条件,在两张白纸上给出这个图形,让学生剪出△ABC 与△ABD,最后让学生把剪出的三角形拼成符合要求的反例四边形。

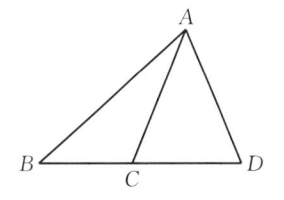

图 4 △ABC 与△ABD 示意图

(2) 间接作图法

a. 利用等腰三角形构造;

b. 利用平行四边形构造:旋转三角形法、利用圆周角和等弦知识的方法、作全等三角形的方法等。

(3) 直接作图法

本题还有其他证明方法,学生可以自己再探索、补充。

10. ②⑦,②⑧,④⑦,④⑧组成的四边形都是一组对边相等且一条对角线平分另一条对角线,它不一定都是平行四边形。现以②⑦为例说明如下:如图 5,已知四边形 AECD 是平行四边形,AE 与 DC 互相平分于点 O。以点 A 为圆心,AE 为半径画圆弧,交 EO 于点 B,联结 AB、CB。在四边形 ABCD 中,AB=AE=CD,AO=CO,但四边形 ABCD 不是平行四边形。因此,一组对边相等

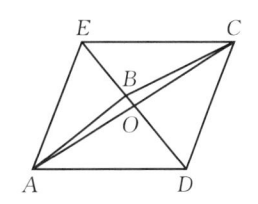

图 5 四边形 AECD 示意图

且一条对角线平分另一条对角线的四边形不一定是平行四边形。

11. ⑤⑦，⑤⑧，⑥⑦，⑥⑧组成的四边形都是一组对角相等且一条对角线平分另一条对角线，它也不一定都是平行四边形。现以⑤⑦为例说明如下：如图 6，作线段 AC 及其垂直平分线 MN，垂足为 O 点。在直线 MN 上分别取点 B 和 D，使 B、D 分别在线段 AC 两侧，且 $BO \neq DO$。则由线段垂直平分线的性质可知，$AB = BC$，$AD = CD$，故 $\angle BAC = \angle BCA$，$\angle DAC = \angle DCA$，从而有 $\angle BAD = \angle BCD$。四边形 $ABCD$ 满足一组对角相等且一条对角线平分另一条对角线，但它不是平行四边形。因此，一组对角相等且一条对角线平分另一条对角线的四边形不一定都是平行四边形。

图 6　四边形 ABCD 示意图

三、解决探究问题的实施与思考

整个探究活动分成几个阶段：分类过程，利用工具搭建是否为平行四边形的过程，说理验证是否为平行四边形的过程等。

(一) 提出问题

在课堂上向学生提出：能不能利用四边形的两个元素组合形成平行四边形？

(二) 学生活动

1. 学生分组：以 6—7 人为一小组，形成探究小组；

2. 活动设计：小组自主讨论，结合刚刚学过的平行四边形性质的研究方法；

3. 活动准备：制作平行四边形所需的小木棍，要求根据小木棍模型画出实验图像，并规定学生每个阶段完成时间；

4. 说理论证：根据实验图像进行合理的实验论证的过程；

5. 小组报告撰写：要求小组根据自己的实验活动过程形成探究实验报告。

(三) 交流评价

各小组在规定时间完成自己的实验报告，安排两个课时，进行实验报告的交流与论证。

交流内容其中包括：

1. 展示小组活动成果；

2. 小组之间在活动中表现情况并完成小组合作学习活动小组评价表；

3. 其他小组听取报告，并共同讨论探究性成果的可行性分析报告，交流从中获取的知识和报告中的不足，并完成课堂汇报活动组间互评表、探究性学习评价表。

为了更好地完成探究性活动，所以在活动中设计了体现小组合作和成果展示的评价表。

1. 小组组员互评：在学生进行小组活动时，小组合作学习活动小组评价表能体现出小组成员在活动中的参与度，和小组成员为完成探究活动所贡献的力量；

2. 小组互评：课堂汇报是体现小组活动成果的展示形式之一，所以为了更好地展示小组活动成果，设计出课堂汇报活动互评表，能客观反映出小组活动中的差异性；

3. 学习评价表：为了系统体现出探究活动的价值性，设计出探究性学习评价表，也是为了更好地展示小组间活动的差异性和优秀小组活动成果的优异性。

数学综合题解法探讨

邱训华

所谓数学综合题是指涉及知识、技能较多,在解法上应用数学思想方法较多,条件较复杂的一类题目,按内容可分为代数综合题、几何综合题,按结构又可分为组合型综合题与融合型综合型。通过解综合题可以更好地掌握基础知识和基本技能及其内在联系,更深刻地理解数学思想方法,锻炼思维的深刻性、敏捷性、灵活性和批判性,提高分析问题和解决问题的能力,从而为"培养学生有创新精神和实践能力"的总体教育理念服务。以下通过几个方面举例说明,进行探讨。

一、熟练掌握"双基"是解综合题的基础

解综合题大致可分为三个步骤:(1)认真审题挖掘隐含条件,有时还包括正确画出或观察有关图形;(2)探求解题思路;(3)正确写出解答过程。无论哪个步骤都与"双基"有密切关系。只有正确地掌握基础知识,熟练地掌握基本技能,才有可能进行综合与灵活地运用。

例 1 关于 x 的方程 $k^2x^2+(2k+1)x+1=0$ 有实根,求 k 的取值范围。

错解:∵ 方程 $k^2x^2+(2k+1)x+1=0$ 有实根。

∴ $\Delta \geq 0$,即 $(2k+1)^2-4k^2 \geq 0$。

∴ $4k+1 \geq 0$,$k \geq -\dfrac{1}{4}$。

错在哪里?首先解法默认方程 $k^2x^2+(2k+1)x+1=0$ 是一元二次方程,而忽略了一元二次方程的条件;第二,题设只是关于 x 的方程 $k^2x^2+(2k+1)x+1=0$,并没有指出该方程是一元二次方程,也就是说该方程也有一元一次方程的情况。

正解：当 $k^2\neq 0$ 时,方程 $k^2x^2+(2k+1)x+1=0$ 是一元二次方程,因为有实根,所以 $\Delta\geq 0$,即 $(2k+1)^2-4k^2\geq 0$,解之得 $k\geq -\dfrac{1}{4}$,$k\geq -\dfrac{1}{4}$ 且 $k\neq 0$ 时,一元二次方程 $k^2x^2+(2k+1)x+1=0$ 有实根；当 $k^2\neq 0$ 时,$k\neq 0$,原方程为 $x+1=0$,$x=-1$ 是它的根,所以 $k=0$ 时,一元一次方程 $k^2x^2+(2k+1)x+1=0$ 有实根。

综上所述,当 $k\geq -\dfrac{1}{4}$ 时,方程 $k^2x^2+(2k+1)x+1=0$ 有实根。

尽管错解与正解的结果相同,但由于没有准确地掌握概念,过程是完全错误的。

二、分析综合法是探求综合解题思路的基本方法

解答综合题首先要认真审题,明确数学语言的含义,分清题设与结论,挖掘隐含条件的意义与题设条件之间的联系；但最关键的是沟通已知条件与未知结论之间的内在联系,获得正确的解题途径,这时分析综合法是行之有效的思维方法。

分析法是指从问题的结论出发,探求结论成立所需要的条件的思维方法,可以用"执果索因"来概况；综合法是指从问题的题设出发,通过一系列已经确定的命题,逐步推演,导出结论的思维方法,常用"有因导果"来概括。把这两种方法融合起来,遵循"分析—综合—再分析—再综合"的思路,不断地从结论想须知,由已知想可知,不断地发展条件,转化结论,探求思路,经过若干次反复就能找到解题的关键,这是解综合题探求思路的最基本的方法。

例2 已知：如图1,正方形 $ABCD$,边长为10,以 AB 为直径作半圆 O,与以 D 为圆心、以 DA 为半径的 AC 交于点 P,延长 AP 交 BC 于点 M,求 PM 的长。

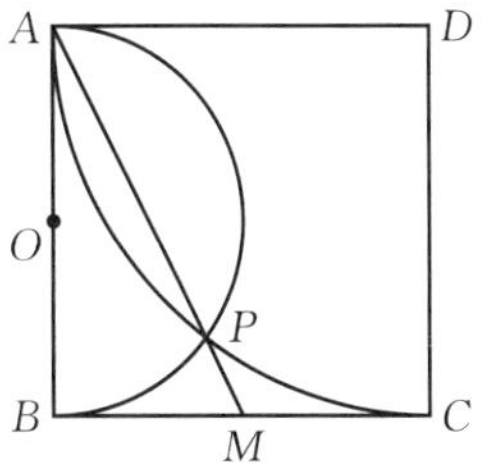

分析：由结论出发求 PM 须知什么？应知道 PM 处于图形中什么位置,是什么线段,这就要从已知分析,但图形中半$\odot O$,AC 都是圆的部分,不易利用圆的知识展开思路,因此可以利用把图"补全"的方法,进而利用性质以扩展已知条件。

图1 正方形 $ABCD$ 示意图

如图 2,很容易发现 AP 是 $\odot O$ 与 $\odot D$ 的公共弦,BC 是 $\odot O$ 与 $\odot D$ 的公切线,这种位置关系的图形,最常用的辅助线是连心线。

解:连 OD,交 AP 于 Q,则 $OD \perp AP$ 于 Q,

∴ $\angle BAM + \angle AOD = 90°$。

又∵ $\angle ADO + \angle AOD = 90°$,

∴ $\angle BAM = \angle ADO$。

又∵ $AD = BA$,

$\angle OAD = \angle MBA = 90°$,

∴ $\triangle AOD \cong \triangle BMA$。

∴ $BM = AO = 5$。

由勾股定理,得

$AM = \sqrt{AB^2 + BM^2} = \sqrt{10^2 + 5^2} = 5\sqrt{5}$。

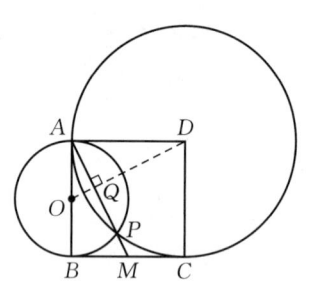

图 2 正方形 $ABCD$ 辅助线示意图

通过以上例题可以看到,分析综合法就是反复不断地分别从题设条件、题目的结论出发,发展条件,转化结论,使条件与结论分别延伸到交汇部,并寻求到交汇部命题成立的依据,也就是找到了解题的途径与方法,这是一种双向探求的方法,在解综合题时十分重要。

三、数学思想是解综合题的灵魂

数学思想是数学知识、数学技能、数学方法的本质体现,是形成数学能力和数学意识的桥梁,是灵活运用数学知识、数学技能、数学方法的灵魂;因此在解综合题的全过程中,从分析探求思路,到优化实施解答,最后反思验证结论都要以数学思想来统帅,在初中经常运用的数学思想有:转化思想,方程思想,数形结合思想与分类讨论思想。下面就其中几类思想加以论述。

(一)运用转化思想解综合题

转化思想是一种最基本的数学思想,解决数学的基本思路就是把复杂的问题转化为简单的问题,把生疏的问题转化为熟悉的问题,把实际问题转化为数学问题,不同的数学问题之间互相转化,也体现了把不易探索、不易解决的问题转化为有章可循、容易解决问题的转化思想。我们在解题中应用的换元法、配方法等实际上是体现转化思想的具体数学方法,在解综合题中几乎没有一题不是转化思想的运用。

(二)非模式化问题转化为模式化问题

例3 若 x、y 都是实数,且 $\dfrac{|x^2-9|+(2x-3y)^2}{\sqrt{x^2-7x+12}}=0$,求 $2x+3y$ 的值。

解:依题意,得

$$\begin{cases} x^2-9=0 & ① \\ 2x-3y=0 & ② \\ x^2-7x+12>0 & ③ \end{cases}$$

解①、②得:$\begin{cases} x=3 \\ y=2 \end{cases}$ 或 $\begin{cases} x=-3 \\ y=-2 \end{cases}$,

将 $x=3$ 代入③不适合,舍去,而 $x=-3$ 适合③,

∴ $x=-3$,$y=-2$,$2x+3y=-12$。

说明:常规的二元二次方程的解是不定的,而此例条件中的方程很特殊,它利用非负数的性质转化为含有二元方程的不等式组。此时③是一元二次不等式,超出现行初中教学内容,但可以通过解①、②后,代入③进行检验,使问题得解。

(三)运用方程的思想解综合题

把未知转化为已知,常有两种途径,一种是从已知数量的运算求出未知,这种仅由已知数参与运算,逐步扩大已知量,最终求得结果的方法常称为算术方法。另一种是通过设元,并把未知量参与到运算中去,抓住问题中的等量关系,构造方程或方程组,通过求解方程从已知探索未知,实现未知向已知的转化,这就是处理数学问题的方程思想。列方程解应用题就是培养方程思想的典型内容,待定系数法求函数的解析式也是方程思想的体现,这里就不再举例。下面举例说明方程思想在解几何综合题中的运用。

例4 已知:如图3,正方形 $ABCD$,边长为1。以 A 点为圆心,以 AD 为半径作 BD;以点 D 为圆心,以 DA 为半径作 AC,⊙O 与 AC,BD 及 AB 分别相切于 M、N、E 点,求⊙O 的半径。

分析：用方程的思想解题，关键在分析等量关系，通过设元，建立方程，解出未知数。

本题中⊙O 与⊙A 内切于 N，则点 N 在 AO 的延长线上。⊙O 与⊙D 外切，则 M 在 OD 上，由于⊙A、⊙D 半径都是已知数 1，因此 AO、DO 都是建立等量关系不可缺少的线段。⊙O 与 AB 相切于 E，则过切点的半径 OE 是常规辅助线，$OE \perp AB$，$\angle A = 90°$，则图中出现以 OE 为所求，AD 为已知的直角梯形，正是建立等量关系的基本图形。

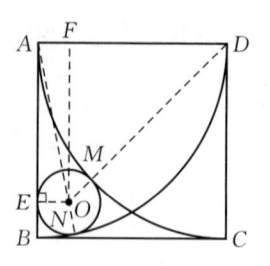

图 3 正方形 ABCD 示意图

略解：连 OE，OD，AN，作 $OF \perp AD$ 于 F。

设⊙O 半径为 r，$AO = 1-r$，$OD = 1+r$。

易证四边形 AEOF 为矩形，∴ $AF = OE = r$。

由勾股定理，得 $AO^2 - AF^2 = OF^2 = OD^2 - DF^2$，

可得方程 $(1-r)^2 - r^2 = (1+r)^2 - (1-r)^2$。

化简整理得 $6r = 1$，

∴ $r = \dfrac{1}{6}$。

方程的思想是初中数学重要的数学思想，在代数、几何及综合题的解答中有广泛的应用，借助方程的思想方法，使很多不同背景、不同模型的数学问题，化归为列方程或方程组来解决，使问题化难为易。

高中英语语篇阅读教学活动设计的思考

黄 勇

《普通高中英语课程标准(2017年版2020年修订)》中围绕学科核心素养的有效形成,明确提出提升语篇能力的重要性。英语教学的重点之一就在于帮助学生能用英语来获取信息和交流思想。但通过学生高考阅读的完成情况来看,学生的英语阅读仍然是比较薄弱的一项。而且,在日常教学中,学生普遍对阅读训练不够重视。本文结合自己的教学体会,分析学生在阅读中的薄弱点,探讨设计不同的阅读活动,引导学生把无目的地看,转化成有目的地获取信息,逐步落实英语学科的核心素养。

一、影响学生语篇研读的主要问题及分析

笔者曾经在高二年级的同学中做过一个调查,请他们把自己在英语语篇阅读中遇到的困难写下来,学生反映出的问题主要集中在以下几点。针对这些问题,作为一名英语教师有必要反思自己的教学,探寻背后的原因,寻找解决的方法。

(一)时间不够,来不及读完文章

通过一段时间的观察,发现有部分同学,在阅读时会不自觉用手指着每个字,或是默读文章。这一习惯人为地限制了视线移动的速度。因此,在阅读课时,要提醒学生:阅读时不应出声,不应回读,努力克服先把文字变成声音或是中文再去理解的不良方式。同时,告诉并引导学生使用正确的阅读方法——以意群为单位抓住句子的核心部分,利用关联词和行文结构特征抓住段落的中心内容,从而提高阅读的速度。这一训练只有通过课堂指导才能最有效地开展。

还有一个现象,就是个别同学在平日练习时,始终电子字典不离手。等到脱离了字典,阅读的速度明显就跟不上了。对此,在课堂上先明确规定,阅读进行中不可以使用字典。对于在课堂中使用的阅读材料,无论是教材里的,还

是自己扩展补充的,老师都要在备课中仔细对生词进行分析,将它们分为三类处理。第一类,学生可以通过构词法或是上下文推测出准确含义的,就让学生自己在阅读中去推敲;第二类生词则是对文章理解不构成任何困难的,要让学生习惯于带着这些生词去读懂文章。高考的阅读中也明确提出了有一定生词量的阅读要求。对于这些词,学生可以在阅读训练完成之后,对其中感兴趣的词查字典精读;第三类词则是一些必须要掌握,而又无法从文中推断出含义的词,可以先行教授。

此外,扩大视距的训练也是必需的。我们都知道阅读的速度和人的视距有着直接关系。眼睛每次的移动注视的距离越长,速度就越快,这是一种阅读的技能,完全可以通过训练得到提高。尝试过的最简便易行的方法就是借助多媒体,将一句话呈现在屏幕上,停留 4 秒钟就隐去,然后看看哪个同学看见的最多,每次阅读课上练习 3—4 句。然后适当增加句子的长度和量,从一句话扩展到一段文字。经过一学期的训练,绝大多数同学的能力都得到了明显改善。

(二)读了后面忘了前面,做练习时又要重新读

有的学生担心遗漏,所以对每一个文字信息都采取一视同仁的阅读方法,殊不知这反而造成了阅读的障碍,每个词都认真读,结果是什么也没有放入脑中。相反,如果抓住了关键词或主题句,有时跳过几个词甚至是几句话不读,都不会影响对于文章内容的准确把握,这才是真正的阅读。会出现这一问题,其实是由于学生在阅读技能上的欠缺,也说明了学生在阅读量上的不足。

"工欲善其事必先利其器",为了帮助学生开展更有效的阅读,教师应该充分利用课堂这个教学途径,加强对学生的阅读技能的培养。阅读的教学分为精读和泛读。精读以语言知识为主,侧重于词汇、句式,要求仔细地一句句地读,理解每一句的结构和用法;而泛读则以拓宽学生的知识面,扩大词汇量,增强语感为主。在平时的教学过程中除了要重视精读讲解外,一定要配合大量的泛读技巧的训练。做到精读一定要精,泛读一定要够,这样,学生在面对篇幅长,内容多的阅读材料时,才可以从容应对。以下表格中列出了几项最基本的语篇阅读技能:

阅读技能一览表

阅读技能	内　容　阐　述
预测	根据标题、图片、甚至是文章之后的题目提供的信息,来预测文章的大体内容、语言的特点以及文章的文体类型。
略读	不是逐字的阅读,而是快速、粗略的浏览;跳过细节,通过文章的首末段落,或是段落的主题句等来把握文章的主旨。
跳读	为弄清某一具体信息,跳过部分内容,只对相关部分进行仔细地阅读;明确任务和规定时间,对于提高这一能力尤为重要。
猜测词义	不借用工具书,通过上下文,结合构词法来判断某个用语的文中意思;课文中一定量的生词,有助于学生发展这一阅读能力。

（三）阅读训练到底有什么用？

这是英语老师常会听到的一个问题。学生们普遍以为只有在考试中碰到做过的文章,这个曾经的练习才称得上有用,而这个概率是极低的,所以很多学生对于阅读课或阅读材料,都采取了轻视甚至是忽视的态度。其实,他们并没有理解什么是阅读。

阅读就其本质是提取或建构意义,阅读的同时也就是读者与作者思想的交流。其实阅读就好比寻觅宝藏的过程,只不过我们在读的过程中探寻的是思想的宝藏。没有一个寻宝者会质疑平日的体能和智能训练有没有用,因为我们都清楚地知道,能力的提高不是一个一蹴而就的事,而是要通过循序渐进不断锻炼才能完成的。阅读的道理也是一样:读每一篇文章都应该是一个积极的、寻找意义、积累经验的过程。

作为引导者,除了要让自己的学生明白这个道理,还需要精心设计针对性的活动任务,使得学生能够在阅读前产生兴趣,在阅读的过程中目的明确,在阅读之后的讨论交流中收获成就感。只有这样,学生的阅读才能变得积极起来,也只有当他们都主动认真对待了每一次的训练,他们的阅读能力才能得以提高。

二、设置不同的阅读任务,开展有效的课堂语篇阅读活动

英语是一门实践课,阅读更是要通过自身的实践才可以逐步提高的,同时它也是一种获得信息、增长心智的行为和心理活动。所以,教师不仅仅要从教授和考核的角度去看待它,也要引导学生去体会阅读本身带来的快乐。以下,简要谈一些笔者在阅读教学中关注的重点,以及设计的相应阅读活动。

（一）限定时间,强化阅读,快速读完整段之后,迅速抓住中心意思

阅读的正常速度按高考要求应该是大约 70 词/分钟。在平日的练习中,

可以根据文章的难易稍微减少或增加一些,估算出文章的阅读时间,在阅读前告知学生,并设置一些有关文章主题的指导性问题,如简答题或是多选题。目的是让学生搜索关键信息、了解大意,培养快速阅读能力。提醒学生在快速浏览全文的时候,不要因个别词句难倒而停顿下来,要从上下文的连贯意思来理解全文,看看全文的主题,以及作者是如何展开阐述的。前文中所提到的预测、略读和跳读等能力,都可以在此得到训练。

(二)特殊词语,如关联词和代词等

关联词对把握段落或是文章的结构往往起到信号灯的作用,而代词则是因为它本身替代的特点已经暗含了逻辑关系在其中,但学生往往对这些词视若不见。尝试过一个很好的课堂活动,就是在阅读原文之前,抽取文中某个段落里的所有句子,打乱顺序,让学生进行排序。这时学生就会主动去分析每个句子之间的联系,也会关注这些特殊词的作用。在初次的练习中,学生通常需要比较长的时间才能完成,但随着练习的次数多了,速度也会加快。学生对这些词的认知,在潜移默化中就得到了强化。

(三)长句分析

文章中的某些长句,既是理解的重点,也是理解的难点,对于这些句子的分析一定要准确到位,不能草草带过。除了可以使用翻译这种传统的方法外,还可以采用缩写、改写、仿写、比较等不同方式进行。为调动学生的积极性,还可以开展长句竞赛。另外,长句的理解和语法的学习是紧密结合的。每个班级都会有一些语法知识掌握得比较扎实的同学,也会有不少看见长句就头疼的学生。这时,可以增加学生之间的一些小组学习活动,对于提高学生的句子理解能力,往往收效远远好于教师的单一讲解。

(四)对文章整体的理解

引导学生如何划分段落,列出提纲,寻找段落中的主题句,或是几句话缩写全文,概括大意等,都有助于提高学生对于篇章结构的理解能力。特别要提出的是改写,这是一种行之有效的手段,既可以是对文体的改变,也可以是人称的改变。比如在教授英语必修第一册第三课 A Roman Holiday 时,我给学生们设置的阅读任务就有:通过语篇阅读,为罗马设计一则广告,借用图片、文字等不同手段把文中的信息点包括进去。在必修第二册第 4 课 Open love letter to basketball 中我则要求学生把这篇飞人乔丹的信,改写成一段采访稿。学生在改写的过程中加深了对原文整体的理解。

（五）推断隐含意思

通过各种线索推断作者在字里行间隐含的观点、态度，可以提高学生的逻辑推理能力和对语言的感悟能力。通常是在阅读之后由教师发问，适当的时候，教师也可变单项交流为多向交流。比如让学生根据阅读材料来设置问题，请其他同学回答。这时有些不太爱回答问题的同学，当知道有机会可以向别人来提问时，都会更加有阅读的热情。而要提出问题的前提是：要仔细阅读文章。在教学中第一次采取这个活动方式时，学生的问题都是一些简单的细节题，但几次之后，就会有同学提出一些需要思考之后才可以找到答案的问题，这时学生对于文章的理解已经进了一个层次。另外，让学生交流阅读后的感受，也是一种不错的方法。

在任何一项阅读活动的开展中，教师都要及时地就学生学习情况进行反馈。特别是对那些在阅读上较为薄弱的学生，要善于发现和肯定，从而增强他们阅读的信心。

三、教师在设计篇章阅读活动时应遵循的原则

（一）趣味性原则

兴趣是行动的最大内驱力，通过有趣多样的活动，可以激发学生的学习兴趣，引发他们的求知欲。但并不是每篇文章本身都能吸引学生，也不是每个学生都会喜欢某篇文章，如果阅读的练习总是一成不变，时间长了，学生肯定会感到乏味和厌倦。所以教师在阅读活动中要尽可能探索多的方式。比如同样是对文章的信息进行转换，在英语必修第一册第一课 A writing assignment 中，结合文章的特点——它是以时间为线索，讲述了一位同学完成课后作业的故事，给学生布置的任务是以流程图的形式进行归纳。而在英语必修第一册第四课 Growing worldwide 中，则采用方框表格对比的方式归纳。此外，还有树形图、思维导图、剧本大纲等不同的方式也都可以在教学中多次使用。训练的阅读技能是同一个，但因为采用了不同的有趣的呈现方式，使得学生可以始终保持积极的态度。

（二）启发性原则

古语说：学起于思，思起于疑。有效的课堂阅读活动的设计，不仅要有助于提高阅读能力，还应当有利于启发学生的思维。有时在阅读活动之前巧妙地设置疑问，往往能促进学生积极思考，主动寻求解决问题的途径。我们都知道标题是文章主题的高度概括，根据文章标题往往可以预测材料内容。但有的标题就不是那么好理解了。比如选择性必修第二册第一课中有 Saving

Tibet one seed at a time 这么一篇文章,针对这个很有挑战性的题目,在语篇阅读前就设置活动,提醒学生注意,带着对标题的疑问,去展开阅读。读完之后,很多学生恍然大悟,原来这里的 seed 指的既是科学家钟扬在西藏发现的植物的种子,更是指他在西藏投身教育,为当地播下的希望的种子,整个篇章的阅读过程中,学生都在主动地思考和分析,最终疑惑迎刃而解。不过在设计这类的活动时,要注意活动难度的把握,不可以与学生的真实能力差距过大,否则很有可能会打击到学生的阅读信心。

(三)针对性原则

所有阅读活动的设计都要符合学生的实际。这就要求教师首先要了解自己的学生,不仅要了解学生整体的一般情况,如知识水平、接受能力等,也要加强对个体学生特点的了解,如学习基础、学习态度等。

此外,还要吃透阅读教材,准确把握文中的难点重点,针对每节阅读课的教学目标和要求的侧重不同;并依照不同的文章内容来设计活动。如:记叙文多强调细节的把握,注意时间、地点、人物、事件、原因、结果等。而说明议论的文章要更重视文章的主旨,作者的写作意图,注意主题句、表明逻辑关系的连接词等。只有真正把握住了这些方面,才能保证阅读训练的有效性。

语篇阅读是一项技能,需要在实践中磨炼和提高的。这是一个长期的过程,并不是一日可以实现的。它还会受到阅读时间、学生的语言水平、知识面宽窄、阅读文章的难易等多方面因素的影响。作为教师,应该安排适当的材料,激发和调动学生的阅读兴趣,设计有效的阅读活动,循序渐进地、有针对性地培养学生各种技能。在充分发挥课堂效率的基础上,还要鼓励学生进行课外扩展,尽可能地帮助学生更好地读,更有效地读,逐步提高学生的语篇阅读能力。

参考文献

梅德明,王蔷主编.普通高中英语课程标准(2017年版2020年修订)解读[M].北京:高等教育出版社,2020.

刘骁明,余怀松.高中英语阅读教学的梯度[J].中小学英语教学与研究,2008(4).

彭素飞.聚焦文化意识培养的高中英语阅读教学[J].中学外语教与学,2019(1).

要点导图在中学英语阅读教学中应用的可行性分析

蔡楠楹

阅读是人们在日常生活中巩固旧信息，获取新信息的有效途径之一，它也是人类文化交流的一种重要形式。在英语学习过程中，阅读是语言输入的重要途径之一，学生的阅读理解能力直接影响了听、说、写等其他方面的发展。《初中英语课程标准》(2016版)强调义务教育阶段英语课程的首要目的是为学生发展综合语言运用能力打基础。综合语言运用能力是中学生英语听、说、读、写水平的整体体现，而阅读能力的培养是提升初中生综合语言运用能力的重要环节。然而现今中学生对阅读的积极性和主动性不高，再加之缺乏相应的阅读习惯和技巧，出现阅读理解上的困难，阅读效率和质量严重下降的情况。如此，学生难以在阅读中提升自己的阅读理解能力和思维能力，进而对学生英语综合能力的提升产生严重的影响。基于此，英语老师在英语课堂中的阅读教学更应发挥积极作用，因材施教引导学生学会阅读，享受阅读，主动阅读。

一、中学英语阅读教学现状一览

在中学英语的有些教学课堂上，中学英语阅读教学仍然深受传统教学方法的影响，很多老师在教学过程中将教学重点置于生词和语言点的讲解，重点句型和语法的分析，忽略了语篇讲解的完整性和阅读技巧的传授。在这种阅读教学下的学生，自然偏向语篇中生词和重点句型的诵读、记忆、语法的练习和掌握，忽略自身阅读技巧的培养和提升，无法从整体上把握语篇内容和框架结构。长期采用"填鸭式"的教学方式使得阅读教学课堂氛围枯燥沉闷，学生难以调动对阅读的兴趣，导致学生的阅读能力长期处于低水平的状态。随着教学理念的更新和信息获取更加便捷，很多老师开始在阅读教学中采取思维导图的教学手段，指导学生掌握语篇策略，提升语篇分析能力，培养学生的阅读技巧,这个方式形象直观的特点使得英语阅读教学更加有效。但是要点导图这个同样形象直观、图文结合的教学手段尚未流行开来。

二、要点导图

要点导图(anchor chart)是国外中小学课堂中广泛使用的教学工具之一,它将信息图表化、形象化、要点化,能够帮助使用者快速梳理思维,领略重点,加强记忆。虽然要点导图与思维导图(mind map)一样具有形象直观、信息概括的特点,但它不等同于思维导图。要点导图没有那么多既定规则,它的制作更加个人化,它呈现出来往往更加图文并茂,色彩鲜明,抓人眼球。要点导图的使用符合初中生仍处于由具象思维向抽象思维过渡的思维特征,也契合视觉型学习者的要求和特点。每张要点导图中都包含一个起到"船锚(anchor)"作用的主题,阅读语篇中关于这个主题的内容,就像许多小船被船锚紧紧联系在一起。

三、学生特点分析

(一)初中生的认知特点

初中生年龄在11～15岁之间,正处于从童年期向青年期过渡的少年期,一种半幼稚半成熟的状态。学生自小学升入初中以后,学习内容增多且加深,学习方法多样化且日益复杂。教师要求学生合理安排自己的学习时间,按照教学要求组织自己的智力活动,独立思考,对学习内容进行逻辑加工,把新知识纳入已有的认知结构中去,独立地分析问题和解决问题。在这种情况下,学生认知活动的主要特点包括:1.学生观察积极主动但精确度不高,这是其生活经验有限所致。2.意义识记开始占优势。初中生的无意义识记表现得比较明显,他们对自己感兴趣的、新颖的、直观的材料记忆效果好。意义识记是一种理解性的识记,教师要求学生对识记的材料分析综合,促进学生意义识记的发展。但是学生对抽象材料的识记只是初步的,需要建立在具体形象识记的基础上,因而直观教学对他们仍然非常重要。3.抽象思维占据主导地位。初中阶段,学生随着知识经验的不断增长,抽象思维开始占主要地位,但这种思维在很大程度上属于"经验型"的,其中的具体形象成分起重要作用。

(二)视觉型学习者的特点

学习风格是指学习者个体在其心理、社会、生理特征基础上形成的、接受和加工信息过程中的持久性偏好。有研究证明,学业成绩与学习者的学习风格明显相关,选择与学习风格特征相匹配的学习策略,有助于提高学习质量。

学习风格的信息加工理论将学习风格分为视觉型、听觉型、动觉型三类。Treicher 在 1967 年通过大量的实验证实：人类从外界获得的信息中，有 83% 是通过视觉。因此，视觉型学习者占有相当大的比例。他们对视觉材料很敏感，通常"用眼睛学习"。这一类学习者具有下列特征：喜欢以细致的顺序呈现信息，学习新知识时，偏爱先看重点，喜欢阅读大量描述性的文字；听课时坐在教师附近并认真观看，偏爱写下教师讲述的内容，记忆课堂材料主要通过在脑海里把内容描绘出来；上课期间一般很安静，很少受噪声的干扰；解决问题时采用有次序的系统方法。综上，初中视觉型学习者的特点是喜欢用眼睛学习，观察的精确性不高，抽象思维和意义识记处于初步发展阶段，需要直观教学加以引导。

因此，要点导图这一教学工具的使用能契合中学生的认知水平、学习能力及自身素质，能够发挥在英语阅读教学中的引导辅助作用。

四、要点导图在中学英语阅读教学中的应用

以上海牛津版七年级下册 Unit 11 *The Airport Express* 这篇文章为例，从读前、读中、读后、课后反馈四个环节来探讨要点导图在中学英语阅读教学中应用的可行性。课堂前老师要求学生准备好空白的美术用纸、数支彩笔以及基本色水笔（黑、蓝、红），其中美术用纸和彩笔不是硬性要求。本语篇篇幅不长，内容也并不复杂，多是一些细节信息，课堂最终目标是学生能掌握从哪些方面去描绘机场快线并能将这个语篇进行复述。

语篇标题"The Airport Express"就是主题，所以在读前环节要求学生思考关于这个主题他们想了解哪些方面的信息，然后以要点导图的形式呈现出来。此环节的要点导图要求粗略呈现，因为时间限制无法进行细致着色等。综合同学们的答案，老师在黑板上呈现出气泡图样式的要点导图，如图 1 所示。这张要点图已经基本呈现出这个语篇的大体内容框架，也帮助学生突出之后环节中要着重关注的细节。此外，图 1 以气泡图的样式呈现出来，这种形式方便老师在黑板上操作。在实践过程中，有同学画出了一趟列车，在列车窗户上写下了他所想了解的信息。这位同学的呈现也体现出了要点导图的图文并茂和个性化制作的特征。

随后，图 1 所示的要点导图引领着读中环节，激发了学生的阅读动力，将传统阅读教学课堂中的被动阅读转变为学生的主动阅读。此外，在阅读过程中，学生根据图 1 找出语篇中的细节处，会令他们逐渐获得阅读过程中的成就

图 1　读前要点导图

感,进一步提升了学生阅读的积极性,形成一个良性循环。在这个读中环节里,老师要求学生在图 1 的基础上将细节进行补充或在自己的读前要点导图上进行再加工。

学生通过读中环节已经找出对于机场快线介绍的各个细节,但此时询问学生是否能够基于黑板上的要点导图进行语篇复述,答案基本都是否定。学生此时仍然还未将语篇内容完全内化。这时读后环节再要求学生将语篇内容以一张要点导图的形式呈现出来,此环节时长远超读前环节,因此学生可以尽量将内容具象化、添加必要的简略的文字,并辅以起到提醒强调作用的加粗、鲜艳色彩等手段(见图 2)。在落笔之前老师要求学生先将语篇概况进行一个回顾,思考如何将概况投射到要点导图上的内容布局。这个步骤很重要,它能够加强学生对语篇的整体把握。学生完成之后,老师询问是否能根据自己的要点导图进行复述,60%左右的学生表示可以立即当堂达成这个目标。随意选取几位同学的要点导图,提问他们图上的细节内容,回答准确率也相当高。

在课后的作业中要求学生再次根据自己的要点导图回顾复述语篇内容,次日的课堂抽查通过率 90% 以上。

此外学生对于本堂课上运用要点导图的尝试进行了反馈,基本都表示很感兴趣,这一形式贯穿的课堂让他们更加注意力集中,在老师的引领下制作图文并茂的要点导图让他们在脑海中有了语篇整体的框架,根据要点导图清晰明了地复述细节内容更是让他们很有成就感。同学们希望老师能在阅读课堂中多采用这种方式。

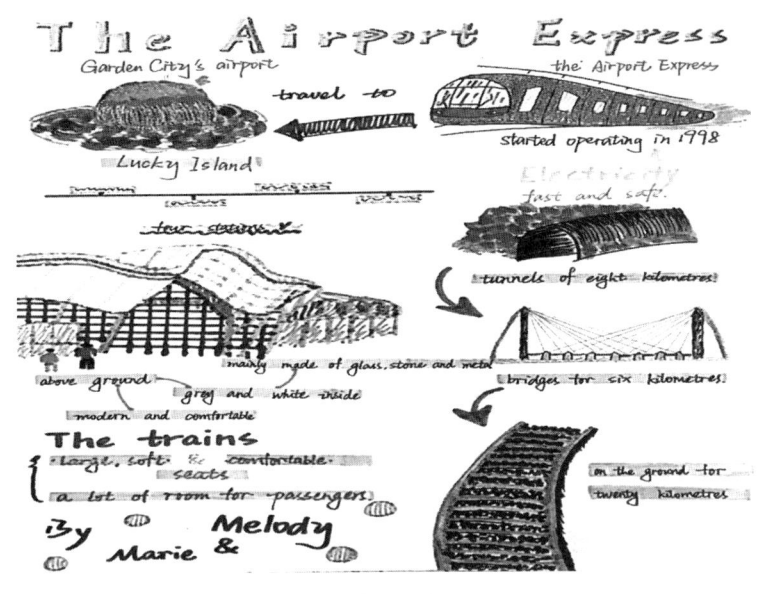

图 2　读后要点导图

五、小结

此次在英语阅读课堂中应用要点导图的尝试比较成功,激发了学生的阅读兴致,培养了学生信息查找、信息归纳综合的能力,体现了因材施教的动力和目标。学生不再机械式地背诵记忆文章,在复述环节中有了语言运用的机会。"英语阅读教育的终极目的在于引导学生成为全面发展的人,发展学生的核心素养,培养学生的综合人文素养,尤其是思维能力、跨文化理解能力等。"但是此次尝试也存在缺陷,课本语篇较短,也很好理解,这使得更容易制作要点导图。此后也会继续尝试引导学生应用要点导图进行长难语篇的精读,锻炼学生的思维能力,培养学生的语言综合能力。另外,课堂时间有限,将文本以要点导图的形式呈现出来所耗时间较长。针对这一点,老师可以课前将文本中的一些要点具象化,打印出来,分发给学生。如此,学生只需对这些图像根据对文本的掌握和头脑中的框架进行排兵布局,再辅以必要的文字说明和个性化的修饰即可,这样能大量缩减制作要点导图的时长。

参考文献

[新加坡]陈允成,[美]理查德·D.帕森斯,斯蒂法妮·刘易斯·亨森,德伯拉·萨多-布朗.教育心理学:实践者—研究者之路(亚洲版)[M].何洁,徐

琳,夏霖,译.上海:上海人民出版社,2007.

蒋青青.论影响中学生英语阅读现状的因素[J].文理导航·教育研究与实践,2019(9).

鲁子问.中小学英语阅读教育原则与策略[J].英语学习(教师版),2016(8).

宋丽波.表象的心理学研究与想象力训练[M].北京:北京科学技术出版社,2006.

施彭婧.初中生英语阅读现状分析及对策研究[J].英语教师,2018(22).

徐胜兰.中学教育心理学[M].北京:人民教育出版社,1993.

基于核心素养培养的初中英语课堂教学设计

——以上海牛津版初中英语 7B Unit 9 reading：
Mr. Wind and Mr. Sun 公开课为例

陈赛赛

1996 年联合国教科文组织提出"学会求知、学会做事、学会共处、学会生存"四大支柱和终身学习（身体健康、社会情绪、文化艺术、文字沟通、学习方式与认知、数字科学、科学技术），21 世纪初欧盟倡导"人与社会""人与自己""人与工具"三个方面的核心素养体系，2005 年经济合作与发展组织概括了"母语、外语、数学与科学技术、数字素养、学会学习、社会与公民素养、主动意识与创业精神、文化意识与表达"八大核心素养，核心素养的理念日趋完善成熟。目前在我国随着英语课程改革的深入推进，英语教学任务也逐渐围绕"立德树人"和"学科核心素养"展开。下面结合核心素养的基本概念及英语学科核心素养的内涵，以上海牛津版初中英语 7B Unit 9 reading：Mr. Wind and Mr. Sun 公开课为例，探讨基于核心素养培养的初中英语课堂教学设计及教学策略。

一、核心素养与英语学科核心素养

（一）核心素养的内涵

"核心素养"这个词舶自西方，英文为"Key Competencies"，翻译成"核心素养""关键素养"最为普遍。关于核心素养的内涵，国内学者众说纷纭。辛涛（2011）认为核心素养并不是指向某一学科知识，而是强调个体能够积极主动并运用一定的方法获得知识与技能，其目的不仅限于满足基本生活需要，更有助于个人追求生活目标，促进个人发展和有效参与社会活动。林崇德（2015）指出核心素养是学生接受相应学段的教育过程，逐步形成适应个人终身发展和社会发展需要的必备品格和关键能力。钟启泉（2015）强调核心素养不是先天遗传，而是经过后天教育习得。核心素养也不是各门学科知识的总和，它是支撑"有文化教养的健全公民"形象的心智修炼或精神支柱，决定这种核心素养形成的根本要素，在于教育思想的进步与教育制度的健全发展。2016年，中国教育学会拟定《中国学生发展核心素养（征求意见稿）》对学生发展核心素养进行了界定：它是指学生应具备的、能够适应终身发展和社会发展需要的必备品格和关键能力。

（二）英语学科核心素养的内涵

目前国内大多数教育教学专家认为英语学科核心素养主要由四个方面构成，即语言能力、文化意识、思维品质、学习能力（王蔷，2015）。所以英语核心素养主要是指学生通过英语教学及自身的实践和认识活动，获得相关英语学科的基础知识、技能、情感、观念和品质等。教师在培养学生英语核心素养的过程中，不但要关注学生英语的基础知识，还应关注学生对英语这门学科的情感体验，使其从情感上认识到学习英语的重要性，进而激发他们学习英语的兴趣（王珑，2015）。而初中生正处于心智、认知发展的关键时期，在英语课程中体现核心素养的培养尤为重要。

二、基于核心素养培养的初中英语课堂教学案例分析

下面以上海牛津版初中英语7B Unit 9 reading：Mr. Wind and Mr. Sun 公开课为例，展开基于核心素养培养的初中英语课堂教学案例分析。

（一）教材分析

上海牛津版初中英语七年级教材由3个"module"＋1个"project"组成，每个单元（Unit）包括听和说（Listening and speaking）、读（Reading）和写（Writing）三部分，各个板块的设计围绕一个话题展开，教学内容、信息贴近学生生活实际，学生能学以致用；语言地道，符合学生年龄特点，注重对学生进行跨文化意识和跨文化交际能力的培养；单元所选题材突出对学生进行情感态度的培养，要求学生学会关爱环境、认识自我等知识，通过这些材料的学习，能有效地培养学生良好的情感态度。本单元是 Module 3 Unit 9，单元主题是"自然"。本节课是 Unit 9 Mr. Wind and Mr. Sun 的第一课时，这是一节阅读课，主要描述风和太阳为证明谁的力量更大而进行的一次比赛。故事选自《伊索寓言》，旨在通过故事告诉学生风和太阳在自然界各有专长，发挥各自的作用，从而引导学生进一步意识到生活中的每个人都有自己的一技之长。通过本单元的学习，让学生认识到大自然中风和太阳的力量。

（二）学情分析

对于七年级学生来说，好奇心强、英语模仿能力强，而所执教的七（五）班同学作为英语班学生，对于英语学习热情还是比较高的，也可以基本表达自己的看法，但是对英文各个题材，特别是寓言故事的分析还不够透彻，认知、心智能力也不够成熟，小组合作能力欠缺，对英语的综合运用能力还比较薄弱。

（三）教学目标

本堂课的教学目标是帮助学生通过一些阅读技能—预测、略读、排序以及批判性思维来获取寓言故事的主旨大意和细节信息，分析寓言故事中人物的不同性格品质，并通过引导学生模仿主要人物表达情绪的语音语调来帮助学生进一步理解故事的寓意。

（四）教学重难点

本堂课的重点是帮助学生更好地理解寓言故事的主旨大意和细节信息，并深入理解人物性格。难点是如何引导学生用合适的语音语调表达人物的情绪，提高学生的共情能力。

（五）教学步骤

Step 1：Lead-in

1. 直接给学生展示本文的题目 Mr. Wind and Mr. Sun，通过问题链引导学生根据题目预测文章的主旨大意。

Q1：What dos this title make you think of?

Q2：What does Mr. Wind do? / What does Mr. Sun do?

Q3：Can you predict what will happen to Mr. Wind and Mr. Sun?

Q4：What kind of text are we going to learn? Why?

Q5：Can you think of some fables we have learnt before?

2. 要求学生阅读故事开始前的师生对话以及图片，通过提问引导学生对故事情节发展进行预测。

Q1：What happen to Mr. wind and Mr. sun?

Q2：Can you guess why they had such a competition? Who won the competition? Why?

【设计说明】心理学研究表明：人的思维是从疑问开始的，疑问能引发学生认知上的矛盾，产生心理上的不平衡，从而激发他们积极地去探索、去解决问题，实现心理平衡，因此在教学过程中，教师要根据教学目标与内容，设置一些激发学生发散性思维的任务。在本堂课的导入环节中，教师直接以阅读文章题目为切入点，以问题链的形式一步步引导学生充分发挥他们的想象力围绕

Mr. Wind 和 Mr. Sun 两个主要人物进行不断预测，从主旨大意到体裁，再到故事情节发展，充分激发学生的好奇心，让他们迫不及待想要带着问题进行阅读。

Step 2：While-reading

1. 让学生阅读 5 个乱序的段落后按顺序排序，并把它分成比赛前、中、后三部分。

Students are required to sequence the paragraphs and divide them into three parts.

2. 让学生阅读第 1 段和第 2 段，回答相关问题，并对人物情感和性格进行总结。

Students are required to read paragraph 1 & 2 and answer the questions.

Q1：Why did Mr. Wind suggest having a competition?

Q2：How could they win the competition?

Q3：How did Mr. Wind feel?

Q4：What kind of person was Mr. Sun?

3. 让学生阅读第 3 段和第 4 段，用合适的动词和形容词完成表格，并对人物情感和性格进行总结。

Students are required to read paragraph 3 & 4 in detail and complete the table, focusing on the verbs and adjectives.

	What did he do?	How did the man feel?	What did the man do?
Mr. Wind	_____ hard	felt _____	_____ his coat
Mr. Sun	_____ brightly	felt _____	_____ his coat

4. 让学生具体分析一下 Mr. Wind 前后两次脸变红的原因是否一致。

Q1：How many times did Mr. Wind's face become red?

Q2：Are the reasons why his face became red the same? Why?

5. 让学生阅读第 5 段，总结人物情感变化，进行发散性思维，是否仍需进行比赛，并带入角色，如果你作为 Mr. Sun，在比赛结束后会对 Mr. Wind 说些什么？

Students are required to read paragraph 5 and adapt the ending.

Q：If you were Mr. Sun, what else would you say to Mr. Wind?

6. 让学生分析黑板上板书描述 Mr. Wind 情绪变化的形容词,并对 Mr. Wind 的人物性格进行总结。

Students are required to analyze the adjectives to sense the changes of Mr. Wind's feeling and make a conclusion to show Mr. Wind's characteristics.

【设计说明】本堂课的重难点是帮助学生更好地理解寓言故事的主旨大意和细节信息,并深入理解人物的感情、性格。所以教师在设计读中活动时,主要围绕 Mr. wind 和 Mr. Sun 的比赛前、中、后帮助学生对文本进行准确与细致的理解,活动形式多样,有排序、分段、回答问题、表格、总结归纳等,着重培养学生的阅读技能——对文本内容的预测与文本段落的排序以及批判性思维能力,这也有助于提高其语言能力和学习意识。在此过程中,教师不是强制性地灌输语言知识,而是师生平等对话、思维碰撞,在不停地预测、质疑、肯定中促进学生理解,锻炼学生表达,帮助学生更进一步建构自己的知识框架,提高学生的思维水平。

Step 3：After-reading

1. 要求学生小组合作,根据故事内容写一份完整的剧本,并进行角色扮演。

2. 让学生交流该寓言的寓意。

【设计说明】在进行了一系列的知识点输入之后,教师设计了两个读后活动,其中角色扮演,引导学生基于文本进行英语语言的表述与表达,通过模仿人物的语音语调进一步深刻理解人物性格、体验人物的情感变化,并根据不同的情感设计不同的台词,对文本内容进行有效的延伸和拓展,着重培养学生在创设的情境中灵活运用语言的能力,而在学习语言基础知识的同时也培养了学生的团队沟通、合作能力。另一个读后活动交流寓言故事的寓意,将所学内容与日常生活联系起来,风和太阳在自然界各有专长,发挥各自的作用,而每一个学生在生活中也都有自己的一技之长,促进了学生思维品质的培养。

Step 4：Homework

1. 修改完善剧本,准备在下一堂课展示完整的角色扮演。

2. 空余时间至少阅读一篇寓言故事,并在下次阅读课上进行同伴分享阅读。

【设计说明】在进行了整堂课完整的阅读教学后,学生的听说读写能力都得到了一定程度的锻炼,但因为课上时间有限,剧本的编写难免粗糙,课后进行修改完善,既是对课堂所学内容的复习,又是写作能力的提升,并且让每个小组都有机会做一个公开的表演,让每个同学都有一个展示自我的机会,增加其对英语学科的情感体验,激发对英语的兴趣。而分享阅读更多的寓言故事,则是对课堂内容的一个延伸,也是阅读课教学的最终目的,促进学生自我学习、自我成长。

三、教学反思与总结

第一,基于核心素养培养的课堂要求还课堂于学生,充分调动学生的积极性,让学生成为课堂真正的主人,而要充分贯彻这一模式,调动学生的积极性是首要之举。

在平时的课程教学中,抓住了现在初中学生好奇、想法多、活泼开朗的特点,尽量采用多样的互动模式,用预测、视频、歌曲、图片等激发学生对英语学习的兴趣,让学生掌握正确表达观点的方法并且给予足够的机会,那么学生就勇于表达自己的想法和创意了,并且一步步把所学和已知内容融合起来,内化为自己的东西,营造轻松、民主、和谐的教与学的氛围。

第二,合作学习以研究与利用课堂教学中的人际关系为基点,以目标设计为先导,以师生、生生、师师合作为基本动力,以小组活动为基本教学形式。

学生在小组或团队中,有明确的责任分工和共同的目标,因此培养学生获取、处理和综合信息的能力,重点是听、读和口头表达的综合语言运用能力,引导学生在预先创设好的情境下讨论相关问题,并且通过师生交流沟通,对学生的口头表述做即兴反馈,充分激发了学生的思维,让学生乐在学中,勇于在所有人面前呈现团体合作成果。

第三,留给教师足够的思考空间,不断完善课堂教学安排。

虽然课堂上在教师紧凑的任务设计安排下,学生的听说读写能力得到了训练,但因时间关系,对于学生成果呈现还缺乏系统的形成性评价,如何更加合理地安排课堂教学时间以及如何将评价体系融入课堂,作为检验学生输出水平重要部分等,都是进一步研究和探讨的内容。

四、结束语

培养学生的英语学科素养是落实"立德树人"根本任务的一项有效举措,也是新时代英语教学的趋势。教师在教育教学过程中,需充分研读教材,整合语言知识和技能、文化知识、学习策略,在感知、预测、获取、分析、概括、比较、评价等方面，促进学生语言能力、学习策略、思维品质、文化意识的培养。

参考文献

辛涛，姜宇，刘霞. 我国义务教育阶段学生核心素养模型的构建[J]. 北京师范大学学报（社会科学版），2013(1).

王蔷. 从综合语言运用能力到英语学科核心素养——高中英语课程改革的新挑战[J]. 英语教师，2015(16).

王珦. 英语核心素养的培养途径[J]. 山西教育教学，2015(7).

简析新课标下的英语课堂创新教育

石 娟

一、问题的提出

以培养创新精神和实践能力为重点的素质教育是当今教育改革的主旋律，创新教育是实施素质教育的重要内容，课堂教学则是培养学生创新精神及实践能力的主阵地。传统英语课堂教学，过分重视语法和词汇知识的讲解与传授，忽视对学生实际运用语言能力的培养，缺乏思维训练以及创新、人文精神与实践能力的培养，抑制了学生的学习兴趣，限制了学生活动的空间和英语素养的提高，更重要的是制约了学生的个性发展。而二期课改是本着"以学生发展为本"的教育教学思想，重点在于培养创新精神和实践能力，使学生具有团结合作的精神和面向世界的胸怀。因此，如何转变教育观念，培养学生的创新精神和实践能力，使英语课堂教学充分体现二期课改的精神，是摆在我们广大教师面前的全新的课题。

二、英语课堂教学创新教育必须遵循英语新课程的基本理念

新的一轮基础教育课程改革所构建的新课程体系，在课程功能、结构、目标、内容和评价等方面都有了重大的突破和创新。这对我们广大教师提出了新的挑战和更高的要求。我们必须更新观念，转换角色，更新教学方法，使自己尽快进入新课程的教学中，并伴随新课程的实践而成长。在英语教学方面，更新教学方法的前提是必须了解英语新课程的基本理念。

理念之一：培养学生的英语素养，是英语课程标准的核心概念。它的主要内容包括：激发和培养学生学习英语的兴趣，使学生树立自信心，养成良好的学习习惯和形成有效的学习策略，发展自主学习的能力和合作精神；使学生掌握一定的英语基础知识和听、说、读、写技能，形成一定的综合语言运用能力；培养学生的观察、记忆、思维、想象能力和创新精神；帮助学生了解世界和中西方文化的差异，拓展视野，培养爱国主义精神，形成健康的人生观，为他们的终

身学习和发展打下良好的基础。《初中英语新课程标准》还从不同阶段、不同层次和不同侧面提出了英语课程的目标体系,"即尽可能充分地发展学生个体的能力体系。其中包括发展学生的语言能力、思维能力、激发其想象力和创造潜能"。这是英语素养中的重要内容,其中的语言能力是指以语言积累为基础、语感培养为指向的实践性能力,分别表现为注重情感体验、丰富精神世界、独立自主的阅读能力、耐心专注地倾听、文明得体地表达和沟通、富有感染性和说服力的口语交际能力,感情真挚、条理明确、追求独特感受、有创意的写作能力,以及搜索和处理信息的能力。《初中英语新课程标准》强调的是提高学生的英语素养,实质上就是要求发展学生的思维能力,通过学习英语逐步养成良好的个性和健全的人格,实现德、智、体、美的和谐发展。

理念之二:课程内容着眼于生活化。《初中英语新课程标准》(以下简称《课标》)着眼于课程内容与学生主体经验世界、情感世界的内在联系,关注不同学生的需求差异而对课程内容予以不断调节和更新发展。《课标》确立了崭新的理念:英语课堂教学"应渗透思想品德教育,应有利于学生形成正确的人生观和价值观"。语言是文化的载体,外国文化对学生的人生观、世界观和价值观都会产生一定的影响。因此,英语课堂教学既要反映中国的传统文化,又要有利于学生了解外国文化的精华,同时也应该引导学生提高鉴别能力。英语课堂教学"不仅要符合学生的知识水平、认知水平和心理发展水平,还要尽可能通过提供趣味性较强的内容和活动,激发学生的学习兴趣和学习动机。为此,应紧密联系学生的实际生活,提供具有时代气息的语言材料,设置尽量真实的语言运用情景,组织具有交际意义的语言实践活动。应充分考虑不同年龄段学生的兴趣、爱好、愿望等学习需求和心理需求"。因此,学习英语只有将课堂英语学习同社会生活语言实践结合起来,语言能力的培养才能真正落到实处。《课标》特别提到,在教学中尤其要重视良好的语感和整体把握的能力,还要有意识地强调在生活中学英语。生活语言实践既是课堂语言学习的源泉,又是课堂语言学习的延伸和补充。我们广大教师要在《课标》的引导下走出"课堂为中心""教科书为中心"的误区,开发课程资源,使英语教学与学生的学习生活紧密结合。

英语新课程理念的更新,也要求英语教学的观念需要创新。英语教学实行了创新教育,可以给英语教学带来新的生机与活力。只有对本学科不断创新,不断注入活水,它才有发展前途,才有存在的必要。因此,把创新教育如何巧妙、有机地渗透到英语教学中,并为英语学科教学服务就显得至关重要。

三、课堂教学创新教育的实践

(一)创设宽松学习氛围,是培养创新精神的前提

要培养创新型人才,就必须建立起良好的学习环境,经常在课内外采用肯定性和激励性评价方式来激励学生。对于学生回答的问题,注意发现其闪光点,并及时反馈给学生。教师在平时教学中应关爱、信任、尊重学生,师生间才能形成民主、平等的人际关系,学生身心愉悦,有安全感,就容易形成积极向上的精神状态和健康的心理。只有不断创设这种宽松、和谐的学习环境,学生的思维才会不受束缚,他们才会自主学习,才可能去探索、去创造。

(二)培养独立探究能力,巧设探索机会,是创新教育的有效途径

素质教育是培养 21 世纪人才的教育,学生需要获得自主学习的科学方法,良好的学习方法,能使学生更好地发挥天赋能力。学生应该是课堂学习活动的主体,教师应注重培养学生独立学习的能力,给他们以更多地自主学习、独立思考的时间与空间;让学生在学习中学会如何去获得知识的方法,以达到培养创新意识、提高创新能力的目的。

主体性的课堂教学是师生共同参与、相互交流的多边活动,师生间平等、民主、合作的交往关系,能使课堂更自由开放、更富有情境性,更利于学生的主动参与。这就要求教师在教学的设计、安排和教法上要力争做到新颖有创意,以便更好地调动和发挥学生的主体性,使他们真正成为学习的主角。在英语课堂教学中,教师可以采用多种方法,通过多种途径,引导和激励全体学生的主动参与,锐意创新。另外,教师在教学过程的设计和安排上还要注意发挥学生的主体性,尊重学生的独立人格,激发学生的探究欲望,想方设法培养其独立获得知识、创造性运用知识的能力。

(三)培养参与意识和协作精神,是创新教育的关键

教学中要注意发挥教师的指导作用和学生的主体作用。首先,要为学生提供参与教学的机会,不断激发和引导他们的学习兴趣,为他们提供更多的思考和创造的时间和空间。如教《牛津英语》8A "A Day in the life … Whiz-kid Wendy"一课时,要求学生围绕课文内容以多种方式做开放性的提高练习。我们以记者采访的形式,让学生将所学语言知识在实际交际中运用。根据课文线索,分别请学生扮演 Wendy、Wendy's parents、Wendy's brother、Wendy's teacher and classmates、Wendy's client 等,其余同学均为 Reporter 进行现场采访。采访 parents,了解 Wendy 小时候的爱好;采访 brother,了解她的公司;采访 teacher and classmates,了解 Wendy 在学校的情况;采访 client,了解客户对 Wendy 以及 Wendy 公司的看法。引发学生跃跃欲试的心理,学生在亲自参与活动获得成功的过程中,体验到成功的喜悦。

其次,要加强课堂讨论,强化学生的竞争意识和创新意识,培养学生提出问题和解决问题的能力。如教《牛津英语》6B 中 Relatives 这一单元结束时,我要求学生间互相询问家庭情况。我参加了学习有困难的学生这组,和他们一起对话。学生们不断提出各种问题:"How old are you?" "Is your family big or small?" "How many people are there in your family?" "What do you do at home?" "Do you always tell your family members about school?"……突然有一位同学问道:"Do you love your husband?"我先是一愣,但立即意识到,同学们和我的距离近了,随即我答道:"Yes,I love him very much!"教室里此时响起了一片掌声。实践给我们上了极生动的一课,学生一旦成为学习的主人,学习的动力是无法估量的。

第三,将英语游戏引入课堂,在游戏中培养学生的想象力及参与意识。英语课堂教学活动,不仅仅是语言知识的传授和能力的训练,更重要的是师生之间、学生之间在信息传递和情感交流中思维的碰撞和新信息的获取。课堂上开展"Group work" "Team work" "Pair work"等教学活动,要以小组成员合作性活动为主体,以小组目标达成为标准,以小组成绩奖励为评价依据,师生在小组内相互讨论、评价、启发、激励,从而拓展学生的思维空间,提高学生的创新思维能力。

(四)重视学法指导,培养自学能力,是创新教育的基础

教给学生学习方法是优化教育的重要原则。古人云:"授人以鱼,不如授之以渔。"这就是说教师不仅教给学生知识,更重要的是教会学生获取知识的方法和本领,以适应竞争日益激烈的社会需要。叶圣陶先生说"教是为了不需要教"。因此指导学生掌握正确的学习方法,培养良好的学习习惯和自学能力,激发学生学习的积极性是创新教育的关键所在。近年来在这方面笔者也做了一些有益的尝试,如开办英语角,举办小型班级英语演讲比赛等,通过这些形式尽可能让学生动脑、动口、动眼、动手,使他们从中受到激励、启发,产生联想、灵感,增强创新意识,从而训练和培养了学生的创新能力。通过这些有益的活动,唤起了学生潜在的创造智能,在意志和信念的推动下,支配自学探

索活动,不断更新、深化和充实已获取的知识,为创造性思维的发展奠定基础。

(五)培养发散思维,提高创新思维能力,是创新教育的目的

研究表明,讨论式、质疑式的教学有利于发散思维、创新思维的发展。要让学生丰富想象,积极探索求异,坚持独立见解,这就要求教师要善于挖掘教材中蕴含的创造性因素,通过设疑、创设情境,给予每位学生参与的机会。让学生积极运用所学的知识,大胆进行发散创造。如在牛津英语 9B "Chapter Two Educational Visit"教学中,在课前我设计了"如果是你,你会选择在国外学习吗?如果是的话,打算在哪里学习?理由是什么?"的课堂导入问题。为此,同学们搜集了不少国外教育情况,比如:新加坡、法国、英国,等等。我在课上请这些同学用图片或者多媒体的形式给大家介绍那儿的"climate" "geography" "population" "people" "school" "farms" "cities"……我把学生变成了教师,而自己充当一名指导者、激励者、辅助者和协调者。由于学生积极参与,课上得生动活泼,最终以创新意识来灵活运用语言知识。让学生凭自己的能力与摸索解决新问题,掌握新知识。在此过程中学生的创新实践能力也得到了真正的提高。

总之,教育的目的是培养适应时代需求的人才,我们的时代需要具有不断创新能力的高素质的人才,作为站在教改前沿的广大英语教师要不断探索课堂教学的新思路、新方法,引导学生不断增强发现、探究、解决问题的能力,激发其良好的兴趣,从而才能培养学生的开拓精神和创新意识,逐步培养其求异创造能力,最终达到素质教育的目的。

参考文献

英语课程标准研制组:《英语课程标准解读》,北京师范大学出版社2002年版。

许玲:《英语阅读教学中问题的艺术化设计》,《中小学英语教学与研究》2007年第10期。

陶平:《初中英语新课改中的困惑与对策》,《中小学英语教学与研究》2015年第5期。

外刊网络新闻引入高中英语阅读教学的实证研究

赵伟娜

一、研究背景

（一）《普通高中英语课程标准》对英语阅读的要求

《普通高中英语课程标准（实验）》实施10余年后，我国高中阶段教育发生了深刻变化，进入全新时代。为进一步推动普通高中课程改革，落实立德树人的根本任务，历经几年修订《普通高中英语课程标准（2017年版）》[以下简称《新课标（2017版）》]，正式颁布于2018年初。《新课标（2017版）》最显著的变化就在于，对知识与技能、过程与方法、情感态度价值观的三维目标进行了整合，将英语学科的核心素养凝练为：语言能力、文化意识、思维品质和学习能力。这四个要素相互关联，层层递进，是学生通过学科学习而逐步形成的正确价值观念、必备品格和关键能力。

（二）阅读教学的重要性

阅读理解，是人们运用猜测、判断和验证，将已有知识与阅读材料中出现的新知融会贯通的过程。通过语篇阅读，学生与作者进行思想的碰撞，实现意义的转换和迁移；开阔视野，提升思维品质，培养语感，发展听、说、写、看等目标技能，为未来继续英语学习和终身发展打下坚实基础。因此，阅读教学是语言教学的核心环节，在基础教育领域应该受到高度重视。考虑到高考所涉及语篇覆盖话题的广泛性和原始地道语料的倾向性，一线教师应花费更多心思为学生选择适合的阅读材料，改善并优化英语阅读教学，以培养学生良好阅读习惯以及国际视野，指导学生运用有效策略和技巧进行阅读，从而提高阅读效率和能力。

二、国内外研究综述

（一）国外相关研究现状：利用外刊网络新闻提高英语课堂教学效果的研究

21世纪初，David Hicks 和 Thomas Ewing 在论文"Bringing the World

into the Classroom with Online Global Newspapers"中指出,将国内外报纸刊物用作课外阅读材料的确有用,但是纸质报刊存在着固有缺陷,显著表现为出版物永远不能做到完全更新(fully up-to-date)[①]。他们认为,网络新闻在用于课堂教学方面有巨大潜力,将其作为教学工具,是对现有教学方法的改进,有助于学生更加全面地了解时事以及世界各国的文化。2016 年,Novita Hartoyo 和 Bambang Purwanto 通过开展实证研究,探究运用网络新闻辅助语法教学的有效性[②]。研究结果表明,网络新闻用于语法教学并不能提高学生的语法能力,而学生对新闻本身的话题内容更感兴趣。2020 年,Michael Ekstrand、Katherine Landau Wright 和 Maria Soledad Pera 在论文"Enhancing classroom instruction with online news"中,论述了美国教师选用最新的网络新闻作为补充阅读材料,利用其时新多样、真实地道等优势,激励学生更加深入研习语篇,提高了 K-12 学生的学习效果[③]。

(二)国内相关研究现状:利用外刊网络新闻提高英语课堂教学效果的研究

近年来,伴随着网络媒体的迅猛发展,数字化刊物越来越受欢迎。国内许多学者将研究方向转为将网络英语新闻融入日常阅读教学。王军认为,在如今的信息时代,网络英语新闻已经成为人们获取外界信息、了解时事的重要途径。他初步探讨了网络英语新闻的特点及其应用于英语专业阅读教学的模式,并总结出以阅读技巧训练为核心的四种教学模式[④]。苏可研究将网络新闻应用于英语专业听力课程的具体操作,包括利用泛听培养大学生自主学习能力,利用精听掌握学习策略,推动实现阅读与听说的优化组合等[⑤]。华中师范大学万莹在硕士学位论文中,探索利用网络英语新闻来构建高效课堂。万莹通过教学实验的积极开展,得出了以下结论:网络英语新闻内容新颖、紧跟时代潮流,将其用作学习材料,可以极大地激发学生英语学习的兴趣和主动性[⑥]。

三、理论基础

(一)Krashen 输入假说理论

20 世纪 80 年代,语言学家 Krashen 提出了重要的"输入假说"。作为认知学习领域的重要分支,该理论认为:杰出语言能力的习得与学习者接受语言输入的环境密切相关,学习者需要在自然的语言环境中,大量接触略高于自己现有水平的可理解性语言输入(用 i+1 表示,其中"i"表示学习者当前的语言水平,"1"表示略高于学习者现有水平的语言知识),在接收并理解信息的同时,学习者在不自觉中习得新的语言知识[⑦]。Krashen 认为:相较于写作和常规性指导,学生可以通过阅读获得更佳的词汇习得效果[8]。在语言习得的过程中,语言输入的质量极为重要,尤其是那些真实的、可理解的、足量的有效输入。而理想的语言输入应该具备可理解、有趣且相关、非语法程序安排和足量输入四个特征[9](Krashen,1985)。

（二）建构主义理论

建构主义（constructivism）学习理论,是由瑞士学者 Jean Piaget 于 1966 年提出,是对行为主义的进一步拓展。该理论认为,学习最基本的原理就是发现,知识既不来自主体,也不来自客体,而是在主体与客体之间的相互作用过程中,通过同化与顺应逐渐建构起来的[10]。建构主义者维果斯基（1997）认为,基于建构主义的学习应该是一种社会性、交互性的协作学习[11]。延伸到本研究,在运用外刊网络新闻丰富常规阅读教学的过程中,教师可以采用内容、形式更加丰富多样的小组活动,如新闻播报、现场采访、角色扮演、专家访谈、新闻发布会、新闻辩论会等各种形式调动全班同学,进行广泛的交互式学习,构建学习共同体（learning community）。

（三）外刊新闻教学的具体实施

1. 编制配套导学案,强化预习和语言积累运用效果

语言学习的成功离不开扎实的积累。结合实验班学生英语学习基础薄弱的学情,教师在每周的新闻阅读课前,选取报道中用到的核心词汇、短语和句型等,编制配套导学案。促使学生完成对新闻中重要语言点的预习,强化对基础语言知识的掌握。例如针对"Huawei's Harmony Plan B"这一新闻报道,笔者设计了如下配套导学案：

2. 选取优质网络新闻,开展精读教学

课中,选取时下最新且学生感兴趣的新闻报道进行精读教学。依据新闻的话题、结构和内容特征,利用多模态资源进行精读教学的同时加强对阅读策略的引导。《牛津英语》(上海版)高二年级第一学期 Moudule 3 Unit 5 的主题是"Technology all around us",主要介绍了 virtual reality 和 wearable technology 在人们日常生活中的运用。但由于出版时间过久,本单元的课文在时效性上略显落后。因此,笔者结合科技引领主题,选用新闻报道"Huawei's Harmony Plan B"作为本单元的补充阅读材料,辅助阅读教学。学生们对华为品牌非常熟悉,部分学生还是华为产品的忠实粉丝,这非常有助于激发学生的阅读兴趣,推动意义建构的实现,取得良好阅读效果。

第六周外刊阅读词汇导学案：Huawei's Harmony Plan B

Section1: Words and expressions

1. Harmony　n. 鸿蒙（华为开发的一款操作系统）
   harmony /ˈhɑːməni/ n. _____
   _____ /hɑːˈməʊnɪəs/ adj. 和谐的　　和谐社会: _____

2. plan B　备用方案；B 计划　相当于 alternative strategy
   plan A　首选方案；A 计划

3. tech giant　_____　tech /tek/ n. 技术（_____ 的缩写）
   　　　　　　　　　　　giant /ˈdʒaɪənt/ n.（成功且有影响的）_____

4. launch　/lɔːntʃ, lɑːntʃ/　n. / vt. _____
   the launch of sth. 某事的发布　　_____ sth. 发布某事

5. operating system: _____，简写为"OS"

6. be designed to do sth.　被设计去做某事；旨在做某事；目的是
   YLYK is an application _____（design） to help Chinese English learners to learn English and to see the world.

7. **eco**system　/ˈiːkəʊˌsɪstəm, ˈiːkoʊˌsɪstəm/　n. _____
   ecological /iːkəˈlɒdʒɪkəl/ adj. _____　　ecology /ɪˈkɒlədʒi/ n. _____

8. device　/dɪˈvaɪs/　n.（尤指电子或机械）_____
   electronic devices _____

9. smartphone　/ˈsmɑːtfəʊn, ˈsmɑːrtfoʊn/ n. _____

10. speaker　/ˈspiːkə, ˈspiːkər/ n. _____；音箱

11. wearable /ˈweərəbəl, ˈwerəbəl/ n. _____，可穿戴电脑
    adj.（服饰）舒适的；（科技产品）_____

Section2: Application

Last Friday, Chinese t_____ g_____ Huawei officially announced the l_____ of its new _____ _____ called Harmony, _____(design) to connect an ecosystem of d_____ such as smartphones, s_____ and w_____.

Prediction.

Predict the content of this news report based on what you have been exposed to in the first two sections.

图 1　补充阅读材料

3. 绘制思维导图，梳理新闻主题词汇与核心内容

思维导图是学者 Tony Buzan 在 20 世纪 60 年代初首次提出，是指人对信息的思考依托于放射性思考模式。作为一种思维工具，思维导图可以帮助人

们借助关键词、线条和色彩将复杂知识图像化,从而实现对重要信息的优化整合。部分学者经研究者发现,在教学中运用思维导图可以激发学生的学习热情与主动性,提高他们的创造力、理解力和记忆力。因此,笔者把思维导图运用到 post-reading 阶段,要求学生以新闻标题为核心,梳理主题词汇,思考报道内容存在的内在联系,将放射性思维可视化,提升大脑思维,丰富背景知识图示。根据对新闻"Huawei's Harmony Plan B"的解读,学生绘制了如下思维导图:

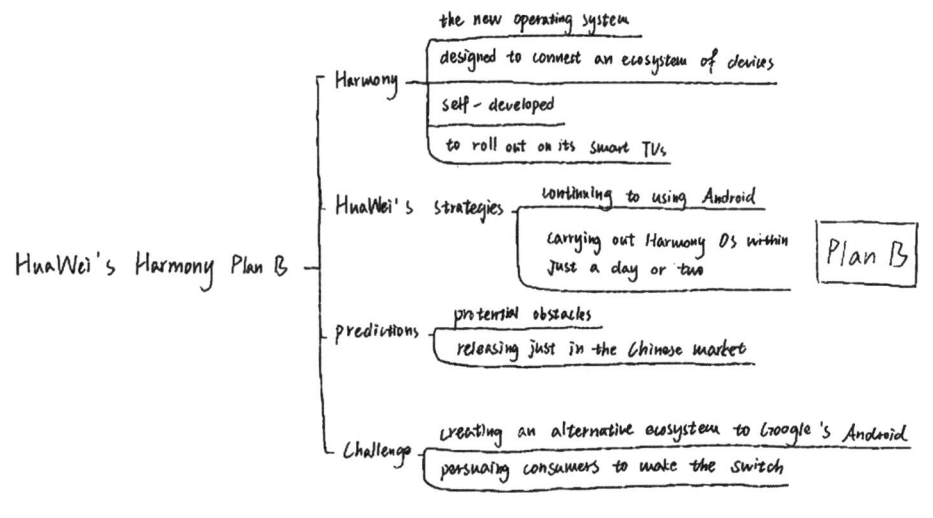

图 2 学生绘制的思维导图

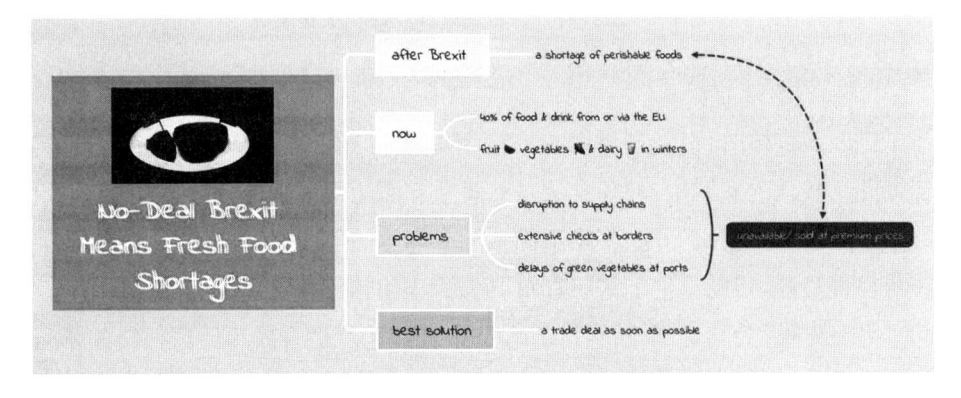

图 3 学生课后利用 iPad 绘制的思维导图

4. 强调学生主体地位,组织多种形式的语言实践活动

为巩固学生的阅读效果,确保高质量的语言输出,教师要鼓励学生对所读

新闻进行评论,鼓励发表独立见解,以此培养学生批判性思维。在对网络新闻进行阅读和学习的过程中,坚持以学生为语言学习活动中心,通过创设真实情境来推动交互式学习,保证学生的有效输出,强化新闻阅读教学效果。在课堂外,教师积极把握外语节等大型活动契机,大力开展现场采访、新闻辩论赛、新闻现场采访、主题演讲等形式丰富多样的语言实践活动,激发学生运用所学进行输出的热情。下图为实验班学生代表,在民办 Y 中学第 12 届英语节汇演舞台上,运用在外刊阅读课上所学内容,即国外主流媒体赞扬中国抗疫先行且有效的报道,进行"抗击疫情"主题演讲。

图 4　学生英语节舞台上进行"抗疫"主题演讲

5. 运用多模态资源,培养阅读习惯,提高阅读能力

进入新媒体时代后,理解多模态语篇的技能日趋重要。在利用网络新闻辅助阅读教学的实践中,教师会从以下两个方面运用多模态资源,丰富学生的阅读体验。一方面,教师会根据新闻话题和内容,适当选取图片、视频、背景链接等多种资源,帮助学生丰富原有知识图示,辅助新闻精读教学。

另一方面,为培养学生持续阅读习惯,教师选取适合作为泛读材料的新闻报道作为假期作业,鼓励学生进行自主阅读。学生需要先通过查字典完成导学案 Section 1 语言基础知识填写部分;然后,预听教师分享的新闻音频,根据听到的内容填写导学案 Section 2 部分;最后,利用微信群通话功能,小组成员之间进行预习成果分享,大家通过讨论完成导学案 Prediction 部分的任务。

为做到适当监督学生的新闻泛读情况,笔者还设计了新闻阅读成果记录卡,用于引导学生对所读内容进行梳理。

```
阅读时间:
新闻主题:
新闻摘要:
好句摘录:
读后心得:
```

图 5　新闻阅读成果卡

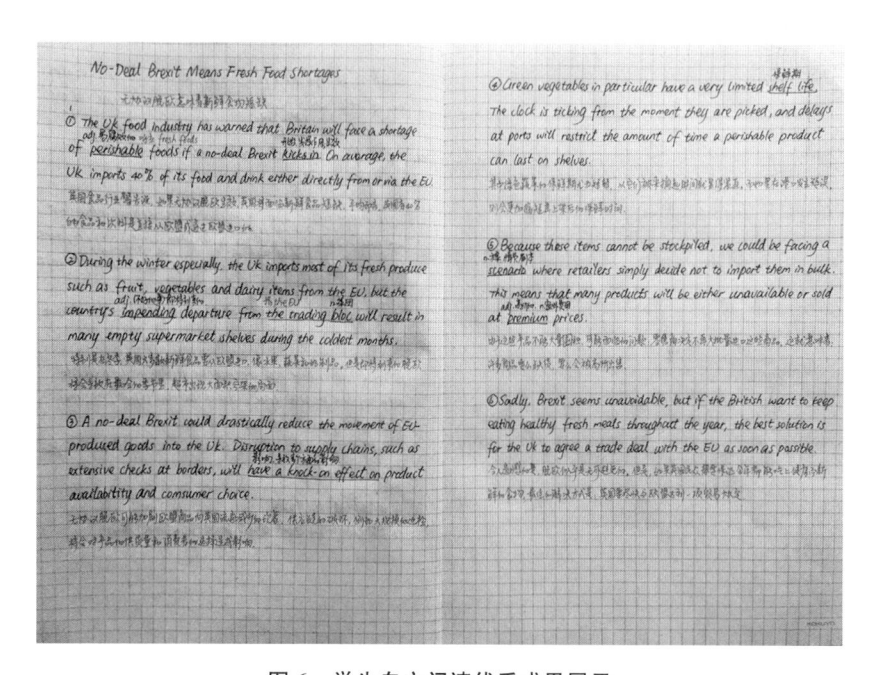

图 6　学生自主阅读优秀成果展示

四、外刊网络新闻阅读教学实验结果分析

(一)实验前测数据结果分析

实验的研究对象为实验组的 32 名同学和控制组的 34 名同学,66 名同学在实验前后分别进行了由学校统一组织的英语测试,通过对数据进行整理,经 SPSS 23.0 统计软件来进行结果分析:

(1)实验组和控制组前测数据统计量和独立样本 t 检验结果如下:

表 1 组统计量

	组别	N	平均值	标准差	标准误差平均值
前测	实验	32	35.109	11.456 6	2.025 3
	控制	34	36.235	12.090 1	2.073 4

表 2 独立样本检验

		F	Sig.	t	df	Sig.(双尾)	平均值差值	标准误差差值	差值95%置信区间(下限)	差值95%置信区间(上限)
前测	假定等方差	.266	.608	−.388	64	.699	−1.125 9	2.903 2	−6.925 8	4.673 9
	不假定等方差			−.388	63.996	.699	−1.125 9	2.898 4	−6.916 2	4.664 3

根据表 2 可知，前测与后测数据呈方差齐性，Sig.＝0.699＞0.05，说明实验班与对照班英语学科的学业水平没有显著性差异。通过中考成绩平均分等数据，我们可以明确两个班级整体英语水平相当，并且在前测(2018 学年高一年级区统考)中，两个班级的成绩无显著性差异。

(二)实验后测数据结果分析

经过长达一学年的教学实验后，实验班和对照班学生全部参加了后测(2019 学年高二年级区统考)，考试题型和难度均与实验前测选用试题一致。笔者在统计实验班和控制班的后测数据时，剔除了与阅读不直接相关的听力部分(16 分)和中译英句子翻译部分(15 分)的分值。实验后测实验班及控制班平均分如下：

表 3 实验班及控制班平均分

班级	总分(69 分)
高一(1)班	44.9
高一(2)班	38.7

表 4 组统计量

	组别	N	平均值	标准差	标准误差平均值
后测	实验	32	44.906	11.405 6	2.016 2
	控制	34	38.662	12.003 0	2.058 5

表 5 独立样本检验

		F	Sig.	t	df	Sig.（双尾）	平均值差值	标准误差差值	差值95%置信区间（下限）	差值95%置信区间（上限）
后测	假定等方差	.076	.784	2.164	64	.034	6.244 5	2.886 0	.479 1	12.009 8
	不假定等方差			2.167	63.993	.034	6.244 5	2.881 4	.488 2	

根据表 4 可知，前后测数据呈方差齐性，Sig＝0.034＜0.05，说明实验班与对照班英语学科的学业水存在显著性差异。基于以上数据结果可得知：经过一个学年的教学实验，实验班在进行持续性的网络外刊新闻阅读后，体现了更为出色的语言水平及表现；两个班级的测试平均分差，从前测的 1.126 扩大至后测的 6.244，进一步说明进行外刊新闻阅读的实验班比进行传统阅读教学的对照班获得了更为显著的教学效果。

（三）问卷前测、后测结果分析

笔者在收集整理纸质问卷后，利用 Excel 表格对所得数据结果进行录入并统计分数。问卷主要采用李克特 5 级量表，将完全符合、比较符合、不确定、比较不符合和完全不符合五级分别以 5 分、4 分、3 分、2 分和 1 分进行赋值并计算，总分越高则表明该学生整体阅读能力越高。统计好每份问卷的得分情况后，笔者使用 SPSS 23.0 统计软件对问卷数据进行成对样本 t 检验分析。得到结果如下：

表 6 配对样本统计

		平均值	个案数	标准差	标准误差平均值
控制组	问卷前	63.382	34	8.766 4	1.503 4
	问卷后	64.147	34	8.728 7	1.497 0
实验组	问卷前	63.281	32	8.041 2	1.421 5
	问卷后	74.188	32	5.619 3	.993 4

表 7 配对样本相关性

		个案数	相关性	显著性
控制	问卷前 & 问卷后	34	.919	.000
实验	问卷前 & 问卷后	32	.823	.000

表 8 配对样本检验

		平均值	标准差	标准误差平均值	差值95%置信区间（下限）	差值95%置信区间（上限）	t	df	显著性（双尾）
控制组	问卷前—问卷后	−.764 7	3.525 3	.604 6	−1.994 7	.465 3	−1.265	33	.215
实验组	问卷前—问卷后	−10.906 3	4.679 1	.827 2	−12.593 3	−9.219 2	−13.185	31	.000

根据表 8，将对照班问卷前测得分与后测得分对比可知，p 值＝0.215＞0.05，说明对照班的两次问卷调查结果不存在显著差异。而比较实验班问卷前测后测总分可得，p 值＝0.000＜0.05，说明实验班整体阅读水平在调查前后存在显著性差异。从表 6 可知，实验班问卷前测平均分为 63.281，经过一个学年的教学实践，问卷后测平均分提升至 74.188，说明外刊网络新闻阅读对于阅读能力的提升产生了非常积极的影响，实验班的整体阅读能力获得显著提高。

五、研究结论

经过长达一个学年的行动研究，后测结果显示，实验班平均分由前测的 35.109 分提升至 44.906 分，增长幅度较大。而对照班后测平均分是 38.662，较实验班低 6.244 分，两班后测平均分差距较为显著。得出结论，一个学年的教学实验后，实验班由于开展网络外刊阅读，获得了更好的学习效果，学生的整体阅读能力有明显提升。

问卷调查数据的结果显示，实验班第一次阅读能力调查结果为均分 63.281，第二次阅读能力调查结果则为 74.188，有明显上升。对前后测数据进行成对样本 t 检验，得到 p 值＜0.05，证明实验班的两次阅读能力调查结果存在显著差异。而对照班恰恰相反，实验前后差异不明显。由此得出结论，经过两学期的教学实验，实验班学生的整体阅读能力大幅提高。

访谈结果显示，学生对于网络时闻阅读相当感兴趣。来自各大媒体的新闻报道可以激发他们的学习热情，丰富语言输入和阅读体验，培养学生批判性思维，从而提高学生的综合阅读能力。

综合以上研究结果，本文得出以下结论：网络外刊新闻语言地道自然，话题丰富多样，贴近学生生活，可以激发学生学习兴趣，满足不同学生的阅读需求。同时，将网络时闻引入常规阅读教学，有益于提高学生英语阅读理解水平和综合阅读能力。

参考文献

① Hicks，David，Ewing，et al. Bringing the World into the Classroom with Online Global Newspapers[J]. Social Education，2003(3).

② Novita Hartoyo，Bambang Purwanto. The Effectiveness of Using Online Newspaper in the Learning of Grammar[J]. ELT Forum：Journal of English Language Teaching，2016(1).

③ Ekstrand M D，Wright K L，Pera M S. Enhancing classroom instruction with online news[J]. Aslib Journal of Information Management，2020(ahead-of-print).

④ 王军.将网络英语新闻阅读纳入英语专业阅读教学模式初探[J].教育教学论坛,2014(8).

⑤ 苏可.网络新闻英语在英语专业高级听力课程教学中的应用[J].教育教学论坛，2016(31).

⑥ 万莹.网络英语新闻在高中英语教学中的应用[D].武汉:华中师范大学,2019.

⑦ Krashen，S. D. The Input Hypothesis：Issues and Implication[M]. London：Longman，1985.

⑧ Krashen S. How Well Do People Spell？[J]. Reading Improvement，1993(30).

⑨ Krashen，S. D. The Input Hypothesis：Issues and Implication[M]. London：Longman，1985.

⑩ Piaget J. The Origins of Intelligence in Children[M]. New York：International University Press，1966.

⑪ L.S. Vygotsky. Educational Psychology (Classics in Soviet Psychology Series)[M]. Lucie Press，1997.

浅谈体验式主题教育如何实施并渗透于初中英语教学
——以初中行为规范主题教育公开课为例

陈赛赛

20世纪80年代初,美国组织行为学教授大卫·库伯(David A. Kolb)提出体验式学习理论:具体体验—观察和反思—抽象概念和归纳的形成—在新环境中测试概念的含义。他认为:有效学习应从体验开始,然后发表看法,进行反思,再总结形成理论,最后将理论应用于实践。而将体验式教学融合到班会课中,是一种提高德育实效性和创新性的尝试和探索。

一、初中传统班会课的局限性

班主任在承担大量的教学工作的同时又要负责班级管理中的各种琐事,难免时间和精力有限,不能充分准备每一堂班会课,通常根据学生近期的学习、纪律等各项表现临时决定班会课的内容,通报存在的问题,并习惯采用说教的形式来对学生进行思想教育,形式单一、内容枯燥,无法触动学生的内心,起到真正的教育效果。

二、体验式主题教育的特点

体验式主题教育是指从学生的学习与生活经历出发,选取班会教育主题,以游戏、活动为中介,以学生的积极参与、亲身体验为核心内容,通过学生之间、师生之间的互动分享与交流,获得更多的思考与感悟,深化对问题的理解与认识,从而达到自我成长、共同成长的目的。

体验式主题教育具有生活性,因为情境来源于生活;具有体验性,因为注重学生的情感体验;学生积极体验、主动内化、建构信息的意义,从而形成价值观,体现其生成性;深刻的体验比大量的道理说教更有效,对学生的思想品德和情感的发展有着深远的影响,这也便是其教育性的体现。

三、基于初中行为规范主题教育的体验式主题教育实践案例

（一）关于选题

在选题时，我仔细研读了《行为规范养成教育指导手册》的五个方面内容，从我班学生实际出发，结合目前中学生生命概念模糊的现状——轻忽生命、残害生命的现象层出不穷；消极生命、遮蔽生命的人群日益增多；生命困惑、生命障碍的问题令人担忧；生存技能、避险知识普遍缺乏，这些情况都在提醒我们对中学生的生命教育迫在眉睫，所以我从七年级的"社会公共规范"中选取"珍爱生命，乐生活"的课题进行主题教育。

（二）关于教学设计

在教学设计中，主要通过积极正面的材料与言语来引导学生珍爱生命、敬畏生命，学会快乐生活。通过深度学习《行为规范养成教育指导手册》各大板块安排、教学设计、材料分析，我对行为规范养成教育课堂教学的"四大环节"有了深度的理解。在选材上做到量不在多、物尽其用。

在"引出课题"板块，选取夺人眼球的视频导入，通过可爱的"一禅小和尚"讲道理带领学生进入行为规范主题教育课堂，有效地激发了学生的兴趣。

在"明白道理"板块，主要通过一个人物事例（霍金教授一生充满曲折，却为人类做出了杰出的贡献）、一个社会现象（司机礼让行人，行人鞠躬回礼）、一个实际问题（在我们日常生活中还有哪些美好的事情？这些美好的事情让我们懂得了什么？）让学生明白：生活是美好的，我们要敬畏生命、珍爱生命，让生命焕发光彩。

在"体验感悟"板块，紧紧围绕"明白道理"归纳出的三个要点设计形式多样的活动帮助学生感悟。活动一，通过小组讨论发现自身的价值，引导学生讨论的层次有递进，最终以粘贴生命之花的形式呈现，该活动充分调动了所有同学课堂参与的积极性；活动二，先鼓励学生积极为案例中的小王排解负面情绪，然后利用白板设计"连连看"邀请部分学生动手体验排解烦闷、调节情绪的不同方式，最终帮助学生意识到其实挫折一点都不可怕，在日常生活中我们可以通过很多方式让自己快乐地面对生活；活动三，为学生呈现七张图，分别展示大自然中、城市的美景中、丰富多彩的游玩中、味蕾的感知中、历史的沉淀中、日常校园中、各行各业的人身上所发现的生活美好、生命的美好，从而再次引导学生回归主题，完成我的教学目标——珍爱生命、热爱生活。

在"总结拓展"板块，则是延续课堂上的话题，鼓励学生捕捉身边的快乐瞬

间,发现生活的美好。

（三）关于实践效果

此次行为规范主题教育公开课结束后,我收到了学校很多老师的随堂听课评价表,特别是德育处主任对此给予了高度评价,认为此次主题教育班会课形式新颖、主题鲜明,师生互动多样,学生团队完美合作,将生命教育深入学生内心,是一场优质的主题教育展示课。

而针对学生的反馈,通过课后举办学生座谈会得知,学生对于这样新鲜的主题教育班会课非常满意,纷纷表示上完课才知道我们的生命多么宝贵,我们的生活又那样充满美好和正能量,我们还有什么理由不好好生活,不好好珍惜生命呢,这样的教育结果让我深受鼓舞。

四、教学反思

（一）生命教育在平时的班主任工作中得到延伸

通过这次的主题教育课,我也在思考如何在平时的班主任工作中渗透生命教育:

1. 在班级管理中渗透生命意识。注意让每个学生参与班级管理与班级活动,发挥每个学生的主动性,让集体和个体的生命价值都在自主活动中获得提升和超越,形成一个民主、平等、生气勃勃、充满成长气息的班集体。

（1）共同参与班级管理,实行管理角色轮换,人人都是管理者,人人又都是被管理者,从而使班级的凝聚力和学生的管理能力得到增强,学生承受挫折的能力和工作责任心也可以得到提高。

（2）共同美化教室环境,把班级还给学生,不管是教室内的板报设计、圣诞节装饰还是班级植物角,让学生精心设计,尽最大可能发挥出班级文化建设对了解人生价值"润物细无声"的积极作用。

2. 在师生关系中体现生命关怀。法国教育家卢梭曾说过:"凡是教师缺乏爱的地方,无论品格还是智慧都不能充分发展。"而作为一名新手班主任,在班级管理还不成章法时,应首先将满腔热血投入到德育工作中去。

（1）理解学生,使学生感受到生命的唯一。

（2）尊重学生,使学生感受到生命的价值。

（3）宽容学生,使学生感受到生命的意义。

3. 在集体活动中拓展生命教育。

（1）在班会课中突出生命教育的主题,通过多种方式引导学生了解生命孕育和成长的不易,知晓生命降临的过程,进而充分认识生命的意义,体会生命的可贵,感受生命的美好。

(2) 在集体活动中挖掘生命教育的素材。通过开展多种形式的班级活动,引导学生积极感受生活,如通过集体活动中的互帮互助,感受人与人之间的真情与美好;通过多样的竞赛,体会成功的快乐与自豪;通过种植花草、饲养动物,从中体会生命的奥妙与可爱等,这些都会增加学生对生命价值的体验,懂得生命是美丽而脆弱的。

常言道:"言教不如身教。"在一路跌跌撞撞的班级管理中,我始终相信再多的言语引导也没有老师以身作则的教育效果来得显著,因此,在学生面前我努力保持积极乐观、认真进取的形象,传递正能量。

(二) 生命教育在初中英语学科教学中得到延伸

通过这节行为规范主题教育课,我也在思考一个问题,如何将生命教育渗透到平时的英语教学中。英语是一门语言,而语言是工具但又超越于工具,它具有两重性,一方面它是我们进行交际、表达思想的工具;另一方面它又是我们思想和情感的载体。英语教学中生命意识的培养是一个内涵极为丰富的概念,既包括教学内容中所蕴含的生命意识知识的教育,也包括教学过程中所弘扬的生命意识的培养,可以从以下几个方面着手:

1. 充分利用教材挖掘生命教育素材,让学生在语言素材中感受生活的意义、生命的可贵。通过仔细研究六七年级的英语教材,我发现有很多很好的生命教育素材,比如 7AU8 课文涉及积极锻炼身体,养成健康的生活方式;7AU2 课文倡议大家一起关爱流浪动物;6BU10 理解地球是人类共同的家园,珍惜水资源和其他自然资源,保护生态环境。在学习英语的过程中,重构学生的生命意识,引导学生认识生命、欣赏生命、从珍爱自己生命延展到珍爱身边的一切生命。

2. 让生命教育的理念渗透到英语教学活动中。组织学生合作学习,通过与他人对话,可以体验合作学习带来的乐趣,并在相互接纳、相互诉说、相互倾听中尊重他人的品质,在互相配合、互相支持、互相评价、互相激励、共同解决问题中懂得平等协作的重要性。不同的人,生命价值观是不同的,在讨论中分享各自的看法,摆正心态,学会正确处理人际关系,这对于感悟、尊重生命起到很重要的推进作用。

参考文献

卓玛吉.开展体验式班会活动,有效促进学生健康成长[J].文学教育,2017(12).

郭佳,李光霞.从传输式教学到体验式教学[J].北京交通大学学报(社会科学版),2005(3).

新课改下初中物理实验教学探索

——学生实验操作复习课教学研究

陈晓倩

随着课程改革和教学改革的推进和深化,物理教学被要求必须全面提高学生的基本科学素养,使学生不仅掌握物理知识,还具有科学精神和创新能力。又因为物理实验是物理学的基础,也是物理教学的重要内容,学生实验则是学生自主探究、获取与应用知识、培养学生实验能力、提高科学素养和科学能力的重要途径。2021年上海市初中学业考试进行了重大改革,其中一大变革就是将学生实验操作考试归入中考范畴内,并记满分10分,同时物理中考卷面分满分调整为70分。

由于以上改革的变化,促使学生、教师、领导和家长等各方面对实验操作考试的重视程度发生了巨大改变。以下以叶晨老师的一节实验操作考试复习课为例,谈谈实验复习课的研究和体会。

一、改变课堂,展新型复习模式

学生实验操作技能的优劣不但是学生学科素养的一种体现,同时也在学生中考成绩中占有一定比例。这就要求我们物理老师重视加强学生的动手操作实践,思考九年级第二学期的阶段复习中,如何在有限的教学课时和有限的课堂40分钟时间内提高课堂复习效率和增加学生实验操作机会。以往的实验操作复习课模式:先是老师带领全班学生复习四个实验的操作要领及注意点,然后同组学生共同进行实验操作实践,最后师生交流总结。这样的课堂形式,学生是被动复习,且实践操作环节并不能确保每个学生都有独立操作的机会,甚至个别懒惰或能力弱的学生整堂课作为旁观者不动手操作。而叶老师的这节复习课改变了课堂复习模式,以同组学生轮流互评方式进行,即:课开始时,先观看上海市网课中的相关实验操作过程的视频,以此达到学生复习回顾的目的;然后同组学生一对一轮流独立操作和互相评价,并将评价结果填入评价量表中,A组和B组实验(共四个实验)全班学生均独立操作一次和给予同组同学评价一次;最后全班学生交流反馈评价情况。整堂课老师借助信息设备,站在了后台,成为幕后支持者;每个学生都经历了操作实践和观察指正的过程,成了真正的主体,在课堂上进行了主动复习,并及时发现了自己在操作中存在的问题,为顺利通过中考提供保障和自信心。

二、分析学情,促评价量表形成

一堂课内要实现人人经历动手操作实验的过程,还要提高和反思实验操作的技能,这就需要学生在操作的过程中有老师在身边一对一关注或辅导指正,但是显然在课堂学习中是不可能实现的。由于这是初中毕业前的学段复习课,学生对所要复习的实验并不陌生,那么学生之间的互相评价,即由学生充当评价者不妨尝试一下。为了统一评价标准,就需要制定一份适合学生且可操作性强的评价量表。

教师利用对所教学生学情分析和教师的既往经验进行评价量表制作。在经历实验操作中考的模拟考试后,作为考试评分员的老师们,经历了模拟考试的全过程,通过回顾考试流程、考试模式、考试时学生们出现的状况、操作过程中可能犯的错误等,进行交流、研讨和总结,并且结合《上海市初中物理课程终结性评价指南》关于"实验操作评价要点"部分的学习和研究,在课前对所需复习的实验,制定了具有针对性的评价量表。如下表1、表2。

表 1　实验操作评价量表(1)

桌号_____

试题	评 分 要 求	分值	被评价人姓名
			得分
A组	电源、开关、小灯泡串联,电压表与小灯泡并联	1	
	电路连接时,开关处于断开状态	1	
	闭合开关,电压表指针偏转	1	
	打开电子天平开关	1	
	将电子天平清零	1	
	将金属块置于电子天平中央,记录电子天平的示数	1	
	在量筒中倒入适量的水	1	
	观察并记录量筒中水面对应的示数 V_1	1	
	将金属块慢慢放入量筒并浸没在水中,观察并记录量筒中水面对应的示数 V_2,且 $V_2 > V_1$	1	
	整理器材并归位	1	
		总分	

表 2　实验操作评价量表(2)

桌号_____

试题	评分要求	分值	被评价人姓名	
			得分	
B组	电源、开关、滑动变阻器、电流表串联	1		
	电路连接时,开关处于断开状态	1		
	滑动变阻器连接一上一下两个接线柱	1		
	滑动变阻器连入电路中的阻值最大	1		
	闭合开关,电流表指针偏转	1		
	移动滑片至某一位置,观察电流表的示数	1		
	完成弹簧测力计的调零	1		
	在弹簧测力计的挂钩上悬挂钩码	1		
	钩码静止时,观察并记录弹簧测力计的示数	1		
	整理器材并归位	1		
		总分		

三、利用媒体,使课堂反馈及时

新建的标准化物理实验室内新增了许多信息化设备,为这堂复习课的新型教学模式提供了支持。我们教师自制实验操作复习试题利用问卷星,通过使用操作台1(如图1),将试题推送给学生(如图2);学生通过操作台上的显示屏,接收试题;学生完成实验操作后,再将数据记录在问卷星上,提交试卷。

图1　教师操作平台1

图 2　显示屏上学生实验操作试题

在学生操作的整个过程中,教师利用讲台上的操作平台 2(如图 3),开启摄像功能,完整地摄录每个学生的操作过程;然后在后台关注、挑选典型案例,使用播放器,动态展现个案过程(如图 4),以供学生间互动交流、学习和反思。同时教师还使用投影仪,静态反馈特例,纠正操作过程中的问题。

图 3　教师操作平台 2

图 4　展现学生操作过程

最后纸质评价量表的使用,使反馈更精准。这个精准包含两个方面:一方面,精准反馈出每位学生对每个实验操作技能的掌握程度;另一方面,精准反馈到每个评价点的掌握程度。对于操作技能相对较弱的学生,任课教师在课后给予单独辅导或训练;对于学生共同出现的问题,任课教师可在课堂上给予集体提醒以引起重视。

四、转变角色,助课堂效率提高

这样的课堂学习模式,使教师成了幕后策划者与支持者,学生站在了课堂的舞台上,成为课堂的主角,并且在课堂上扮演着多重角色。

学生是课堂的参与者;学生是实验的操作者;学生是考试的评价者;学生也是成果的分享者。

在40分钟的课堂中,学生既经历了两组(共4个)实验的独立操作过程,又对操作这两组实验的同学进行了评价,而作为评价者,他自身具有的操作技能要求更高于一个操作者。

整堂课学生既经历了自我复习,又经历了纠错指正复习,复习课的课堂效率非常高。

这种实验操作复习课模式,大大提高了学生课堂复习和实践效率,但它只是操作实验复习课的教学,而并不合适新授实验课的教学。因为整堂课只是培养实验能力中操作技能的训练,而实验能力还包括探究能力、科学方法等学科素养,因此新授实验课的教学中如何兼顾操作技能和探究能力等学科素养是需要我们进一步思考和研究的。

因学生之材正确处理教材

周军华

课程改革的核心是学生学习方式的改变，学生根据自身的理性认知能力、理性认知兴趣和理性认知模式进行探究、学习，教师更多的是在一旁指导、协调、鼓励、监控。解放教师大量课堂讲授的时间，转向课前以备学生、备学情、备学法、备学案为主；课中以观察和引导学生为主；课后以反思的形式思考教学效果的达成情况。在课前的准备中要对教材有详细解读，在教材运用中要根据学情，因材施教，合理安排教材运用，根据不同学生的特点设置不同的目标和要求，教师在充分了解学生的基础上做一种帮助学生趋向自主学习的启发与引导。根据我的教学体会，教材的运用与再处理需要考虑到以下几个环节，供参考。

一、教材运用应以"课程标准"为指导

教材是我们教学的依据，"课标"是对学生学业完成过程的教学指导。教学活动的安排应该沿着教材设计，按照"课标"的要求来进行，不以某一种教材的表述为判断正误及要求高低为标准。教学中可以参考各种教材及资料，以拓展教师自己的知识面，但必须明确"课标"中所设置的要求，明确教材中各部分不同要求的内容，教师需要根据学生实际情况进行认真分析和安排。"课标"中明确要求物理教学过程要促进学生、教师和相关教学资源的互动，逐步改变教师的教学模式和学生的学习方式，在这个要求下设计教学活动的方法和过程，引导不同层次学生认识自己，发现自己的兴趣，并以自己独有的格调和进程获得良好的发展和属于自己的学业成就。许多时候我们会被教学经验左右，不自觉地加高要求和难度，总以为对一些知识难度进行提高会对学生有帮助，而教材中的部分内容是为拓展性课程而服务，在部分学生不能牢固掌握基础课程内容的情况下，盲目全面拓展，最后发现连基本要求有部分学生都糊涂了，甚至他们最后连信心都没有了。所以备课时面向全体学生、明确今天学

习的知识在"课标"中的级别,做到"教材在心中"和"教学目标和思路在心中"。面向全体学生首要达成"课标"中要求的基本教学目标,提供坚实的知识基础,再通过合理的教学设计,对级别较高的知识点和部分拓展内容视实际情况分层分类地逐步递进,满足不同层次学生的学习需求,提高课堂教学效率。在完成"课标"要求的学业目标的基础上,对学有余力且更有兴趣探究的学生可以利用学校具备的条件安排适当进一步的研究活动。

二、教材内容的处理方法要有选择

教材的语言运用与材料选用严密、科学,他们不仅是"课标"的代言人,更是集中了众多专家、学者的专业智慧与学科水平,对学生的自主学习有明确的指导作用。"课标"中明确指出物理教材的编写突破了学科本位的束缚,内容取舍的着眼点从学科的系统性转移到学生的发展性上来,正确处理教材中的基础与发展、理论与实践、经典与现代、科学与人文、统一与选择和接受与探究的关系;要适当加强过程方法、自主探究、学科整合、人文精神和科学态度等方面的内容。所以教材内容的编排、教学活动的设计要充分利用教材,多从学生角度考虑,能体验到什么,能探究理解到什么,感悟到了什么样的科学方法和思维模式。

有些教学活动不一定由教师去贯彻和包办,教师的灌输限制了学生自主学习和探究的能力,学生得不到锻炼的机会,而且表现会越来越消极被动,课堂效果逐渐降低。部分简单内容可以由学生自学完成,学生通过阅读就能明确和理解,不需要教师说教和灌输,教师要相信学生都能从教材中获得准确信息与知识,教师只需要在交流中进行检验,锻炼学生的自学能力也是因材施教的手段之一。部分重要的规律与结论可以在教师的引导下由学生主动交流和探讨,由浅入深地理解规律的形成过程并加强理解,让学生相互带动和分享获得补充。部分资料的学习由学生根据兴趣选择性充实自己,教材中部分非重点内容具有拓展性和补充性,完全可以由学生自主决定,教师只需在最后了解掌握情况,统计结果,结合学生实际能力帮助他们分析和巩固。

教师只有体会了教材的编写意图,充分认识各个栏目设置的价值,才能防止流于形式的教学设计,从思想上对教材重构进行重视。把部分内容适时恰当地融入学生自学、自主探究和交流中,才能发挥他们在第三维目标(情感、态度、价值观)中的作用,教师没有必要大包大揽,完全可以以引导的方式鼓励学生自己思考和探究,让其体验自主学习成功的喜悦,培养学生自学能力,从而抓好物理第三维目标的落实。

三、允许学生对教材中的字句理解存在差别

物理教材中有许多内容只是为了加强知识与生活的联系，它不以物理学本身的内容和结构为出发点，而是首先考虑公民科学素质的提高，着眼于学生的发展。有些物理规律的建立、物理学史的内容是为了帮助学生建立科学的价值观，而不是向学生全面介绍物理学，其中的一些参数、术语及结论对于初中阶段的学生来讲，他们不可能全面理解，不同能力的学生也会有不同的感悟。

所以教师要更好地引导学生获取有用信息，根据自己的能力与目前的认知水平，合理消化有价值部分，没有学到或不属于目前探究的范畴无须过多纠结于详细的解释与理解。有些项目只是为了拉近课堂与实际的距离，可以留待以后成长过程中学习与补充。教师与学生都要能容忍这种状况，学会从许多不懂的东西中挑选能理解的部分并加以利用。

四、教材中的各个栏目都应得到重视

二期课改教材中添加了"你知道吗""STS""思考与训练"等栏目，每个章节最后还有"概念图""科学与人文""指路牌"等用以帮助学生拓展知识面，体现科技人文的意义。虽然前面说到不要求学生对教材中所有字句都学会，但不等于不重视这些栏目的存在，教学中不应因这些内容不是考试主要内容而忽视，要充分考虑到它们的隐性价值，适当引导学生去阅读，去获得更多的信息。内容中有许多形象可爱的卡通图片和照片更能以直观的视觉形象吸引学生去认识和探讨，使他们逐步形成热爱科学的态度和乐观向上的人格。教师应善于发现并依据学生个人的潜质培养学生的兴趣，激发他们日益强烈的学习动机，引导他们循着兴趣的发展和发展特长的需要逐步拓展探究面。同时，与教材配套的活动卡内容也相当丰富，它帮助教师设计教学环节，为教师提供依据和参考，引领师生共同活动。特别是一些演示实验设置了猜想、观察、描述的环节，多层次地给学生探究实验提供数据表格设计、结论分析、进一步探究等要求，更多地体现教师在教学中要充分给予学生体验和参与探究，为培养学生能力提供条件。不管教材中任何栏目以何种形式出现，我们必须认真对待，仔细分析，合理运用，使它们发挥出存在的价值。

因"材"施教要求教师更熟悉学生之材与教材之材，将教材以不同侧重点、不同学习方式进行重新安排。从明确"课标"开始，把握教材入手，了然于胸地

设计教学过程,哪些是引导、哪些是探究、什么时候指导与交流,主要目标是什么,达成的效果是怎样的,重点内容与非重点内容如何编排,各个环节之间如何衔接,都要在分析教材中为不同层次的学生思考和安排好。总之,当前的课堂教学要让学生不仅可以学到科学知识,还可以体验科学探究过程,培养适合于每一个学生个体的自主学习习惯,使他们受到科学价值观的熏陶。所以进入课堂前,解读与合理构建、运用好教材是教师开展因材施教工作的基础之一。

浅谈初中物理概念教学

叶 晨

物理概念是物理学知识的核心,是物理知识结构的基础,它几乎贯穿了每一堂物理课中。它既能让学生理解物理公式的含义,又能培养学生逻辑思维和分析推理能力,因此在物理教学中有着举足轻重的作用。学生能否形成正确的物理概念,能否真正地理解物理概念,直接影响学生物理思维和认知能力的培养。尤其在初中阶段,学生认知能力有限、抽象思维能力不足的情况下,开展好有效的概念教学对于学好物理是重中之重。

对于"机械功"这一物理概念,在我看来是初中物理中最抽象的概念之一,因此以"机械功"为例,结合物理备课组各位老师的真知灼见,简要地谈一下自己对物理概念教学的一些理解。

一、创设问题情境,明确建立概念的需要和意义

在上"机械功"这一课题之前,物理备课组的各位老师就围绕"机械功"这一概念的引入展开了激烈的讨论。"机械功"作为承接"力"和"能量"这两个重要的物理知识的纽带,对于经典物理学应该说是非常重要的一个概念。而"机械功"这一物理概念又非常抽象,以至于书本在这一节内容的开头就直接给出了机械功的定义,这让教师们在教学上很容易就直接给出"机械功"的概念,而学生在学完后还是会有很多疑问,比如"为什么要在力的方向上通过的距离"等。关键中的关键,就是要让学生明确新概念建立的必要性。比如在"压强"这一物理概念的建立过程中,要先让学生认识到压力的作用效果不单单只与压力的大小有关,还和受力面积也有关。接下来对于如何用"压力"和"受力面积"定量地表示压力的作用效果,就是建立"压强"这一物理概念的意义所在了。那么,建立"机械功"这一概念的意义所在呢?不像"压强"的概念建立意义比较明显能够理解,"机械功"这一概念的意义,除了之后学习能量尤其是动能定理之后能有较多的涉及之外,似乎就只剩下单纯的计算了。而在"物理活

动卡"上,是利用下面这一场景来引入"机械功"的。

观察"小和尚和老和尚"的图片(见图1),你认为谁的贡献更大些?

图1 小和尚和老和尚

这个活动设计的引入,其实效果还是比较好的。学生很容易想到比较谁的贡献大时,既要考虑力的大小,又要考虑移动的距离远近,并很自然地求出这两个物理量的乘积进行比较。但是这个活动还是没有解决"为什么要在力的方向上通过的距离"这一关键问题,而且会限定学生思维,误以为做功只有力和物体运动方向相同的情况。

因此在这一基础上,备课组各位老师经过不断地交流讨论,最终决定用以下的问题情境来引入"机械功"这一概念。

用水平力拉在水平桌面上的小车,小车匀速前进,小车受到几个力的作用?请在图中(见图2)画出小车所受力的示意图。

思考:哪个力的作用对小车的运动作了"贡献"呢?

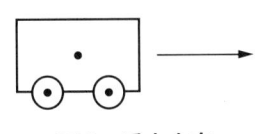

图2 受力小车

这个问题引入,虽然比较抽象,但基于学生在之前已经学过受力分析以及力的平衡,对于这一问题还是比较能够理解。最关键的是,相较于前一个问题

"你认为谁的贡献更大?",该问题"哪个力的作用对小车的运动作了贡献呢?"的重点不是放在功的大小等于力与距离的乘积上,而是在于力是否对物体的运动作了贡献。这个问题的巧妙之处在于,不仅明确了"机械功"的物理意义所在,而且也让学生认识到"为什么要在力的方向上通过的距离",为后面机械功的两个必要因素的学习打下结实的基础。

二、创设任务情境,应用完善概念的理解

物理概念呈现出来之后,就要对物理概念加以应用,完善对概念的理解。将陈述性知识向程序性知识转变,实现新知识的再认知,提高综合应用能力,这对于概念教学有着添砖加瓦的重要作用。

在"机械功"这一节的教学中,通过对概念的问题引入,学生已经对"机械功"这一概念有了初步认识。紧接着趁热打铁,通过创设任务情境,对于隐含条件的挖掘,提高并完善对物理概念的认识和理解。下面就是我们物理备课组设计的活动。

观察学生将书包从地面上提起来,并提着书包走到讲台旁,最后提着包站立不动的过程(见图3),判断提力是否做功。(选填"有"或"没有")

A. 将包提起来　　B. 在水平地面行走　　C. 站立不动

图3　学生行动图

A. 提力_____做功　B. 提力_____做功　C. 提力_____做功
总结:做功的两个必要因素:_____、_____。

在活动中,让各组学生完成以上三个任务,并由学生自己判断各个任务中提力是否做功,且要说出判断的依据。这样在这个活动中,以学生为主体,充分发挥他们的主动性,自主地运用所学的知识来解释问题,从而认识到做功的两个必要因素,对于"机械功"这一概念有了更深刻完整的理解。

三、整理物理概念，形成全面的知识体系

在完善了对物理概念的理解之后，学习并没有结束。学生对某一内容的掌握，不能只停留在这一知识的本身以及其零星的应用上，而是要形成这一知识的系统并将它纳入原有的知识结构中去，这样才能对物理概念有一个全面的掌握。所以说，整理物理概念是必不可少的教学阶段。

正好物理备课组对《机械和功》这一单元进行教学设计与反思，根据这一单元中各个物理概念和物理规律的联系，在下一阶段的课题研究中，将重点关注这一知识体系的建立与完善，从而形成全面的机械和功的知识体系。

总之，概念教学对于初中物理至关重要，它包含了近期教学和远期复习教学整个过程，对于课程标准下的重点物理概念和规律的教学有着十分重要的指导意义。经过这三个阶段的概念教学，学生才能对物理概念熟练掌握，运用概念得心应手，从而提升学生的逻辑思维能力及科学素养。

中考改革背景下促进物理实验复习的"深度学习"

——以"用电流表、电压表测电阻"和"测定小灯泡的电功率"实验为例

宋聪欣

《关于加强和改进中小学实验教学的意见》中提出,实验教学是国家课程方案和课程标准规定的重要教学内容,是培养创新人才的重要途径。从2011年到2020年的10年上海中考试题中,单独考察"用电流表、电压表测电阻"实验有5次,分别为2012年、2014年、2016年、2019年、2020年,单独考察"测定小灯泡的电功率"实验有4次,分别为2011年、2013年、2015年、2017年,2018年把这两个实验一起考察。由此可见,这两个实验是非常重要的。

2021年上海市中考增加了理化实验操作考试,其中,物理实验操作考试满分10分,电脑统一推送试题,统一倒计时,考试时长为15分钟,实验由学生单独操作完成。为了尽量减少偶然因素对实验操作考试的影响,学生可参加两组实验考试,在两组实验考试成绩中择优计入总分。通过实验的教学,不仅要提升学生动手实践能力,更要着眼高阶思维的锻炼发展。下面以"用电流表、电压表测电阻"和"测定小灯泡的电功率"为例,从培养学生的实验操作技能和培养学生深度学习的思维能力两个方面来探讨一下如何进行实验复习课的教学。

一、培养学生的实验操作技能

根据中考实验操作考试的要求,学生应单独完成实验。因此,我们的教学方式也跟随着发生了变化,由以往的两个同学共同合作的方式完成实验改为一个人单独完成实验,另一个人进行评价的方式。首先让学生在课前自主复习实验,包括实验目的、实验器材、实验步骤、实验需要注意的事项、各个器材如何使用,等等。上课时将学生分为两大组。一半同学做第一组实验,另一半

同学做第二组实验。完成一组实验后两组互换。做每一个实验时两人一组，其中一人在规定的时间内独立操作完成教师下发的实验试题，另一人根据教师下发的评价量表进行评价打分，评价的过程中不能对实验操作者进行提示。规定的时间到后，同组的两个同学角色互换重复刚才的实验。然后教师对实验过程中学生出现的问题进行录像回放，播放给学生，让学生分析实验操作中的错误或不足之处和优点所在，学生在交流中逐步修正实验操作出现的问题。这样每个同学都经历了实验操作、实验评价的过程，学生在自己的操作中对实验加以巩固，在对别人的评价中对实验领悟更加深刻，从思想上与行动上重视实验操作过程，学生从一个单纯的操作者变成具有操作者、评价者、分享者多种角色的人，真正做到了做、想、讲的有机结合。通过实验操作和评价的过程，锻炼了学生的动手操作能力、逻辑思维能力和语言表达能力。下面是这两个实验操作的试题和评价量表(见表1和表2)

第一组实验操作试题

1. 实验"用电流表、电压表测电阻"

要求：(1) 按图1连接实验电路；

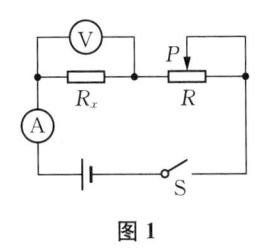

图1

(2) 闭合开关，电流表、电压表指针发生偏转；

(3) 移动滑动变阻器的滑片，电流表、电压表示数发生变化并记录此时的电压和电流值；

(4) 移动滑动变阻器滑片，再测量两组数据。

2. 整理实验器材

要求：完成实验后，整理器材并归位。

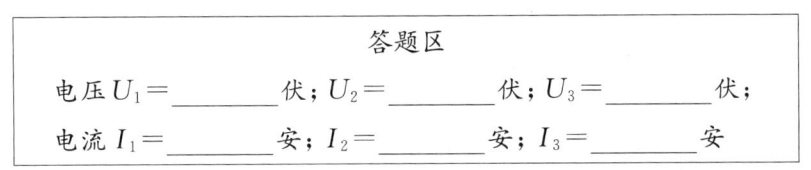

答题区
电压 $U_1=$ _____ 伏；$U_2=$ _____ 伏；$U_3=$ _____ 伏；
电流 $I_1=$ _____ 安；$I_2=$ _____ 安；$I_3=$ _____ 安

第一组评价量表：

表1 用电流表、电压表测电阻

试题	评分要求	分值	得分
第一组	电源、开关、待测电阻、滑动变阻器、电流表串联	1	
	电压表与待测电阻并联	1	
	电路连接时，开关处于断开状态	1	
	滑动变阻器连接一上一下两个接线柱	1	
	闭合开关前，将滑片置于变阻器的一端，使其连入电路中的阻值最大	1	
	闭合开关，电流表、电压表指针偏转	1	
	移动滑动变阻器的滑片，电流表、电压表示数发生变化。	1	
	观察并记录电压表、电流表的示数	1	
	移动滑动变阻器滑片，再测量两组数据	1	
	断开开关，拆除电路，整理实验器材	1	
		总分	

第二组实验操作试题

1. 实验"测定小灯泡的电功率"

要求：(1) 记录小灯泡的额定电压；

(2) 按图2连接实验电路；

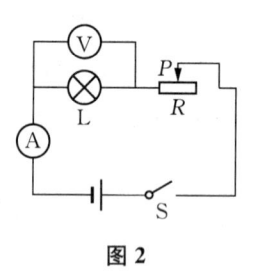

图2

(3) 闭合开关，电流表、电压表指针发生偏转；

(4) 移动滑动变阻器滑片，使小灯泡两端的电压为额定电压，观察小灯泡的亮度并记录电流表的示数；

(5) 再次移动滑动变阻器滑片，使小灯泡两端的电压分别略高于、略低于额定电压,观察小灯泡的亮度并记录电压表、电流表的示数。

2.整理实验器材

要求:完成实验后,整理器材并归位。

答题区
电压$U_{额}=$_____伏;$U_2=$_____伏;$U_3=$_____伏;
电流$I_{额}=$_____安;$I_2=$_____安;$I_3=$_____安

第二组评价量表:

表2　测定小灯泡的电功率

试题	评分要求	分值	得分
第二组	观察并记录小灯泡的额定电压	1	
	电源、开关、小灯泡、滑动变阻器、电流表串联	1	
	电压表与小灯泡并联	1	
	电路连接时,开关处于断开状态	1	
	滑动变阻器连接一上一下两个接线柱	1	
	闭合开关前,将滑片置于变阻器的一端,使其连入电路中的阻值最大	1	
	闭合开关,电流表、电压表指针偏转	1	
	移动滑动变阻器滑片,使小灯泡两端的电压为额定电压,记录电流表的示数	1	
	再次移动滑动变阻器滑片,使小灯泡两端的电压分别略高于、略低于额定电压,记录电压表、电流表的示数	1	
	断开开关,拆除电路,整理实验器材	1	
		总分	

二、培养学生"深度学习"的思维能力

除了复习实验操作过程外,这两个实验还要进行"深度学习"以培养学生的思维能力。由于这两个实验的实验器材、实验电路图、实验步骤比较相似,因此,让学生在教师的引导下,总结这两个实验的相同点和不同点,这样更有助于对实验的理解,下面是同学们总结出的达成共识的两个实验的相同点和不同点(见表3)。

表3　比较"用电流表、电压表测电阻"和"测定小灯泡的电功率"两个实验的相同点和不同点

	实验名称	用电流表、电压表测电阻	测定小灯泡的电功率
相同点	测量的物理量	电压U、电流I	
	实验类型	测量类实验	
	实验目的	用电流表、电压表测电阻	测定小灯泡的电功率
	实验原理	$R=U/I$	$P=UI$
	实验电路图		
不同点	滑动变阻器的作用	1. 保护电路 2. 改变待测电阻两端的电压	1. 保护电路 2. 使灯泡两端的电压为额定电压、略高于额定电压和略低于额定电压
	多次测量的目的	取平均值,减小误差	测定小灯泡在不同电压下的电功率

通过总结,同学们会发现,两个实验都需要多次测量,但是多次测量的目的是不同的,"测定小灯泡的电功率"要求测定额定电压下的电流,因此这个实验一定要有滑动变阻器,通过移动滑片使小灯两端的电压刚好达到额定电压;而"用电流表、电压表测电阻"实验只要求多次测量取平均值就可以减小误差,对于小灯两端的电压具体是多少没有要求的,因此对于这个实验,多次实验可以通过改变电池的节数来改变待测电阻两端的电压,同时可以通过改变定值电阻的阻值来改变待测电阻两端的电压,还可以通过移动滑动变阻器的滑片来改变待测电阻两端的电压。同学们在初学"用电流表、电压表测电阻"这个实验时,讨论出的具体实验方案电路图如下(见表4)。

2018年上海中考物理试卷的第26题中同时出现了这两个实验,但是滑动变阻器只有一个,而"测定小灯泡的电功率"实验要求小灯泡正常发光,因此滑动变阻器只能分配给"测定小灯泡的电功率"实验,这就要考虑到"用电流表、电压表测电阻"实验中的多次测量是通过改变电源电压来实现的,因此学生一定要对实验方案熟悉才能圆满完成。试题如下:

表4 "用电流表、电压表测电阻"实验方案

实验方案	1	2	3
电路图	(电路图1)	(电路图2)	(电路图3)
改变电压的方法	通过改变电池节数来改变待测电阻两端的电压	通过改变定值电阻的阻值来改变待测电阻两端的电压	通过移动滑动变阻器的滑片来改变待测电阻两端的电压

现有器材：电源（电压有2、4、6、8、10和12伏六档）、电流表、电压表和电键各两个，滑动变阻器（标有"20欧 2安"字样）、待测小灯泡（标有"2.2伏"字样）和待测电阻R_x各一个，以及导线若干。小华要做"用电流表、电压表测电阻"实验，小红同时要做"测定小灯泡的电功率"实验，但由于变阻器只有一个，两位同学讨论后，设计实验方案并分配器材，然后使用各自分得的器材进行实验。实验中，小华发现电路中电流表的最小示数为0.2安；小红观察到当小灯泡正常发光时电流表的示数为0.3安。

(1) 根据小华的实验的相关信息，

(a) 画出小华实验的电路图；

(b) 电流表示数最小时测得的电阻 R_x = _____ 欧。

(2) 根据小红的实验的相关信息，

(a) 计算出小灯泡的额定功率 $P_{额}$；

(b) 计算说明实验中小红选择的电源电压档位。

以上仅为我在实验教学过程中的一点初探，希望对中学的物理实验教学有所帮助。以后我将继续思考实验复习的教学方式，注重培养学生的动手操作能力、表达交流能力和思维能力等。

多给学生留一点思考的时间

宋聪欣

科学探究是学生的学习目标,也是学生重要的学习方式。学生通过对物理的学习,应该具备科学探究的能力。学生在学习的过程中,要逐步培养思维能力和创新意识。我们在教学的过程中,要多给学生留一点时间,让学生主动思考,培养他们的科学探究能力。下面我以《机械能》为例来说一说我是如何改进课堂教学设计的。

《机械能》这一节是能量的启蒙学习,是后继学习能的转化、功的原理、内能、电能的基础,对于高中进一步学习机械能守恒、能量守恒定律也有一定的影响。

能量是一个比较抽象的概念,人们既看不到它,也摸不到它,只能通过有关的物理现象来确定它的存在。在以前的教学过程中,我是通过举例的方式给出学生概念"一个物体能对其他物体做功,我们就说这个物体具有能量,简称能"。而这次上课我首先采用了一段学生熟悉的"士力架"广告视频引入"能量"这个概念,"饿货,来条士力架",学生们听到这熟悉的广告词,马上打起了精神,广告视频的引入给学生带来视觉冲击,激发了学生学习的兴趣,然后,又通过"拉开的弓能够把箭射出去""挥动的锤头能够把钉子钉进去"等日常生活中的实例,帮助学生更好地理解了"能量"这个概念。

这节课的重点是实验探究的过程。在探究"重力势能大小与哪些因素有关"的实验中,以前的教学里,都是教师演示实验。为了培养学生的科学探究能力,经过我们物理教研组老师们的讨论,我们决定把演示实验改成学生分组设计并进行实验。学生在前面学习了机械功知识,为进一步研究机械能提供了丰富的感性材料,如:重锤打桩、飞车冲撞、撑竿跳、小球下落,等等,但学生对这些现象缺乏仔细观察、理性思考和科学归纳的过程。在本节课的设计中,先是学生通过"课本或笔记本从高处落到手上"活动,让学生从手被撞击的感觉中体验到处于高处的物体具有重力势能。然后让学生根据活动产生的感性认识进行分析"手被撞击的感觉与哪些因素有关",从而提出猜想和假设"重力势能的大小可能与物体的质量和所处的高度有关",接着分为两个大组讨论,每一组中只研究其中的一个因素,制定出可行的设计方案,进行实验验证你的假设,最后根据实验现象进行分析、交流。学生通过体验、进行猜想、假设、设计方案、进行实验验证。在整个实验探究的过程中,学生是主角,教师只是起到引导的作用,多给学生留一点思考的时间,发挥他们的想象力和创造力,这样既锻炼了学生的动手能力、团结协作的能力和语言表达的能力,又增强了学生的自信心。学生在探究过程中体验到合作的重要性,感受到探究的喜悦。

基于探究"重力势能大小与哪些因素有关"的经验,学生在探究"动能大小与哪些因素有关"的实验中,提出了"动能的大小可能与物体的质量和速度有关"。但如何利用身边的器材,来控制两个大小相同、质量不同的小球的速度相同,研究动能与质量的关系,这是个难点。多给学生留一点时间和空间,发挥学生的想象力和创造力。出人意料的是,学生竟然根据日常生活中的感性认识设计出了三种方案来控制速度相同时动能与质量的关系,实验方案分别是:

方案 1:用相同长度的细线穿过带孔的大小相同质量不同的小球,让小球分别从相同的高度由静止释放,到达水平面的瞬间剪断细线。

方案 2:让大小相同质量不同的小球分别沿着黑板边上的凹槽从相同的高处由静止释放,然后进入水平轨道。

方案 3:用一把钢尺分别去拨动大小相同质量不同的小球,调整钢尺的形变量,让小球在水平面上移动的距离相同。

三种方案都能控制大小相同质量不同的小球速度相同,同学们提出方案后又进行了分析和修正,对于方案 2,简单易行,但是到轨道底端时会有能量的损失,这时我才拿出了我们实验室的器材——光滑的倾斜轨道,很好地解决了这个问题。学生通过设计整个实验,注重了过程体验,使实验更加完美,这样学生通过实验不仅知道了结论,还知道了探究的整个过程,开拓了学生的思维。

本次教学还在以前教学设计的基础上增加了一个评价量表。以小组为单位,对本小组的设计进行合理的评价。通过评价量表的设计,学生可以更客观地了解自己的学习水平,知道自己的优势和不足,以后可以更有针对性的学习。

总之,在探究的过程中,要多给学生留一点思考的时间,让学生充分理解知识的产生、发展的过程。逐步锻炼学生的思维,培养学生的科学探究能力。

课堂活动的设计与思考

——以《滑轮》为例

刘 丹

在初中物理教学中,作为物理老师应着意创设各种有效的课堂活动,以激发学生的学习兴趣,调动学生学习的主动性,帮助学生完成课堂的认知过程,让学生通过课堂活动成为动手实践、自主学习、合作学习的主体,真正成为课堂的主人。接下来,我结合《滑轮》这节课,谈谈对课堂活动设计的看法。

一、课堂活动的设计应该是在达成预设的教学目标的基础上,符合学生的认知规律

课堂活动的内容和形式可以多种多样,但是都应该以完成教学目标为基础,且符合初中学生对物理规律的认知过程。老师在每一个活动设计之初都应预设一个希望达成的目标,这样才能使每个活动具有较强的目的性。除此之外,课堂活动的内容需要符合初中生学习物理新知识的思维过程,引导学生认识到:当已有的知识不能解决我们生活中更多的实际问题时,人类就会去探索新的规律以满足人类发展的需求。例如《滑轮》的导入过程:在这个环节中,我设置的预期目标就是:引导学生在已有杠杆知识中发现新问题,并初步知道本节课要学习的主要内容在生活中的实际应用。在本节课的开始,提出利用上节课已学的杠杆知识,解决新问题"能否用杠杆将重物提升到楼顶呢?"当学生意识到杠杆似乎不能解决本节课的这个问题时,便会结合自己对生活的观察经验提出"滑轮"可以解决这个问题。再利用身边的实例让一些没有见过滑轮的同学,加深对滑轮的印象,从而让学生在脑海中初步建立滑轮的模型,这里我列举出学校操场上的两个滑轮的实例见图1国旗的旗杆顶端的滑轮和图2正在施工的吊车。这样的课堂引入不仅达到了我预设的提出滑轮模型的目标,同时也符合学生从杠杆过渡到滑轮的认知过程,更重要的是通过这个活动,也让学生自己逐步认识到事物的发展都是在不断地解决问题中进行的。

图 1　国旗的旗杆顶端的滑轮

图 2　正在施工的吊车

二、课堂活动设计应该根据学生的实际情况，对学生思维的个性化发展进行引导

老师在课堂活动设计中应该以引导学生充分发挥原创思维的灵活性为目标，以达到真实生动的课堂活动效果。例如，我在《滑轮》这节课的课堂活动中是这样做的：学生初次接触滑轮，并不清楚其各部分构造的名称，这里我引导学生结合滑轮的实物和课本上的定义，自主了解各部分构造，为后面引出定滑轮和动滑轮的分类作铺垫。当学生熟知每个部分的构造后，我再演示定滑轮和动滑轮的构造。最后，学生尝试两种滑轮的使用，体会并总结两种滑轮的不同之处。在这个过程中，学生学会了带有目的性地自主学习。在以往的教学过程中，我们限制学生只在滑轮的运动特点和方向上考虑两种滑轮的不同之处。实践中，我们发现每一位学生对相同事物的认识是不同的，他们在对自己已认识的事物的归纳上也是多种多样的。在使用这两种滑轮的过程中，他们

可能有五六种不同的体会,对这些体会的语言描述也是各种各样的,老师如果一味地追求标准答案,反而限制了学生的思维,禁锢了学生的个性化发展。因此,学生在体验使用两种滑轮后,自己设计了方框的内容,写出自己认为两种滑轮的不同之处。该活动的设计过程见图 3 所示:

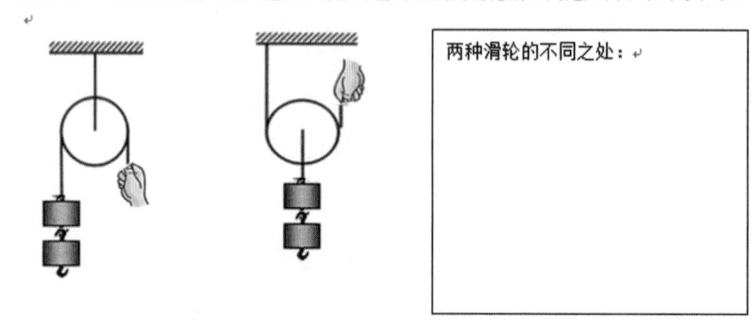

图 3　课堂上初次体验两种滑轮适应使用区别的活动

学生写出的结果如图 4:

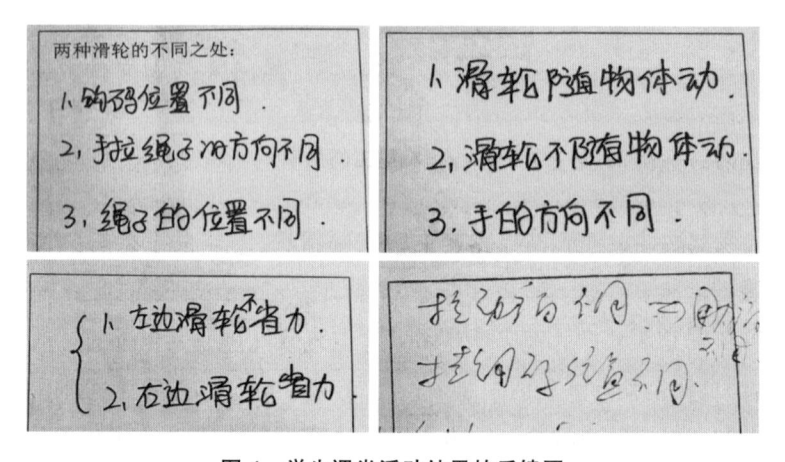

图 4　学生课堂活动结果的反馈图

根据图 4 可以知道,虽然学生写出的结论是各种各样的,但是通过集体的讨论和分析,我们会发现所有的结论最后都能归类到力的方向和运动特点上。这就是在老师的规范引导下最大化发挥学生思维个性化的过程。这样的活动不仅目的性明确,而且充分调动了学生的思维,让他们真正地通过观察、亲自体验、得出结论,并用自己的语言写出结论,这样的过程比我们以往教学中直接给出他们结论更有效果。

三、在物理课堂活动设计的过程中,老师要用以往的课堂活动实践经验,对课堂活动进行及时调整,在不断地调整和改进中获得自身的成长与提高

通过一系列课堂活动的实践后,根据学生的课堂反应和课后反馈,老师对课堂活动进行不断改进和调整,然后再去课堂实践,才能逐步获得良好的教学成效。在这个过程中既是老师自身教学经验的积累,也是教学方法和教学手段的增进。例如,我对导入环节的理解:以往我只考虑到,课堂导入是否有趣、是否能调动学生的好奇心,缺乏单元意识,忽略了章节与章节之间的关系问题。例如,在以往的《滑轮》教学导入过程中,我总是会以一张"一个胖子在用滑轮吊货物,瘦子跑过来帮忙却被货物吊到楼上"的故事引入《滑轮》,见图5所示。这样的引入固然生动有趣,但是却绕过了如何从杠杆过渡到滑轮的过程,导致学生在脑海中不能形成杠杆与滑轮的联系。甚至有同学学完滑轮都不知道为何要学它。因此在以往的教学经验的基础上,现在上这节课的时候,我是以问题的形式导入,尽量尝试让学生感受到趣味性的同时,能够建立起本单元的整体意识,带领学生思考本节与上一章节之间的联系。这一过程的改进既是对我的教学经验的丰富,也是我的教学方法的改进,同时也提高了课堂效率,今后我将这种手段不断运用到其他课堂活动的设计中。

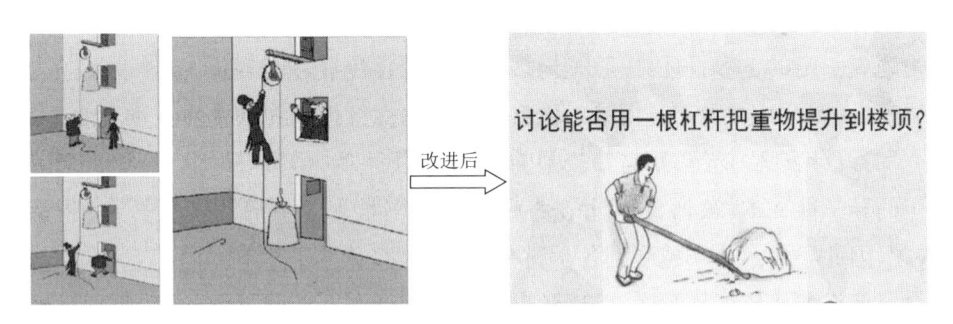

图5　课堂导入活动改进前后对比　　　　**图6**

在新课改的背景下,无论是老师教的方式,还是学生学的方式,都应该以课堂活动的设计和实践为主。学生通过参与到课堂活动中,获得对物理规律的认知,在课堂活动的实践中学习到物理研究的方法。老师则在课堂活动的设计与实施的过程中,不断反思和改进自己的教学方法,在课堂活动的实践过程中不断地了解学生,积累教学经验,最终使得老师成为课堂活动的领路人,而学生则成为课堂活动中真正的主角。

依托导学案,促进学生个性化发展

朱柳菊

《国家中长期教育改革和发展规划纲要》指出:"以学生为主体,以教师为主导,充分发挥学生的主动性,把促进学生成长成才作为学校一切工作的出发点和落脚点;关心每个学生,促进每个学生主动地、生动活泼地发展;尊重教育规律和学生身心发展规律,为每个学生提供适合的教育。"《初中化学课程标准》里也提到:"关注学生个性发展的需要:为学生提供可选择的学习机会,满足学生发展的多种需求。"因此,对于以实验为基础的化学学科来说,在教学过程中也应遵循其独特的学科特点,坚持以学生为本的理念,注重因材施教,关注学生的个性化发展。

导学案作为高效课堂体系的重要支撑点之一,是在新课程理念的指导下,为达成一定的学习目标,由教师根据课时或教学内容,通过教师集体或者个人研究设计并由学生参与,促进学生自主、合作、探究性学习的师生互动"教学合一"的设计方案。导学案是集教师的"导案"、学生的"学案"和综合性评价于一体的导学性文本,被形象地比喻为高效课堂上学生学习的"路线图"和"指南针",因此导学案越来越受到各学科教学的重视。

那么如何依托导学案,促进学生个性化发展呢?苏联教育学家、心理学家维果茨基在20世纪30年代提出了"最近发展区",即:"儿童独立解决问题的实际发展水平与在成人指导下或在有能力的同伴合作中解决问题的潜在发展水平之间的差距。"而每个学生的"最近发展区"都不同,所以在编制导学案的过程中,不可以只考虑一部分的学生,而是要充分考虑全体学生的差异性,要针对各个层次的学生来设计,使学生可以有不完全相同的学习目标和学习内容,在学习过程中也可以根据自己的"最近发展区",或请教老师、请教同学,或独立钻研、按需索取,让每一个学生自主地、有选择性地完成自己的学习任务,从而获取知识、提升能力。因此导学案的"导学""导思""导练"三个维度都要注重自主性、层次性和差异性,要给学生提供更多的自学、自思、自练的方法与合作交流的机会,促进学生个性化发展。具体方法如下:

一、提供有关联性、有拓展性的资料,进行个性化"导学"

"导学"是导学案中最核心的内容之一,关键是要让学生知道学什么和怎么学,这是达成学习目标的关键。"导学"过程不应仅仅局限于课堂教学活动,还应包括课前、课后的学习指导。导学案中的参考资料作为学生预习新课、复习所需的辅助工具,可以供学生选择使用,也可以帮助不同学习程度的学生来进行个性化的预习及复习。

对于初中化学学科来讲,导学案中的参考资料可以是新课知识的相关补充材料,包括一些相关化学史、科学家的介绍、与新课知识相关联的知识点的回顾,这部分的资料既可以直接呈现于导学案中,也可以做成二维码或提供相关网站的链接,供学生阅读学习。比如在学习初三化学第二单元"空气"这一内容时,导学案中可以提供有关空气组成发现史的二维码,学生可以进行知识拓展,促进其个性化发展。

导学案中的参考资料也可以是一些简单易操作的家庭小实验。化学是一门以实验为基础的自然学科,化学实验是帮助学生获得化学知识、掌握实验技能、激发学习兴趣、培养实验能力的一种教学手段,它在初三化学教学中始终占有十分重要的位置。为了让学生有更多的机会主动参与实验过程,在导学案中可以结合教学内容,有条件地提供一些家庭小实验,指导部分学有余力或者感兴趣的学生,利用生活中的一些日常用品作为实验仪器和药品,在课前或课后完成一些简单的趣味实验。

比如:在学习初三化学第三单元溶液的酸碱性时,可以设立拓展板块:探究甘蓝汁液的颜色变化。实验用品:3个玻璃杯、纱布、紫甘蓝、白酒、白醋、厨房清洁剂;实验原理:紫甘蓝含有花青素,花青素是一种酸碱指示剂,遇酸性物质会变红色,遇碱性物质会变蓝色,与化学实验室中的紫色石蕊十分类似;实验操作:①取几片紫甘蓝叶子在碗中捣碎,加入少量白酒,浸泡约一小时;②用纱布将浸泡过的汁液过滤或挤出在一个玻璃杯中;③用另一个玻璃杯取上述得到汁液的三分之一,加入少量白醋,观察颜色变化;④用另一个玻璃杯取上述得到汁液的三分之一,加入少量厨房清洁剂,观察颜色变化。这个家庭小实验所需的器材、用品都是学生家里非常常见的,实验过程也较简单,现象也较为明显,且整个实验过程几乎不存在任何安全隐患,初三的学生可以在导学案指导下独立完成。可以说这样的化学家庭小实验是课堂教学的延续、扩展和加深，不仅能用相对更形象的方法帮助学生巩固课堂知识，理解化学学科是以实验为基础的特性，还能开阔学生视野，提高学生的实验技能、动手能力，提高学生分析问题和解决问题的能力。而且从2021年开始，上海市中考引入了理化实验操作，以此为契机，也能为学生提供更多动手操作实验的机会。

  导学案中的参考资料还可以是一些初高中衔接内容。初中义务教育阶段的化学课程，注重的是化学教学的基础性和启蒙性。所以很多知识都只要求学生浅层掌握即可，而不强调深入理解；在能力培养方面，也比较注重定性分析和形象思维，一般从具体、直观的自然现象和实验入手帮助学生建立化学概念和规律，要求学生掌握一些最基础的化学知识和技能。而高中化学课程则更加注重学生学习的主体性和能动性，逐渐向系统化、理论化靠近，要求学生能将所学化学知识应用于生活实际，并能在其基础上有一定提升。所以高中阶段的知识容量与思维难度均远远高于初中阶段，导致初高中知识点的衔接存在有很大的台阶。那么初三化学的导学案除了呈现课堂所讲授的基础知识以外，还可以补充部分和所学内容相关的拓展内容以及一定的前瞻性学习指导，让学有余力的学生有更多的自主选择权，可以自选拓展板块的内容进行自我提升，潜移默化中建立起初高中化学学习的桥梁，降低初高中化学知识体系的过渡台阶。比如：初中化学只要求学生从得失氧的角度分析氧化还原反应，在学习相关内容的时候，在导学案中可以增加拓展板块，帮助某些学生学会从氧化还原反应的本质——暨电子的得失角度去分析理解。

二、设计有层次性、有开放性的问题，进行个性化"导思"

  有效的课堂提问，不但能及时反馈教学信息，促使教师了解学生学习情况，以便因材施教，有的放矢地进行后续教学，而且能激励学生积极参与教学活动，启迪学生思维，锻炼学生的表达能力，促进学生认知结构的进一步深化。所以在编写导学案时，要根据学习内容、学习重点和难点以及学生的知识储备、思维特点、能力水平，把要讲授的知识设计为一个个连续的相关问题，把学生引进旧知识的最近发展区，学生通过对这些问题的思考与分析，积极主动地完成新旧知识的迁移过渡，从而达到学习知识、提升能力的目的。那么如何通过问题，实现个性化"导思"呢？

  首先，设计的问题要注重层次性。所谓问题的层次性即设计的问题一定要有梯度，既要有一定的思维含量，又不是简单的一步到位，是学生跳一跳就

(才)能摘到果子,也就是修好一步步的台阶,搭好一个个的扶手,这样通过对一个个问题的解答来培养学生的自信心,同时培养学生的自学能力。对于学习能力稍有欠缺的学生,要注重激发学习的动力,培养学习兴趣,并适时进行个别指导,使他们能够将基础知识消化掉,达成学习目标,并能在原有的知识架构上有所拓展;而对于学习能力富余的学生,除了基础知识与相应的拓展内容,还可以让他们进行一些高层次的思考。比如:在结束初三化学第二学期的新课内容后,在进行"专题复习——氢氧化钠的变质研究"时,从梳理氢氧化钠、碳酸钠的化学性质开始,学生围绕着"如何证明氢氧化钠变质"这个问题进行思考、讨论。这个过程中,当有学生提出"用加酸溶液来证明氢氧化钠变质生成的碳酸钠"时,可以进一步让学生思考为什么加入的酸溶液的量必须要"足量"?如果加入"少量"的结果又会怎样?当学生解决了这个问题之后,接下来继续提出问题"如何证明氢氧化钠部分变质""如何证明氢氧化钠全部变质"。通过这几个连续问题的思考,学生不仅能进一步巩固氢氧化钠及碳酸钠的有关化学性质,还进一步培养了学生全面考虑问题的思辨能力。

其次,设计的问题要注重开放性。问题的开放性体现在把自由发展的时空还给学生,以原有知识作铺垫,引导学生去思考、去探究、去分析。每个学生的分析角度可以不一样,实验的方法可以不一样,甚至某些观点也可以不一样,学生可以充分发挥自己的创造性和想象力,培养批判性思维。在讨论问题时,教师也要充分为学生提供一个能够不受限制地发表自己的观点和见解的环境和机会,提供必要的探究条件和手段,让学生通过自己实践或实验来验证所学的知识或为所提出的问题寻找解决方案。比如:在学习初三化学第四单元"碳酸钙、氧化钙、氢氧化钙"这三种物质的性质时,可以要求学生思考:如何检验碳酸钙分解后是生成了氧化钙?这个题目就具有一定的开放性,答案并不唯一,可以先让学生思考讨论实验方案,然后再进行交流评价。在整个过程中,问题与现有的知识水平之间的矛盾不断得到解决,又不断出现,从而使学生在循环往复的学习中不断增长知识、提高能力。

三、编制有针对性、有梯度性的习题,进行个性化"导练"

教学过程中,除了要有教师的正确引导,更要有学生的主动参与。在知识与能力的生成过程中,也必须要有与教学内容相匹配的练习进行巩固。课堂练习的形式应是多样化的,内容与要求应当是有层次性的,让学生独立完成一些针对性强、与上课内容相关的练习,既能消化、巩固与串联所学知识,又能直接反馈学生知识的掌握情况;教师还可以通过练习来及时发现学生学习中出现的问题,通过统计分析学生作答的共同点,可以有目的性、有针对性地给予学生正确的指点,并做教学反思与评价。编制的习题不仅应紧扣本节课的教学内容及符合学生的认知水平、知识储备,而且要有一定的梯度,可分为必做题与选做题。必做题侧重于基础知识和基本技能,侧重于巩固强化课堂知识的识记、理解与运用,难度系数较低,属于基础题;而选做题则更侧重于对所学知识的理解运用,难度、灵活度及区分度较大,是对学有余力同学的培优,也正可以作为上文中所提到的对高中化学学习的铺垫。比如在学习初三化学第三单元"溶解度计算"这一内容时,导学案中可以编制以下三个梯度的练习:1.30 ℃时,22.9 g 硝酸钾溶于 50 g 水恰好饱和,求此时硝酸钾的溶解度。2.右图是硝酸钾的溶解度曲线,则 60 ℃时将 30 g 硝酸钾物质加入有 25 g 水的烧杯中充分溶解,所得溶液的质量为_____g,所得溶液为_____(填饱和或不饱和)溶液。3.T ℃,某硝酸钾的不饱和溶液分成二等份,一份蒸发 10 g 水,析出 1.5 g 晶体,另一份蒸发 15 g 水,析出 3.5 g 晶体,求 T ℃时硝酸钾的溶解度。这三个题目都是有关硝酸钾溶解度的计算,第一题中已知溶质的质量和溶剂的质量,可以直接根据溶解度计算式进行计算,这类计算是最基础的,只要学生掌握溶解度相关计算式就能完成;第二题要先结合溶解度曲线找出相关温度下的溶解度,然后根据溶解度计算式,计算出 60 ℃时 25 g 水中最多能溶解的硝酸钾的质量,再计算出溶液质量。这个题目的关键是要从图中找出正确的溶解度,并计算实际溶解的溶质的质量,此类题目是中考的常见题型,显然比第一题略难,除了计算更要求学生有看图分析的能力;最后一题中的数据较多,学生要在理解溶解度含义的基础上,合理选择数据进行计算,此类题目有一定难度,需要学生有一定的思辨能力,可以结合自己的实际情况进行选做。

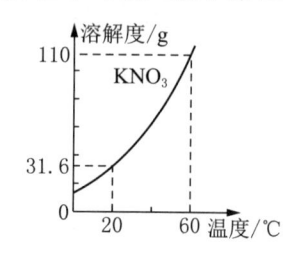

图 硝酸钾的溶解度曲线

综上所述,导学案能培养学生自主学习能力,引导学生在学习过程中确立适当的学习目标、使用恰当的学习方法。因此,在编制初中化学导学案的过程中,需要融入新课程理念,并且与教材完美结合,反映出基本知识、方法、思想的探究与学习,并且以丰富且有层次的补充资料、连续递进的问题以及习题,来满足不同层次学生的需要,促进学生个性化发展。

参考文献

范标.基于深度学习的教学改进——初中化学教学常见问题与应对策略[M].上海:上海教育出版社,2020.

北京教育科学研究院基础教育教学研究中心.学科能力标准与教学指南:初中化学[M].北京:北京师范大学出版社,2015.

趣学化学的方法探究

吴雪梅

一、兴趣的重要性

伟大的物理学家爱因斯坦曾经说过:"兴趣是最好的老师。"莎士比亚曾经说过:"学问必须合乎自己的兴趣,方可得益。"托尔斯泰曾经说过:"成功的教学,所需的不是强制,而是激发学生学习的兴趣。"学生只有培养了足够的兴趣,才能自觉参与学习过程,激起探索的欲望[①]。有了兴趣,学起来就事半功倍。因此,作为化学老师,我们要想办法激发学生学习化学的兴趣,让学生由"要学"到"愿学"再到"会学"和"乐学"。

二、第一堂课是激发学生兴趣的最佳时间

第一堂课是激发学生兴趣的最佳时间,如何把握很关键。一般到了初三,学生才真正开始步入化学的课堂,若能使学生在第一堂课就被化学吸引,产生浓厚兴趣,从而主动积极钻研学习化学,学生肯定可以学好化学。笔者认为,第一节课上提升学生学习兴趣可使用的方法主要有:1.魔术激趣。往白色固体中加入一滴水,观察到白色固体变蓝了,再多加一些水,蓝色固体变成了蓝色溶液,放入白色小刀,小刀表面变红了,这就是"白刀子进,红刀子出"的魔术。拿出一张"白纸",喷上无色透明的液体,居然显现出红色的"化学"两个字,学生都在思考怎么变出来的,为什么会出现这样的现象呢?笔者告诉同学们在今后的学习中就能用化学知识揭秘这些魔术。2.设疑激趣。让学生观看教师开汽水瓶及矿泉水瓶,问"为什么开汽水瓶能听到'哧'的声音,而开矿泉水瓶没有?"学生迷茫,笔者告诉同学们等今后学了气体的溶解度就可以解释了。3.实验激趣。什么是化学?英国人称之为"chemistry",也可拆开成"chem""is""try"即化学是尝试,尝试用实验的方法来研究物质的组成、结构、性质以及变化规律。然后笔者演示教材中三个体现化学变化的实验,学生观看实验现象,时不时发出惊呼声。笔者趁机激励学生,等同学们掌握了实验操

作方法后,就可以自己动手做实验了。4.用途激趣。学了化学有什么用?笔者列举化学在我们现实生活中的诸多用途,让学生感受到我们的衣食住行都离不开化学,化学与我们的生活密切相关。当然,方法是不局限于某几种的,只要利于学生产生对化学热爱的兴趣,就达到了目标,从而使学生带着好奇心和兴趣,开始一段探究化学之旅。

三、如何持续培养学习兴趣

兴趣是需要持续培养的,每节课都应该尽量做到有趣。第一节课将学生带入化学探究之旅后,在平常的课程教学中则更要用多种方法激发学生学习兴趣,因为没有一个学生能忍受一个教师用同一种教学方法连续上一个月的课。笔者认为,学生对化学的学习兴趣需要持续的、有趣的、多样化的教学手段来培养,这就需要在不同时段、讲不同的内容时,采用不同的教学手段。

(一)每章内容差异较大,有趣地引入新课很重要

新课的引入很重要,短短的一两分钟之内,要让学生的思维活跃起来,快速进入学习状态。因此,教师要精心设计"引入",使每一节课都有一个良好的开端。如,在讲"走进实验室"这一节课时,用发生在笔者身边的故事引入。笔者在研究生学习期间的一个朋友因为实验时没有遵守实验室规则,导致毁容,以此来告诫学生进入实验室一定要严格遵守实验室规则,以防发生意外事故。之后设问"进入实验室,要遵守哪些规则呢?"从而进入课题。在讲"构成物质的微粒"一课时,用一首诗引入,即王安石的《梅花》,"墙角数枝梅,凌寒独自开;遥知不是雪,为有暗香来。"设问"为何会有暗香来?"在讲"常用的两种碱之一氢氧化钙"时,用儿歌《粉刷匠》引入,设问"这是哪种碱的用途?"在讲"溶质的质量分数"第一课时,用硫酸铜溶液的图片引入,并设问"都是硫酸铜溶液,为什么颜色有深浅?"在讲"碳及其同素异形体"这一课时,笔者以"卖炭翁"的商店引入,让学生猜测这家店卖的是什么商品。引入方法还有很多种,如做实验、猜谜语、讲新闻,等等,关键是要与本节课的内容相关,且能有效地激发学生的学习兴趣。

(二)理论太复杂,概念太抽象时,多做化学实验是激发学习兴趣的重要手段

化学教学中,难点之一就是概念和理论知识的教学。有些概念比较抽象和枯燥,学生学起来比较乏味,通过课堂演示实验,可以方便学生理解,同时激发学习兴趣。例如,在学习"构成物质的微粒"时,由于分子原子是很微小的,

肉眼难以看到,所以通过喷花露水实验和高锰酸钾加到水里颜色变化,让学生感受到分子在不断运动;通过将50毫升酒精和50毫升水都倒至100毫升的容量瓶中,很明显看到液面低于100毫升的刻度,再用动画模拟出水分子和酒精分子混合的过程,原来是有些水分子进入了酒精分子的空隙中,才导致体积小于100毫升,这样学生就很容易理解了,进而很快能得出结论:分子间有间隙。在质量守恒定律的学习时,通过称量氢氧化钠和硫酸铜反应前后质量,学生很直观地看到,化学反应前后质量确实不变,从而加深对质量守恒定律的理解。通过DIS实验(数字化信息系统实验),呈现酸碱中和过程中的pH变化情况、温度变化情况,从而学生可以从多角度体会让无明显现象的反应明显化的方法。

笔者认为,实验操作,是培养学生动手能力的重要手段,同时也是能够激发学生学习兴趣的重要途径。记得做完粗盐提纯的实验后,学生时不时问:"老师,我们什么时候去实验室做实验?"可见,学生很喜欢去实验室做实验。因此,只要是可以让学生自己做的实验,一定要让他们自己动手做,使其在掌握实验操作技能的过程中,增强学习兴趣。

(三)理论太复杂,概念太抽象时,也可编成顺口溜方便学生理解与记忆

例如在讲化学式的书写原则时,笔者采用"坐位置、戴帽子、换帽子"的三部曲来教学,学生感觉有趣又易懂。在讲解复分解反应的特点时,笔者用"里应外合,价不变"来概括。为了帮助学生能记住金属的活动性顺序表,笔者介绍了谐音记忆法,将金属的活动性顺序表编成顺口溜,"拣个大美女(钾钙钠镁铝),身体细纤轻(锌铁锡铅氢),统共一百斤(铜汞银铂金)",这个顺口溜一讲,同学都开心地笑了,同时也激发了学生的学习兴趣。

(四)借助多媒体讲解各章节化学知识,对提升学生学习兴趣帮助很大

科技的日新月异为我们提供了更多现代化教学辅助手段,它们图文并茂、色彩丰富、生动形象,具有极强的表现力和感染力,如果能得到恰到好处的运用,相信会极大地提高学生的学习兴趣。对于有危险的实验,课堂上不便于作为演示实验时,教师可以在网上下载实验视频,播放给学生看,边看边讲解。讲解微观知识,如分子原子时,可以投影图片,让学生直观地感觉到分子原子是真实存在的。也可以用动画模拟微观的反应,在讲解化学反应的实质时,就可用动画模拟电解水的过程,从而使学生容易理解。

现在很多学校都在使用交互式电子白板教学,用电子白板教学可以增强

师生互动性,提高学习效率。特别是可提高复习课学习的效率。一章学完后,利用电子白板梳理知识点,教师可以直接用不同颜色的笔圈画出重点知识。讲解化学实验题时,也可以用白板拖动功能,搭建实验装置,让学生设计不同实验方案,然后教师讲解不同方案的利弊。进行习题讲评时,可以将课堂交给学生,学生在白板上做题,再让其他学生批改,指出错误的地方或者在白板上打钩。

在上学生实验课时,采用希沃白板5手机同步授课,可以随时抓拍学生实验操作过程,并上传至大屏幕上。学生都能看到,教师可以将照片放大,对学生实验操作的细节进行讲解,学生也可以指出照片中同学操作中的问题,在今后的实验中加以改正。采用希沃白板5手机同步授课,方便学生互评和教师点评。

单元测验完后,分析试卷时,可以用投影仪投影出错得多的题目,圈画出题目中的关键词,教学生分析解题思路,再请学生上台讲解。这样,比大家都对着试卷讲评效率更高,而且师生互动性更强,学生充当小老师,也可以提高他们的学习兴趣。

(五)联系实际生活,激发学生的求知欲[②]

上海从2019年开始推行垃圾分类,2020年垃圾分类已经写入了初三化学教材中,且作为考试内容。这就要求学生能区分可回收垃圾、湿垃圾、干垃圾、有害垃圾。在教学前,笔者会布置一项家庭作业"帮爸妈扔垃圾",学生扔过几次垃圾后,一些常见垃圾的分类就比较清楚了,然后再让学生总结归纳常见的可回收垃圾、湿垃圾、干垃圾、有害垃圾,并应用于生活中。在讲"溶质的质量分数"第一课时之前,笔者会布置一项家庭作业"拍摄有表示物质含量或浓度的饮料标签";讲完"溶质的质量分数"第一课时后,让学生讲解自己拍摄的照片中物质含量或浓度的含义。在讲"酸的性质"这一课时,笔者投影生活中拍摄的照片"有铁锈的铁制品""有水垢的水壶",然后问如何除铁锈和水垢?没有学过化学的人会用钢丝球用力摩擦,学了化学的人会怎么做呢?从而激发学生的求知欲。

(六)复习阶段采用增值性评价,激发学习兴趣

增值性评价(Value-added Assessment)通过测量学生跨时间段的学业成就增值情况来评估教师、学校乃至地区在学生培养过程中发挥的效能,是一种发展性评价模式[③]。增值性评价关注学生的发展增量,评价的重点是学生学业

成就的增值情况,倡导学生与过去的自己比较④。为了激发学生学习化学的兴趣,在一模考前的复习阶段,笔者曾采用过增值性评价。当时笔者制定的规则是每个人都跟自己比较,复习阶段的每次测验比上一次的测验进步5分及以上的同学都可以获得奖品,奖品每次都不一样,可能是笔、笔记本或其他的学习用品,笔者还会在笔记本上写上鼓励性的话。进步奖也有差异性,笔者会统计每个学生近两次测验分数的差值,设置进步奖前三名,进步最大的同学获得的奖品最多。笔者也会关注后退的学生,对于退步多的学生,笔者会找来聊天,了解他的问题在哪里,并鼓励他(她)争取下次有所进步,能拿到奖品。采用增值性评价后,笔者发现上课的时候学生听得更认真了,学生也不再厌烦测验了,而是摩拳擦掌准备好好考,争取有所进步,能拿到奖品。因此,笔者觉得增值性评价可以有效地激发学生的学习兴趣。

归根结底,提升兴趣是目的,方法只是手段,可以多样化。比如,对于刚刚接手的班级,教师对学生的情况不了解,还叫不上名字,大多数老师都是采用抽学号的方法进行提问。其实我们还可以采用"抽奖"的模式,进行抽签。在电脑上下载一个抽奖软件,将全班同学的学号录入,控制数字的滚动,看谁能中大奖。全班同学在轻松有趣的氛围内进行学习,把单调的提问,改成抽奖问答,相信大多数学生更喜欢后者。又比如,在学习完了酸碱盐知识点之后,区分物质中哪些是酸,哪些是碱,哪些是盐对大部分学生来说是难点,可以用卡片的形式,在玩中学习,消化难点。提前将多种物质的化学式写在磁性卡片上,在黑板上画出格子,告诉学生哪个格子里放酸或碱或盐,学生上台挑选卡片,放入相应的格子里。如果都放对的学生可以少做一题回家作业,学生的参与性就更高了。但总体来说,选择怎么样的方法,老师可以充分发挥主观能动性,不需要局限于某些方法,只要能在可控的情况下,有效提升学生学习兴趣就好。

如何激发学习兴趣,作为永恒的话题,值得不断探寻。兴趣很重要,正如我国古代教育家孔子说的:"知之者不如好之者,好之者不如乐之者。"也如德国伟大思想家歌德说的:"哪里没有兴趣,哪里就没有记忆。"但是,如何激发学生学习兴趣却是难点,也是教学领域内的永恒话题,我们应该在继承前人成就的基础上,不断地进行追问和探究。

参考文献

① 许辉.初中化学教学中激发学生学习兴趣的方法[C].2020年"互联网

环境下的基础教育改革与创新"研讨会论文集.教育部基础教育课程改革研究中心,2020.

② 谯翠华.化学教学中激发学生学习兴趣的几点体会[C].2020年"提升课堂教学有效性的途径研究"研讨会论文集.教育部基础教育课程改革研究中心,2020.

③ 周瑶,陈星贝.增值性评价:来自美国田纳西州的核心经验[J].中小学管理,2020(10).

④ 雷晓艳.美国中小学增值评价改革的经验及启示[J].教学与管理,2021(21).

高中化学项目化学习的几点思考

夏鲜竹

一、化学学科项目化学习必要性和可行性分析

（一）项目化学习的必要性分析

一百多年前,约翰·杜威等教育家提出体验式学习"做中学",倡导以学生为主体的学习,项目学习是在这种教学方式背景下发展起来的。1918年,美国教育学者克伯屈发表了《项目（设计）教学法:在教育过程中有目的活动的应用》,从学习心理学和教育学角度创立"项目教学法",并提出知识必须经历实践才能获得;在教学中围绕一个具体的问题,创设情境,引导学生在解决问题的过程中习得知识的项目化学习（Project Based Learning,简称PBL）。项目教学法最显著的特点以项目活动为教学主线,教师是教学的主导者、监督者和协调者,学生是知识的主动建构者。构建并应用"以学为主、以教促学"的项目教学模式,可改变教师的主导地位,凸显学生的主体地位,使得课程教学从以教师教学活动为中心、以课本基本理论知识的传授为目的,过渡到以学生小组研学为中心、以培养学生的综合能力为宗旨的新模式。

《国家中长期教育改革与发展规划纲要（2010—2020）》明确指出,深化教育教学改革,创新教育教学方法,培养学生的学习能力、实践能力、创新能力。《上海市义务教育项目化学习三年行动计划（2020—2022年）》中明确,推进义务教育教与学方式变革,提高义务教育质量,培养学生创造性解决问题的能力,须融合项目化学习的实践作用。《普通高中化学课程标准（2017年版2020年修订）》重视开展"素养为本"的教学,提出化学课程内容的选取应"结合学生已有的经验和将要经历的社会生活实际,引导学生关注人类面临的与化学相关的社会问题"。倡导"教、学、评"一体化的教学方式,通过真实问题情境的创设,培养学生的创新精神和实践能力。基于此,以"素养为本",以真实情景创设为载体,以实际问题解决为学习任务,以化学学科核心知识为解决问题

的工具,采用互动式、启发式、探究式、体验式、评价式等多种学习方法融合的项目化学习,契合课程改革和社会发展的需要。其中,沪教版高中化学必修教材(2017课标版)将项目学习活动安排在教材相应章节,鲁教版高中化学必修教材(2017课标版)更将微项目教学安排在教材的每一章节。

(二)项目化学习的可行性分析

化学是在原子、分子水平上研究物质的组成、结构、性质、转化及其应用的一门学科。化学不仅与经济发展、社会文明的关系密切,也是材料科学、生命科学、环境科学、能源科学和信息科学等现代科学技术的基础。基于此,化学学科具有丰富的项目内容。譬如,当前科技热点问题:2010年诺贝尔奖石墨烯、2015年诺贝尔奖青蒿素、2019年诺贝尔奖锂离子电池,等等;生活实践问题:自制米酒、补铁剂中铁元素的测定、含氯消毒剂和净水剂、新冠病毒与胶体(抗体检测胶体金法和气溶胶传播);环境问题:水体污染的治理与防治、汽车尾气处理、酸雨的形成与防治;传统文化中蕴含的化学问题:中药中的青蒿素,等等。

《普通高中化学课程标准(2017年版2020年修订)》是对高中化学核心知识的全方位概括,为项目的主题选择提供了灵感和评价考核的作用。化学是一门以实验为基础的学科。项目式学习有利于培养学生动手操作及创新实践能力,促进交流合作,在教学设计上突破传统的按课时分配的单元教学,具有学科融合、打通多模块知识教学的特点,符合新课标中对素养的培养要求。

二、化学学科项目化学习的案例初探

项目式学习区别于传统教学的最明显特征是两个转变。第一从"知识传授"转向"能力发展",第二从"教师主导"转向"学生自主"。首先,项目式学习"教"与"学"的核心是探究式学习方式,在解决真实问题的过程中建构学生的知识体系。其次,项目设计要基于课程标准的要求、学生的经验,注重真实情景、问题驱动、学科核心知识、合理设计、成果导向和评价跟进。在新课程改革背景下,项目式学习对现有教学方法有着重要补充作用,如何在教学中用好项目式学习,激发学生兴趣,提高课堂效率,具有很好的探究价值。

(一)走向真实情境的项目化学习

高中化学新课标中明确指出,教师在教学过程中要善于结合现实生活引导学生了解化学知识在生活中的作用,体会化学知识的实用价值,进而激发学生学习化学的热情。项目式教学围绕解决真实问题而设计,具有教学情景感强、实用性高、调用相关性知识多的特点,是真实情景下的深度学习,弥补了传统课堂的不足。

以网课"防疫化学知多少"为例,本课基于STSE教育理念,运用基于问题的学习"PBL"模式,以疫情期间防疫消毒事件为载体,创设自主探究学习情境。通过初识新型冠状病毒、探究消毒原理和解读消毒剂使用说明等内容,利用班级微信学习群、钉钉平台、问卷星、抽签助手等信息手段,经过学生课前查阅资料、小组讨论、分析问题、教师引导设计家庭小实验、NOBOOK软件模拟实验等环节,让学生巩固基础知识,了解新知识,提高学生吸收、整合信息的能力,培养化学实验探究能力,提高学生关注生活和用科学思维发现问题、解决问题的能力。教学流程见图1。

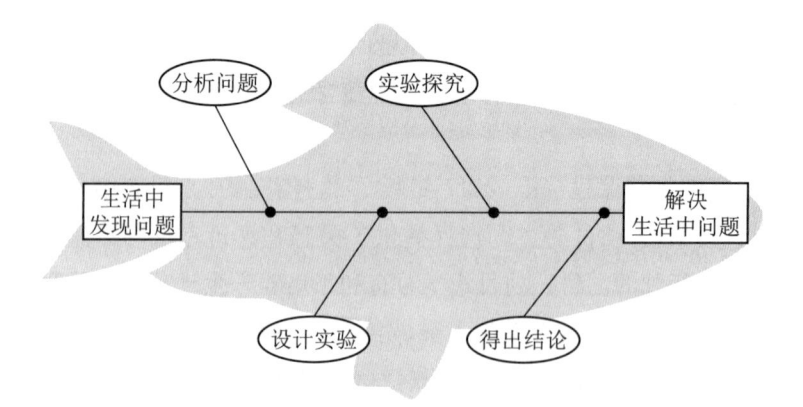

图1 "防疫化学知多少"教学流程

以"基于真实情境的项目学习——铁及其化合物的转化"中"由暖宝宝制备绿矾晶体"为例。活动前:设计方案,拟定所需试剂与实验仪器,设计实验流程、实验报告。活动中:完成暖宝宝中铁的溶出(如何测定铁完全溶出);测定所得硫酸亚铁溶液中亚铁离子浓度(如何测定);制得绿矾晶体。活动后:继续完成绿矾晶体的制备,完成实验报告;以实验活动为载体,设计一套学生作业。通过精心设计的任务活动,将物质的转化问题、原电池、化学反应速率、实验过程控制变量法、定量分析法等问题一步步串联起来,形成学科逻辑主线。要让学生完成这个项目,首先要设计整体探究方案,其次要调动化学关联知识、选择科学方法并设计成果展示方案等。这样的系统思维有助于培养学生解决有关化学真实问题的关键能力,体现化学学科价值,落实学科核心素养。

（二）深挖教学素材的项目化学习

项目化学习把教材中提供的教学素材进行深度挖掘，成为课堂教学中可行的学习活动方案，是真实情景中的深度学习。

以"食盐知多少"为例，将食盐相关知识设计成项目式学习。任务一，食盐的提取：活动一，食盐的来源（学生课前查阅资料，小组讨论，多媒体视频进行辅助）；活动二，粗盐的提纯（学生小组实验，完成实验报告，项目结束时完成可见的产品）。任务二，食盐的性质和用途：活动一，食盐组成和结构分析，利用球棍模型进行搭建；活动二，食盐性质分析，复习检验溶液的酸碱性操作；活动三，食盐用途，实现黑笔写红字操作。教材资源的迁移应用，通过新课题的引入培养学生解决问题的能力。譬如，"神奇的紫甘蓝"项目，通过变色花的秘密创设情境，以紫甘蓝提取、探究溶液的酸碱性、身边常见物质的酸碱性为项目学习活动，呈现了基于项目学习的化学教学设计思路、教学流程，进行了项目教学实施，并结合学生自评互评和教师评价量表从知识、能力、素养等方面分析了实施项目教学后的效果。"晶体的制备"以如何设法看清楚胆矾晶体的几何外形为驱动，引出硫酸铜饱和溶液配制与胆矾晶体的制作两个实验，并拓展电子显微镜的观察实践。引导学生通过两个实验方案设计、实验实施以及实验交流、验证反思等环节开展化学自主学习探究，期待让学生尝试用化学知识结合化学实验解决实际问题，对化学实验探究学习的一般过程有所了解，学习一些实验探究的基本规则，提升化学学科基础素养；让学生发现一些值得深入学习的兴奋点，激发化学学习的兴趣；并借助跨学科手段，为深入理解物质的内部结构与物质的性质（固有外形）以及外界条件影响的作用等核心知识作铺垫。

三、化学学科项目化学习的一些思考

在项目化学习实践中，如何根据本校学生的认知水平而设计合理的项目，确保每个学生都能有所收获？譬如，在"基于真实情境的项目学习——铁及其化合物的转化"中铁的性质和用途为合格考水平要求，但铁的化合物性质为等级考水平要求，如何在设计项目时，利用思维导图平衡二者之间的关系需要进一步思考。高中化学中元素化学知识点多而散，在"酸雨的形成和防止"中可在项目设计时合理利用"价—类"二维图实现物质的转化。

在项目化学习实践中，针对不同的项目，如何形成合理的项目成果？除了完成可见的产品、完成实验报告、撰写科技小论文的方式，还有哪些可行的方

式？项目式教学前期对课程的设计投入时间长,尤其是在对素材选择和加工方面,需要做大量的研究工作,如何操作更有利于项目的生成与实施,项目的合理性如何得到验证？在化学教学中,基于复习课更强调对知识技能方法的综合应用,如何将学科前沿的背景融入项目式教学,增加学生的新鲜感,提高复习效率？等等。在项目化学习的路上,还有许多值得本人深思和行动的内容,吾将上下而求索。

参考文献

蔡可.美国项目学习与我国语文教学改革[D].北京:首都师范大学,2015.

中华人民共和国教育部.普通高中化学课程标准(2017年版2020年修订)[M].北京:人民教育出版社,2020.

夏雪梅.项目化学习设计:学习素养视角下的国际与本土实践[M].北京:教育科学出版社,2018.

江合佩.走向真实情境的项目化学习[M].山东:山东科学技术出版社,2020.

立足"双减",提高化学教学有效性的实践探索

——以"化学语言的专题复习"为例

吴雪梅

随着"双减"政策的推行,学生出现了两极分化的情况,有些学生化学学习非常轻松,而有部分学生不会书写化学式,甚至连写元素符号都感觉到困难。化学语言是学生学习化学的重要工具,本身学习难度不是太大,但不少学生却因为这部分知识的枯燥性,人为从心理上加大了它的难度。另外,微观世界的分子、原子等微粒是看不见摸不着的,对学生而言,这些概念抽象且难以理解,所以更加加大了学生对元素符号、化学式含义理解的难度。

为了提高初三化学教学的有效性,我在"专题复习——化学语言"一课中进行了以下实践探索。

一、关注学生平时的学习,精选练习题,提升学习效率

在平时的教学过程中,笔者总结归纳了这一专题中所教学生易错的知识点,主要有元素符号周围数字的含义、化学式的书写与含义、微粒模型及化学反应的微观示意图分析;然后有针对性地选择练习题,设计学习支架,引导学生自己去发现问题所在并归纳总结要点。

二、观察学生日常表现,组建讨论小组,便于交流讨论

笔者在日常教学的过程中留心观察学生的表现,了解学生的性格特点以及学习基础等情况,将学生划分为基础好和基础薄弱两个层次,针对不同层次的学生设计不同的学习目标与任务。笔者在本专题复习课中设计了一些小组活动,每个小组均由基础好和基础薄弱的学生共同组成,乐于表达交流且基础好的学生作为组长,组织本组组员完成学习任务并发言。基础好的学生完成任务后可帮助基础薄弱的学生完成总结归纳。基础好的学生能够在帮助其他同学的过程中巩固知识,使自己的思维能力得到有效提升,基础薄弱的学生也可以在基础好的学生的帮助下查漏补缺。在此过程中,教师随时巡视,参与学

生的讨论中,并引导学生互帮互助,保证每个学生都能够找到自己擅长的事情,从而保持学习热情。

三、丰富习题内容,采用多媒体教学,增添学习乐趣

在"双减"背景下,为了提升教学效率,教师的教学理念与教学方法应该与时俱进,勇于创新,设计多种多样、丰富多彩的习题内容,解放学生的"手、眼、脑",让学生真正感受到化学知识的奇妙与魅力,激发学生学习的内在动力与兴趣。在本专题复习过程中,笔者加入了一些小组活动,例如,【活动1】大家一起来"找茬",在用眼"找茬"的过程中,体会学习的乐趣,并归纳总结元素符号周围数字的含义、化学式书写要点。【活动2】"用球棍模型来表示符号",学生动手搭建微粒模型,体会动手搭模型的快乐。【活动3】"以化学语言的考查为题,设计一道选择题或简答题,并指定某个小组同学回答",体会动脑设计试题的乐趣,并且在考查其他同学的过程中获得成功的喜悦。活动1、2、3的设计如下。

【活动1】大家一起来"找茬"

下列化学语言中存在错误,找出错误并改正,然后组内同学交流讨论完成归纳总结。

1. 2K:两个钾原子_____;三个氧分子:O_3_____;

   $2N_2$:两个氮原子_____;正三价的铝元素:Al^{+3}_____。

【归纳总结】

元素符号周围数字的含义,并举例说明(注:R 表示某种元素)。

$aR_b^{\pm n}$ ① aR 表示_____,举例_____。

② R_b 表示_____,举例_____。

③ aR_b 表示_____,举例_____。

④ $R^{\pm n}$ 表示_____,举例_____。

2. 化学式的书写

物质名称	化学式	改正	【归纳总结】化学式书写要点
汞	Hg		单质的书写:大多数单质直接用元素符号表示,除常见的_____这7种以外。
氦气	He_2		
氢气	H		

物质名称	化学式	改正	【归纳总结】化学式书写要点
硝酸铵	NO_3NH_4		化合物的书写：
碳酸钠	$NaCO_3$		① 左"_____"右"_____"；
氧化钙	Ca_2O_2		② 化学式中各元素化合价代数和为_____；
氢氧化钠	$Na(OH)$		③ 化学式下标要约成_____；
碳酸	CO_3		④ 当原子团个数_____时，原子团前后加括号；
硫酸亚铁	$Fe_2(SO_4)_3$		⑤ 酸是由_____和酸根组成的化合物；
			⑥ 亚铁化合价为_____。

【活动2】用球棍模型拼出下列5种符号，并画出微粒示意图（可用"○"表示氢原子，"●"表示氧原子）。

化学符号	H	2H	H_2	$2H_2$	H_2O
微粒示意图					

【交流讨论】1. 其中能表示化学式的有哪些符号？

2. 他们都只能表示微观含义吗？哪些符号还可以表示宏观含义？

【活动3】依据以下化学反应的微观示意图，以化学语言的考查为题，设计一道选择题或简答题，并指定某个小组的同学回答。（相对原子质量：O—16　N—14　C—12）

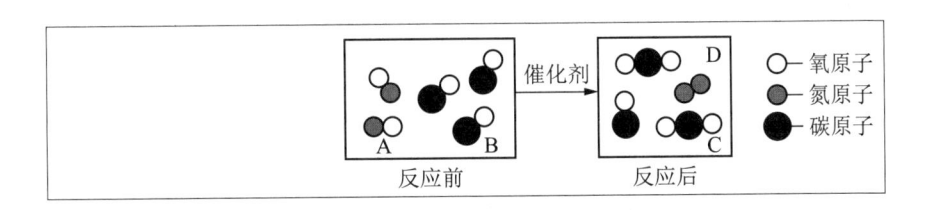

笔者采用希沃白板5进行教学，可以随时抓拍学生交流讨论情况，并将学生的归纳总结上传至大屏幕上，方便学生进行讲解与交流。希沃白板5中还有送小红花、点赞等按钮，学生在讲解交流过程中，笔者给学生送小红花、点赞等操作对学生进行表扬，增添学习的乐趣。

四、重视习题反思,进行归纳总结,强化学习成效

为了有效提升习题练习的质量,及时回顾与反思所做习题,并进行总结归纳,学生可以找到在化学解题过程中自身思维的局限性以及知识不牢固之处,从而为后续的学习指明方向,便于提高后续学习的成效。在本专题复习中,活动中都进行了总结归纳,有知识点的总结归纳,也有解题技巧与方法的总结归纳,从中培养学生的归纳能力,从具体实例中得出相应的规律性结论。让学生学会举一反三,从弄懂一个题目开始,到弄懂一类题型为止,真正发挥习题教学的作用。活动1见上文,活动4的设计如下:

【活动4】分析化学反应的微观示意图

工业生产硫酸中的某一步反应用微观模型图表示如图,下列说法正确的是( )

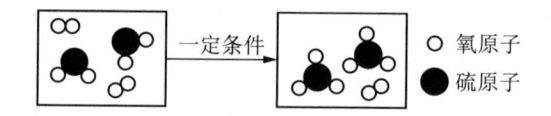

A. 反应前后硫元素的化合价从+2价变成+3价。
B. 参加反应的反应物间分子个数比是1:1。
C. 反应前后分子数目不变。
D. 该反应属于化合反应。

【总结归纳】化学反应的微观示意图的解题方法及技巧。

五、精心备课,减少重复语言,提高课堂效率

在"双减"背景下,化学课的课时也有所减少,但要教的内容并没有减少。因此,每次上课前,笔者都会反复多次修改课件,精炼自己的语言,删繁就简,同时依据学生情况修改导学案,以便达到提高课堂效率的目的。

六、精选作业,减少作业量,提高作业质量

作业是检测学生学习效果的重要手段,也是学生将所学知识进行消化巩固的主要方式,因此学生不能没有作业,但是也不能采用题海战术,这样太浪费时间,也不符合"双减"政策。因此,在平时教学过程中,笔者精选作业,减少学生的作业量,同一类型的题目只出一题,或者改编习题,整合多题成一题,去

除重复内容,设计分层练习,以便达到提高作业质量的目的。

总之,在"双减"政策下,如何提高化学教学有效性是一个值得思考的问题,以上是笔者在"双减"政策推行后的教学实践探索,希望能对中学化学教学有所帮助。

化学学科核心素养视阈下的微课程对学科德育渗透的探索

夏鲜竹

一、微课程对化学教学中渗透德育的必要性和可行性分析

（一）微课程对化学教学中渗透德育的必要性分析

微课程（microlecture）最早是由美国新墨西哥州圣胡安学院的高级教学设计师戴维·彭罗斯（David Penrose）于2008年秋首创的。它是指基于建构主义针对在线学习与移动学习的教学内容；与特意设计的活动相关联，用来提高学习者的认知动机；具有完整的教学设计环节，包含课程设计、开发、实施、评价等环节。在美国，微课程的使用甚至作为"流感应对计划"的关键部分。一些大学如普林斯顿大学的人文资源学院、北卡罗来纳大学政府学院、洪堡州立大学、西佛罗里达大学等都支持微课程对21世纪学习者的创新教与学。2011年，微课程开始在广东探索实施，近年来在较多省份进行了推广和实施，并取得了较好的成效。鉴于化学是一门以实验为基础的学科，其独特的学科特性和知识属性能与微课程很好的耦合。

化学学科德育渗透是依据《中共中央国务院关于深化教育教学改革全面提高义务教育质量的意见》《普通高中化学课程标准（2017年版2020年修订）》和《德育大纲》的要求，根据学科自身的特点、学段特点和学生发展需求，充分挖掘学科中蕴含的德育因素，以知识为载体，主要立足于教学实践，采用适当的策略与方法，将具体学科知识链接生活实际，形成具有挑战性的学习任务。学生通过多种形式的实践性学习，提升核心素养，实现知行合一的有意义的教与学的过程。因此，当前开展化学学科德育渗透的研究是发展素质教育，弘扬科学精神的需要。

《普通高中化学课程标准（2017年版2020年修订）》特别强调学科教育渗透，通过加强信息技术的应用等方式，改进教育教学方法，增强学科教育的针对性和实效性。然而，在实际的教学中，由于长期以来教育评价方面的偏颇，

学生片面追求学习成绩,家长重点关心学生名次,社会评价学校的好坏唯一标准便是升学率的高低。学校和教师屈从于升学压力,教师在实际教学中只注重知识的传授,对学科德育资源的"弱视"乃至熟视无睹,空洞说教式的"单边行动",导致学科教学与道德教育"两张皮"。此外,由于高中化学教学任务重,知识存在一定的难度和复杂性,在日常教学中会出现学生学习效果参差不齐的情况。对于我们目前实行的班级内集中授课的模式来说,很难兼顾所有水平层次的学生的学习。上述问题的解决,就需要我们科学地处理学科教学和德育的关系,不断探索化学学科德育渗透的教学理念和手段。化学学科核心素养视阈下的微课程对学科德育的有效渗透的探索能契合上述需求。

(二)微课程对化学教学中渗透德育的可行性分析

化学学科是在分子、原子的关系上研究物质的组成、结构、性质及其变化规律,探究物质体系内各微观粒子之间的相互作用、相互影响,改造或创造物质以满足社会需求的应用学科;能够帮助学生形成对物质世界组成与变化的基本认识,掌握独特的分析与解决问题的方法,树立正确的科学伦理观念与不断探索的科学精神,学会遵守科学规范并养成良好的、科学的生活习惯。基于此,化学学科充满了丰富的德育内容:譬如,高一第二章氧化还原反应体现了对立统一的规律;含氯消毒剂实验探究能培养良好行为习惯和科学精神;高二第九章《初识元素周期律》揭示了量变到质变的规律;纪录片《我们需要化学》和《门捷列夫很忙》中化学家们为科学发展矢志不渝钻研到底不放弃的精神,鼓舞着学生们执着追求真理;化学实验贯穿于整个化学课程,体现了以事实为依据的实验态度和实事求是的科学精神,等等。因此,本人认为利用微课程对化学教学中渗透德育是具有可行性的。

二、微课程对化学教学中渗透德育的案例初探

(一)通过模型搭建和实验,培养学生科学世界观

美国心理学家布鲁纳曾经说过:"学习的最好刺激,乃是对所学材料的兴趣。""石油化工的龙头——乙烯"以生活中的情景引入课题,激发学生学习兴趣。在乙烯结构探究过程中,通过给定孔的小球和无孔的泡沫小球分组搭建乙烯的分子结构模型,让学生体验成键的规律与数目,学生搭建的模型见图1。学生亲身体验乙烷的立体模型转变为乙烯的平面模型的过程,化抽象为感性,加深碳的四价理论的理解。同时模型的搭建与多媒体模拟结合,发展了学生在有机化学学习过程中的证据推理与模型认知的化学学科核心素养。在乙烯化学性质探究

过程中,采用25%的乙烯利和氢氧化钠固体制备乙烯,可以改善传统实验室制乙烯的反应原料、实验装置和实验过程、反应速率等诸多不足之处,利用气体在培养皿中自发扩散的原理设计出的探究乙烯的性质的微型实验装置(见图2)使课堂学生实验简单易行。同时,实验探究与微观视频结合,能够将抽象的化学性质的原理形象化、感观化,便于学生理解。尤其是在用乙烯合成聚乙烯的探究过程中,学生具体演示断键与成键,让学生表现出极高的热情和强烈的求知欲,很好地解释了塑料难以降解而造成"白色污染"的可能原因。在乙烯价值探究过程中,复方氯乙烷喷雾剂和水果保鲜方案的设计,让学生利用学到的知识解决实际生活中的化学问题,让学生认识社会发展与化学应用的密切关系,感受化学已经并且将会在许多领域改变和丰富我们的生活,发展学生对化学学科价值与社会价值的认知水平,形成正确的科学世界观。

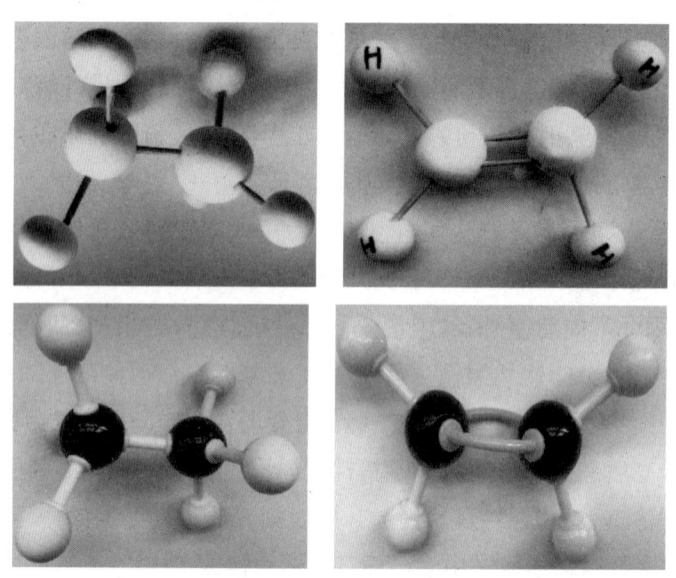

图1 学生搭建的模型

乙烯与酸性高锰酸钾溶液反应对照实验　　乙烯与溴水反应对照实验

图2 探究乙烯的性质的微型实验装置

以"电解质的电离"为例，鉴于该部分知识抽象性、理论性较强。运用微课演示实验、学生实验、多媒体动画模拟等教学辅助手段。采用"问题驱动"教学模式，以问题设计为基本特征，通过对汗水导电原因的深入分析、讨论，使学生初步认识电解质与非电解质。教学中运用多组实验，让学生自己动手。通过观察、记录、分析实验现象，让学生直观认识化合物导电的条件，逐步形成对电解质与非电解质的认识。再通过微观视频动画，结合离子化合物、共价化合物知识分析自由移动离子产生的原因，归纳出电解质的电离。通过相关训练与讨论，既突出了重点，又突破了难点，同时也发展了学生对物质分类的结构化认识。此外，在教学过程当中引导学生对TDS水质检测笔的辩证认识，发展学生对化学学科价值与社会价值的认知水平，形成正确的科学世界观。教学流程见图3。

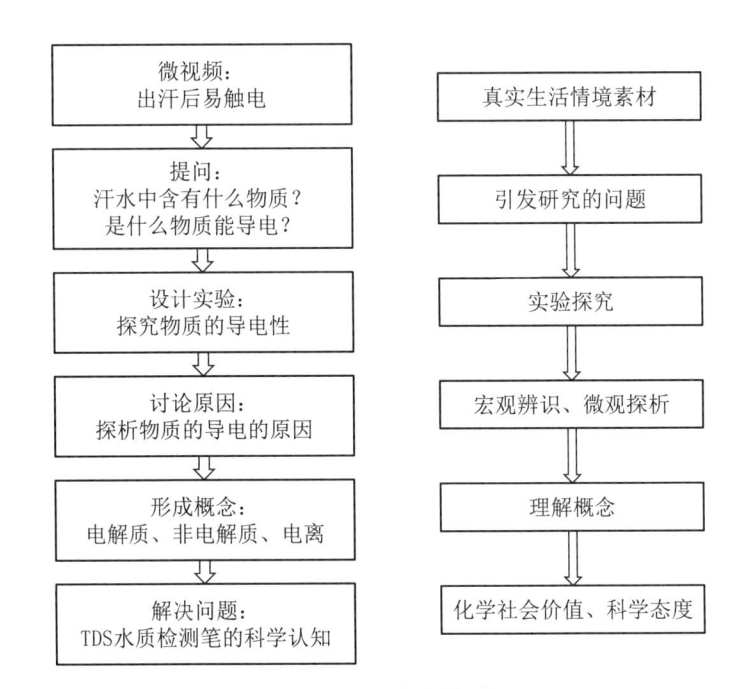

图 3 "电解质的电离"教学流程

（二）利用化学史教育，培养学生高尚的爱国主义情操

科学态度与社会责任是化学学科核心素养的重要组成部分，是化学学习更高层次的价值追求。而化学史实是科学态度与社会责任培养的绝佳载体。法国著名科学家朗之万认为："在科学教育中，加入历史的观点是百利无一弊。"著名化学家傅鹰先生曾经说过："化学给人以知识，化学史给人以智慧。"

化学史实能为化学学科的学习增加生动性和趣味性。此外，以化学家的事迹、精神与品质创设情境，便于学生主动建构知识体系、全面认识科学本质。譬如，舍勒在研究软锰矿时发现氯气的科学史料；元素周期表的编制者门捷列夫用毕生经历为自然科学的发展做出的贡献；我国化工专家侯德榜先生研究"侯氏制碱法"曾为世界制碱工业做出了突出贡献，等等。

（三）运用化学知识解释生活中情景，培养学生科学世界观和见微知著的科学思维习惯

以"含氯消毒剂的应用"为例，采用问题的学习模式，以疫情期间防疫消毒事件为载体，创设自主探究学习情境，能很好地激发学生的积极性，利于线上教学过程培养学生学习的主动性。同时，教学中利用了钉钉互动面板和问卷星进行辅助教学，有效解决了线上教学及时反馈的问题。NOBOOK软件模拟"84消毒液"遇上"洁厕灵"实验，使化学实验探究简单易行，方便学生课后进行实验探究。此外，将化学知识与防疫消毒有机结合起来，积极创设与生活紧密联系的问题情境，鼓励学生利用所学的知识解决与生活相关的问题，发展学生对化学学科价值与社会价值的认知水平，培养学生科学世界观和见微知著的科学思维习惯。

参考文献

中华人民共和国教育部.普通高中化学课程标准（2017年版2020年修订）[M].北京：人民教育出版社，2020.

何晓文.学科德育的探索与实践[M].上海：华东师范大学出版社，2004.

李吉林.情境课程的操作与案例[M].北京：教育科学出版社，2008.

中考改革背景下化学实验课教学方式的改变

——以"二氧化碳的实验室制法探究"为例

吴雪梅

一、中考改革

我国著名化学家傅鹰先生曾说过"化学是实验的科学,只有实验才是最高的法庭",这充分说明实验在化学课堂教学中的重要性。近几年来,国家和地方发布了各种文件,都强调了实验教学的重要性。比如《关于加强和改进中小学实验教学的意见》中提出,实验教学是国家课程方案和课程标准规定的重要教学内容,是培养创新人才的重要途径。2019年4月,上海市教委发布《上海市初中学业水平考试实施办法》和《上海市初中学生综合素质评价实施办法》两个配套文件,对中考改革方案进一步细化与落实。为提升学生动手实践能力,强化理化实验操作考试,于2021年开始采用分科分场考试,满分15分,其中,化学实验操作考试满分5分,考试时长为15分钟。改革后的中考把实验操作考试成绩与升学成绩挂钩,这无疑对化学实验教学起到了积极的促进作用。

二、化学实验课教学方式的改变

实验在化学教学中占有举足轻重的地位,以往衡量学生实验操作能力的方式是在试卷中考查与实验操作相关的考题。这种考核方法通常会导致学生偏重于背实验过程,背实验结论;教师在教学中重知识传授,轻实验操作。现在随着上海中考改革将实验操作纳入初中学业水平考试,停留在以前那种能够记住并理解课本上的经典实验,以说实验、写实验就能考高分的时代结束了,因此教师在平时的化学教学中需进一步加强学生的实验操作能力的培养。为了适应中考的变化,笔者在教学过程中也做出了相应的改变,以"二氧化碳的实验室制法探究"一课为例,做了以下改进。

(一)以教师演示实验为主到以学生实验为主

本节课,笔者设计了两个学生实验。

1. 活动1：二氧化碳实验室制法的原理探究

每4人一小组，6分钟内完成实验，4人合作分工，具体分工为称固体质量实验员、量液体体积实验员、称量操作评分员和实验现象记录员。每人各有任务，称量实验员按照以前所学的实验操作方法进行实验，评分员依据导学案上的实验操作评价要点给本组两位实验员进行评分，实验现象记录员记录并分享本组观察到的现象。笔者设计该实验的意图是通过小组合作实验，让学生提高分工合作能力，掌握液体的取用、固体的取用、定量量取液体、胶头滴管的使用等，提高实验操作能力及观察能力，提高实验评价能力及表达能力。

2. 活动2：制取一瓶二氧化碳并检验、验满

每2人一小组，8分钟内完成实验，并进行反思，教师依据实验操作评价要点对每组学生进行评分。设计该实验的意图是通过2人合作实验，掌握气体发生与收集装置的组装、气体的制取、气体的检验与验满等实验技能，培养学生的合作精神、提高学生的反思能力。教师在整个实验过程中处于引导者及摄影者的位置，指导并抓拍学生的实验操作，并在实验结束后对学生的操作及评价进行点评。活动1和活动2的设计如下。

活动1：二氧化碳实验室制法的原理探究

用等量碳酸钙粉末、块状大理石同时与同体积同浓度稀盐酸、稀硫酸反应，观察反应速率。

实验①碳酸钙粉末与稀盐酸反应；②块状大理石与稀盐酸反应；③块状大理石与稀硫酸反应。

每4人为一小组，实验合作分工：

称固体质量实验员：_____；量液体体积实验员：_____；

称量操作评分员：_____；实验现象记录员：_____。

表1　实验记录表

实验步骤	实验操作评价要点	实验得分（每个操作1分）
1. 用电子天平称0.5克碳酸钙粉末(0.5克块状大理石已称好并用纸包着)	打开电子天平开关，放小烧杯，按清零键	
	将试剂瓶塞倒放在桌面上	
	用药匙取0.5克碳酸钙粉末	
	取完后盖好瓶塞放回原处	
	取下烧杯，关闭电子天平开关	

(续表)

实验步骤	实验操作评价要点	实验得分（每个操作1分）
2. 定量量取10毫升稀盐酸（2份）、10毫升稀硫酸（1份）	取出稀盐酸（或稀硫酸）试剂瓶上的胶头滴管，标签向手心	
	瓶口与量筒口紧挨，倾倒至接近10毫升	
	胶头滴管垂直悬空滴加	
	读数时视线与凹液面最低处相平	
	胶头滴管放回稀盐酸（或稀硫酸）瓶中，将试剂瓶放回原处	
3. 同时将10毫升稀酸分别倒入三个烧杯中	三个量筒同时倾倒，至少需2位同学同时操作	记录实验现象

实验现象记录：

① 碳酸钙粉末与稀盐酸反应产生气泡的速率(选填"快"或"适中"或"慢")；

② 块状大理石与稀盐酸反应产生气泡的速率(选填"快"或"适中"或"慢")；

③ 块状大理石与稀硫酸反应产生气泡的速率(选填"快"或"适中"或"慢")。

活动2：制取一瓶二氧化碳并检验、验满

表2 实验记录表

实验步骤	实验操作评价要点	实验得分（每个操作1分）
1. 连接仪器，检查装置气密性	先将导管伸至液面以下	
	再双手紧捂试管，观察现象	
2. 取下塞子，添加大理石和稀盐酸	用镊子夹取块状大理石(5块左右)	
	试管平放，将块状固体置于试管口	
	缓慢竖起试管，让块状固体滑入试管底	
	取出胶头滴管，标签向手心	
	试剂瓶口与试管口紧挨	
	倾倒稀盐酸至浸没大理石	
	胶头滴管放回稀盐酸瓶中	
	一手握试管口处，一手拿带导管的试管塞，将试管塞旋进试管口，塞紧试管塞	
	将试管固定在铁架台上，铁夹夹在试管的中上部	

(续表)

实验步骤	实验操作评价要点	实验得分（每个操作 1 分）
3. 检验二氧化碳并收集验满	取石灰水,瓶塞倒放在桌面上,标签向手心	
	试剂瓶口与试管口紧挨,倾倒少量(约 1—2 毫升)石灰水	
	取完盖好瓶塞放回原处,标签朝外	
	将导管伸入澄清石灰水中,观察现象	
	将导管从石灰水中取出,伸至正放的集气瓶底部	
	盖好玻璃片,粗糙的一面向下	
	用手按住玻璃片,并扶稳集气瓶	
	大约 2 分钟后,用燃烧的木条放瓶口,观察现象,若不熄灭,过一会儿再重复试验	
4. 冲洗仪器,整理桌面	拆装置,并用水冲洗仪器,大理石倒在回收桶中,稀盐酸倒在回收烧杯中,所有仪器和药品放回实验框中并摆放整齐,用抹布擦干净实验桌	

实验反思:反思实验过程中存在的不足。

(二)增加课时,提供预习资料包

以往这一部分知识还要讲解启普发生器及其简易装置,但是由于增加了学生实验,一个课时无法完成所有知识点的讲解,因此启普发生器相关知识放到第二课时进行讲解。资料以二维码的形式提供给学生进行预习,培养学生自主学习的能力。

(三)教学手段多样化

教师在日常教学过程中,一般使用 PPT 进行教育教学。本节课笔者采用了希沃白板 5 手机同步授课,不仅可以抓拍学生的操作并上传至大屏幕,而且方便教师点评学生的实验操作,使得教学手段更加多样化。

(四)评价方式多样化

传统的实验过程中主要由教师点评,但是在改革后的实验课程中,根据实验操作评价要点进行了学生互评和教师评价,评价方式更加多样化。根据课程标准及实验操作相关要求,笔者设计了实验活动单,将实验步骤进行细化,细化至每一个操作,让学生清楚每一步操作的评价要点。学生在评价的过程中反思实验操作是否规范,避免在今后的实验中再犯相同的错误。同时,在此过程中还可以锻炼学生的表达能力,提高学生的反思能力,培养学生严谨的科学态度。

在日常教学过程中,笔者正在尝试着进行改进,除教师演示实验外,尽量让学生动手操作实验。如果实在没有条件让全班学生动手操作实验,每一次实验则请部分学生上台演示实验操作,剩余学生充当评委的角色,为演示实验操作的同学评分,让大部分学生充当教师的角色,学生在互评的过程中进一步掌握正确的实验操作步骤。

以上仅为化学实验课教学方式改变的初探,希望能对中学化学教学有所帮助,笔者将继续思考并改进化学实验课的教学方式。

有限课堂,无限探究

——浅谈道德与法治课的探究性学习

施恩全

一、课堂教学中开展探究性学习的构想

在当前,组织一次实践活动要比组织一节常规课堂教学复杂得多,要花去大量的时间和精力,而且较难持久性维系。为此,笔者在初中道德与法治课(以下简称道法课)教学实践中,尝试以课堂探究为主的教学形式,科学地处理实践和理论的关系,旨在让学生在获取知识的同时锻炼能力、发展智力。

首先,营造积极的人文环境。人文是一种情怀,一种关爱,一种感情,一种气氛,一种精神,如平等、民主、和谐、参与、自由等,一个学生只有在健康向上的人文环境中,他们的潜能和智慧、兴趣和爱好方能得到最充分的发挥和挖掘,积极的人文班级环境是一种激励机制。在开学的第一课,我就与同学分析了该课的特殊性,其内容与其他学科没有直接的关联性,即在某种意义上讲,你在某个年级的文化课,学习如何,不会直接影响到你现在道德与法治课的学习。因为该课有其独立性、特殊性,以此鼓励学生,树立自信,大家在同一起跑线上出发,尽力学好这门课程。

其次,发挥主观能动性。有了良好的环境,应给学生以时间、空间和自由,发挥教师的主导作用,将教材问题现实化,让学生自己看书提问、设问,而不仅仅是教师提问,学生找答案。这种以教材为依据,以问题为中心,以现实为背景,以学生为主体的学习方式,其实就是探究性学习的意义所在。学生作为认识活动的主体,有着广阔自由的探索时空,通过环环相扣的问题的引领,他们主动地观察、思考、探求,逐步解决问题。

再次,及时把握时代脉搏。道德与法治课的生命力与价值集中体现在联系实际、育德树人上。这就要求我们在去伪存真、去粗取精中,及时把握时代脉搏,把教材内容与现实问题相融合,为教学注入鲜活的"身边事""百姓事"

"普通人""典型人",让社会大课堂浓缩于教学小课堂,在学生的自我积累、自我感悟、自我辨析中实现素质的提高。如在争做合格人才教学中,我以学生感兴趣的"怎样的学生才能进市、区示范性高中?"为主题,引领学生自主探究,合作学习。学生在问题的探索中,学到了知识,也掌握了学习的方法,提高了分析问题、解决问题的能力。

二、课堂教学中开展探究性学习的步骤

(一)"导入"先行

笔者以时政点评为抓手,引导学生利用晚饭时间与父母一起收看新闻,或在上学的路上买一份晨报等途径,有意识地记录一二条与教材内容有关的新闻。每节课的前5分钟让学生讲讲评评时事新闻,若能坚持,必有好处。既培养了学生探究社会的兴趣和分析、评说能力,还让学生学习了知识,丰富了课堂,也使学生养成自主学习的好习惯,锻炼了信息收集、处理的能力。

(二)导入新课

引出新课的过程也是探究性学习的过程,因此,"导入"环节已营造了探究性学习的氛围。在教学实践中,要特别注意时空观念,根据不同教学内容和学习情况,适时创设情景,激发学生学习兴趣,诱发学生的认识动机,引领学生主动去思考。当学生在"时政五分钟"七嘴八舌地说评时,要有意识地抓住学生话题的积极方面,有意识地提出与正课相关的问题,引领学生思考。如探究可持续战略教学中引入的"建设绿色家园,必须从我做起"的幻灯片,既亲切自然,又充分调动了学生的动手、思考的积极性。

(三)确定主题

进入新课内容学习后,教师应在深入研究教材的基础上,和学生共同确定探究的主题,确定的问题既源于教材,又与学生、社会实际紧密结合,同时,确定的主题还要符合学生的身心特点和认知结构,贴近学生的"最近生活发展区",这样才能激发学生学习的浓厚兴趣。如"钓鱼岛事件"中我们如何爱国,学生很想说、很要说,当然应引导他们理性爱国才是我们需要做的。

(四)组织探讨

按照课前学生自由组合的原则,就本课探究主题和之前探究中发现的问题、课堂中发现的问题做深入地解读,由学生自由大胆发言、争辩,在交锋中拓展思路,完善观点。这一过程表现为:课前带着问题——教材发现问题——确定的主题——讨论分析问题——补充解决问题,启发新问题。如在"生命来之不易"的教学中,学生充分讨论后,了解了"失独"家庭的悲凉,从而懂得我们的生命既属于自己,也属于家庭、更属于社会,所以我们要珍惜生命。

（五）实施评价

学生或教师用恰当简练的语言对学生的探究性学习情况进行总结性、指导性评价,对探究的问题进行点评,已涉及的加以强调、未涉及的进行补充,以启迪思索、拓宽思路、明确任务,让学生心领神会,恍然大悟。最典型的是道德与法治课的每次新闻发布的评价等第是由"大家说了算的"。

三、课堂教学中开展探究性学习的益处

（一）增强了学生的社会责任感

学生的社会责任感和使命感明显增强,他们学会了以主人翁的态度对待人和社会,逐步养成了一种留心日常生活,关注时事新闻,积极发现问题,喜爱质疑,乐于探究,努力实践的心理倾向和学会辨析,明确是非的思想品行。为他们进入高一级学校进行研究性学习以及今后的工作、生活打下了扎实的基础。

（二）磨炼了学生的才干

以学生为本的探究性学习,学生通过自主性的探索活动进行学习,不仅有助于学生积极自主地学习课本知识,更重要的是课前实践使学生提高了信息收集处理和在课堂上发布信息的能力,在现实生活中磨炼了学生的才干。既学到了课外知识,又加深理解了书本知识,学生的能力得到了训练。

（三）培养了学生的创新素质

传统的教学是以课堂、书本、教师为中心,而探究性学习是以学生为主体的,是带着问题进课堂、又带着问题(已不是原来的问题)出课堂的自主学习,探究中的交流、辩论,提高了学生的学习兴趣,驱动学生去进一步关注探究与现实生活密切联系的问题,并在分析问题、解决旧问题的过程中培养学生自我突破的创新素质,引领学生带着问题到自然、社会的大课堂去搜寻新答案。

（四）树立了学生的自信心

初中学生正处于在身心发展的成长期,智力在发展,能力在提高,个性在完善,体能在增强。学生在探究性学习过程中,从自身和社会实际出发,通过认真踏实的探索,客观真实地获得参与探究的全过程,充分发挥了个性特长和潜能,养成了欣赏、尊重他人之长的风尚,同时不断地克服自身弱点,不断完善进取,树立了成才的自信心。

道德与法治课的探究活动,让学生真正成为课堂中的主人。正是以探究性学习为主要学习方式的道德与法治课使学生能主动地、直接地从社会实践中获得对课本知识的感悟和体验,进一步加深了学生对课本知识的理性认识,增强了学生的社会责任感、使命感,同时可以在创设的情境中发展、提升学生的探究、创新能力。无限的探究是好奇、精彩的,有限的课堂更是有效、出彩的!

"酒精对水蚤心率的影响"实验的改进与设计[*]

胡铮霖

"酒精对水蚤心率的影响"实验是初中阶段《生命科学》教材"健康与疾病"一章中"生活方式与常见非传染病"这个环节的教学内容。实验主要的目的是通过观察记录不同浓度酒精对水蚤心率的影响,了解科学研究的一般方法,学会对照实验;并且通过实验的结果分析比较,知道酗酒等不良生活方式对健康的影响。学习的对象一般是初中二年级的学生,他们在之前的学习中应该已经掌握了显微镜的使用、临时装片的制作方法等基本的生物学实验技能。但是,之前利用显微镜观察的对象以静止的物体为主,对于活的动物观察缺乏经验。同时,学生对于水蚤这个生物的内部结构也缺乏了解和认识。为了能够在有限的教学时间(1课时)内,更好地完成该实验的教学目标,我在实验材料的选择、具体实验方法和实验的记录方式上尝试进行了改进与设计。

一、实验材料的选择

1. 关于"单孔凹面载玻片"

教材中实验材料一栏建议使用"单孔凹面载玻片(或载玻片)",但在实际操作中容易遇到以下问题:普通载玻片上水蚤活动范围很难控制,无法固定观察一个水蚤。凹面载玻片凹孔中水多或者水少都不易观察到水蚤心脏,而学生又很难控制水量,往往是滴了许多水,而水蚤却跑到了外面;或者吸掉了很多水,水蚤死亡了。水不能留太多,也不能吸太多,凹孔中也不能放过多水蚤。学生对于这些"度"的把握有一定困难,从而增加了实验所需的时间。同时,还有许多学校的教师反映该校实验室没有配备凹面载玻片。

于是,我还是决定改用以前的方法,将水蚤滴放在普通载玻片上,使用棉絮来固定水蚤。这样,即可以在棉花中保留一部分水分,又能够控制水蚤的活

---

[*] 本文发表于《教育探索》2016年第6期。

动范围。但要注意的是,棉絮的厚薄对于实验的观察非常重要。如果棉絮纤维过于密集,就会遮挡住水蚤,不利于观察。教师一定要清楚地演示给学生看,如何撕扯薄薄的棉絮,最好可以借助实物投影等多媒体设备进行教学。教学实践证明,只要棉絮撕得好,实验的成功率是比较高的。

2. 关于酒精浓度

教材以及教学参考资料中对于酒精浓度给出了几个建议:5％、10％、15％和20％。从实际的教学效果来看,我认为选取5％和15％的两种酒精浓度这种酒精浓度进行实验效果比较好。20％的酒精浓度太高,有些学生还没有在显微镜下找到水蚤心脏,水蚤就已经死亡了。而四个酒精浓度都要求学生完成,时间上又不允许。所以,综合考虑之后,还是决定采取5％和15％两种浓度的酒精作为实验材料。

改进后,实验所需要的器材是:水蚤、载玻片、浓度为5％和15％的酒精、棉花、吸水纸、显微镜和秒表。

二、实验的具体方法及步骤(改进后)

1. 分组:全班学生2人为一个小组,假设一个班级有40人,总共可以分成20组,其中10组采用5％浓度的酒精,另外10组采用15％浓度的酒精。每10小组为一大组,两个大组除了酒精,其他实验材料均相同。

2. 取材:取5~10只比较活跃的水蚤(不要取已经沉在烧杯底部的),滴在已经铺好薄棉絮的载玻片上(不要将棉絮盖在水蚤上,那样可能遮挡住水蚤心脏,同时要时刻保持棉絮湿润)。

3. 记录清水中水蚤心跳数:在显微镜下找到一个合适清晰的水蚤,记录10秒内的心跳数。(连续数三次)

4. 记录加入酒精后水蚤心跳数:不要移动载玻片和显微镜,用吸水纸吸去原本的清水后,迅速地在棉絮上滴入1~2滴5％或15％浓度的酒精。然后在显微镜下观察,分别记录滴入酒精2分钟后、5分钟后、10分钟后的水蚤心跳数(注意:从滴入酒精的那一刻开始计时。记录方法与清水中一样,即连续数三次10秒内的心跳数)。

5. 完成实验报告。

具体改进及理由:

(1) 改变了学生实验研究的变量。课堂时间的限制决定了学生很难完成不同浓度酒精的实验。我曾经记录过,40分钟一节课,如果花8~10分钟进行实验前的讲解,学生最快 5 分钟后才能完成取材的工作,再过 10 分钟左右才能观察到水蚤的心脏并记录心跳数(因为第一次接触),滴入一种浓度的酒精再数心跳后记录的过程大约是 5 分钟,这样就只剩下 10 分钟了,再要重复之前的活动,还要教师总结,从时间上看很难做到。所以,我重新设计了实验,让学生针对某一种浓度酒精在不同时间内对于水蚤心跳的影响进行研究,即学生研究的变量是时间而非酒精的浓度。同时,由于全班使用了两种不同浓度的酒精,这样可以给教师在后面的教学中,进行不同浓度酒精对水蚤心跳的影响分析留出余地。

(2) 改变和细化了一些操作步骤,使操作更为简便有效。比如:"滴入 1~2 滴 5‰或 15‰浓度的酒精""取 5~10 只比较活跃的水蚤""从滴入酒精的那一刻开始计时",等等。

三、实验的记录

实验的记录是整个研究过程中必不可少的环节,好的记录表能够使学生研究目的性更强,实验结果更显而易见,实验分析更有成效。该堂课由于对实验的过程方法进行了重新设计和改进,原本练习册上的实验报告明显不再适合该实验,因此对实验的记录表进行了如下设计:

水蚤心跳数记录表(10 秒钟)

	清水中	放入浓度为_____‰酒精		
		2 分钟后	5 分钟后	10 分钟后
第 1 次				
第 2 次				
第 3 次				
平　均				

备注:①3 次数心跳需连续快速进行;②放入酒精那一刻开始计时(即从放入酒精时算起,2 分钟、5 分钟、10 分钟后)。

在教材练习册的实验报告中建议学生自己设计水蚤心跳数记录表格,这对于培养和提高学生实验探究技能有一定帮助,可以在之前的教学中加入这个环节。但是,由于这节实验课任务繁重,让学生在有限的课堂时间内完成表格设计有一定困难。所以,事先为学生设计好有效的实验记录表十分必要。同时,在记录表后我增加了"备注"一栏,再一次强调了记录过程中的一些必要的细节,增强了其指导作用。

经过以上的实验改进与设计,大部分学生基本能够在 40 分钟的课堂时间内完成整个实验。通过该实验活动,学生不但了解了科学实验的一般过程和方法,知道要运用控制变量的方法进行实验,而且通过对实验结果的分析也能初步认识到酒精对于生物体正常生命活动的影响。应该说基本达到了原本实验教学的目的。

同时,需要提一下的是,在介绍水蚤的内部结构,特别是讲解水蚤心脏位置时,显微镜照片必不可少。教材上的水蚤图片不够写实,可能误导学生,建议要达到良好的教学效果,应该使用实际显微镜拍摄的水蚤图片。如果实验室条件允许,有一个显微摄像头会事半功倍,从而达到更显著的教学效果。

但是,在实验过程中也暴露了学生在显微镜操作能力上的缺陷,个别小组之所以在规定时间内没有完成实验,主要是由于花费过多时间在调节显微镜上,以至找到水蚤后,许多水蚤早已奄奄一息,从而影响了实验结果甚至来不及完成实验。

作为教师,在我们平时教学过程中,时常需要对教材中某些学生活动进行适当调整和改进。这些调整和改进的目的是为使教学活动能更有效地进行。所以,所有的改进和设计应当是基于原本的教学目标,基于学生学习能力而进行的设计与改进。

生命科学与地理跨学科案例分析

——以"跨学科案例之旅行篇"为例

邹 怡

2020年上海市教育考试院颁布了《上海市初中地理、生命科学跨学科案例分析终结性评价指南》,指南中指出了评价标准,那就是面对各种自然现象、社会现象时,应该具有跨学科分析问题的思维习惯,有参与并解决简单的真实问题的能力。具体表现在信息的提取与处理能力、问题分析质疑能力、结论创新能力。因此要从生物地理学科进行融合,通过案例的思维方式体现跨学科的核心理念,培养学生的学科素养,促进学生全面发展。案例应该涉及地貌、气候、动植物、生态环境等地理和生命科学知识,能够有效激发学生对跨学科知识的好奇心,同时降低他们对未知领域的畏难情绪。选择的案例也是能将生命科学知识与地理知识相融合,而不是简单地拼凑,给学生尝试跨学科的思维方式。面对新型的中考学科,笔者做了以下初步的探索和反思。

一、利用文本呈现问题合作探究

探究任务1:描述出某地的气候特点;探究任务2:写出三种气候类型的名称。提出问题:如何区分热带气候类型?说出气候特点。如何区分温带气候类型并描述出其气候特点。

教师指导分析不同的气候类型的区分方法。指导学生读气温曲线图和降水量柱状图,找出气温均在20℃以上,得出这属于热带气候类型。再找降水量最多和最少的月份,区分出气候类型。区分温带气候类型,出示温带气候的气温曲线和降水量柱状图。得出温带季风气候和亚热带季风气候的特点,引导学生找出季风气候的特点,雨热同期。引导学生区分亚热带和温带气候,看一月平均气温。地中海气候和季风气候的区别,地中海气候雨热不同期。归纳判断气候类型的方法。

第一步:看气温曲线图——判断在哪个温度带;

表 1 温度带分类表

温度带	热带	亚热带	温带	亚寒带	寒带
指标	最冷月 >15 ℃	最冷月 0 ℃—15 ℃	最冷月 <0 ℃	最热月 0 ℃—15 ℃	最热月 <10 ℃

第二步:看降水柱状图——判断属于什么气候类型。

表 2 气候类型分类表

降水季节	年雨型	夏雨型	冬雨型	少雨型
气候类型	热带雨林气候 温带海洋性气候	热带稀树草原气候 热带季风气候 亚热带季风气候 温带季风气候	地中海气候	热带沙漠气候 温带大陆性气候 亚寒带针叶林气候

分析、归纳:判断气候类型的方法:气温和降水。分析目的:自主导学,基础再现。从气温曲线图和降水量柱状图中归纳出气候类型的特点,从图中可以找到不同气候类型特点之间的异同点。

探究任务 3:不同的气候影响不同的植物,请将其配对,并写出其所属的生态系统。

探究任务 4:不同的生态系统中,动植物种类丰富,在防风固沙、水土保持、抗御旱涝以及稳定全球生态环境中具有不可替代作用的生态系统。

探究任务 5:根据某一生态系统的食物网,写出生态系统以及生产者、消费者和分解者。

提问:说出森林生态系统、草原生态系统、荒漠生态系统植被的特点。这些植被典型的特点是受到了什么因素的影响?

教师指导学生分析生态系统的植物特点,学生自主完成生态系统的问题。得出森林生态系统植被种类丰富,树木高大;草原生态系统植被以草本植物为主,荒漠生态系统植被最为稀少,很明显受到了降水这个因素的影响。这就是地理因素对生物因素的影响。

分析、归纳:气候等环境因素影响生态系统的类型。分析目的:跨学科思考问题。从植物的特点这个角度分析相关地理景观气候的特点,并找出他们之间的联系。

二、利用情境跨学科思维解决问题

探究任务 1:青藏铁路是世界上海拔最高的铁路,找出其进藏路线的大致方向。

探究任务 2：西藏是我国海拔最高的省区，被称作高寒地区，西藏的"高"与"寒"反映了什么地理规律？

探究任务 3：在涉及的编号特征中，找出支持"牦牛身体的结构特点使其能适应缺氧环境"这一论点。

探究任务 4：降水量分布的特点？南多北少。

青藏铁路进藏路线的方向，指导学生要读题目，如果不读题目，很容易做成由东南到西北，提醒学生阅读题目的重要性。教师指导分析地理和生物规律。海拔越高，气温越低。在文中表格中寻找适合缺氧环境的特征，在学生给出正确的选项后，追问学生为什么？其中选项 4 说明适应缺氧环境，再度询问那么 1、2、3 适合什么环境呢？

分析、归纳：红细胞携氧高，所以适合缺氧环境。1、2、3 特点适合高寒环境。分析目的：自主导学，基础再现。

探究任务 5：小明标注的青稞种植区是否合理？为什么？学生讨论探究。

学生得出的答案：降水少。这是从地理角度来思考分析青稞的分布地。此时教师引导学生从生命科学角度思考分析问题。青稞是一种什么作物？学生肯定有人不了解。要求学生看课本情境材料二原文，文中明确指出青稞是一种粮食作物，目的要让学生养成看书的习惯。引导学生，粮食作物的主要营养成分是什么？植物通过什么作用得到碳水化合物？请一位学生上来写出光合作用的表达式。得出光合作用需要阳光和水分。青藏高原日照充足，而降水少，所以不适合种植青稞。教师归纳总结，在解决简单的真实问题的时候，我们要善于用跨学科思维方式分析解决问题。

分析、归纳：不合理。作为植物，青稞进行正常光合作用的必需条件是要有一定的光照和水分，小明所标注的区域光照充足，但是降水少，气温低，河流少，不属于"最适合"种植区域。分析目的：疑难突破，引导学生用跨学科思维分析解决问题。

探究任务 6：如果你去旅游，如何做个具有生态文明意识的旅游者？结合相关信息，提出 2 条具体的建议。提问：如何做一个文明的旅行者？不在野生动物栖息地过多活动，减少对野生动物的影响，不向草原、湖泊中扔生活垃圾，减少对草原和湖泊的污染。分析目的：通过此类开放式问题，对学生进行生命教育和社会责任感的教育，进行情感价值观的渗透。

三、教学方式的改变：问题引导、情境分析

1. 准备工作

跨学科思维方式解决问题对老师也提出了更高的要求，相关学科老师应该在一起进行集体备课，不仅要备好本学科的课程，也需要了解其他学科的知识，在授课之前对该节课的跨学科知识点做到详细了解，准备充分，扩大知识面，提升自己的跨学科思维能力。对案例中的问题进行精选，按照本学校学生的特点进行重组或者修改。在授课之后，做到及时反思。对教案，对习题，对学生的反馈都要进行不断地调整。

2. 跨学科思维分析，培养学生核心素养

授课时应该采用问题引导，情境分析，培养学生核心素养。学生的问题解决会倾向于任课教师的学科内容，只从单一学科思考问题。这就要求教师在引导学生思考问题的时候养成习惯，从多角度多学科方向思考。需要让学生明确简单问题，做好多学科知识的积累，养成解决简单的真实问题的时候，从多学科思维方式分析解决，通过学习任务单的形式，把问题列出来抛给学生，地理教师向学生提出问题后，学生肯定从地理角度分析思考，再逐步引导学生从生物角度分析思考问题。这样一位老师就可以帮助学生解决跨学科思维问题。老师通过各个学科的知识的引导，建立跨学科之间的内在联系，通过跨学科思维分析找出正确的解决方法。

3. 尝试将项目化学习引入跨学科教学

在初中起始年级引入项目化学习，给予学生目的性明确的问题，经历问题导向，学生思考，得出成果。问题的设计要综合生物和地理的知识。学生通过观察、思考、合作、讨论、制作，运用跨学科思维方式呈现一定的成果，进行成果展示。为高年级进行跨学科案例学习打下基础。

4. 评价方式的改变：立足基础

跨学科案例分析强调的是分析问题的能力，言之有理均可，所以在平时的学习中还是要立足基础，做好基础知识的教育。学生在掌握基础知识的基础上，做到能用合理的理论和事实支撑自己的观点，解决实际的简单问题。

新中考的大幕已经拉开，跨学科作为新兴的学科，教师在进行教学的时候，应该关注学生学习过程，坚持案例引导教学，培养学生提取信息、分析信息、应用信息的能力。通过具体的情境，引导学生，使学生和自己一起在跨学科思维方式中树立生命观念，形成社会责任担当意识，收获成长。

在素质教育中如何实施因材施教原则

屈建明

哲学家认为,世上没有两片完全相同的树叶。人与人的个体差异更是千差万别,人们说一把钥匙开一把锁,如教育的对象不同,教育的方式、手段也应当有所不同,这就需要教育者坚持因材施教的原则,研究学生的个性特点,从学生的实际出发,有的放矢地进行教育。

因材施教是从事教学活动的人们长期以来在教学中总结出来的教学经验。在两千多年前我国伟大教育家孔子就已经采取了这种指导思想,根据学生不同的特点选择教学内容和教育方法。历史上很多人都很重视因材施教的育人原则,如唐代韩愈、北宋张载就提出了使每个人"各得其宜"的思想主张,但在我们的教学活动中,一些人往往认为因材施教就是注意学生某方面的发展特长,因势利导,使这个特长得到充分发展,从而使其成为某个方面学有所长的人才。其实我认为这是一种片面的理解,因为因材施教所关注的主要是学生的特长,也就是我们所说的"天赋"。而并不是每个学生都是具有特殊才能的人,因此,很多同学得不到应有的关注。

素质教育是因材施教的根本措施。因为素质教育注重每个学生的个性特点,力求使学生在德、智、体、美、劳诸方面都得到充分发展。我们知道,每个人的个体心理、性格是存在差异的。不同的心理特征,不仅直接影响一个人在社会互动中的为人处事方式,而且还影响一个人在成长过程中的得失。所以教育工作者在教学过程中,必须考虑学生的心理、性格差异因素,注意发现和掌握每个学生的特点,针对不同心理、性格特点采取不同的引导措施,培养他们良好的心理素质,创造有益于学生心理健康发展的学习生活环境,发现和矫正学生的不健康心理。

素质教育注重学生的全面发展,同时也充分珍惜每个学生所独有的特殊才能,并且积极引导和发展每一个学生有价值的兴趣及爱好。学生的天赋、兴趣是有个体差异的,有时这种差异相当大,教育教学必须认识到这个客观事实,学生的某些特长、兴趣,有些是先天禀赋,有些是后天环境影响或早期开发引导的结果。不论哪一种情况,教师都必须予以关注,进行分析和引导。而同时素质教育更要注重因材施教原则。

如何实施素质教育?实施素质教育应该处理好哪些关系,教师如何在教育教学工作中落实素质教育思想要求?教育是以培养和造就人才为目的的。因此,现代素质教育应从只关心如何提高学生知识水平转向关注每一位学生各方面素质的培养。在实施素质教育中需处理好几个关系:

一、处理好以教师为主导,学生为主体的教与学关系

教学过程是教和学的有机统一,这就要求我们树立以教师为主导、学生为主体的教育思想。"教"的主导作用只有通过调动学生"学"的自觉性、积极性才能充分发挥,因而在教学中,引导学生自觉地动脑、动口、动手大胆地探索。勇于发现、提出问题,并发表自己的见解。学校的主体是学生,教学质量的好坏应由他们来体现。教师的教是外因,通过学生学的内因才起作用,自觉性、主动性就是内因起变化的反映,是在明确学习任务,了解学习意义的情况下产生的,是学习责任感和学习兴趣的综合体现。只有自觉主动地学习,才能产生最佳的精神状态,才能创造性地学习,才能深刻理解所学基础知识和基本理论,从而真正成为学习的主人。

二、处理好传授知识与培养能力的关系

现代教学不仅仅是向学生传授知识,还要交给他们学习的方法,培养和发展他们的思维能力。学生只有掌握了学习方法,才能终身受益。特别是在知识量激增的今天,交给学生学习的方法,提高他们汲取知识、解决问题的能力就显得尤为重要了。

三、处理好发展智力因素和培养非智力因素的关系

学生的智力发展并不是一个孤立的现象,既有认识过程的感觉、知觉、想象、记忆和思维等智力活动构成的操作系统,又有动机、兴趣、意志和性格等非智力心理品质构成的动力系统。两者在学习生活中共同起着促进和协调作用,学生成绩的好坏,智力因素固然起着重要作用,但是非智力因素也起着极其重要的作用,有时甚至起着决定性的作用。现代教育思想认为,教学过程是发展思维活动的教学,所以应着眼于发展、培养智力的过程,而不是其活动的结果。

四、处理好课内与课外的关系

课堂教学是素质教育的主渠道,在课内教师要充分利用课堂教学形式,完成教学大纲所规定的各项教学内容,但课内教学不是唯一的渠道。学生的课外空间很大,要充分利用他们强烈的求知欲,带领他们走出课堂,组织他们参加课外兴趣小组,收听专题讲座和专题报告,阅读科普读物,上网学习以及参加社区服务、旅游、社会调查等丰富多彩的课外活动。教师还可根据实际情况给出一些研究的课题让学生进行探索。

素质教育要求教师教学必须坚持全体性和全面性,即教育的对象是全体学生,重视每个学生的发展,同时还要全面提高他们的思想道德素质、科学文化、劳动技能和身体心理素质。所以,在素质教育中,要实施好因材施教原则。

中小学信息技术课程计算思维培养研究现状与启示

曾 睿

随着数字高新技术渗透到我们生活的方方面面,人们工作的模式和工具以及生活的方式和思维正悄然发生变化。各国为了提高国际化的竞争力,都在积极储备具有综合思维能力的人才,特别是具有计算思维的人才。2006年美国卡内基梅隆大学周以真教授提出"计算思维"是"一种运用计算机科学基本概念求解问题、设计系统和理解人类行为的方式",并阐述其不仅仅属于计算机科学家,而是每个人的基本技能[①]。计算思维与阅读、写作、算术等基本技能同等重要,是21世纪人才的核心能力。2017年我国新一轮的普通高中课标中将计算思维归于核心素养之一,其重要性不言而喻。计算思维也成为信息技术教育领域的一个研究热点。如何在中小学信息课程中落实计算思维的培养是目前关注度很高的课程教学话题。

一、数据遴选及研究方法

(一)数据遴选及分析

本文以中国知网为数据库来源,以"计算思维""信息技术课程""中小学"为主题进行检索,截止时间为2021年7月31日,共检索出72篇样本文献,剔除外文及研究国外文献,共有66篇样本文献。对文献数量统计分析,见图1:

下图表明,对计算思维引入中小学信息技术课程的研究始于2012年,《计算思维:一种新的学科思维》一文阐述了计算思维的含义引入中小学信息技术课程中对课程的目标、内容与方法产生的影响,并探讨了信息技术学科思维。从2012年开始对中小学信息技术课程中的计算思维讨论的文献逐年增加,这表明计算思维的研究越来越受到重视。2017年有关计算思维研究的文献较之前翻倍,之后文献数量一直10篇以上。2017年7月,国务院发布的《新一代人工智能发展规划》指出:"在中小学阶段设置人工智能相关课程,逐步推广编程

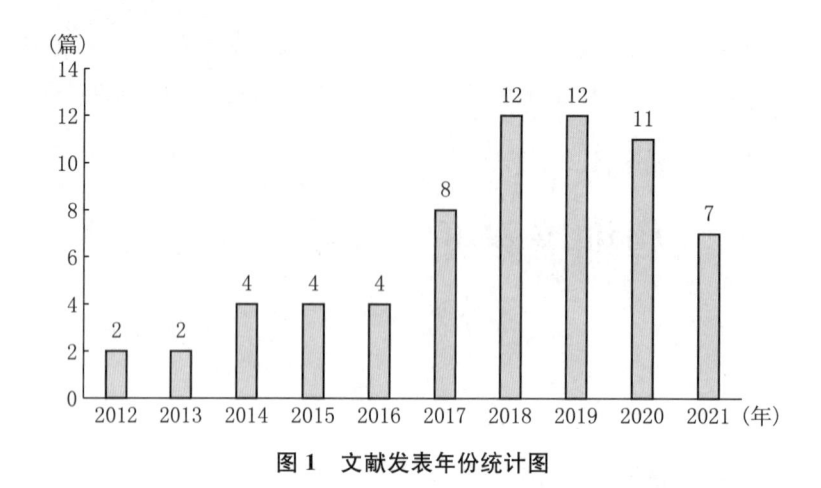

```
(篇)
14
12        12  12
              11
10
 8         8
              7
 4    4  4  4
 2  2
 0
 2012 2013 2014 2015 2016 2017 2018 2019 2020 2021 (年)
```

图 1　文献发表年份统计图

教育，建设人工智能学科。"② 同年《普通高中信息技术课程标准（2017 年版）》将计算思维纳入信息技术学科核心素养，表明 2017 年是中小学信息课程中计算思维研究的一个时间拐点，之后计算思维的研究一直保持着相当的热度。

（二）研究方法

文献分析法

通过对中国知网上有关中小学信息技术课程中计算思维培养的文献资料进行统计分析，全面了解目前中小学信息技术课程中计算思维培养的研究现状与下一步研究动态，为本文相关的研究提供理论基础与研究依据。

本文从厘清计算思维的概念，培养计算思维的理论基础，多种计算思维培养的教育模式，计算思维培养的课堂教学设计及评价方式等方面进行阐述。

二、研究结果

（一）计算思维概念的发展

20 世纪 80 年代我国著名学者钱学森先生提出了思维学科，各种学科在学科思维下发展起来，计算机科学也是其中之一。《计算思维：一种新的学科思维》一文中指出："1992 年，黄崇福在其所著的《信息扩散原理与计算思维及其在地震工程中的应用》一书中给出了计算思维的定义，认为计算思维就是思维过程或功能的计算模拟方法论，其研究的目的是提供适当的方法，使人们能借助现代和将来的计算机，逐步达到人工智能的较高目标。"2006 年周以真教授提出计算思维概念后，引发国际学者的广泛关注。有许多学者或者机构对计算思维进行了定义，目前对计算思维没有一个统一的定义。梳理计算思维概

念的发展,见表1:

表 1 计算思维概念发展

时间	学者或机构	计算思维概念
2006年	周以真	运用计算机科学的基础概念,求解问题、设计系统和理解人类行为的一系列思维活动,其本质是抽象和自动化。
2011年	周以真	计算思维是一种解决问题的思维过程,能够清晰、抽象地将问题和解决方案用信息处理代理(机器或人)所能有效执行的方式表述出来。
2011年	国际教育技术协会(ISTE)与美国计算机科学教师协会(CSTA)	计算思维是一个问题解决过程,这个过程包括确定问题、数据分析、数据抽象、算法设计、整合有效方案、推广求解方法这六个要素。
2016年	英国皇家科学院	识别我们周围世界中有哪些方面具有可计算性,并运用计算机科学领域的工具和技术来理解和解释自然系统、人工系统进程的过程。
2016年	任友群等	计算思维是一种独特的解决问题的过程。
2017年	高中新课标	计算思维指能够采用计算机领域的学科方法界定问题、抽象特征、建立结构模型、合理组织数据;通过判断、分析与综合各种信息资源,运用合理的算法形成解决问题的方案;总结利用计算机解决问题的过程与方法,并迁移到与之相关的其他问题解决过程中。

由此可见,对计算思维概念的发展由抽象到具体,由模糊到清晰,计算思维是一种解决问题的过程,是一种思维过程。高中新课标对计算思维概念的定义更具体,操作性更强,为中小学信息技术课程中计算思维培养提供理论依据。

(二)计算思维培养的理论基础

1. 建构主义

建构主义学习理论的主要观点对学习观、知识观、学生观重新进行了诠释,建立了一套比较新而且有效的认知学习理论。建构主义强调了以学生为中心地位,教师为辅的教学过程。建构主义打破了以教师为中心思想的传统教学观念,形成了以"情景""协作""会话""意义建构"为四大要素的学习理论。在学生原有的知识水平上,通过情景导入、合作交流、资源与新旧知识相关联建构新知。

2. "支架式教学"理论

维果斯基的认知发展理论中提出支架式教学,指通过支架(教师的帮助)把学习任务逐渐由教师转移给学生自己,最后撤去支架,学生解决问题或任务的过程③。该理论强调教师只是起辅助作用,提供支架,使学生通过小组合作与交流,搜集资料,独立完成解决问题的任务。

3. 活动理论

活动理论起源于康德与黑格尔的古典哲学,形成于马克思辩证唯物主义,被维果斯基提出,成熟于苏联心理学家列昂捷夫与鲁利亚,是社会文化活动与社会历史的研究成果④。活动理论关注的是人的实践过程。新课改中强调了做中学、学中做的理念,也是活动重要性的体现。信息技术课程是一个实践性很强的学科,通过大量的活动才能培养学生的计算思维、解决问题的能力与创新意识。

(三)计算思维培养的教育模式

计算思维是信息技术学科核心素养之一,信息技术又是当下培养新时代人才建设的关键学科,应利用信息技术课程培养学生的计算思维。中小学信息技术课程正在从偏重应用软件走向偏向计算思维培养,人工智能、编程、机器人、STEM、创客等形式的教育教学逐步走进课堂中。这里对人工智能教育、编程教育、STEM 教育进行阐述:

1. 人工智能教育

人工智能教育的目的是培养适应智能时代的人工智能高端人才,需具备信息意识、计算思维、数字化学习与创新、信息社会责任的学科核心素养。2017年,普通高中信息技术新课标中将计算思维作为信息技术学科核心素养之一。之后,北京、上海、广州等地都开展了相应的人工智能课程,人工智能课程越来越丰富。《海淀区中小学人工智能教育发展之路》一文中指出其自主编写的信息技术课程中加入了人工智能知识,课程以引导学生解决问题为主导,以促进思维方式培养为目标,提升学生的核心素养。在课程设计上引导学生亲历人工智能是如何工作的,从而引发人工智能解决问题的思维意识,培养学生的计算思维。

人工智能教育进行得如火如荼,但也存在一些问题,如:《以人工智能课程赋能学生核心素养》一文中指出:一是课程种类繁多,课程教材不统一;二是重视技能操作,忽略了思维的培养;三是思维培养的形式比较单一,大部分采用的是"案例式学习"的学习方式,缺乏创意。《发达地区中小学人工智能课程建设现状、问题与对策》一文中指出,一是人工智能课程的目标不明确,淡化了计算思维的培养;二是人工智能课程内容比较单一,大部分都是以编程为主;三是教师培训力度不够。

2. 编程教育

为适应信息技术、人工智能的发展,提高人才的核心竞争力,2016年我国开始支持少儿编程,编程教育也进入了中小学信息技术课程。张进宝在他的《中小学信息技术教育定位的嬗变》论文中提出,编程教育的核心实质上是计算思维,只有通过对计算思维的培养才可以真正地把编程教育落到实处[⑤]。如何在编程教育中培养计算思维是学术研究的热点。学会编程能力是编程教育的基本目标,而培养计算思维是编程教育的更高层次目标。编程教育是信息技术课程中一个重要组成部分,通过培养计算思维去解决实际生活中的问题,从而形成学生的批判性思维,培养创新能力。

《计算思维培养之路还有多远+——基于计算思维测评视角》一文中指出,72%样本案例中显示计算思维的培养与编程教学有关;计算思维来源于计算机科学领域,与编程教学密不可分。不同阶段的编程教育目标、要求是不一样的。低年级的编程教学使用 scratch、Mind+、Kittenblock 等图形化编程软件实施,使用 App Inventor 编写的应用程序进行可视化操作、模块拼接编程,依据自己的创意进行主动探究学习。高年级阶段采用如 python、c++等程序设计语言实施编程教学。通过实践,使学生对编程教育有一定的思考,逐渐在学习的过程中形成学生自我的计算思维。

3. STEM 教育

STEM 教育是科学(Science)、技术(Technology)、工程(Engineer)和数学(Mathematics)教育的简称,其本质强调的是跨学科整合教育。跨学科思维是 STEM 教育的核心所在。在 STEM 教育中,跨学科思维的应用是强调教育工作者以解决实际问题为重心,通过科学、技术、工程和数学等多学科相互关联,汲取多学科知识综合运用,以提高学生解决实际问题的能力作为教育目标。计算思维可以应用到任何领域中,就像读、写、算一样是基本的思维能力。在 STEM 教育中以解决实际问题培养学生的计算思维。

信息技术课程是推动 STEM 教育的主要阵地,在教学模式与学习方式上不断地细化探究,慢慢渗透到其他学科中。STEM 教育注重与现实世界的联系,注重学生的学习过程,让学生自己解决与之相关的活动任务,学生不仅能学到学科知识,还培养学生解决问题的能力与计算思维。STEM教育没有统一的课程,大部分都是各校自己探索开发的校本课程,培养学生跨学科、综合应用学科知识解决问题的能力,提高学生的内驱力和创新力。

4. 计算思维培养的课堂教学模式

在信息技术课程中培养计算思维的教学模式比较单一,大部分采用案例式教学法。在《基于"1+2"课程模式的人工智能教育课程设计与实施》一文中指出,"使用项目教学模式,融合多学科知识,综合应用人工智能技术,模拟解决生活中的实际问题,以发展学生计算思维与解决问题的关键能力"。《中小学信息技术课程中促进深度学习的教学改进》一文中指出,深度学习培养学生的计算思维,在深度学习过程中产生的问题可以通过混合式教学法去解决。有学者认为还可以采用基于问题解决的教学模式开展计算思维的培养。

三、研究启示

通过对文献资料的分析,得出以下几点启示:

第一,计算思维的概念学界虽然没有一个统一的定义,但其重要性不言而喻。计算思维是一种解决问题的思维过程,是抽象的、自动的。计算思维是智能时代基本的能力,人人都应该具备这种思维能力。

第二,在开展计算思维培养课程上,可以结合多种理论进行课程的设计,如:建构主义、"支架式"理论、活动理论、情景学习理论等。

第三,信息技术课程大部分采用编程教育培养计算思维,可以引入一些人工智能教育、STEM教育、机器人教育、创客教育等多种新教育模式,着力提升学生的计算思维、创新意识和创新能力。在课程设计上明确计算思维的教学目标,统一基本课程,采用线上与线下相结合的方式培训教师,提升教师的思维能力。以培养学生的核心素养(特别是计算思维能力)为导向、以问题解决为教学目标的中小学项目驱动式信息技术课程教学研究将成为新的研究热点[6]。

第四,培养计算思维的教学模式较单一,任务驱动法、项目式教学法等教学方法使用较少。项目式教学法是融合并拓展各种教学方法的新方法,如:探究式教学、任务驱动式教学、案例教学、协作教学、支架式教学等。采用多种课堂教学模式开展计算思维的培养。

第五,计算思维的评价对计算思维在实践中的效果研究具有很高的价值。

目前对计算思维的评价方式研究的比较少,且计算思维的评价方式较单一,基本上是对作品的最终评价。基于此,我们可以采用多种评价方式对计算思维进行总结性测评、形成性测评、技能应用测评,结合多种平台及工具实施计算思维的评价。计算思维评价不是单一的考查,如何综合多种评价工具进行计算思维系统性评价的研究将是该领域未来的研究重点。

四、结束语

计算思维是信息技术学科的核心素养,也是信息技术学科的研究热点。中小学信息课程落实培养计算思维的研究中还有些亟须解决的问题,日后也将进一步推动信息技术课程计算思维培养的广度与深度研究。

参考文献

① 陈鹏,黄荣怀,梁跃,张进宝.如何培养计算思维——基于2006—2016年研究文献及最新国际会议论文[J].现代远程教育研究,2018(1).

② 中华人民共和国国务院.国务院关于印发新一代人工智能发展规划的通知[EB/OL].(2017-07-20)[2021-04-29].http://www.gov.cn/zhengce/content/2017-07/20/content_5211996.htm.

③ VYGOTSKYL.Mind in society:The development of higher psychological processes[M].Cambridge:Harvard University Press,1978.

④⑥ 李凡叶.教育信息化2.0时代汉中市中小学信息技术课程教学现状调查研究[D].陕西理工大学,2020.

⑤ 张进宝,姬凌岩.中小学信息技术教育定位的嬗变[J].电化教育研究,2018(5).

初中体育线上线下融合教学与应用研究

高雅颖

在加强教育信息化建设的时代背景下,初中体育教师要善于运用现代化技术优化教学流程,通过融合线上教学与线下教学的优势为课堂注入更多的生机、活力,尤其是人工智能技术与设备的运用,可以提升教学的针对性、公正性。然而,就现下初中体育教学实施情况来看,现代化技术的应用效果并不理想,教师与学生的互动仅局限于课堂,而且课堂上多数教师凭借经验展开教学活动,效果不甚理想,故本文就如何运用线上、线下融合教学构建高效体育课堂展开探究。

一、初中体育线上线下融合教学的意义

第一,让课程教学更具有多元性。在初中体育教学中应用线上线下融合教学策略,体育课程由单一的教学形式转变为多样化、多元性的综合形式。在教学实践中,教师可以通过录播、直播、答疑等途径展开教学活动,让体育教学以不同的形式呈现出来,课程内容也因为互联网技术的介入而日益丰富[1]。以篮球教学为例,线上线下融合教学为教师提供丰富的教学方法与教学资源,学生的学习由被动转变为主动,相较于传统教学环境下的体育教学,线上线下融合教学让篮球课充满生机、活力,更加精彩,也更符合初中生的身心发展特点。

第二,能够增强师生交流互通性。以篮球为例,在传统初中体育教学中,师生之间的互动往往局限于课堂,互动形式即面对面交流。然而,部分学生性格内向或不爱表达,相较于其他同学则缺少了解决困惑和问题的机会。然而,问题得不到解决,篮球水平无法得到有效提升,很容易产生消极情绪与自卑感。而引进线上线下融合教学模式,空间与时间都不再是限制,教师和学生可以随时随地探讨篮球技术战术方面的知识。从某种程度上说,这种融合教学模式使教学活动的开展更加便利,也越发透明,更有助于提升学生的认同度与主体意识[2]。通过兴趣小组、网络学习探讨等多种途径,学生可以充分彰显自己的主体地位,师生之间的情感交流更加密切,教学也会取得更大的成就。

第三,有助于提升学生自主学习能力。线上线下融合教学相较于传统线下教学更注重学生的自主学习与相互之间的协作学习,改变了师生角色,扭转了教师一味地讲,学生被灌输而且课后两者缺乏沟通的局面,对教师和学生都有了更高的要求。对体育教师来说,不仅要全面透彻地掌握教学内容,还要充分了解学生现有知识,清楚地认识到哪些内容适合用于线下沟通、分析与解决,哪些适合用于学生自主学习,从而构建合理的教学方案[3]。而对学生来说,需要根据自身情况、进度去学习,有很强的自主学习意识与能力。在线上线下融合教学中,学生需要充分发挥自身能动性,在不完全依赖教师的基础上构建完整的知识体系。

二、初中体育线上线下融合教学的实践策略

(一)课前阶段通过人工智能指导学生自主学习动作

在正式上课之前,教师可以组织学生自主学习,这样会让他们有更高的听课起点。初中生的身体素质不同,而且理解能力、体育基础等不尽相同,在课上组织他们训练,教师没有足够的时间给予一对一指导,这种情况下,很多学生的学习需求得不到满足。为了保证学生在线下互动中的体验感,教师在课前可以通过人工智能指导学生学习相应的动作技巧。以武术教学为例,教师可以指导学生课前跟着视频资源练习动作,形成正确的印象。又或者,教学中教师可以运用视频录像技术帮助学生改进动作。体育课程教学具有很强的实践性,学生对于知识的吸收主要通过实践动作加以体现,这就需要他们反复练习与纠错,从而形成动力定型。为了节约课堂时间,教师可以将这个环节放在课前进行,即通过视频录像技术录制视频,在课前借助钉钉、云课堂、腾讯会议等平台将视频提供给学生,他们则跟随着视频自主学习,对动作进行标准化、规范化训练,不断提高动作的熟练度掌握度。以武术为例,学生可以边看视频边学习,还可以将自己遇到的问题通过线上交流平台如微信学习群提出来,方便教师更深入地了解学情,有针对性调整教学计划。

(二)授课阶段借助现代化技术增强学生的运动体验

在传统初中体育课上,主要是教师先示范,学生再跟随着教师的动作重复、机械地训练,直到动作定型,这样的训练方式不利于学生形成规范性动作,而且他们的运动体验感也比较弱[4]。在加强教育信息化建设的大背景下,教师要善于运用现代化技术辅助线下互动,让师生、生生的互动更加高效。以篮球教学为例,这是一种团队性的运动项目,教师在组织学生展开小组竞赛之前需要对他们进行分组,而分组的依据是组内异质、组间同质,这需要深入、全面了解学生的运动基础。这种情况下,教师可以使用智能穿戴设备。如今,智能穿戴设备已经在日常生活中尤其是体育领域中得到广泛运用,如常见的华为智能手表、小米智能手环等。在课堂教学实践中,教师可以通过这些智能设备去检测学生的体质情况,了解他们的最大运动负荷承载量,在这个基础上进行合理分组,保证对赛的两个小组水平相当,从而营造良性的竞技环境。

又或者,运用智能无线传感技术。从某种程度上说,运动数据在很大程度上反映了体育教学和训练效果,是监控学生学习以及运动训练的基础,经常用来预测运动员的成绩。在初中体育课堂上,教师可以通过智能无线传感技术精准获得学生的信息,从而有针对性地调整教学手段。随着"运动器械+无线传感"在运动训练中的广泛应用,智能无线传感技术发挥的作用也越来越突出,它对运动过程的感知包括但不限于阻力数据传感、力量数据传感、人体血压与人体心率数据传感、角度数据传感、速度数据传感等⑤。

(三)课后阶段通过大数据评价给予学生针对性指导

每次体育训练后都会产生一系列的体育数据,而这些数据是对学生体育行为的量化评价,可以作为下次教学的导向以及体育课教学效果的反馈。在智能化时代,教师应充分利用这些数据,通过智能化处理与科学分析深入挖掘其潜在价值,了解学生学习任务以及学习目标的完成情况,也可以作为依据去评价教学质量,及时找到体育训练中的问题。例如,教师可以通过对学生血压、步数、心率等数据的分析评价他们的运动健康情况,判断课堂教学方式与内容是否符合学生的实际情况,若是不合适则及时变换教学方式、整改教学内容。与此同时,通过这些指标去评价学生课堂表现,及时发现学生在体育运动中的不足,在这个基础上给予相应的指导。

作为教学活动的组织者、策划者,初中体育教师在教学实践中应树立与时俱进的思想观念,主动、积极摆脱传统体育模式的局限性与负面影响,将线上线下融合教学的优势充分发挥出来,以此提升学生训练积极性。通过线上线下融合教学的方式让学生体育训练中的问题都能客观地表现出来,再针对性地解决,使学生体育动作中的不足得以弥补,从而实现体育教学效益最大化,促进学生身心健康发展。

参考文献

① 刘义峰,赵赟昀,王淼,关辉,张聪,于黎冰,沃酉鸣.基于混合教学理念下体育教育专业篮球理论课程创新与探析[J].冰雪体育创新研究,2021(23).

② 董谷雨.线上线下混合式体育教学模式的应用研究[J].体育视野,2021(5).

③ 王钟云.基于微课的线上线下混合教学模式在体育教学中的实践研究[J].冰雪体育创新研究,2020(10).

④ 于蕾.基于微课的线上线下混合教学模式在体育教学中的构建和实现[J].花炮科技与市场,2019(1).

⑤ 赵冬昀.基于混合教学模式的体育类SPOC课程建设研究探索与意义[J].中国信息技术教育,2018(1).

兴趣教学法在中学体育教学中的运用探讨

高雅颖

2016年8月26日，中共中央、国务院审议通过并印发了《健康中国2030规划纲要》（下称《纲要》），将人民身体健康提升到国家战略的高度，通过广泛开展全民健身运动，普及科学健身知识和健身方法，推动全民健身经常化、生活化、科学化。同时，《纲要》重点强调了学校体育教育在全民健身中的作用，提出了："以中小学体育教育为重点，建立学校健康教育推进机制，构建学科教学与体育教育活动相结合、课内外实践活动相结合、经常性宣传教育与集中式宣传教育相结合的健康体育教育模式。"在《纲要》的指引下，中学体育教育应当变革体育教育模式，积极推动学校体育教育由课程引导向兴趣引导的转变，加快中学体育教育改革进程，促进中学体育教育教学与国家战略规划、青少年学生体质健康发展相适应。基于此，本文深入分析了兴趣教学法的特点和应用必要性，并深入探讨了兴趣教学法在中学体育教学中的应用途径，以期促进中学体育教育高质量发展。

一、兴趣教学法内涵

兴趣教学法是以提高学生学习兴趣为主要目的，综合应用各种教学模式、教学内容、教学手段等措施，在轻松愉快的课堂教学氛围中实现教学目标的教学方法。与传统的体育教学方法不同，兴趣教学法强调发挥学生个性和自主性在体育教学活动中的关键作用，重视学生兴趣的调动，通过多种教学手段融合应用，增强学生体育自主锻炼和自主学习意识，最终实现学生运动技能、锻炼习惯的形成和发展。在中学体育教育中应用兴趣教学方法，能够充分调动学生参与体育教学活动的积极性，充分认识体育运动学习和健身锻炼的价值，增强学生的终身体育意识，进而实现全民健身战略规划目标。

二、兴趣教学法在中学体育教学中的应用价值分析

（一）发挥兴趣导向作用，提高课堂教学互动性

随着年龄的增长，学生的兴趣处于不断发展过程中，表现为不同的时期对事物的兴趣爱好存在一定的差异。在中学体育教学中，教师应尊重学生兴趣在教学活动中的导向作用，综合运用多种教学方法，引导学生认识体育运动、了解体育运动、发现体育运动中的乐趣，并积极推动学生兴趣向体育运动技能、锻炼兴趣方向的发展。在体育课堂教学中，教师应深入研究学生感兴趣的体育运动项目，并以此带动和拓展教学内容，通过"以点带面"，由学生感兴趣的事物、运动项目出发，发挥兴趣导向作用，促进学生积极参与体育课堂教学活动，加强师生互动，以此构建高效的中学体育课堂。

（二）提高学生认知层次，培养学生运动兴趣

在中学阶段，学生对体育运动项目的认知处于较浅的层次，兴趣爱好不稳定，甚至出现"三天热度"的情况。究其原因，是由于学生对新鲜事物的认知不完整、不全面，通过在体育教学中应用兴趣教学法，以学生感兴趣的点为切入点，开阔学生对体育运动的知识面和认知面，加深和固化学生对体育运动的兴趣，提高和保持学生体育运动行为，有利于帮助学生探索和发现体育运动中的乐趣，实现体育运动兴趣的长效化，促进学生体育运动兴趣向体育运动习惯的发展。

三、兴趣教学法在中学体育教学中的运用途径研究

在中学体育教学中应用兴趣教学法，应从以下几个方面入手，重点培养和发展学生体育运动兴趣。

（一）组织建设兴趣小组，培育学生兴趣

在中学体育教学中，教师应允许和鼓励兴趣相同的学生组建体育运动项目兴趣小组，并为学生提供有效的支持。在体育运动小组中，学生可自主协商和决定锻炼时间和项目，也可在教师的组织和指导下开展具体活动，通过弱化教师在小组中的作用，充分发挥体育运动兴趣的内在驱动力作用，满足学生兴趣爱好发展的需求。同时，在课外教学中，教师应加强对体育兴趣小组活动组织和实践的关注，及时了解活动组织的效果，并在课堂教学中提出指导和建议，并安排与学生兴趣相符的体育教学活动，满足不同兴趣爱好小组的学习需求。例如，在课堂教学活动中，针对街舞兴趣小组，教师可邀请兴趣小组学生展示学习效果，并对学生编排的街舞提出表扬和鼓励，结合学生示范中出现的

问题给予指导和建议，帮助学生认识到自身的优势和不足；在针对篮球兴趣小组教学中，教师可组织开展篮球比赛活动，鼓励学生积极参与到篮球比赛中，发挥体育运动在竞技、拼搏和团结合作方面的作用，营造团结、友爱、竞争、拼搏的中学体育教学氛围，强化学生对体育运动的兴趣。

（二）以兴趣为切入点，丰富体育课堂教学活动

在中学体育教学中，教师应避免教学内容模式化的局面，防止学生因教学内容单一化、模式化而丧失兴趣，进而影响中学体育教学活动的开展质量。为避免该问题的发生，教师应将游戏与教学内容进行整合，以学生广泛喜爱的游戏形式，改变学生对体育运动项目的固有认知，促进体育能力较差的学生积极参与到体育教学活动中。在具体实践中，教师可通过深入研究体育运动项目的游戏化形式，准备几个不同的游戏项目，以举手表决、少数服从多数的原则确定游戏形式，引导和鼓励全体学生参与到游戏形式确定和游戏实践中。例如，在羽毛球教学中，教师可将羽毛球与快速反应能力训练结合起来，将羽毛球作为道具，安排两名学生进行快速跑比赛，由另外一名学生抛掷羽毛球，羽毛球球托落地指向谁，谁作为被追逐方，快速沿既定路线跑，而另一学生则作为追逐方，如被追逐方被抓到则算失败；也可以组织开展羽毛球颠球比赛，以颠球次数最多作为获胜标准。并将学生划分为多个比赛小组，选出几名羽毛球颠球高手，在最终比赛环节，在教师的带领下全体学生为比赛学生计分，这样能够充分增强学生的成就感和荣誉感，提高学生自主训练羽毛球的兴趣。在游戏项目的选择上，教师应鼓励学生发表建议和意见，发挥学生创新思维优势，实现体育运动游戏的创新发展。

（三）创设教学情境，满足学生兴趣要求

在中学体育教学中，教学内容较为繁杂，而学生的兴趣爱好因人而异，部分学生喜欢慢跑，部分学生喜欢跳远、篮球等项目，面对不同学生的兴趣爱好，教师应合理创设教学情境，丰富学生的兴趣点，增强体育运动项目的趣味性和实践性。例如，部分学生对田径运动项目兴趣不高。针对该问题，教师可将 110 米跨栏运动融入田径教学中，根据 110 米跨栏间隔，在跑道上划出直线，并带领学生以跨栏的方式跨过直线，还可以采用变速跑、蛙跳等形式丰富和完善田径运动形式，帮助学生转变对田径运动的恐惧心理，提高体育运动项目的趣味性。

四、结语

体育教育是中学阶段的重要组成部分，是实现学生身心全面发展的重要

途径之一,也是全面落实《纲要》要求,提高青少年体质健康水平的关键环节。在中学体育教学中,教师应深入研究学生的兴趣爱好,积极推动教学任务驱动向兴趣驱动的发展,并通过教学形式、教学内容和教学方法优化,提高学生对体育课程的认识和兴趣,提高课堂教学互动性,实现兴趣教学与体育课程的密切结合,促进中学生身心全面发展。

参考文献

孙晓庆.寿光市中学生体育课学习兴趣的现状分析与对策研究[D].鲁东大学,2016.

曹贝.初中生体育参与兴趣与动机关系的实证研究[D].苏州大学,2016.

丘文盛.新课标下培养中小学生篮球运动兴趣的调查与研究[D].华中师范大学,2015.

孙馨.上海市初中生体育兴趣与身体素质的相关研究[D].上海体育学院,2013.

周飞荣.跆拳道兴趣课程对培养中学生体育兴趣的调查研究[D].上海师范大学,2013.

"双减"背景下教师对中学生课外篮球活动的干预研究

王相国

2007年秋季新修订的《国家学生体质健康标准》正式实施，全国各级各类学校逐步开展以"达标争优、强健体魄"为目标的阳光体育运动，上海市各学校也不例外。他们积极把增强学生体质作为学校教育的基本目标，建立健全学校体育的工作机制，鼓励学生走向操场、球场等活动场地，激发学生们参与体育运动的动机，保证学生每天锻炼一小时。

篮球运动有强烈的表现力、娱乐性、对抗性、竞争性以及活动形式的多样性，便于组织，适合学生们进行体育锻炼达到强身、健体的目的，因此以其独特的魅力成为上海市学生们喜爱的运动项目。课余你会发现各个对外开放的学校的篮球场地都会被学生们占满，学生的课外篮球活动热情空前高涨，这对于丰富校园文化生活，提高学生体质健康水平，促进学生身心全面发展发挥着重要的作用。在篮球运动发展如火如荼的时候，中学生的篮球也应该被关注，因为这个问题不但影响中学生个人篮球技术的发展，还关系我国篮球事业的发展。

目前，由于受学校体育教学条件的限制，在现行的体育教学过程中，教师从备课、授课到考核，很难顾及各类学生在身体素质、运动技能等方面的差距，很多情况下采用"一刀切"的方法进行教学，很难圆满地解决学生之间存在的个体差异，在一定程度上影响了教学质量的提高。针对这一现状，采用课堂分层教学与课后分类辅导相结合的方法是很有必要的。教师在体育教学实践中应充分发挥课堂优点，既考虑整体又照顾学生的个别差异，强化课内外结合，实施分层教学与课外分类辅导，使学生处于积极的学习状态之中。所谓分层教学与分类辅导，就是在体育教学中，依照《新课标》的要求，针对学生实际，将其分为几个不同的层次，然后提出不同层次的要求，进行不同层次的教学，在课后对不同层次的学生进行辅导练习,使不同层次的学生各有所获,使学生的兴趣和自信心在各自的"最近发展区域"内得到充分发展,使他们每一次学习后都有一种成功感在激励自己,从而让学生圆满地完成学习任务,使自己的成绩不断提高。

一、研究对象与方法

(一)研究对象

上海市民办扬波中学篮球社团队员(一共 24 名队员,并随机分成 a、b 两组各 12 人)

(二)研究方法

1. 问卷调查法:针对上海市民办扬波中学篮球社团队员设计一套问卷表,共计 13 个问题并咨询指导老师对问题提出建议并根据意见进行适当修改。

2. 实地观察法:在学校对那些爱好篮球的学生进行观察,了解他们对篮球知识的认知程度,观察学生的篮球技术战术水平。

3. 实地调查法:询问学校学生,篮球的活动给自己带来的益处。

4. 对比分析法:实验结束之后与实验之前对比队员的篮球技战术变化程度。

5. 文献研究法:通过查找文献资料,掌握一些篮球方面的技术以及技能并在训练中进行内容的安排。

二、学情分析、研究手段及方法

(一)学情分析:分层要求,面向全体,因材施教

新生入学时,教师要对新生的身体素质、运动技能等进行摸底,并一一分类,建立档案,然后根据学生的身体素质和成绩进行分层设组。针对学生实际,合理确定各层次学生的教学要求。对身体素质差、掌握技能慢的学生采用低起点,由浅入深,由易到难,循序渐进的方法,在教学中多用分解学习法和辅助练习法,把目标定在学生经过努力能达到的标准上;对身体素质好、掌握技能快的学生则允许他们超过《新课标》的要求,掌握难度较大的动作,在教学中使用完整法教学。在具体实施中,力求把握学生的实际能力,较好地解决"吃不饱"与"吃不好"的矛盾。备课时要针对学生实际,既要面向全体,又要因材施教。上课时做到既合又分,面向全体学生,兼顾不同层次的学生,在具体操作中,多采取集体讲授、分层质疑、分层指导和集体小结等方式,做到既符合全体的一般需求,又适合各层次的特殊需求,使合而不僵,分而不散,妥善解决好

各层次间的矛盾。如:今日教学内容是篮球行进间上篮,我们可以要求学生在课后查找一些篮球相关知识,并在课上进行讲解和宣传。

(二)研究手段及方法:用多种形式进行课后分类辅导

1. 定点式:这种方式针对成绩较差,在教学中完不成任务的学生,将他们集中起来在规定的时间、地点,由教师重点辅导、帮助,课后布置专项家庭作业,以解决他们在学习技术动作时遇到的困难,直到完成预定的任务为止。如:篮球行进间上篮练习中,把一些技术水平不合格的学生进行分组,要求学生回去查找相关练习方法,在查找过程中掌握相关技术要求。

2. 自由式:这种方式主要面向成绩中等的学生,尤其当学生学习新知识的时候,总会有一些疑难问题,为解决这些问题,可以让学生在课后收集练习方式和方法。并按照他们搜集的练习方式和方法进行学练,稳步提高他们的运动技术水平。如:在篮球行进间上篮的课后,教师可以要求学生在校内外体育活动中观察技术水平较高的学生在活动中的表现,激发他们的学练动机。

3. 提高式:这种方式主要针对运动成绩较优异的学生,以运动队的形式将学生组织起来,以训练的方式进行辅导,辅导的主要任务是提高他们的运动技术水平。如:篮球行进间上篮,对于这些学生来说,我们可以要求学生在课后时间学练高难度的行进间上篮练习,比如:行进间弱侧手上篮练习、行进间底线上反篮练习、行进间边线手上篮练习,等等。

4. 课外作业法:根据各类学生的实际,在课堂教学结束后,布置一些课外练习,以辅导课堂教学任务的完成,布置作业时做到针对性强,能解决实际问题。如:篮球行进间上篮,我们要求学生在课后花少量时间进行徒手练习,或者要求学生进行行进间摸高练习,以促进学生的个人能力。

5. 重点帮助法:对待不合格的学生,教师实行重点帮助,为其提供正确的条件刺激,在教师的帮助下反复练习,形成条件反射,加强身体素质和基本技术训练,以促进他们成绩的提高。如:篮球行进间上篮练习,对于少数由于各种原因没有学会的同学,进行专门性的指导练习。例如,让学生在家拍摄练习视频,以督促学生在课后的练习积极性。

三、结论与建议

(一)结论

1. 本轮研究因时间关系没有继续进行下去,没办法通过对比来观察此次研究的效果。所得的结论都是根据所收到的调查问卷所得。

2. 学生在"双减"的背景下,课外的空余时间增多,篮球爱好者对此事如鱼得水,在不需要家长的督促下学生能够自主去进行锻炼,基本上形成了终身体育的习惯。目前,各个场馆和运动场地均对中小学生进行了合理化的开放,有些学校场地和社会上的运动场所都是限时免费开放,增加了学生自主运动的积极性,减轻了家庭支出的负担。在一定程度上,增强了家长支持学生在课外进行活动的信念。

3. 学生在自主活动的时候会针对自己的篮球技术缺陷进行自我纠错,他人纠错。询问专业人员和网上查找视频资料对自己的技术进行巩固提高。这个时候需要一个专业的教师或者教练对学生进行专业指导,开运动处方。

（二）建议

1. 设计运动方案的时候,需要根据学生现有的水平先进行分析再设计方案。

2. 运动方案不能脱离实际,要有时效性,布置的作业不能太难,学生经过一定的练习能够完成任务。

3. 在作业布置后要及时进行作业的"查收",比如检测作业中的某些技能完成情况和布置作业前的技能相对比。

4. 对完成作业但没有掌握的学生多进行鼓励,增强自信心。

附录

上海市民办扬波中学有关课外篮球活动现状调查问卷表

亲爱的同学,你们好!

首先感谢你们能抽出宝贵的学习时间来回答这份问卷,十分感激。你将参与一项关于上海市民办扬波中学学生课外篮球现状调查的研究。你所提供的信息对于我的研究十分重要,所以非常感谢你的合作!本问卷的宗旨在了解中学生课余篮球活动的开展现状,答案没有对错,只要你根据自己的实际情况和真实体验回答即可,注意不要遗漏。

你是（男生或女生）

1. 你对篮球运动的喜欢程度为（　　）。

　　A. 非常喜欢　　B. 比较喜欢　　C. 一般　　D. 不喜欢

2. 校外的篮球运动持续的时间大都是（　　）。

　　A. 1 小时　　B. 1—2 小时　　C. 2 小时以上

3. 你进行篮球运动的场地是（　　）。

　　A. 学校　　　　B. 社区　　　　C. 娱乐场所

4. 你进行课余篮球运动的主要形式是（　　）。

　　A. 训练　　　　B. 自由组队　　C. 提前约定

5. 自认为篮球技术如何？（　　）

　　A. 优秀　　　　B. 比较优秀　　C. 一般　　D. 很差

6. 你每周课余参加篮球活动的次数是（　　）。

　　A. 0次　　　　B. 1—2次　　　C. 3—4次　　D. 5次以上

7. 如果有教师对自己的篮球技术进行干预自己会接受吗？（　　）

　　A. 会　　　　　B. 不会　　　　C. 看情况

8. 自己在课外篮球活动时会不会练习自己薄弱的技术？（　　）

　　A. 会　　　　　B. 不会

9. 自己重视篮球的基础练习吗？（　　）

　　A. 很重视　　　B. 一般　　　　C. 不重视

10. 在自行练习时有没有对自己增加难度的练习？（　　）

　　A. 经常　　　　B. 偶尔　　　　C. 从不

11. 如果老师根据自己的篮球技术布置自己能够完成的练习作业，自己会完成吗？（　　）

　　A. 能　　　　　B. 不能

12. 你认为篮球技术练习时有人督促好还是自己督促自己好？（　　）

　　A. 别人督促　　B. 自身要求

13. 如果教师对自己布置课外篮球作业，自己会期待吗？（　　）

　　A. 会　　　　　B. 看情况　　　C. 不会

谢谢你的合作，祝你学习进步，生活愉快！

改教学方法，强教学手段，提课堂效益

顾 奕

北京 2022 冬奥会在我国举办，配合全国体育事业的改革进程，为中学体育教学改革提供了机遇和挑战。

着实解决课堂有效性问题已经成为体育教学过程中的重要问题。实现有效教学，分析了解教情与学情的现实。实现一个科学、合理、有序的教学过程。而教学计划是教学策划与实施教学行动的基本保证。匹配高效的教学手段是体育课堂顺利教学的基本保证，是提升课堂教学质量的有效途径。

首先认真分析学情，了解学生身体素质情况，学习情意态度。教材的难易程度，配套练习是否得当、趣味融合。因学生从不同小学毕业，受教育情况不同，对于体育运动观、运动能力、运动素养等，各方面素养学生的表现千差万别。需要不断夯实基础，才能适当提高难度。需要不断促进能力提高，才能增强自信心，从而产生良性循环，有利于下学年教材的开展。其次中学体育教学应该在增强学生体质的同时，需要注重学生的心理素质的提高。因此，应对现有教材进行一定变革：第一，打破目前体育教材单调的现状。增加趣味性、娱乐性的教材，增设学生喜爱的、娱乐性强的、健身效果较好的项目。第二，体育教学过程中教师不是只关注学生体能的锻炼，还要引领健康的生活方式，例如：合理热身，正确运动，拉伸放松。还有，激烈运动后不大量饮用冷水，或者运动后马上坐地休息等对身体健康不利的行为等。

一、激发兴趣，体验成功，感觉胜任，培养自信

发掘各类体育资源，激发学习兴趣，使之积极参与体育运动中来。融于各种练习与游戏之中。增加课堂趣味性。根据学校体育场地、设施情况，因校、因地开发各体育设施的功能。有的体育器材可资源共享：绳梯、小栏架、跳栏，可以练习灵活的步伐和跳跃的能力；跳绳可以做绳操、花样跳绳、组合跳也可进行多人"齐心协力"走跑；体操垫可用来做仰卧起坐、技巧，也可做跳、绕、钻、

等障碍和搬运物；实心球可用来负重物、投掷、障碍物、标志物，还可用来打保龄球，对攻游戏等。

在教学中发现一节课如果教学手段得当，学生的参与积极性和兴趣会有很大提升，即便是技术要求高，对身体素质有一定要求的教材也能收到很好的效果。但是，当教学手段、教材安排不符合学生的实际时，他们就会因无法完成学习内容，导致没有参与感和成就感，而产生对体育课无兴趣、注意力不集中的现象。尽管体育教师讲解得如何正确、生动、形象，即便是游戏等一些学生爱玩的活动，他们可能也只是"听而不闻"，最终导致课堂效率低下，甚至是毫无效果。

比如杠上教学中使用体操棒，可以由两位同学协助抬起练习的同学，既能有效避免学生直接上杠的恐惧感，又能帮助练习的同学找到杠上支撑的感觉。在帮与助的过程中同学感到团队的力量。两位同学进行"抬杠"这个有风趣的名称的练习，不但有效地解决了由于学生的人数较多，场地器材极为有限的现状，让学生们积极主动地参与学习，而且整个教学过程中始终渗透了相互信任等意识。增进同学们之间的感情，体验帮助他人与被帮助的心理感觉；在相互支撑相互接触中培养了学生间的团结协作精神，同时还能给学生们增添许多参与的乐趣与激情，从而大大提高了课堂教学效果。

二、肯定付出，夸奖尝试，表扬坚持，树德育人

在教学中对女生应多以正面教引导为主，多表扬鼓励，少批评指责。因为大部分女同学比较爱美、好静、害羞、内向、含蓄、敏感、自卑、胆小、怕脏、自尊心强。尤其是动作基础差、素质差的女生，在练习动作不到位的情形下，教师连续的鼓励可以帮助她克服困难，完成任务。

多启发，多诱导，多关心帮助，教师在言语上的艺术性也非常重要。简明扼要，把握重点，抓住女生练习不足的弱点，动作有进步的，鼓励加表扬。动作错误或做不到的，多言语上的支持。又如降低动作难度和要求；蛙跳练习中，跳跃距离可缩短，动作不要求速度；俯卧撑中，女生手臂屈伸的幅度由小到大，支撑由膝盖到脚尖；淡化"学习动作"评价方式，注重"参与的评价方式"。使一些女生差的项目也大胆地练习起来，因为老师给予她的评价不是以多少秒、米来定论。增加辅助练习或诱导性练习，使内容由易到难，由表及里，循序渐进，并在语言上给予"就这样、不错、行、很好、大胆跳"等鼓励性的提示、指导。使她们用积极的情绪逐渐代替消极的、恐惧的等不良情绪。从被动的心态转变

为主动的心态。从不想上体育课到想上体育课。恐惧是女生面临不确定不了解情况时产生的一种情感自我保护反应。

在体育教学中,一些有较大难度或有一定危险性的运动项目,对一些身体素质和心理素质较差的学生来说,往往容易产生恐惧心理。而恐惧心理的存在会造成技术动作变形,难以掌握所学内容,阻碍了学生潜力发挥,还会"传染"给他人,使其他学生练习积极性下降,从而影响整个教学任务的完成和教学质量的提高。如果教师教学手段新颖、独特,可以大大提高学生学练的兴趣和热情,提升对体育课堂教学的期望度。同时教学手段应由简入繁,逐渐过渡到整个动作的完成,这样不断培养学生的自信心,打好身体素质和心理素质的基础,逐渐克服恐惧心理,并且还能最大限度地消除恐惧心理。在学生能够做到突破、大胆尝试的时候及时点评,扩大积极学习氛围,提振积极练习勇气。

教师要对我们的中学生进行良好的体育德育教育,以充分挖掘教学内容的思想内涵。良好的思想品质是通过学习教育和一定的社会生活实践的熏陶,经过个人自觉锻炼与修养逐渐形成的。

三、巩固基础,形成技能,稳定成果

在讲排球正面双手垫球教学内容时,一般用尝试体验、纠正错误、练习强化等技术教学的程序进行教学。但学生练习时时常会出现一些一时解决不了的毛病,如击球点不稳、手臂并不拢等现象,通过观察、分析得出这都是初学者易犯的错误。为了破解这一疑难技术,同备课组同事一同交流,通过反思并设计方案:在学生的两手臂的腕关节以上十厘米处各贴上一张标记。学生垫球时只需要做到:1.将两个标记合成一个;2.球落在红色的标记上。这样便有效地解决了初学者对击球位置不固定、两手臂击球时夹不紧等问题。运动动作技能的形成过程是建立复杂的、连锁的、本体感受性的条件反射的漫长过程。需要不断地调整、矫正、反复、巩固。因此,针对学习某个技术动作所要完成的任务,采用的教学手段要尽量适合学生的实际能力。在技术动作学习初期,教学中应根据动作特点和主要技术结构,合理地选用参照物或者标志物等进行诱导性练习,以较好地预防早期学习中易产生的错误动作。这样有利于学生建立技术动作的正确表象和概念,快速粗略地掌握技术动作。

总之,我们无论采用何种教学手段提高教学有效性都需要遵循体育课堂教学的规律,即动作技能形成规律、人体的生理规律和教育教学规律。同时我们也要懂得对教材进行二次加工,每个教材都有相应的教学手段,不同年龄阶

段的学生也有与他们相适应的教学手段,能否正确地选择体育教学手段会直接影响教学效果的好坏。为此,体育教师要根据教学目标和教学情境等因素的变化,巧妙地运用各种有效的教学手段,创设各种符合情理的教学情境,以帮助学生更好地掌握体育知识和技能。同时,也要从课的内涵出发,深层次地挖掘,探索出更多、更精的体育教学手段,这样的教学手段必定会让我们的课堂充满活力,同时,也是最经济、最有效的,我们强调素质教育,素质教育中对中学生的体育教育不可忽视。中学体育教学有效性直接关系到我们的中学生身体素质的提高。

北京 2022 冬奥会在我国举办,是全国体育事业的改革前进的里程碑。是中学体育教学千载难逢的机遇。作为中学教师应当抓住此契机,勇于创新,改进教学方法,改善教学手段,提高课堂效益。引导学生掌握基本的运动技能,拓展学生的体育视野,养成体育人格。以此,使学生学会科学锻炼身体的方法,培养坚持体育锻炼的习惯,增进身体素质、心理健康和社会适应能力。

"双减"背景下打造真实高效体育课堂的实践探索

卞小明

因体育课大部分是在室外进行的教与学活动,它不同于其他课程容易组织管理。随着新课改的提出,我国传统体育的教学方法已经无法满足时代的要求。因此,要想保证新课改目标的实现,教师就必须有效地提高体育课堂教学的效率,以促进学生更好地发展。作为体育教师做好课堂教学组织是非常重要的。体育课堂教学是实现学校体育教学目的及任务的基本途径,其实施过程及效果与多种因素相关。

一、激发学生兴趣,使学生积极自主地参与教学

《新课程标准》告诉我们,课堂教学应以学生发展为中心,充分发挥学生的积极性和主体作用。运动兴趣是促进学生自主学习的前提。学生的兴趣决定了其对体育课程学习的投入度,而投入度决定了学生学习的实效性。因此,教学中我们要充分调动学生学习积极性,使他们积极主动地参与教学。这就要求教师为学生设计教学,教学设计要以学生为本,突出学生在体育教学中的主体地位,既要通过体育活动增强学生的身体素质及运动技能,也要发展学生的智力,启发和培养他们正确的学习动机,让他们全身心地投入课堂当中来,成为学习的主人。所以讲,教师无论是在教学内容的选择还是教学方法的更新上,都应十分关注学生的运动兴趣,只有激发并保持学生的运动兴趣,才能使学生自觉、积极地进行体育锻炼。

二、建立融洽的师生关系,使学生保持浓厚的学习兴趣

听起来师生关系好像对课堂教学效率的提高没有什么关系,其实不然。"亲其师"才能"信其道",很多时候,学生喜欢一门学科,就是从喜欢教授这门学科的教师开始的。在初中体育教学中,建立和谐的师生关系,尊重学生的感情,不伤学生的自尊心,有礼貌地对待学生,可以产生巨大的感召力、推动力,

使学生"认识自我、肯定自我、发展自我",进而不断转化为学生学习的内驱力。在体育教学中充分发挥情感因素的积极作用,将会对培养学习兴趣有着重要的意义。融洽的师生关系是创设轻松愉悦、民主课堂气氛的前提,是激活学生的情感、提高教学效果和质量的一个重要手段,也是优化课堂教学的一个重要方面。初中体育不像其他学科那样可以直接灌输思想观点,体育课是通过实际锻炼,制造气氛,激发学生的求知欲望,培养学生锻炼身体的习惯,并在潜移默化中培养他们健康的身体特征,达到"德、智、体、美、劳"全面发展的目的。初中学生对体育课学习兴趣不浓,学生自身缺乏内驱力,如何培养学生的学习兴趣呢?教师只有树立正确的学生观,具备健康的心理品质,加强学生与教师之间的情感交流、尊重、关心、理解、爱护学生,注重情感教育,真正让学生感受到"我运动、我健康、我快乐",才能激发和培养学生的学习兴趣,有效提高学生的学习能力。例如,在我的课堂上,我会做到严而有度,尊重学生,与学生平等对话,关心、爱护每一位学生,尽量满足学生学习心理上的需求,积极评价学生的课堂活动,使每一位学生都觉得自己是被重视、被关心的。如在双杠学习过程中,有些学生存在因天生胆小而不敢练习的心理,当了解到这些情况后,我在课上主动与他们交流,了解其内心的感受,并采用了小组互助、个别辅导的方式引导、鼓励和帮助他们,使他们尽快树立信心,克服恐惧和阴影,从而主动、积极地参与练习。师生的双向努力,终于让他们又重新回到了双杠上,完成了一个个漂亮的动作,享受到了成功和快乐。这种由爱产生的积极情感能转化为学习动力,这种动力又能激发学习兴趣,从而推动学生有效地学习。

三、培养学生自觉锻炼的习惯,树立终身体育的意识

终身体育是体育教育的最终目标,学校体育是终身体育的基础。学校体育的任务不仅仅是增进身心健康,掌握体育知识、技术、技能,而且要培养体育能力,使学生学会锻炼身体的方法,养成自觉锻炼身体的习惯,树立终身体育的意识。

第一,动作讲解言简意赅、具体形象。教师在讲解动作时,应突出重点和触类旁通,并尽量把一些抽象概念通过精准简练的语言和恰当的比喻使之具体、生动和形象。

第二,示范动作准确、轻松优美。教师在备课时就一定要熟练掌握所教动作,并在上课前演练几次,确保在课中示范时做到动作准确、轻松优美,给学生一个良好的身教,为后段教学的顺利进行打下良好基础。

第三，组织教学的语言富有启发性、激励性。教师在组织教学时，应结合教材和学生实际采用促使学生动脑、激发学生渴望练习和积极练习的语言来组织教学。

综上所述，体育教学的方法多种多样，在初中体育课堂教学中，我们只有在教学过程中不断探索，不断研究，不断创新，充分激发学生学习的兴趣，拓展学生的思路，发挥学生在学习中的主观能动性，弥补传统教学的不足，加强学生的思想品德教育、体育观念教育和运动能力的教育，才能提高学生参加体育锻炼的积极性，从而全面提高学生的身体素质。

武术情景化教学实践研究

——以九年级武术少年短棍为例

盛兴元

一、案例背景

武术与民族传统体育类运动内容丰富、风格各异，不论体质强弱、高矮胖瘦都可以根据自身情况和兴趣进行武术的学练，以达到强身健体的目的。该系列包括武术基本功、少年拳、太极拳、剑术、刀术、棍术、防身术、散手、民族民间传统体育等运动项目。武术既是《体育与健身》学科教学的重要内容，也是上海市扬波中学的特色体育项目之一，多次获得殊荣。在我校中华传统文化的课程体系的整体架构中，体育组从"礼乐射御书数"中选择"射"为载体，将中国传统武术的精神融入课堂教学之中，以武育德，丰富学生的校园生活，弘扬中华武术的民族精神。

根据本校初中学生的兴趣和爱好特点，开设武术社团，而对于九年级的初中生，他们已经处于不仅限于"老师教、学生学"的状态，而更侧重于先进行整体的理解后再进行学练。为了能够增加学生对于武术课的兴趣，同时帮助他们理解整个少年棍的动作，避免采取以单一的单套棍法动作进行教学，我们积极思考并尝试融入器械丰富的教学内容以提高课堂的有效性。因此此次九年级的武术少年短棍将采取两套棍法为一个大单元进行教学，极大地丰富了初级棍法的学习内容，让学生在学习中进行探讨和比较，激发学生学习棍术的兴趣。在教学过程中，作为体育老师，如何进行情景化的教学，如何引导学生积极参与棍法的练习，如何进行初级少年棍的攻防融入，帮助学生在棍法动作上进行进一步理解，这些问题是我们需要进行仔细研究和思考的方向。

二、案例描述

（一）情景化教学之对比分析法

课中通过观看示范视频以及教师的动作示范后，学生跟着示范动作进行学练,并利用多媒体信息技术手段——平板电脑,拍摄小组成员的练习情况,并且在练习后即时在大屏幕放映进行比较,学生们可以根据示范视频、自己学练的视频以及其他小组的学练视频进行横向对比,团队进行讨论分析自己动作的完成情况,从动作名称、动作步伐以及棍的路线着手,让学生能更快地掌握完整技术动作。

(二)情景化教学之观看慢动作法

慢动作教学是比较常见的教学手段,学生对于动作步伐以及棍的路线能有更清晰地了解和认识,步伐的转换、棍的路线以及发力点的掌握会更加熟练。从慢动作的体会中引出问题,然后,老师可以引导学生利用教具提高动作的稳定性练习。例如利用伸缩带在身体两边形成边界,让学生进行撩棍时控制棍的左右移动路线,棍身不得触碰伸缩带或者伸出边界范围以外,形成在窄巷中完成撩棍动作,使练习时棍子贴近身体达到立圆的效果。撩棍这个动作,在整个过程中棍的移动速度不是以匀速运动进行的,而是在最终动作收势时,以加速的形式完成棍的运动。学生在练习中也能够了解这样的动作技巧,从而利用海绵棒在窄巷撩棍终点设计击打物,使学生在连续完成行进间左右撩棍的最后一下加速击打海绵棒。这也与下一个情景化教学有了一定程度的呼应。

(三)情景化教学之攻防体验法

对于初中阶段的九年级学生来说,教学方法上应采取先理解再学习的方式。作为体育老师,避免对学生进行单个动作的简单教学,而是让学生先采用直观的方式进行全面的了解,当学生在脑海中有了直观的概念之后,随之而来,无论是理解动作的名称、路线、含义以及学习的意义都将事半功倍。对应上一个学习方法,从棍击物都是单个同学进行练习。武术情景中也需要体验(真实性及有效性等)双人实际运用练习,引出两人一组的攻防体验,从击打海绵棒到击打同学手中的棍,不仅体验感上升了一个台阶,学生的积极性也被调动了起来,在击打时的力度(加速度)也会逐步提升和熟练。

(四)情景化教学之攻防比武法

运用影片片段或者武术比赛实战场景片段,来展示如何进攻、如何防守、如何在行云流水间找出对方破绽后一气呵成,最终一方一招制敌,获得最终胜利。此次教学节选了李连杰运用棍术进行攻防的影片片段,着实吸引学生的眼球,通过从片段中节选的动作图片、配上动作名称,以动画形式解析进攻动作的步骤、动作步伐、棍的路径等呈现出我们所要学习的攻防动作,让学生们产生想要学习的欲望,那么他们会模仿视频中的套路动作进行攻防练习,同时教师引导学生完善每个动作的力度、角度等,并鼓励学生学以致用,积极运用到实战中去,不断变换前后顺序、力度以及攻与防的转换,等等。通过实战学习让初中学生先知晓动作在实战中的意义后,再去学习攻防套路,更能加深武术动作的印象,也更能达到学以致用的效果。

三、案例分析

(一)情景的结构化

在本单元设计过程中,除了融入了情景化、信息化、结构化等,也在此基础上增加了新的想法和创新,通过单元问题链的设置环节,从单个问题串联形成一节课的问题链到一个单元的问题链的衔接方式。通过层层递进层层提升的原则,在本单元中,我们尝试将单个的情景化之间进行串联,形成情景的结构化设计,让原本可能单一的情景融入,变成前后有机串联结合相关问题链的提出,以学生为主体,教师适当引导学生主动思考积极讨论,再加入信息技术手段:ppt、实时拍摄投屏等的直观展现,学生从原来带着问题去学习:我为什么要学这个动作,学习这个动作有什么用? 转变成先理解为什么要学,再去学习:原来学习这些动作是在这样的情况下我可以这样做来进行进攻或者是防卫,让我来学习一下吧。由浅入深、由易到难,便于学生形成完整情景结构化的理解,从而达到先理解完整攻防含义后、再进行细致的攻防动作的学练,从整体到部分提高了动作学习的有效性。

(二)教法的创新化

根据初中学生身心特点,他们具有较强的独立思考能力,对传统文化具有广泛的认同感,但男女生存在不同差异,男生上下肢力量和动作的发力要高于女生;女生的柔韧平衡和协调性要优于男生。而在他们认知水平方面,该班学生通过上个单元初级棍的学习,掌握了提臂劈棍、舞花戳棍等动作技术,但是棍术组合动作的结构化意识欠缺,攻防含义理解不足。根据以上两个特点如何引导学生理解在实战过程中攻防动作对于自我保护和生命安全的重要意义,树立自我保护意识,以及攻防手段价值呢? 在武术少年短棍第一套动作的学习中,我们大胆创新,将原先的从单一动作着手,逐步过渡到两人学习套路、攻防动作学习最后到实战的学习顺序。改成先观看攻防动作视频,从一招一式中吸引学生眼球,让学生感兴趣的同时模仿进行攻防练习。再将其中我们要学习的动作进行标注动作名称、动作路径以及如何进攻、如何防守,通过图片、动画方式滚动播放,培养学生的交流合作能力,尝试一方进攻一方防守,先体验动作并有了整体框架后,再根据学生们学习过程中出现的普遍问题,小组进行探讨,自行设计或者利用合理的辅助教具,改进棍法击打力度、准确度和平衡问题,提高动作正确性和规范性,再回到实战中,创设开放、和谐、互动的习武环境,注重合作探究、学科融合、观察体验,深度学习中提升少年初级棍技能和攻防能力,增强安全演练意识,提升自我防卫能力,感受武术魅力,塑造良好武术品格,弘扬中华武术精神。

(三)评价的多元化

本单元的评价体系是多元的、多维度的,从过程性评价、表现性评价到终结性评价。我们注重改进结果评价,除了运动技能评价外,注重改善和提升运动后运动能力、健康行为、体育品德的评价。学生从自主选择攻防动作体验练习开始,到学以致用的实战中进行自主锻炼,最后根据实战中的综合表现情况进行自主评价,可以根据现场观看实时拍摄的视频后进行自我评价、小组之间交替进行学生与学生之间相互评价。教师评价也从原来的教师主观评价转换成综合评价,从运动能力、健康行为、体育品德三个方面九个观察点进行整体性综合评价。激励学生学习积极性的同时,也使武术真正走入每个学生的心中。

武术文化慢慢浸润、武术传承深入人心,我们将以立德树人为根本任务,贯彻"健身育人"的教育理念,落实"双减"背景下初中体育多样化的课程改革,传承中华传统文化,以"教会、勤练、常赛"为抓手,创设开放、和谐、互动的学习环境,让学生在自主、合作、探究中实现"学会""会学"到"会用"转变,在合作探究中,提高学生深度学习能力,让学生在体育锻炼中享受乐趣、增强体质、健全人格、锤炼意志。"中国心、世界眼、未来梦"我们将踔厉奋发、塑造武术品格,弘扬武术精神。

有关初中男生引体向上项目的调查研究与分析

王相国

教育部印发的《国家学生体质健康标准(2014年修订)》实施与评价在全国各地开展得如火如荼,从初中到大学,其中的引体向上成了男生必测的项目之一,占有10%的比例。而且引体向上项目为高优指标,学生成绩超过单项评分100分后,还可以超过的次数所对应的分数进行加分。因此,引体向上这个项目成了各地区各校关注的重点项目。

引体向上是以自身力量克服自身重量的悬垂力量练习。它要求学生有一定的握力、上肢力量和肩带力量,这个力量必须能克服自身的体重才能完成一次。它对发展上肢悬垂力量、肩带力量和握力有重要作用。教育部体卫艺司司长王登峰曾公布过一组数据,为了制定新标准,2013年,国家教育部在全国范围内组织专家对20多万名青少年进行了引体向上测试。其中初中以上男生的引体向上测试中,竟然有一半以上的人一个都拉不上去,甚至有很多连双手握杠都握不住。

引体向上可以锻炼背部,增加背部的宽度。背阔肌是健美爱好者重点训练的部位之一,引体向上则可以拉伸脊柱,使脊柱尽力伸展,促进脊柱骨的增生。不同握距的正握引体向上能发展大圆肌、小圆肌、冈下肌、斜方肌、肱二头肌、背阔肌,但是侧重点不同。宽握引体向上重点刺激背阔肌中、上部;中握引体向上重点刺激斜方肌;窄握引体向上重点刺激背阔肌上部、大圆肌。正握颈后引体向上重点刺激背阔肌中、上部,大圆肌,小圆肌,菱形肌,背部深层肌肉。当你做引体向上时,将肩胛内收时,最主要训练的肌群是背阔肌,背阔肌大致上呈现三角形,也是男生想训练成倒三角很重要的一块肌肉。在引体向上的动作中也会带到胸肌,训练到的肌群非常多,所以也称作上半身的深蹲。

练习中容易出现的错误:错误一:没有完整地做完全运动。做完全运动,很重要的一点是要记住背肌是你在引体向上最主要的肌群,在离心身体向下时,要将手全部放下,不然手臂会花太多的力气,我们引体向上主要是要训练背肌而非手臂。错误二:手肘在错误的位置。如果你想让你的背肌训练得更加强壮,就不能让手肘在身体后方,手肘应该保持在单杠下方,这也会让你更容易将胸挺起。错误三:没有肩胛的收缩。引体向上最难的部分就是学习怎么控制肩胛,每一下的训练都要让肩胛夹紧再放松,这会让你确实使用背肌出力而不是用你的前臂以及肱二头肌在出力。错误四:你的身体保持直立。很多错误的说法会说当你在引体向上时需要保持身体直立,这完全是一个错误的方法。我们知道引体向上是要训练背部,以及说到了做好一个引体向上需要肩胛的收缩,当你试试肩胛内缩而背部保持直立时,会发现根本不可能做到。错误五:摆荡身体。有些人会做摆荡身体的引体向上,速度也非常快,但那不是一个理想的姿势。摆荡会让你没办法这么有效地训练到该训练到的地方。做什么训练都是一样,做得太快、幅度太大都有一定的危险,容易导致受伤。

基于上述背景,我们以上海市民办扬波中学初中男生为研究对象,通过问卷调查法,发放问卷 100 份,当场回收 100 份,回收率 100%,有效问卷 100 份,有效率 100%。

一、调查问卷反馈

(一)初中男生对于引体向上这个项目的态度

通过调查,100 名初中男生对于引体向上这个项目的态度结果分析如下:

从调查表得知,100 名初中男生有 46 人认为练习引体向上这个项目是有必要的,占 46%,但是与此对照,100 名初中男生中只有 32 名男生愿意去练习,只占总数的 32%。由此可见,初中男生对于引体向上项目是支持的,是理解的,但是却又很大一部分学生不愿意去练习。从部分家长和体育老师的访谈中可以看出,家长和老师都是支持的,但是有一大部分家长又有担心,怕自己的孩子完成不了,纷纷表达会敦促自己的孩子认真训练。

(二)关于初中男生引体向上这个项目的现状

通过对 100 名初中男生关于引体向上的调查,以了解现在引体向上的现状与情况,具体情况结果分析如下:

从调查表可以看出,初中男生在引体向上这个项目上是有欠缺的,现状并不乐观,问题也是不容忽视的。

1. 学校场地器材方面的因素

从 1—2 两个问题的调查问卷来看,可以看出学校的场地器材基本还是能够应对学生的练习需求的,对初中男生引体向上这个项目的限制不是很明显。

2. 师资课堂方面的因素

从3—4两个问题的调查问卷来看,学校开设的引体向上的项目课程较少,有的学校甚至出现了不开设的情况,练习只是为了应付《国家学生体质健康标准》的测试;在教程内容中,很多老师从来没有将引体向上这个项目作为课堂内容,很少主动地去引导学生进行练习。

3. 学生自身的心理、生理素质影响

从5—10几个问题的调查问卷来看,大部分的学生在课余、假期中、课间的时间没有主动去练习引体向上,大部分的学生不喜欢练习引体向上,学生对于引体向上的认识很少,不知道用力方法,不知道用力肌群。特别是初中男生能做5个引体向上的人只占13%,其余87%的男生都是在5个以下,甚至一个都做不出来。而《国家学生体质健康标准》的规定,初一男生引体向上1分钟做4个才算及格,从初二到高三及格线依次增加1个,高三及格线为9个,这样的标准,大部分学生都是不及格以下的水平,这样的情况实在是令人担忧。

二、基于调查结果后的建议

基于调查结果的分析,辅之以对部分学生代表、家长代表以及体育老师的访谈,并查阅相关资料,形成的建议如下:

(一)学校层面

从学校层面上讲,要做好积极的宣传工作,加强家长和学生的思想工作,根据教育部现行的标准,不仅是初中男生,甚至包括高中和大学的男生在内,引体向上都是他们必须参加的项目,而且大四男生的合格标准是11个。因此,对男生而言,能否按质按量完成引体向上已经关乎学业,必须加以重视。学校还要加强对于体育器材的投入,单杠需要添置,而且最好能设置成不同的高度,以满足学生不同的需求。

(二)体育教师自身方面

首先,教师要加强对于引体向上这个项目的重视和认识。现在学生的上肢力量和握力比较差,造成这一现状的问题也包括体育老师在这方面的不重视。在对体育老师的问卷调查和访谈中,发现一些老师对于引体向上的项目也有一些缺失,很多老师对于引体向上的用力方法及用力肌群也不是很清楚,这些都影响了学生在引体向上这个项目上的发展。参与引体向上项目的主要目标肌肉包括背阔肌、肱二头肌、前臂肌肉群,在训练时就要针对目标肌肉采取有的放矢的训练方式,老师对这些主要目标肌肉的练习方法也应该要有所了解,才能更有效地帮到学生。

(三)教学内容的选择方面

关于教材内容,课堂中对于一些上肢力量项目的教学和练习很少。当然,学校的体育课有自己的安排,也不可能花过多的时间让学生们练习引体向上。现阶段很多体育老师只能是在课堂最后几分钟的"身体素质课课练"让学生练习。因此,在这样的背景下,为顺利通过这项测试,为提高学生的上肢力量,可以在课堂上多加强学生上肢力量的训练,体育老师要注意对力量内容的偏重,帮助学生去建立思想认识,去辅助学生进行练习。具体有以下几种方式:一是可以在平梯上做移行,每次手向前移动一个横杠,两手交替行进。这个项目很受学生的喜欢。二是通过屈臂悬垂。练习者站在凳子上,两臂全屈反握横杠,两手与肩同宽,然后双脚离凳做静止用力的悬垂姿势,但下颚不得挂在杠上。三是手足并用或只用手爬竿或爬绳,根据个人力量选用,每次爬5~6米,练习3~4次。

(四)教学组织方面

首先,教学要注意循序渐进、由浅入深、由易到难,特别是对于初中男生,要使学生打好坚实的基础,学好基本技能,再进行下一步的教学。在组织过程中,还要注意比赛游戏的运用,要让他们去体验成功感、满足感。另外,要注意组织教学形式的多样性。为了提高初中男生的积极性,在练习引体向上的初级阶段,可以采用单杠悬垂时间长短比赛、提水桶、推小车等课堂的小游戏来有效发展学生的上肢力量。

(五)教学要因材施教,因人而异

教学内容要因材施教,设置的目标要因人而异。对于初中男生来讲,可以降低对他们的要求,也可以降低练习的难度。初一、初二、初三的男生可以设置不同高度的单杠,不同身高的男生选择不同高度的单杠,能够单独完成一个引体向上的男生可以独立安排练习,多次反复练习。不能单独完成一个引体向上的男生可以采取保护与帮助的方法,在他人帮助下完成练习,逐步过渡到自己完成练习。

(六)课堂评价注意运用激励

正确认识激励的效能,并把它很好地应用到初中男生的体育教学中去,对于提高初中男生练习引体向上,增强教学效果有非常重要的意义。在对初中男生教学的过程中可以运用目标激励、信心激励、情感激励、竞赛激励等一些激励方法,来激发初中男生练习的积极性。在点评的时候,对初中男生"不要一棍子打死",不要根据完成引体向上的个数来进行点评,要根据学生的努力程度来进行小结点评,要根据学生的进步程度进行评价,而且对初中男生要以诚恳的态度而不要以训斥为主,要注意初中男生的自尊心和自信心不受到伤害。

(七)家长加强认识、监督

现阶段,引体向上这个项目已经是《国家学生体质健康标准》的必测项目之一,有些地区还将其列为体育中考的必考项目,这关系到学生和家长的切身利益。现在家长的重视度也有所提升,学校要充分发挥家长的积极作用,主动与家长形成有效的联系,对学生居家锻炼的习惯要有充分了解,体育老师根据不同的学生可以开具不同的运动处方,充分发挥家长的监督作用,从而提高学生水平。

附录

有关引体向上的调查问卷

1. 学校有单杠、双杠吗?(　　)

　　A. 有　　　　　　　　B. 没有

2. 学校有几幅单杠?(　　)

　　A. 5 副以上(包括)　　B. 5 副以下

3. 学校开展引体向上的课程吗?(　　)

　　A. 有　　　　　　　　B. 没有

4. 平均每周会开至少一次引体向上的课程吗?(　　)

　　A. 会　　　　　　　　B. 不会

5. 喜欢练习引体向上吗?(　　)

　　A. 喜欢　　　　　　　B. 不喜欢

6. 自己能做至少 5 个以上的引体向上吗?(　　)

　　A. 能　　　　　　　　B. 不能　　　　　　C. 一个都做不了

7. 知道引体向上的动作方法吗?(　　)

　　A. 知道　　　　　　　B. 不知道

8. 知道引体向上会用到哪些肌肉群吗?(　　)

　　　　A. 知道　　　　　　　B. 不知道
9. 课余时间与同学们一起练习过引体向上吗？（　　　）
　　　　A. 有过　　　　　　　B. 没有
10. 自己闲时会不会做一些提升上肢力量的练习？（　　　）
　　　　A. 会　　　　　　　　B. 不会
11. 知道哪些方法能够提高引体向上吗？请写下来。
　　　　答：_____
　　　　_____
　　　　_____

基于微信平台的初中学生
课外体育合作学习研究

贺 俊

信息媒体与移动互联网的快速发展让人们的思维方式和生活方式发生了翻天覆地的变化,也让学习方式以及教育方式发生巨大变化。新形势下,初中体育教师应充分利用大众化社交软件组织学生展开课外锻炼,以此拓宽体育教学深度与广度,使体育教学取得更好的效果。本次研究以初中生为对象,就微信平台在学生课外体育合作学习中的应用价值、策略以及具体的应用结果进行研究。

一、基于微信平台进行教育的优势

(一)覆盖面广,传播效率高

微信是一种大众化的社交工具,据相关数据显示,到 2019 年,微信月活跃用户数据已经超过 11 亿,基本上已经覆盖智能手机。对于青少年来说,微信在这类人群中基本已经普及。所以,微信平台具有覆盖面广、传播效率高的优势。与其他社交软件相比,微信最大的特点是它搭建的平台是一种以熟人网络为核心的平台,这也为微信的内部传播提供了重要契机,使其达到率以及信任度有着其他媒介无法比拟的优势[1]。

(二)不受地点和时间的限制

微信平台是一种建立在现代化技术之上的传播平台,所以具有信息技术不受时间和空间限制的特点。相较于传统的书信交流,微信平台可以借助移动网络实现实时交流,人与人之间的互动既不受空间限制,也不受时间限制[2]。通过手机移动端,微信可以为人们提供全天候、快速化服务。

(三)传播形式具有多样化特征

与电子邮件、电话等形式的互动相比,微信平台可以为人们之间的交流互动提供更多的形式。换言之,利用微信平台传递信息,不仅可以传递文字信息,还能传递视频、图片、声音等各种形式的信息,这为用户方便、快捷表达自己的想法提供支持,可以在一定程度上强化人与人之间的互动③。

二、基于微信平台的初中学生课外体育合作学习策略

将全班学生分成两个小组,这两个小组的学生性别比例不存在明显差异,而且体育水平也不存在明显差异,学优生、学困生和中等生占比基本相等,所以具有可比性。其中一组为对照组,只对学生进行常规的体育训练,并鼓励学生课后锻炼,而另外一组为实验组,除了在体育课上对学生进行常规训练,还利用微信平台组织学生课外进行体育合作学习,具体的学习策略如下:

(一)根据课外学习需求科学搭建微信平台

首先,利用微信申请开通订阅号,命名为"初中生课外体育学习平台",然后将二维码分享给学生,要求学生关注。与此同时,学生也能通过微信搜索"初中生课外体育学习平台"这个名称予以关注。在这个基础上,教师围绕实验组的学生建立一个总群,让每一个实验组的学生进入群内。为了方便学生课后合作学习,教师再以5—6人为一组建立小组学习群,名称为"一组""二组"等,并且对每个小组的组长进行确定。另外,再针对所有学习小组的组长建立一个群,便于教师对各个小组的监督、管理和指导。最后,将班主任和体育教师拉进所有的学习群中,方便教师进行群监督和管理。

(二)开发合适的课程资源并发布于微信平台

在学习群建立之后,教师需要进行学习资源的挖掘与分享。首先,教师通过腾讯视频、体育央视网、新浪体育、抖音 APP 等网站收集素材,素材类型尽可能多样化,包括文字、图片、视频等④。在这个基础上对素材进行整理,再将它们上传到微信平台的素材管理界面,做好排版工作并预览,经过审核确认无误后,通过后台进行群发推送。为了帮助学生形成良好的学习习惯,教师应尽可能地定时推送学习资源,如19点、20点,这样可以让学生养成到点学习的良好习惯,避免学生忘记学习。

(三)利用微信群加强生生间的交流互动

借助微信平台进行资源推送之后,每个小组在微信群内展开交流,对本周活动地点、活动时间、活动内容以及小组分工等内容进行确定,然后组长再将商量好后的计划发到群内。接着,每个小组的组长按照"小组名称、活动地点、活动时间、活动内容、注意事项"这样的格式编写本周自己所在小组的课外体育学习计划,以文字群消息的方式将其汇报给老师。然后,教师再对每个小组的学习计划进行审核,根据自身的教学经验给予一些指导性建议。再然后,组长在本小组课外体育学习活动结束后,将收集整理的关于活动的小视频、图片等发送到小组群,其他几位组员也可以在群内分享自己在体育课外学习活动中的收获和感悟,教师则根据学生的表现表扬进步显著、表现优秀的学生,同时要指出部分学生存在的不足并帮助学生改正[5]。最后,教师再带领学生进行活动经验的总结,并且对学习过程以及学习收获进行反思,进一步增强学生的学习体验。

三、课外体育合作学习中微信平台的应用结果与分析

(一)某班级学生对微信平台使用的满意情况

表1 某班级学生对微信平台使用的满意情况

选项	学生人数	百分比
不满意	1	4.17%
有一点满意	1	4.17%
比较满意	8	33.3%
非常满意	14	58.3%
总计	24	100%

通过调查问卷的方式对实验组学生进行"微信平台使用满意情况"的调查,结果如表1所示,4.17%的学生对于微信平台课后教学感到有一点满意,而33.3%的学生对此感到比较满意,还有58.3%的学生对于微信平台的使用感到非常满意。由此可见,有超过95%的学生对于教师利用微信平台指导展开课后合作学习感到满意,这一结果表明,绝大多数学生对于微信平台的教学持有喜爱和认可的态度。

(二)微信平台对于该班级学生体育学习兴趣的影响

表2 微信平台对于该班级学生体育学习兴趣的影响

选项	学生人数	百分比
没有影响	0	0
一般	3	12.5%
有作用	6	25.0%
很有作用	15	62.5%
总计	24	100%

利用调查问卷的方式对实验组学生进行"微信平台对于体育学习兴趣的影响"的调查,结果如表2所示,认为没有影响的学生为0,这也意味着,每一个利用微信平台进行课后体育学习的学生均认为微信平台的应用让自己对体育锻炼更加感兴趣。其中,62.5%的学生认为微信平台在体育学习兴趣的激发上面很有作用。这一结果表明,在初中体育教学中应用微信平台指导学生课后进行体育合作学习,可以有效培养学生的体育学习兴趣,这对增强学生体育素养有重要意义。

(三)该班级学生经微信平台学习后身体素质的对比

表3 该班级学生经微信平台学习后身体素质的对比

项目	对照组平均成绩	实验组平均成绩	P
一分钟引体向上(次)	2.21	5.62	0.00
一分钟仰卧起坐次数(次)	33.84	41.83	0.00
1 000 米(s)	368.78	234.85	0.00
800 米(s)	289.21	180.99	0.00
坐位体前屈(cm)	5.52	9.78	0.00
立定跳远(cm)	171.25	185.23	0.02
50 米(s)	11.23	9.44	0.00
肺活量(ml)	2 523.93	2 772.95	0.01

在实验前,教师按照组间同质的方式对学生进行分组,即实验组与对照组学生之间不存在明显差异。然而,在前者经过微信平台指导其课后合作学习而后者未进行课后训练指导后,这两个小组的学生身体素质出现了差异。如表3所示,无论是一分钟引体向上还是仰卧起坐的次数,实验组学生平均成绩均高于对照组学生,且P值为0.00,可见两者之间差异显著。此外,实验组学生在1 000 米和800 米跑、坐位体前屈、立定跳远、50 米和肺活量等项目中的表现均优于对照组学生,且P值均低于0.05,说明每一个体育项目中对照组和实验组学生的表现存在明显差异。通过这些数据可以知道,利用微信平台对学生进行课外体育学习指导,组织学生合作学习,对于改善学生身体素质、体育成绩有显著差异。所以,教师要充分利用微信平台,重视并加强对学生的课后锻炼,使学生有更强健的身体。

（四）该班级学生经微信平台学习后心理素质的对比

表 4　该班级学生经微信平台学习后心理素质的对比

	对照组平均成绩	实验组平均成绩	P
健康行为	3.81	4.44	0.00
合作精神与情意表现	3.80	4.17	0.03
学习态度	3.73	4.08	0.01

在实验结束后，对两个小组的学生进行心理化考核，主要包括健康行为、合作精神与情意表现、学习态度这三个整体性指标，按照完全不同意到完全同意将它们分为1分到5分五个量化分数。通过表4结果可知，实验组学生的健康行为、合作精神与情意表现、学习态度这三项均高于对照组，而且P值均小于0.05，表明这两个小组的结果具有显著差异。由此可见，利用微信平台指导学生课外阶段进行合作学习，能够显著提升学生的心理素质水平。

四、结论与建议

（一）结论

1. 微信平台在初中课外体育教学中有着重要的应用价值

在众多交流软件中，微信是使用率最高且深受大众喜爱的一款软件，利用微信平台指导学生课后进行体育学习，具有覆盖面广且信息传播形式多样的特点，应用价值强。据本次研究结果显示，所有学生对体育学习的兴趣因为微信平台的介入而得到激发，且超过95%的学生对于微信平台教学感到满意。所以，利用微信平台指导学生进行课外体育合作学习具有可行性且有着突出优势，教师应合理运用，将其应用价值充分发挥出来，为提升初中体育教学实效性提供助推力。

2. 利用微信平台指导学生课后合作学习，能够促进学生身心健康发展

在本次研究中，借助微信平台对实验组学生进行课后体育合作学习指导，取得良好的成绩，相较于对照组学生，实验组学生在每一项体育活动中均取得更好的成绩，且学生的心理素质水平也得到了显著提升。这与初中生学生本身具备的特点是分不开的，这个时期的学生正处于青春期，生理上和心理上都在快速发育，不具有稳定性，若是教师合理介入，对于培养学生自主学习能力、良好学习习惯、形成健康的心理有着积极作用[6]。由此可见，利用微信平台指导学生课后进行合作学习，能够促进学生身心健康发展。

（二）建议

1. 重视学生课外锻炼并建立互动和谐的学习平台

通过本次研究发现，很多学生对课外体育学习并非不感兴趣，他们没有进行系统的、有效的学习是因为他们缺少好的平台。作为教师，应当根据初中生学习和心理需求给学生提供良好的学习平台，并且要鼓励学生多与同组学生学习，营造浓郁的学习氛围，让学生课后阶段也能够得到有效的学习指导。而微信平台是一个具有传播效率高、不受地点时间控制、传播形式多样化特点的平台，作为教师指导学生课后练习的载体十分合适[7]。

2. 紧跟时代的发展潮流并及时革新体育教育观念

时代在快速发展，而教育的本质是为社会服务，目标是给社会培养出现代化高素质人才，所以，教师必须要紧跟时代，充分利用一切新技术、新方法，使体育教学始终走在时代的前沿，当好学生的引路人[8]。微信是当下深受青少年喜爱的社交工具，也是现代化教育发展的产物，利用微信平台进行教学是信息化教学的发展趋势，也是现代化教育的必然选择，这对提升教学质量有显著效果。

参考文献

[1] 朱亮典.初中体育教学运用电教手段的必要性及策略[J].中小学电教（教学），2020(7).

[2] 赵晓超,赵磊.定向运动教学中微信平台的运用对学生锻炼态度的实验研究[J].当代体育科技，2020(9).

[3] 赵婧怡,赵玉杰,周桐.基于微信平台和体育锻炼协同干预对学生心理健康及睡眠质量的影响[J].中国学校卫生，2020(3).

[4] 柳国明,梁婷."互联网＋体育"对非学生体育锻炼的影响调查[J].中国多媒体与网络教学学报（上旬刊），2020(3).

[5] 杨鄢戎.体育微课教学的必要性与可行性及实施路径研究[J].当代体育科技，2020(1).

[6] 詹琴慧.微信运动对于青少年体育锻炼的激励作用：基于计划行为理论[J].新媒体研究，2019(2).

[7] 李瑞杰.微信促进高校体育课堂良性互动的可行性分析与路径探索研究[J].体育文化导刊，2016(3).

[8] 焦成生.微信对体育信息的传播作用及应用探析[J].河南教育学院学报（自然科学版），2015(4).

中学体育教学中培养学生核心素养的策略研究

贺 俊

伴随着我国教育体制改革的逐渐进步发展,中学体育教学在中学生学科教学中不再是可有可无的一部分,它直接对中学生的身体健康以及人格素养产生影响,还对未来国民素质带来影响。体育教学当中应当合理应用新型教学模式,提高体育教师的综合素养,加强教学内容以及方案设计的科学合理性。按照学生们的特征,找到适宜学生成长的教学模式,提高学生的核心素养,让学生喜欢上体育课,能在体育教学过程中愉悦自己的心情,掌握学习体育的技能。

一、中学体育课教学活动中培养学生核心素养的必要性

首先,中学生的年龄阶段决定了中学生的思维认知正处在开发以及挖掘的阶段,此时学科教师将先进的思想以及意识传授给学生,中学生可以快速地接纳以及认同,从而保证逐步完善自身的素养。其次,中学体育教学活动不但内容要十分丰富而且形式要多种多样,伴随着中学体育课程不断更新换代,中学体育教学活动中的隐藏含义:健康、卫生知识、团结合作精神等逐渐显现出来。根据上述两个方面,中学体育教师要尽早地将隐含在体育教学活动当中的核心素养充分挖掘出来,利用行之有效的方法培养学生的核心素养,如此一来,可以全面地提升学生的核心素养水平。

二、中学体育教学中培养学生核心素养的策略

(一)增强思想道德教育,培养学生良好的个性品质

针对学生的个性特征的培养与发展要具有独到的见解,体育教师在较大的领域内,利用游戏、运动竞赛等方法促使学生产生较为强烈的情感的体验,充分展现学生的天性,进而引导他们能够在交往活动以及竞争当中培养良好的社会适应能力;根据学生不同的个性特征以及倾向,利用较为适当的方式扬长避短。按照实际情况,引导学生从小事做起,磨炼自己的意志。体育课堂教

学过程中教师要保持饱满的情绪，营造出一个轻松自由的课堂教学，保证学生可以在愉快的心情当中完成学习任务，帮助学生从小就养成乐观积极的性格和坚强的意志。课堂当中教师对学生的教学要严格要求，主动引导学生专心致志听讲，踊跃发言，仔细观察。激励学生主动参与、努力克服困难、积极完成学习任务，培养学生的良好学习习惯。教师要认真地实行因材施教的方法，重视培养学生体育锻炼的习惯，充分将学生参与体育活动的兴趣调动起来，帮助学生爱上体育。

（二）创新教学形式，发展学生自主学习的能力

体育教学内容多样，教师在整个的教学过程中要主动积极地创新教学形式，促使学生感受到多种体育运动当中隐含的快乐，帮助学生发展自主学习的能力。教学过程中，教师要紧紧掌握体育竞争性以及游戏性的特点，深入对体育教材的娱乐性进行挖掘，这些都是调动中学生学习积极性的关键。中学体育教学过程中，教师可以激励学生自己编游戏，汇总部分的优秀游戏，例如花样跳绳、花样踢球、障碍接力等；利用篮球场进行接力折返跑；利用篮球以及矿泉水瓶子进行保龄球的比赛等。利用全新的教学模式，大大激发出学生的学习兴趣，加强学生对体育学习的情感体验，让学生可以在快乐当中主动学习，让学生在身心获得锻炼的基础上发展自主学习的能力。

（三）注重体育知识传授，发展学生体育文化素养

体育实践技能中体育理论知识是教学基础，只有学好体育理论知识才可以顺利地展开体育实践技能教学工作，而且体育理论知识与学生的文化基础素养发展紧密相关。可是传统体育教学对体育知识传授关注度不足，而且大部分的体育理论知识的介绍都是课堂内的"灌输型"教学模式，课堂气氛不活跃，学生学习主动性较弱，体育知识的传授也因而变成了体育教学当中较为薄弱的一个环节。体育教师要提高对体育知识传授的重视程度，转变体育知识的教学模式，保证体育知识教学形式多样，充分发挥其推动学生体育文化素养发展的重要作用。

例如，中学生田径训练理论知识的教学过程中，教师可以将教学分成两个课时：第一个课时是室内教学，利用多媒体的教学模式综合田径训练的视频直接进行介绍田径的理论知识以及训练的纪律，而且让学生观看田径训练当中的技巧片段，帮助学生深入地对田径理论知识的术语了解掌握，拓展学生的体育知识储备；第二课时就是在田径训练场当中实践，再现第一个课时当中学到

的理论知识、规则以及技巧，为学生演示，之后学生自由进行练习，让学生可以利用实践验证学习的理论知识，加深体育知识的认知水平，推进学生体育文化素养的发展。

（四）小组合作教学中培养学生的合作意识

中学生一定要具备合作意识，培养学生的合作意识可以帮助学生在学习和未来的发展当中重视与其他人的合作，有助于学生提高处理各种事情的效率。传统的教学模式当中，通常是教师带领着学生一同活动，并未真正关注学生之间的沟通交流与合作，不利于培养学生的合作意识以及能力。面对这样的情况，教师一定要了解到小组教学的优势，充分综合其优势进行教学工作。确保每一个小组内人数适宜的基础条件下，学生可以自由结合为多个小组进行活动。分组要严格按照运动项目，将喜欢打篮球的分为一个小组、喜欢体操的分到一个小组，更加有助于小组之间成员的沟通交流。

比如课堂教学开始之前，教师要将每一个学生最喜欢的运动项目进行统计而且可以让学生自由组合为多个小组，通过小组学生自行选择出小组长，由小组长跟着教师领取所需要的运动器材，之后教师要按照每一个小组所选择的运动器材布置课堂任务。比如选择乒乓球的小组，教师可以布置任务"两人为一组，相互打球不落球超过 20 个"，为选择排球的小组布置的任务是"以两人为一组，互相垫球超过 30 个"，为选择篮球的小组布置的任务是"两人为一组进行定点投篮，确保投中率的情况下尽量多投几组"，在整个过程中组长负责维持秩序，让学生可以在小组当中找到自己的伙伴，一同加油努力。小组教学的过程中不但提升了课堂教学效率，增强了学生的合作意识，更能够营造出良好的学习氛围，有助于教学工作的开展。

（五）体育课培养学生良好的生活习惯

孩子要从小就培养健康的卫生意识。中学体育课程中，囊括着非常多生理健康知识，大部分学生不具备良好的卫生习惯或者排斥卫生习惯，比如有学生经常到路边摊买东西吃，不重视手部卫生，没有养成饭前洗手的习惯，健康卫生习惯以及意识的缺失给学生身体健康成长带来了较大的隐患。体育课程当中教师需要充分挖掘能够培养学生健康生活习惯的课程，从日常教学的课程环节当中，潜移默化地提醒学生养成良好的卫生健康意识。而且在平时的生活当中，督促家长与教师进行配合，一同对学生生活习惯进行培养和监督。中学生体育课内容十分丰富，形式多样。体育活动开始之前，教师要开展一些课前的体育小游戏,活跃气氛的基础上,提高学生参加到活动当中的积极性。例如体育活动当中的接力比赛,教师可以先引导学生进行热身运动,接力比赛的关键点就是对学生的腿部以及骨关节的活动能力进行锻炼,所以,要关注腿部的热身。结束比赛之后,让学生们了解不能立刻喝冷水,这样将加大心肺的压力,甚至会出现休克。良好的卫生习惯以及健康的体育意识可以让学生在体育项目以及日常生活当中避免不必要的伤害,确保身体健康。

(六)完善教学评估体系,提高学生的学习自信心

体育教学过程中教学评价是较为重要的构成部分,健全教学评价体系可以培养学生的核心素养,提高学生的学习自信心。传统的体育教学过程中,体育教师一味地重视对学生的体育技能的掌握情况进行评价,例如动作要领掌握程度、体育技术掌握程度,却忽略了评价学生的学习态度等方面。单一的评价模式存在较大的主观片面性,不但会给教学评价的科学合理性带来影响,而且还会打击学生的自信心,让学生丧失了学习的兴趣。面对这个情况,体育教师要重视建立科学的评价体系,将学生的自我认知、发展潜能、学习态度、综合运动技能等评价作为综合评价。另外,目前中学生体育教学当中存在单一的评价主体的问题,教师作为教学评价的唯一主体。这样的单一的评价模式直接造成评价结果缺少科学合理性。体育教师一定要深刻了解这个问题,保证学生可以真正地加入评价过程中,应用学生自我评价、学生互相评价以及教师评价等方法综合评价。

总而言之,中学体育教学当中有效地融入了核心素养,真正将体育学科特殊的魅力展示出来,针对传统体育应试教育当中存在的问题深入解决,同时也对新时代的体育教学有了全新的阐释。经过这样的结合,学生们可以树立起正确的世界观、人生观、价值观。通过正确的价值体系的引导,鼓励学生追求更加高尚的理想以及遵照正确的道德理念,推动整个社会全面稳定和谐进步。在这个过程当中一定要保证学生树立起良性竞争、团队合作、乐观积极、胜不骄、败不馁的精神,培养学生正确的价值体系,让学生在未来的社会当中具备强大的适应能力。

参考文献

黄世朝.论中学体育核心素养培养[J].考试周刊,2017(84).

潘小红."体育核心素养"下体育游戏的优化策略[J].学苑教育,2017(18).

陈雷.核心素养下的中学体育"新常态课堂"[J].新课程导学,2017(18).

巫锦敏.中学体育与学生核心素养发展研究分析[J].新课程(中学),2017(6).

林丽丽.核心素养视角下体育课堂教学的策略[J].中学生(中旬刊),2017(6).

谢树茂.基于发展体育核心素养的中学足球教学实践与思考[J].新课程(中),2017(4).

德育案例

传承开拓育"学力",笃行致远现"研值"

——"传承红色基因,弘扬红色文化"研学实践课程的实践*

宋晋贤

2016年11月,教育部等11部门联合印发《关于推进中小学生研学旅行的意见》,文件提出要将研学旅行纳入中小学教育教学计划,近些年笔者所在学校在研学实践中结合习近平总书记"走好新时代长征路"等讲话精神开发了"传承红色基因,弘扬红色文化"研学实践课程。

一、紧扣"育人目标",深挖"教育属性"

(一)我们的目标

研学实践课程的设计以培养学生的"核心素养"为目标,认真落实立德树人的根本任务,深化基础教育课程改革,发挥课程育人的重要作用,将实践育人、文化育人、协同育人有机整合,以培养学生的综合实践能力和创新能力为核心。以学生发展为本,全面提升学生综合素质,以研发研学旅行校本课程开发为契机。与学校"卓越学子"综合素质评价工作相结合,拓展学生的学习空间,增强社会责任感,提升创新精神和实践能力,获得知识迁移的能力。丰富学生的学习经历和生活体验,提高文化认同,培养学生自主、合作、探究的精神和实践能力,培养符合时代要求的高素质人才。

同时,基于遵义丰富的红色文化资源,以及2017年12月通过"传承红色基因 落实立德树人"——沪遵中小学生红色文化交流活动,与遵义市第四初级中学结下的深厚情谊,在总结实践经验的基础上,根据教育规律和现实情况,设计规划并实施了引导学生厚植爱党、爱国、爱社会主义的情感,坚定理想信念,传承红色基因,担当时代使命,做到不忘历史、坚守初心,知史爱党、知史爱国,砥砺奋进,报效祖国,并重视学生"获得感"的"研学旅行课程"。

---

* 本文获"黄浦杯"长三角城市群征文三等奖。

（二）我们的做法

我们将研学实践纳入"扬波中学综合实践活动课程体系"，与学校课程有机融合，与学生社会主义核心价值观的培养衔接，构建自然类、历史类、人文类、跨学科等多类型的研学课程，实现课程资源的主题化和系列化。

我们成立研学实践课程研发团队，确定了研学实践课程目标，然后由学校、家长共同参与选择合适的"目的地"和"活动线路"，由研学活动导师提前进行"现场踩点、考察"，搜集资料，思考推敲，做好前期准备。组织跨学科教师团队和家长、旅行社共同规划，开发路线，设计课程，研磨方案。

多方主体出谋划策，确保研学课程的教育性、科学性、综合性、实用性、可操作性。安排研学活动导师团队编写《扬波中学研学实践活动手册》，从研学目标、课题选择、知识普及、安全要求、人员安排、学习任务、景点介绍、成果汇报等诸多方面做规划和安排，分条落实，保障活动的"有条不紊"。

我们认为只有深挖研学实践"教育属性"，以课程的"逻辑"和"思路"来组织研学，才能保证研学效果和教育内化的深度，实现研学实践课程的"初心"和"使命"。

二、实施"项目规划"，培育"学研能力"

研学实践课程贯彻"研学合一，知行并重，注重体验，有效内化"的设计理念。充分利用红色资源，讲好红色故事，加强红色教育，传承红色基因，不断丰富研学活动的内涵，拓展研学实践的外延。

（一）项目规划的实施

我们的研学将"教、学、评"有机统一，通过小组分工合作，有"学"有"研"，帮助学生获得深度体验。在研学过程中，教师为学生创设课程学习情境、参观走访情境、研究学习情境，助推学生获得"代入感"，最终实现学生的能力培养和素养提升。

我们以上海"海派文化"和贵州遵义"红色文化"为核心开发沪遵两地学生共享课程。将研学实践作为理想信念教育、爱国主义教育、革命传统教育、国情教育的重要载体，突出祖国大好风光、民族悠久历史、优良革命传统和现代化建设成就，有针对性地开展自然、历史、科技、人文、体验等活动课程。

在研学中我们开展的项目化学习包括五个环节：项目选择、制定方案和计划、探究实践、交流分享和反馈评价。

——研学前的"备"与"思"。包括明确"传承红色基因，弘扬红色文化"的研学要求。指导学生丰富知识储备：通过查阅网络、图书资料，初步了解"海派文化"以及沪遵的"红色文化"。思考适合自己学与研的项目内容与形式。组队合作，明确分工，确定成果形式等。

——研学中的"研"与"学"。制订研学路线，安排在沪考察研习的路径。通过记录、撰写、摄影摄像、编制，取得基本素材，本色还原研学情况。小组成员协商讨论，组稿组片，分工完成。

——研学后的"感"与"悟"。填写研学报告，展示研学成果；分享红色故事，感悟长征精神。开展课题研究，形成研究报告。组内共建，完成以"微视频""微课题""学生自主微课程""主题汇报"等形式的研学旅行成果展示。

（二）学生"学研能力"的提升

通过研学前中后三个环节，普遍"代入感"很强，学生学到的是与项目活动有关的、亲身经历的、具有实用性和针对性的"活"的知识。

在上海的考察研学中，同学们开展了上海的红色文化、海派建筑、美食文化以及本校的校园文化和校本课程的学习、研究与归纳。唤醒自主动机的同时，领导力、策划力、执行力、组织力、协调力得到提升。

在贵州的考察研学中，学生们参观遵义会议会址，传承遵义会议精神；穿越娄山关红军战斗遗址，朗诵长征诗词，感受长征气概；攀登海龙屯古道，感悟革命前辈的初心使命；重遇结对遵义同龄人，共同学习提高，收获两地友谊。增长见识的同时，学习力、思辨力、感悟力、表达力、互动力得到提升。

此外，在研学活动中，学生学会关心，学会交往，提高对环境的适应能力和生活自理能力；学生团结合作、互帮互助，培养了集体观念和组织纪律观念。学生边研、边学、边悟，积极主动将自己塑造成为新时代的社会主义接班人。

例如，微课题小组学生围绕"文化，咫尺之间"这一主题进行研究。他们以上海海派文化和遵义红色文化为研究对象，以小组形式分工开展合作，通过调查、分析等方法，将海派文化与遵义文化进行对比研究，形成一份微课题报告，向研学团队进行汇报交流。通过这一课题的研究，锻炼了小组队员的思辨力、表达力和互助合作能力，学员们的"学研能力"普遍得到了提升。

三、关注"活动创新"，提高"课程研值"

（一）研学活动的创新

通过研学实践活动，实现了红色主题教育活动从间接认知走向直接体验、从历史感知走向现实观照、从学校行动走向家校协同的创新。

从间接认知走向直接体验。研学前学生对"中共一大""遵义会议"等历史知识的获取及认知大部分来源于书本、自媒体及教师的讲授之类的间接活动，缺乏对人文、历史、现实场景的直接体验。"沪遵"研学活动中，我们助推学生"从做中学""带着任务学"，进一步增强了学生的直观体验，学生自主组织完成相关课题、研究性学习、项目化学习任务等实践活动，提升学生的核心素养，加深了学生对"海派文化""遵义会议""城市发展"等的认识和理解。这也是学校进行课程改革和育人模式变革的有效途径。

从历史感知走向现实观照。以往的实践活动往往在空间上，主要集中在校园、图书馆、博物馆等公共场所；在时间上，通常主要是以回顾历史为方式。"沪遵"研学活动关注时空创新，在时间上，不仅重温历史，更关注当前中国共产党带领中华民族实现伟大复兴的现实活动，使学生感受共产党人的初心使命。在学思践悟中坚定理想信念，在奋发有为中践行初心使命；在空间上，参观红军长征遗址，攀爬"三十六级天梯"，打卡上海红色地标、经济发展地标，通过真实情景场景获得视觉渲染、感同身受，更清晰地认识现实，了解社会变迁，获得体悟、形成反思。

从学校行动走向家校协同。红色研学课程建设最初是以学校为主体开展的，目前已经成为家校合作育人的载体。近年来，学校家委会在研学活动中发挥了监督、协助、宣传等方面的作用。我们依托校级家委会对研学方案进行审议；由年级家委会讨论审议研学活动经费构成、研学活动所需物品进行采购；对讨论有争议的项目进行协商调整，讨论通过的项目准以实施。年级家委会经讨论研究，斟酌研学实践活动环节，了解食宿条件的安排，明确费用的清晰走向，年级家委会代表与旅行社签订合同；各年级家委会与学校协商研学活动所需物品，包括团队服装、宣传制品、文创产品等，并由各年级家委会后勤保障部对接设计、统计、采购和财务工作。家长志愿者为孩子保驾护航、为研学活动进行宣传。

(二)研学课程的价值

育人价值：红色研学实践是新时代背景下践行立德树人根本任务的教育新形态，是进行青少年思想政治教育的有效途径。通过设计多样化的研学路线，编制系统的研学课程体系，设置丰富多彩的课程内容，让红色文化在研学实践的助力下散发时代魅力。

评价价值：遵循"以终为始，逆向而行"的原则，聚焦学习成果，聚焦过程的探究与实践,回归课程目标,进行全程评价,使过程"研"的任务设计做到有的放矢,"研"的效果则更好地指向价值观的落地,实现了教师课程设计、课程评价的能力提升。研学结束后,学生的小结形成研学活动纪念册,对学生进行全面考核,进行增值评价,赋予学生体验与学习、收获与喜悦,更有研后反思与建议等方面的价值。在此过程中,向上向善的价值观以一种潜移默化、润物无声的方式深入学生的心灵。

体验价值:"经历是最好的学习,研学是最美的相遇",基于前期的结对活动,部分孩子通过研学活动又与2年前结对的小伙伴在遵义重逢,当时作为小小红色讲解员来沪的孩子还带领大家来到遵义会议会址再次讲述长征那些往事。他们也回忆在沪往事,畅谈人生梦想,规划未来奋斗目标。也有小伙伴通过本次活动结识新伙伴,他们相互交流,展示风采,讨论爱好,共话校园生活、学习情况等。通过研学赋予了结对伙伴们独特的情感体验,也实现了两地学子增进友谊、互相学习、共同进步;并获得意义感和归属感,从而完成了对学生的价值观引领和行为目标、认知目标、情感目标的达成。

"胸中有丘壑,放眼铸浩然。"在研学实践课程的校本化实施中,扬波中学一贯落实"适合学生成就未来"的办学理念和"勤进严"的学校精神,在"研"字上下功夫,注重立德树人,落实五育并举,助力学生综合素养的提升。在学思践悟中坚定理想信念,在奋发有为中践行初心使命。我们也会坚定地带领学生在长征路上领悟长征精神,在研学路上讲好中国故事!

实现班级自主管理的思考与尝试

李清泉

自 2020 年上海市民办学校实行新的招生政策以来,民办学校受到很多社会上的质疑。在大的教育改革的背景下,民办学校是在发生着改变,环境在改变,但是更多的是民办学校教育方式的改变。

上海市民办扬波中学提出"适合每个学生发展的教育"的理念,意在为了迎接新的挑战和机遇。所以针对新六年级的学生以"促进学生学习方式转变,提高学生自主学习能力,实现自主学习"的教学改革,要求班级管理也渗透发挥学生自主性的元素,培养学生的主观能动性。要总体提升学生自我管理的能力,提高班级自我管理的效率,关键在于班级管理能充分体现学生的自主性,把这种自主性渗透到日常管理中。

随着社会的发展和新招生改革政策的实施不断深入,我们班主任在班级管理中的内涵和外延已发生了诸多变化,其管理的理念和实践都需要有新的突破。另外,新时代的发展也要求学生有自我控制能力和自我发展规划能力。所以新形势下班级管理的宗旨应该是以班级为载体,提供和创造更多学生自我发展和规划自我的机会,以此来发展学生的个性特征,激发学生的主体意识,鼓励学生大胆创新,并在这个过程中实现学生综合素质的提高;亦能迎合我校的发展理念,培养学生的能力。

一、班级自主化管理的内涵

有人说,自主学习就是自觉学习主动学习;自主管理就是自觉主动管理班级事务;有人说,自主是相对于他主而言,自主学习就是做学习的主人,自主管理就是做班级的主人;还有人说,自主学习自主管理的内涵就是在学习和管理上学生能够自我设计、自我控制、自我激励、自我教育。我不想从理论上谈自主学习和自主管理的概念,我仅举一个最基本的自理的案例,让大家感受为什么要独立,为什么要自主管理。

郑板桥老来得子,在他临终前,要求儿子亲手为他做馒头吃。可儿子并不会做,只好请教厨师。最终,费尽九牛二虎之力做好馒头之后,郑板桥已经去世。他留下一张字条:"淌自己的汗,吃自己的饭,自己的事情自己干,靠天靠地靠祖宗,不算是好汉!"

郑板桥的话给我们深深的震撼。儿子连起码的馒头都不会做,又怎能奢望他自己成就一番事业?这也是郑板桥将离人世时放心不下的。

所以我们在"自主化班级管理"中,班主任要把班级管理的立足点和出发点从直接管理转移到设计管理上来。在实际工作中,依托学校全方位推进学生自主化管理工程的实施,在进行班级管理方面大胆改革,围绕着"把班级还给学生,让班级充满成长气息"这一指导思想,研究和探索有利于学生自我教育、自主发展、符合学生年龄段特征的班级文化目标,发展学生的自我意识,提高学生个体和群体的自我教育能力,并进行了一系列实践与探索。

二、班级自主化管理的主要策略

苏联教育家苏霍姆林斯基说:"真正的教育是自我教育。"班主任应该积极发挥学生的主体作用,给学生提供一个自主管理、自我教育的机会,让学生自我成长,从而实现"以学生为中心"的"自主管理"。在追寻"自主管理"境界的道路上,以下是我的一些思考。

(一)以班委会作用为平台,以团支部为监督,创设自主管理的氛围

作为学生,都有这样一个心理,希望自己的行为与努力能得到老师的肯定。反过来,老师的肯定与鼓励又能促使学生不懈地奋斗与努力,做出更为骄人的成绩,对学生的发展起到至关重要的作用。而在传统教育中,管理总是强调"唯师是从",学生如练兵场上的战士,时刻等待着命令,完全体现不出对学生素质的培养与提高。随着时代的发展,社会更需要的是人才的创造潜能的发挥,这就需要在教育中帮助学生培养他们开拓、创新的精神,充分发挥学生在班级管理中的积极性、主动性和创造性。作为教育工作者,不仅在课堂教学中要体现学生的主体地位,在班级管理中也是如此。提倡学生做班级的主人,以积极的姿态投入教育过程之中。尤其是班委会的成员,不应简单地充当班主任与同学间的传话筒,更主要的是成为班级管理的中坚力量。

(二)细化班级管理准则,实现"全员管理"

应该说,没有亲身的体验,就不会有觉悟。班主任的主导作用是让学生在实践中认识到自己的能力,充分鼓励学生,培养学生的主动性和自信心,把自

己手中一些可以放开的权力都交归学生，由学生行使权力，这样可以从根本上让学生感到自己成为自己的主人。要达到自治，更应该注重公平和公正，应该把机会带给每一位同学，在大家共同的管理和监督下把自己管好、把班级管好。其中很有效的一个办法就是实行"全员管理"。所谓"全员管理"，即让全班所有同学都参与班级管理，成为管理者，与此同时，所有学生又都是被管理者，接受全班所有同学不同项目的管理。因此，整个班级层层管理，"面面俱到"，每个学生兼任管理者与被管理者，具双重身份。换言之，即都是"执法者"，也都是"守法者"。在这样的双重身份下，他们便会更加遵守规章制度，更加主动、自觉地维护班级的秩序，成为真正的班级主人。学生要充分地、公平地运用手中的权力，或给予处罚，或给予表扬，创造一个主动、积极的学习环境。

在具体落实全员管理的工作过程中，我首先要对班级管理工作加以分类，并且选择学生担任相应的管理工作。以"事事有人管，人人有事做"为准则，哪怕是关水、关电这样的小事，都能落实到人。接着，要做好监督工作，要定期检查评比，主持公正，并宣布结果。再次要对学生工作中出现的问题及时处理，对好的给予充分肯定和鼓励，对差的要及时给予纠正。

（三）从生活细节入手，培养学生自理能力，促进班级自主管理

要让班级学生的自主管理从根本上得到提升，就不能忽视对全体学生各方面习惯的培养。培养学生的自理能力，既有学习方面的，又有生活方面的。生活中，在明确规范学生的文明礼仪的同时，积极倡导一种"小事成就大事，细节决定成败"的思想，以此来作为训导学生习惯、创设良好的班风班貌的开端。

细节甚至也关系着一个国家在世界之林中的影响力。生活中我们经常会感受到，中性笔芯总是用一用就不出油了，笔记本常常会翻出一张空空如也的白纸，衣服的小线点怎么也剪不完，修好没几年的路总会有一道裂痕……其他国家也不乏这样的例子。美国宇航局在制造航天飞机时挡流板短了0.3厘米，导致飞机无法上天，损失了上亿美元。俄罗斯的"库尔斯克"号潜艇由于安全系统有了小故障，导致整个潜艇和几十名船员沉入大海。这些教训更是在告诫我们，细节决定成败！只有每位学生都能完成好自己的每次作业，整理好自己的课桌，做好自己的清洁，甚至是系好自己的鞋带、扣好自己的领扣，等等，才能形成较好的班风。如果整体的班风班貌得到了提升，就一定能为班级自主管理起到助力的作用，甚至能达到事半功倍的效果。

（四）大胆放手，正确充任班主任角色

实行班级自主管理，班主任的角色定位很重要。我自己有一个小总结：教、导、帮、放。

刚入学时，班主任要事无巨细地"教"。手把手地教，讲清方法，讲清要求，有时甚至要以身作则，亲力亲为。基本要求基本方法都得要领之后，就要引导学生自己开动脑筋想办法管理好自己，管理好班级。在他们有困难时，班主任要暗暗地帮他们，为他们创造条件和机会。最重要的一点，要敢于放手，把班主任的权力下放，让负责相关工作的同学大胆工作。

正如魏书生所说，"管是为了不管"。因此，培养学生的自主管理的能力，主要是让他们自己直接参与到班级管理中来，成为真正的主人。只有这样，纯正的班风、学风才可以形成，班级的民主意识也会出现，更能提高班级管理效益。学生们会对自己的班级充满热爱之情，在各方面都积极进取，争取为班争光。每一位学生都能追求真知，奉献爱心，实现自我，感受欢乐与成功。

所以自主管理是现今管好一个班级的有效途径，它能突破传统教育中"保姆式、警察式管理"的局限性，实践科学管理与人文管理相结合的管理理念，为学生的自主发展提供广阔的空间。因此，班主任应为每个学生参与班级管理创造机会，让全体学生树立"班级无小事，事事都关己"的观念，积极参与和主持班级工作，让所有的学生在班级管理活动中得到不同程度的体验和感受，在参与班级管理中教育和提高自己。

在班级自主管理的过程中，只有不断学习总结先进的教育改革典例，才能对先进的管理模式有敏感的洞察力和辨别力，才能对先进的管理方法做出有益探索，不断总结加以推广，才能真正使教育改革惠及学生，促进学生全面发展。

乐在一起,让心飞扬
——全员育人导师制案例分析

夏鲜竹

一、背景简介

近年来对导师制的研究大多以大学生导师制、各科教学导师制、初高中导师制的实施情况来分析,但对全员育人导师制在普通高中的实施情况分析不多。在深入贯彻落实《国务院办公厅关于新时代推进普通高中育人方式改革的指导意见》的文件精神的背景下,对目前高中阶段对学生教育教学模式及管理提出了新的要求。"双新"背景下,全员育人导师制符合《国家中长期教育改革和发展规划纲要(2010—2020)》中提出的因材施教,把全面发展与个性发展统一起来的理念。我校是一所民办完全中学,所招收的高中生在之前的学习生涯中成功体验比较少,学习能力不足,家庭成分相对复杂等。新教材、新课程对学生能力和素养要求的全方位提高带来了新的挑战。经过调研发现,目前我校高中学生教育的几个最大挑战包括:学习内容增多、学生自主能力要求高、学生自信心亟待增强等。因此,基于新教材新课标的要求以及我校高中生实际学情,全员育人导师制能有效促进每一个学生的全面个性化的发展。

我校的全员育人导师制将学生以小组为单位,全体教师参与育人,担任导师,每个导师负责一个或几个小组。全体教师关注学生,从入学至毕业的整个教育过程,从思想、学业、心理、生活、生涯等各个环节,对学生的教育有整体性和一贯性的观念,自始至终和任何环节都不放松对学生的教育和指导。全员育人导师制项目启动后,本人担任九名高中学生的导师工作,与学生们在学习和生活中的点点滴滴,让我重新认识和理解了教学相长的真正意义!

二、问题再现

小 A 平时来校经常迟到,有时还会在早读课偷偷吃早饭。学习目的不明确,缺乏兴趣和求知欲,上课时爱在书本上涂鸦,经常听课精力不集中。作业不能认真完成,要么不做,要么抄袭,学习成绩很不理想。性格比较内敛,平时爱独来独往,不愿和同学们交流。经过了解发现,小 A 毕业于区重点初中,初一、初二时经常参加市区活动,拿过不少奖,成绩还不错。但初三时因为父母离异,被判给母亲。其母亲是生意人,平时工作又很忙,对其关心过少,每次出现问题都是以金钱为代价抚慰孩子。初三时期其母亲再婚,小 A 和母亲出现冲突比较严重,不再关注学习,中考成绩不理想,搬到爷爷家里和父亲一起住。其父亲身体不好,后来不幸离世。学校开家长会,家长从来没过来。家访时了解到,爷爷年纪大了,住址离校很远,路上单程要一个半小时,小 A 每天早上五点起床,没时间也没家人做早饭,晚上放学回家也很晚。

三、分析解决问题

(一)端正心态,做心态的主人

通过与小 A 的聊天,了解到小 A 很在意父母离异和再婚这个问题。我尝试着和她说,父母有自身的原因需要处理好自己的婚姻关系,但离婚和再婚并不代表不再爱你,我们要学会接受生活中已经存在的问题。遇到问题,你可以和老师交流,也可以找同学聊聊。作为高中生,我们需要学习控制自己的心态,做心态的主人。

(二)改变行为,落到实处

通过交谈让小 A 认识到自己心理承受能力不足才会导致自己的想法有问题。苏联教育家苏霍姆林斯基曾说过"教师热爱学生"是我们教育的奥秘。把整个美好心灵献给我们的孩子们是教师应该做的。爱是我们教育的基础,没有爱就没有良好的教育。为了改变小 A 的某些不好的行为,我尝试如下做法,我和小 A 有个约定,每个星期一共享爱心早餐。开始她不是很能接受,直到有一次小 A 由于没吃早饭晨跑以后出现呕吐,我陪她去医务室照顾她,并将自己的早餐给她吃,事后还买些养胃的食物和她聊早饭的重要性。现在小 A 已经不在班级早读课偷偷吃早饭了,而且迟到的次数也越来越少。

(三)家校携手,共助成长

苏联教育学家苏霍姆林斯基曾说过:家长是孩子的第一任教师,学校教育必须有家庭教育的配合,家庭教育既是学校教育的基础,又是学校教育的延续与升华。现在的教育离不开家庭教育这一块。导师制是对家校互动的一种延伸,有助于导师及时更全面了解学生的情况。通过和小 A 母亲的沟通了解到,小 A 母亲是珠宝设计师,十分精明能干,但对于孩子的问题上,比较固执地认为自己的孩子高中以前都很好,现在是由于和父亲在一起了,才出现了问题,自己每次和小 A 聊天都会以吵架而告终,对小 A 充满了否定。我只能将小 A 的在校情况以及现有的改变如实相告,并且分析可能对小 A 产生的一些影响。我将自己和自家孩子在平时交流中遇到的一些问题,并且是怎么处理的和小 A 母亲进行了分享。并向她提供了一些教育孩子的方法:多了解一些心理学方面的知识以及孩子心理发展的规律,经常与孩子谈心、交换彼此的想法,同时对孩子说话的态度要平等、真诚、恳切等。在认识到问题的重要性后,小 A 母亲愿意改变一些看法,也愿意尝试去改变一下和小 A 的沟通和相处方式。通过这次聊天,我们达成了很多的共识,收获也很多。

(四)开展活动,创造契机

鉴于小 A 这类性格内敛,不愿和同学们交流,对集体活动不是很敏感的学生。我尝试开了一节"明理笃行,共筑家园"为主题的公开班会。通过学生自己演绎的小品《学习那些事》让小 A 这类性格内敛、目前在学习上有困难的学困生产生共情,感受到在班上无论现在成绩如何,只要学习态度正确,有一颗上进的心,并为之付出努力,那么你对自己、对班集体就尽了责任。美国著名的希尔教授说:"造就人类的成就,除了能力外,还有一种催化剂,就是尽心尽力的态度。当我们的心态正确时,能力便能发挥到极致,自然也就有好成绩出现。"让我觉得欣慰的是,在知道我要展示一节校公开课后,其中有一个环节是录像《家园生活掠影》,小 A 同学主动利用自己绘画的特长帮忙润色"升旗仪式""英语节""合唱节""文学社""东方绿洲军训进校园"等班级活动的照片。录像《家园生活掠影》中有一段是早自习时,张三和李四课堂上吵吵闹闹,小芳同学看到了,想去制止,但想到妈妈曾说"别人的事不要管,以免失去朋友,管好自己就行",她拿不定主意的内容。这类中学生中普遍存在的日常学习生活的现象,引发讨论话题。小 A 在这个环节中也积极地举手发表自己的看法。通过讨论小 A 和同学们意识到共同进步,集体荣誉和开心乐园需要共同创造。关键时候不能"事不关己,高高挂起"而应该为集体主动承担起自己的一份责任和义务。梦想和目标正是一个人有所成就的灵魂,是人生中指引方向的明灯。在全员育人导师制"五导"目标的指引下,结合校心理室"润心慧心"主题,我们举办了"梦想心愿瓶"的活动。在欣赏多姿多彩的高中生活片段的同时,分享同学们的梦想告白,采用梦想心愿瓶记录下同学们的梦想。从梦想、目标、行动入手,为高中生活赋能,让小 A 和同学们感知梦想紧握在自己手上"为君聊赋今日诗,努力请从今日始"。目前小 A 同学正在积极努力地改变自己,本学期小 A 同学发挥自己的绘画才能承担了校学生会宣传部的工作。高中生活将近过半,为了小 A 美好的明天,作为导师的我依旧会不断努力,帮助她,引导她。

四、反思感悟

"亲其师,信其道",教师只有得到学生的信任,才能让学生走进自己,才能更完全真实地把握学生。在全员育人导师制活动中,导师是学生的朋友、参谋,和学生以心换心,坦诚以待,才能乐在一起,让心飞扬。在以"学生为本",尊重学生差别的前提下,充分挖掘出每位受导学生的闪光点。俗话说:"尺有所短,寸有所长。"每个人都有优点,学困生和问题学生缺点较多、心理特殊、家庭环境复杂,因此更需要导师的肯定和爱护。作为导师,需要用心去引导他们,应该努力让他们充满信心,不错过每次肯定和表扬他们的机会,让他们感受到成功的喜悦,继续努力,不断前进。要让他们确信:从现在开场,只要肯努力,不怕困难,意志坚决,别人能做到的事情我们照样能做到,并且能做得很好。

参考文献

国务院办公厅关于新时代推进普通高中育人方式改革的指导意见(国办发〔2019〕29 号)[EB/OL]http://www.gov.cn/zhengce/content/2019-06/19/content_5401568.htm,2019.6.19.

张计生.育人导师对高中英语后进生的指导[J].中学教育,2018(5).

陈睿,许蓓蕾."全员育人"大格局下各育人角色的定位及互动关系——以辅导员为视角[J].文教资料,2020(4).

润心慧行，建"五爱"班级

赵严雯

一、育人理念

习近平强调："青少年阶段是人生的'拔节孕穗期'，最需要精心引导和栽培。"初中阶段的学生，正处于思想认知的敏感期和迅速发展期。教师教育学生应如春雨般温柔、绵长，将希望洒向大地。无论是行为规范、知识能力，还是性格素养都需要格外关注，精心呵护。但没有爱的教育是苍白的，没有智慧的教育是愚昧的。走进每一个孩子，亲近她、读懂他。创设境遇，搭建舞台，给每一个孩子赋能。令每一花朵挺起胸膛，自然舒展地成长。

二、班情分析

我班班级共有40位同学，是我们民办学校的"摇一代"。他们来自上海市不同的学校。班级学生学习能力差异较大，班干部积极主动，但经验不足，学生们兴趣爱好广泛，但热度三分钟。懵懂的他们没有明确的目标，不懂得坚持，需要搭建舞台施展，需要用心去了解、去倾听每一个学生。

三、班级发展目标

苏霍姆林斯基说过："培养真正的人，让每一个人从自己手里培养出来的人都能幸福地度过一生。这就是教育应该追求的恒久性、终极性价值。"从教以来我一直在探索，如何培养在预备初中、初一的学生形成良好的习惯、自信乐观的心态；教育初二、初三学生，学会和谐共处，树立远大信念，使每个同学都成为有责任感、归属感、幸福感的人，我以此为班级发展目标。

四、实践做法与特色

（一）群策群力，尚德守规，爱班爱校

新入中学的学生们，自主意识强，缺乏自控理。他们需要在有序、有爱的环境中成长。组织大家在开学初，群策群力，讨论班规。规矩无须多，只要做好即可，最终在全班的讨论下制订了属于我们自己的"班规五条"。接着，小组合作,管理班级。我们班级分为八组,每组五人。这五人分别负责:两分钟预备铃、早操、大活动的有序进出场,班级值日,统计迟到和作业未交,午间消毒工作。每个组员各司其职,认真写《班务日志》,真实反馈班级大小事务。每周五则不排值班小组,大家共同监督,做到自觉自立。通过两周的了解,班级的情况我已了然于心。同学之间通过相处也有大致的认识。班级开始公开选举班委,修改班规。班级基本能做到"有所为,有所不为"。

接着就是班级软文化建设,每个小组展开讨论,并起草策划书,布置班中的"一班一景"。小组协作,分区布置,分区管理。如:书香一刻阅读角,欣欣向荣植物角,灵动可爱动物角等。班级班徽、口号等,由学生自主讨论决定,培养学生的主人翁意识。通过学生间合作开展活动,增强班级凝聚力。

教室是属于大家的,但课桌是属于每一个人的。课桌文化曾经成为《百家讲坛》的探讨课题,课桌文化作为校园文化的一个重要分支,它根植于每个学子的心灵一隅,鲁迅就曾在桌上题一"早"字,以提醒自己时时早、事事早。课桌每天与学生朝夕相伴,热爱课桌才能热爱学习,所以课桌文化重在营造学生的归属感,正所谓——我心安处是我家。

与私塾时代不一样的是,我们坚决拒绝打着文化的幌子在桌上刻字,但可以引导学生通过其他方式,让文化的嫩芽在课桌上悄悄绽放。我们可以将这小小空间合理利用,既能杜绝刻画,又能让他们了解课桌文化。给课桌命名就是一个很好的方法,这个活动能激发学生对课桌的呵护,对知识的渴求,对班级的热爱。给课桌一个好名字,就给了自己心灵一个栖息的地方。例如:博闻堂、简朴寨、静雅轩、疏影阁、未名居、方砚台等,这些都是学生们集思广益给自己书桌取的极好的名字。

打造课桌文化的前提条件是桌面一定要无灰尘、无杂物,书本的摆放要整齐有序。课桌左上角可以让学生自由发挥,用便笺纸书写抱负、确定目标从而激发斗志或总结反思。上学期,学生课桌上字条的内容分别涉及"我的人生理想""期中考试目标""我要做到的十件事"等专题。内容丰富、设计新颖,事事对照,时时反思。每个同学都精心装点自己的书桌,如同布置自己温馨的家一样,这也让学生在班级中找到了自己的价值和归属感。

班级还设立"班干部考核"条例。从班干部的一日常规、学习态度、礼仪待人等方面,激励和督促着班干部,时刻做到成为班级的先行者,引领全班同学做到:尚德守规。这些热情的班干部还自发创设班级矛盾协调机制。当有生生矛盾，甚至是师生冲突时，他们会分工明确：调查委员会调查事情的缘由，成立模拟法庭或者仲裁小组，调节员在理清矛盾的具体情况后，积极调节，化干戈为玉帛。这不仅提高学生解决问题的能力，也培养学生公民素养。

（二）氛围和谐，自信乐观，爱己爱人

每周五是同学最喜欢的日子，这天没有值日班长，全靠大家自主自觉；这天还有他们很期待的"微型班会"活动，在学生眼中就是会组织各种有趣的游戏。如："这周暖心瞬间"小纸条传阅活动、"本月寿星送祝福"活动、"击鼓传花夸夸我的同桌"等。这个年龄段的学生有着强烈的自尊心，需要被认可，被关注。这些举动滋润着他们的心田，让每一个学生感受集体的温暖和祝福。

育人活动从来不是一头热。家校合作才能促进学生们健康成长。据调查，班级二胎家庭较多，家长工作繁忙，这些现象容易造成孩子的自信不足。导致他们上课不积极，对问题不求甚解，自我否定，学习缺乏动力。所以我在第一次家长会中就提出：让孩子在熟悉的生活环境中多说话，多决定，每月都展开"今天我当家活动"。作为都市的一员，家长的忙碌可以理解，但和孩子的沟通也非常重要，我鼓励家长写"亲子日记"，在其中多多赞扬孩子的进步点和闪光点，中肯地提出孩子的缺点。与孩子的相处中，少一分坏情绪，多一分理解，多一分温暖。

而这个年龄的学生虽有很强的自我意识，但常常会不懂得服务于他人，关爱身边的人。于是我们在班级展开"每周一劳动，每天一感恩，每天一聆听"的小活动。每天在回家时给予父母真诚的问候甚至一个温暖的拥抱，每天在餐桌上说一句感谢父母的话，每周力所能及地给家庭分担家务。这样既培养学生的感恩之心，也增强学生的责任意识。

爱自己、爱父母为小爱，兼爱天下，方为大爱。孩子的博爱之心在班级文化的熏陶下悄然滋生：某学期全班同学拿出自己的零花钱为骨折的同学准备看望礼物，等他回归校园时，又为他装点教室，举行温馨的欢迎仪式。

2022年开学初，学生们提出"用爱心点亮文化之灯"的活动，他们在讲台上设置了小小捐款箱，将平日里喜欢随意丢弃的硬币，放入捐款箱，由专人负责一月一收集，买一些图书和文具用来资助贫困山区的儿童。这些看似随意的举动虽小，却是大爱无疆。老子说："上善若水，水善利万物而不争。"我希望孩子们的善行就像水的品性一样，泽被万物而不争名利，点点爱心能如涓涓小溪汇流成河，更希望这些星星之火，能成燎原之势。

（三）修身立德，志向远大，爱交往爱祖国

通过两个学年的学习，学生基本能遵守各项纪律，班级有爱，学生乐观积极。在每年的各项活动中，都能见到我们班同学活跃的身影。每年的合唱节、运动会我们班都收获满满。

每个月的班会组织工作，从之前我为他们准备主题，彩排节目。到后来大家一起讨论主题，定制班会目标，学生自己准备节目。而现在，班会课已经形成了他们自主学习的常态化模式。班主任可以做到完全放手。学生们自主制定的班会常常有以下几个特点，令我忍不住津津乐道：

有准备。主题班会组织之前，要精心设计和准备，包括开课前的气氛准备。如黑板上有主题词，有课件演示，桌凳整齐，桌上无杂物，仪表要端正，主持人声音要洪亮，学生要有互动，教师要有引导，有总结。

有主题。每次班会的主题非常鲜明，一针见血，能解决实际问题。理想、安全、习惯、礼仪、交友等方面专题的班会。学生们还赋予每一个班会很精妙的标题，例如"理想，在这里放飞""快乐与安全同行""点一盏心灵的明灯""换位思考、律己宽人""迈向初二，赢在起点""花开太早是个错误"等。

有形式。班会形式丰富多样，能吸引大家兴趣，还能在思想上引起触动。如主题报告会、演讲竞赛、座谈辩论、野外活动、社会调查成果汇报、文艺表演、诗歌朗诵、技术操作、实物交流、经验介绍、小组讨论等较好的形式。

有总结。六七年级时，班会结束前我会安排一段精辟的总结，但现在常常是小组之间进行反思，从同学表现、环节设计、主题确定、内容安排、活动效果等方面进行总结。

有反馈。活动结束后会有一份调查表，反馈学生对本次班会的评价，班干部还会跟踪调查，查看班会的最终效果。

八年级时，学校为他们举行了隆重的 14 岁生日仪式。借着这个契机，我们班展开项目化学习活动——"感恩 14 岁"。这个项目包括语文、英语、人文拓展、表演课程四大项目的学习课程的构建实施。我们通过"回望、感恩、传递、畅想"四大维度，在回望和畅想中获得成长的仪式感、幸福感、责任感。

我们还借助学校建立新教学楼，我们搬入新教室的契机进行"美丽的艺术长廊"项目化学习活动。包括了"人文、艺术、数学、信息"四大维度，使学生的创造性、体验性、发展性得到自由的舒展。

即使到了九年级，我们的活动脚步依然没有停止，学生小组合作规划"我的愿景目标""设计理想海报""走进上海著名高校"等活动,使学生大开眼界,树立远大目标,从而激励他们不断奋进。

高年级段的学生,不光悦己,更要纳人。懂得宽厚爱人,胸怀天下。走进八年级的他们心智成熟了,能力也变强了。不但班级活动参与感强,还能走进社区,走向社会,找到更多的自身价值。在热心家长的引荐下,我们走进社区,成为绿岛环保卫士、图书管理员、敬老院爱心志愿者。在这些有意义的活动中,学生们获得合作、高效、友善处理问题的社会体验,这些都成为他们成长中宝贵的财富。

多年来,我校一直与遵义第十四中学的师生有着深厚的友谊。暑假遵义的小伙伴会来到我们学校,大家进行着亲密地交谈。我们学生作为东道主,带他们领略上海的名胜古迹:四行仓库、一大会址、外白渡桥等,共同感受中国共产党创立的坎坷。

当然,热情的遵义小伙伴会邀请我们去遵义看看。2021年的7月,在中国共产党诞辰100年之际,我校开展了"行红色地标,探寻百年党史"的暑期研学实践活动。我们班学生积极参与本次活动,在7天的研学活动中,学生们参观遵义会址,感受漫漫长征路的不易,逐步理解了"坚定信念、独立自主、敢闯新路、民族团结"的会议精神。共同追寻革命先辈的足迹,重温峥嵘的革命岁月。学生们的家国情怀,在此油然而生。

(四)尊重差异,做最好的自己

在班级里,班主任不仅仅肩负着传道授业解惑的使命,更应该是学生心灵上的依赖者与指导者,是他们生活中的倾听者。世界上没有两片相同的叶子,特殊的孩子更需要得到老师的特别关注,老师为他们制定不同的策略,助力其发展。

班级里有一位注意力缺陷多动障碍行为倾向的小王,总是没有办法控制自己的行为,课堂上有点风吹草动,就会惊动他疯狂大笑,他的作业极少量能够看懂:如每一段文字中都有错别字,不是多笔画,就是少偏旁。通过与家长的多次沟通,也了解了家长的无奈。与各科老师达成共识:正视学生的问题,尊重其差异化。经观察,该学生对画画特别感兴趣。和宣传委员商量,将他的作品贴在班级的黑板报中。尽管画得不够好,但是能让作为学生的小王参与其中,对小王来说意义非凡。我还和学生父母成立了"我们在一起"微信小群,每天沟通学生在校情况,家长也分享孩子在家里的表现,孩子的点滴进步都第一时间在群里通知。比如孩子在学校积极参与学校运动会,在家里主动做了一些力所能及的家务。在互动中,我发现他在课堂的大笑声少了些许,作业也能完成得多一些。今后,我会同各个任课老师携手继续陪伴小王前行,争取两年后能让他走进高中的大门。

五、成效

四年学习生活,学生不断探索自身价值,精进素养,变得博学善思、胸怀天下。拥有鲜活的生命张力,拥有爱自己爱别人的能力。作为班主任,看着自己所带的学生都能茁壮成长,内心除了感慨更有无限自豪感;看着一个个"五爱"少年带着一身的浩然正气,走进自己理想的高中时,我内心的爱意又一次次地涌现,灌溉给每一朵成长中的花儿。

岁月不老,青春不朽,生逢其时,责任在肩。在未来的教育征程中,我始终怀着为党育人、为国育才的教育信念,将耐心、爱心、慧心继续献给我热爱的教育事业。

依托课程设计开展劳动教育的初探

宋晋贤

2018年全国教育大会上,习近平总书记要求把劳动教育纳入培养社会主义建设者和接班人的总体要求之中,明确提出构建"德智体美劳"全面培养的教育体系。2020年3月20日中共中央、国务院发布《关于全面加强新时代大中小学劳动教育的意见》,对新时代劳动教育做了顶层设计和全面部署。笔者所在学校在实施劳动教育过程中,依托课程设计与研发,开展了一些初步的尝试与探索。

一、提高认识,明确任务

习近平总书记在将劳动教育纳入"培养什么样的人"总体要求的同时,还在"怎样培养人"六个重要方面中指出"要在学生中弘扬劳动精神,教育引导学生崇尚劳动、尊重劳动,懂得劳动最光荣、劳动最崇高、劳动最伟大、劳动最美丽的道理,长大后能够辛勤劳动、诚实劳动、创造性劳动"。

中华民族自古就是崇尚劳动、尊重劳动的,古有《周易》强调"天行健,君子以自强不息";《列子汤问》记载《愚公移山》,都充分展示了中华民族代代相传的崇尚劳动、埋头苦干和坚忍不拔的民族精神和优秀品质。

劳动教育在《教育大辞典》中被概括为:劳动、生产、技术和劳动素养方面的教育。它的主要任务是如下四点:一是使学生具有正确的劳动观点;二是教育学生具有正确的劳动态度;三是培养学生的良好劳动习惯;四是培养学生获得工农业生产基本知识和技能。

劳动教育主要有两方面的内容:第一是劳动观的教育,与德育密切相关,涵盖劳动习惯、劳动态度,对劳动者的看法及是否珍惜劳动成果;第二是劳动技术知识的教育,其实是社会发展对劳动教育的要求。

当前我们落实和强化劳动教育不仅有助于中学生的社会主义核心价值观的建立,还有助于素质教育的真正落实,更有利于中华优秀传统文化的继承和传播。

二、五个结合，丰富实践

近年来学校将劳动教育做到"五结合"，即"与主题教育活动结合""与志愿者服务活动结合""与值周班工作结合""与家政劳动活动相结合""与综合素质评价工作结合"。以下以垃圾分类一项进行阐述：

"与主题教育活动结合"：通过班级、学生风采展示活动向全体同学提出做好开展劳动教育、垃圾分类的倡议。学校思政教育中阐述垃圾分类对建设美好校园、美好社会的重要意义，帮助同学们学会更深入地看待社会问题，从而将丰富而又抽象的政治内容具体化，转变成学习和生活中的标准，从而进一步培养国家观念和主人翁意识，提高学生的政治素养。号召全体学生动手创作垃圾分类宣传语，并对优秀作品进行遴选，制作喷绘海报宣传展示。针对"垃圾分类"创作了形式各异的顺口溜、对联；并形成大屏幕宣传广告牌。

"与志愿者服务活动结合"：各支部、各中队开展"志愿行道"开展垃圾分类的宣传服务和劳动。学校生态环保小队还到上海外滩观光平台，开展了垃圾分类小调查，并积极投身垃圾分类的实践中。开展校内、社区、全市范围内的社会实践活动，身体力行。

"与值周班工作结合"：值周班不仅身体力行参与校园清扫，也对教室内垃圾分类情况进行巡查，在校内形成自评加互评的检查反馈模式。

"与家政劳动活动相结合"：完成以"小手牵大手，垃圾齐分类"为主题的垃圾分类家政劳动。旨在对家庭中的四类垃圾进行有效辨识，并能和家长一同坚持进行垃圾分类，并积累一些分类方法。

"与综合素质评价工作结合"：与学校"卓越学子综合素质评价平台"对接，由自评和教师考评相结合，"主观描述"与"客观评分"相结合，活动照片展示等构成，形成每一位学生每学期独特的劳动教育（垃圾分类）的评价报告。加强劳动教育评价，强化劳动教育和实践教育，鼓励学生在实践中受教育、长才干、做贡献。

三、课程设计，助推劳育

2018年起，随着上海市垃圾分类的普及，学校尝试着通过课程开发（课堂推进）—自主探究（课外调研）—实践体验（志愿活动）的模式落实垃圾分类相关的劳动教育。

（一）课程探索：助推垃圾分类小研究

在教学环节中设置垃圾分类相关的课程，通过课堂对学生开展垃圾分类教育,增加参与面,培养环保意识和科创精神。低年级通过"科学"学科课堂鼓励学生开展垃圾分类相关的调研并形成调研报告;初二年级通过"生命科学"课,撰写垃圾分类方面的小论文;从而推荐指导有能力的学生开展相关的课题研究,例如"在上海市中小学班级中开展垃圾分类的可行性研究""去'湿'刻不容缓""厨余垃圾粉碎机对上海市水环境的影响"等。

(二)建言献计:发起垃圾分类好倡议

2018年暑假我校学生通过暑期"垃圾分类小调研"活动,对上海市的垃圾分类现状、问题及改进建议致信上海市委书记李强同志,学生从便于市民认知的角度出发,提出怎么容易分、怎么定标准的建议。建议将垃圾分类的标识和内容转化为简洁易懂且醒目的;为了避免大家把垃圾错分,他们希望知道现阶段能够被利用的可回收物到底有哪些?建议多设置分类垃圾桶。不要忽视学生这特殊群体的能量和作用,知识需要从他们这个年龄段开始普及。

信件得到了李强书记的亲笔批示。希望广大中小学生,从我做起从小做起,并通过小手牵大手,不断提高全社会的垃圾分类意识和水平,为建设美丽上海做出自己的贡献。

2018年10月10日在静安区行为规范示范校展示活动中,两位同学向全体中小学生倡议:

1. 大家一起学,科学了解垃圾分类。红色桶、蓝色桶、棕色桶、黑色桶,标识不同,垃圾分类不一样;

2. 今天就行动,积极践行垃圾分类。不等待、不松懈、不观望,自己行动做榜样,美好环境自己创;

3. 小手拉大手,主动宣传垃圾分类。小喇叭,多广播;小主人,大能量。大家一起手拉手,共建社会新风尚。

(三)体悟学研:践行垃圾分类新风尚

在我校德育课程的引领下,"劳动教育"通过不同维度积极开展和落实,垃圾分类我先行,以自己的小肩膀来承担大使命。

学生在学校课程的带领指导下,深入科学地研究垃圾分类。张子楠同学《厨余垃圾粉碎机对上海市水环境的影响》课题被推荐参加上海市青少年科技创新大赛及其本人也参加了明日科技之星评选。随着相关教育的深入,校园中大家争当垃圾分类宣传者、参与者、推动者,学生也完成了被动参与到积极投入的华丽转身。

2018年9月30日上海市市容与绿化局相关处室相关领导特地走访学校,对学校开展垃圾分类的情况进行了解,并对相关学生予以表扬。2018年10月上海市人民政府网站、《静安报》等主流媒体均对我校相关情况进行报道。

2019年2月17日,《新闻晨报》的《周到》发表了题为"垃圾分类市民知晓度到底如何?中学生自发上街进行问卷调查"的新闻,报道了扬波中学八年级(6)班生态环保小队的社会调查实践活动;2月18日,《人民日报》的《人民网》也随后发表了题为"沪中学生自发调查垃圾分类知晓度,不少市民接受了调查"的新闻报道。这次的社会调查活动,可以说引起了社会的广泛赞誉。

鉴于学校的垃圾分类教育工作,华东师范大学城市发展研究院主办的上海市生活垃圾分类专题研讨会,特别邀请了扬波中学作为中学代表去参加座谈,并在会议上交流了我校学生在垃圾分类工作上的开展情况。2019年3月18日的《文汇报》发表了题为"关于垃圾分类这件事,幼儿园小朋友成了家中最严监管员"的新闻,文中大篇幅提到扬波中学"垃圾达人"们的调研活动、社会实践、课题研究等创意活动。

我们期望通过在课程中落实对学生进行潜移默化的劳动知识教育,劳动素养、劳动技能的培养,以"润物细无声"的方式开展劳动教育,帮助学生形成劳动观念,同时使他们具备一些能完成某一劳动任务的基本素养。进而激发学生走出课堂到课外进行走访、主动探究、开展调研活动、完成相关课题的意愿。最后,在学生中形成有人组织策划,有人能够担当落实,有人愿意志愿服务的自主实践活动。

依托课程设计开展的劳动教育,以"卓越学子"综合素质评价为平台,提升了学校课程品质,探究评价方式的多元化,促进了学生个性化发展。

接下来我们还将就劳动课程开展中教师缺乏、劳动设施及场地不充足、劳动教育形式单一等问题开展研究,不断开拓,争取取得更好成效。

踏进春光、玩转春意、认知自我、体验职业

——民办扬波中学"生涯体验日"活动案例

黄 勇

一、活动背景

职业生涯是个体人生历程的主体,职业生涯发展是终身发展的核心。我校"幸福教育为幸福人生奠基"的教学理念,从学生毕生发展的角度培育学生,生涯发展教育是学生走向未来的重要引领方式。有目的、有计划、有组织的综合性实践活动,是学生提高自我职业生涯规划的意识与技能、顺利实现从学校生活向社会、职业生活过渡的基本途径,也是学校综合素质评价的衡量标准之一,我校初中年级进行了"踏进春光、玩转春意、体验职业、认知自我"生涯体验实践活动,积极引导全体学生对不同职业有一个初步的认识,探索适合自己的职业,规划精彩人生。

二、活动目标

1. 了解一些感兴趣的职业的内容,明确职业必备条件。
2. 体验职业需要的个人能力,了解自己和所选职业匹配关系。
3. 帮助学生认识自身优点,提升自身短板,完善生涯发展目标与行动。

三、实施对象

全体初中学生。

四、生涯体验日活动过程

(一)第一阶段:准备

1. 普及生涯规划的意义:开展针对学生和家长的生涯讲座。帮助同学了解生涯是什么?初中阶段为什么要做生涯规划?生涯规划要考虑哪些因素?

2. 指导学生选择想体验的职业种类:开展学生调研,针对已有的职业种类,请学生选出自己最感兴趣和最想尝试的那些职业。每人共 3 票,搜集调查问卷,并统计筛选结果。

3. 确定本次生涯体验日的职业体验类型:根据统计的学生的个人意愿,结合本次活动的可操作性,确定四项职业作为本次生涯体验日的体验主题:摄影师、绘画师、记者和规划师。

4. 组织学生确定本次职业体验日,自己想参与的职业体验类型1—2项。如果是以小组形式完成,以班级为单位,确定好小组具体成员和人数,完成体验日之前的相关准备。

(二) 第二阶段:实施

1. 摄影师体验

体验对象:对摄影或者图片处理等职业感兴趣的同学。

活动内容:学生以个人或小组的形式,设计"主题"照的内容。在活动日围绕主题进行摄影,并选择满意的照片自为其名(可用仿古诗句为题,也可自拟)并附加照片说明,参加活动日后的作品展示。

2. 绘画师体验

体验对象:对于插画师、动画制作等绘画艺术类的职业感兴趣的同学。

活动内容:以活动中的采风,设计或绘制一幅有特色绘画作品,也可以把印象深刻的场景作为画的主题。对于绘画工具和绘画风格不做限制,同学可以使用纸笔完成,也可以采用平板电脑、手绘板等电子设备完成。可参考推荐项目:奇迹花毯、精灵树剧场、花精灵城堡、天空之桥等。

3. 记者体验

体验对象:对于记者职业感兴趣的同学。

活动内容:在活动日当天采访一位参与活动的老师、同学或者园内的任何一个工作人员,自己确定标题,完成一篇人物报道文章。

4. 规划师体验

体验对象:以班级为单位,对此项职业感兴趣,愿意参与的同学。

活动内容:学生以3—6人一组的小组形式参与,每个班级完成1—2个设计稿。在活动日结束后,完善设计一条游园合理化线路图,并要提供自己设计的游园攻略。

5. 如果学生对本次提供的职业都不是很感兴趣,也可以参加心灵成长小组,对职业生涯中自我定位进行进一步探索与提升。

(三) 第三阶段:巩固

1. 同学上交自己的体验作品。

2. 结合本次体验日活动,完成自己的"生涯体验日收获"或者"个人职业规划"的书面小结。

3. 展示学生的作品。

五、注意事项

1. 活动要符合学生年龄特点。由于每种职业的体验形式和内容多有不同,必须事先做好与学生的协调统一。

2. 活动日要时刻注意安全问题,增强安全意识。

3. 认真对待,不走过场,真正通过自己实践或者与同学的合作实践,体验到相关职业的能力需要。

4. 做好活动体验日后的总结和学生作品展示。

六、效果与反思

1. 学校领导重视,各部门协调合作,保证活动安全开展。本次体验日的活动,从筹备到前期活动准备、活动日实施以及活动后总结,都得到了学校领导小组的有力支持和及时指导,同时也获得了年级组和班主任的大力帮助和心理老师的协同沟通,以及全体学生的热情参与和积极体验。

2. 创设适切的生涯体验日活动,主题贴近学生需求,形式符合学生特质。在前期,开展了大量的工作。开设讲座,落实对学生职业兴趣的调研,结合学生的关注点,设计活动,有利于他们了解自己的同时,了解某些职业要求,对未来可能要应对的问题提前积累和准备。参与活动的同学们对于不同的职业内容有了更加直观的认识,圆满地完成职业体验日活动。在"生涯体验日收获"和"个人职业规划"中,同学们也写下了很多的感悟,如:"在设计游园方案时,作为队长我遇到了不小的困难,一开始,大家就在两个方案中难以决断,但是幸运的是,后来我们学会了团队合作,一同克服了困难。我也在活动中,认识到了自身的长处和短处!""我以为做记者只要文笔好就可以了,但是没想到还要准备话题,冷场的时候还要想办法继续采访……要学的东西还有好多啊!"

3. 继续开发职业生涯教育资源,引领学生参与。这次活动使全校同学进一步走进生涯规划的大课堂,同时也受到学生的喜爱。但是学生所感兴趣的职业、专业种类有很多,仅靠一次体验日还无法满足学生的需求,我们将扩大生涯教育的平台,提供更多体验式的生涯活动课堂,把生涯教育做到常态化,也会着眼给学生提供个性化的生涯教育指导。

确认过眼神,遇上对的班级

邹 怡

作为一名人民教师,我经常问自己一个问题,我爱我的学生吗?我爱那个与他们在一起时我的样子吗?

当我以班主任的身份踏进班级的教室里,看到的是一张张好奇的脸,孩子们和家长们都在观察我,观察我这个新的班主任。没有多想,我按照自己的一套方法来,严标准、高要求,对孩子们的做人教育、习惯养成都要求十分严格。坚信唯有严肃的表情、严苛的要求,才能教育好孩子们。时常,我像是一个时刻裸露着药引的炸弹,孩子们稍有一点调皮与不顺意,便成了火苗,急速地把我点燃。每每都是一场惊涛骇浪。孩子们开始暗中有意见,他们开始抱怨,而家长们也是怨气满满。终于有孩子开始当面顶撞,表现出满脸不服的样子。

小许同学是一位有名的"小刺猬",夸他无所谓,批评他不羞愧,总之,一副我与世界为敌的状态。终于有一次导火索爆发了,在处理一起打架事件时,他在办公室失控地顶撞我,说老师不公平,眼睛里只有成绩好的学生,情绪很激动。我在劝说无果的情况下,失去耐心地严厉训斥,结果这次谈话不欢而散。更糟糕的是,之后我在班级里说班级事务,他会公然和我顶撞,我对他不理睬,他则顶撞得更为起劲。我不禁反思自己:为什么这次教育以失败告终?

我思考了许久,对他再进行教育的时候,我改变了策略。首先我不断地和家长沟通,了解孩子的成长环境,了解孩子行为背后的原因。他随着母亲和继父生活,还有一位同母异父的弟弟,这就造成了他敏感多疑的性格。他在家里经常和母亲对抗,一旦遇到问题,母亲就斥责他。明白了原因后,我选择了一个安静的午后和小许谈心,我说:"小许,今天我想和你说心里话。你知道老师对你的感情是什么吗?"他说:"生气。""不对,是心疼!你的行为告诉我,你希望老师爱你,多关注你。你学习聪明,有集体荣誉感,但你也有一个问题——对他人的善意都怀有敌意。我愿意等你,但也不会包庇你。我会帮助你,我希望,下次你再遇到问题不要冲动,而是在心里默念邹老师会帮我的,邹老师爱我!"谈完之后,我看到他有所触动,接下来的日子里我关心他,且经常在放学的时候怕他肚子饿,给他一些零食。但是我知道孩子的这个问题非一次谈话就能解决。果然他之后又顶撞老师,但是他冲动之后,第一次主动来找我,我先让他分析自己的不妥之处,再告诉他老师的良苦用心,他也承认其实顶撞完就后悔了,他要我陪着他去找老师道歉,我坚决不肯,要他自己面对。终于他回来告诉我,他主动地和老师道歉,我很高兴地奖励了一点小零食,他很感动。孩子们是懂得感恩的,你对他好,他一定会回报你的感情。第二天他带了一箱牛奶来学校,我坚决不肯收下,告诉他如果真的想回报我,就以学业来回报。接下来就是和他的母亲讨论,对他的学习也提出要求,这之后,他也越来越愿意和我倾吐心声,他对学习也慢慢开始上心了,也在本学期的期中考试中确实取得了很大进步。

回头看这起案例,其实这个时候的孩子所作所为多数还受情绪支配。觉得老师不是为他好,而是想使他臣服,如果最后再发展成学生对老师的反感,老师对学生的冷淡,这就偏离了教育的初衷。我努力让自己保持平和的心态,静心耐心地与学生一起讨论问题所带来的后果,并引导学生自己解决问题;让他从我的言行中感受到尊重、安全和力量,而不是责备、羞辱。老师是来帮助、爱护和指导孩子的,而不是以"收拾"或"驯服"为目的。所以,老师要像一缕阳光,不带敌意和偏见,始终让学生感到温暖。

这样的案例还有很多,为什么这次接这个班这么不顺利呢?为什么我以前带的班级用这种方法可以让班风学风都很好地发展?我反思了很久。原来的班级是我从头带起的,他们对我信任,孩子和我有感情基础。而这一个班级的学生,我们师生间无太多感情,家长们又对我不信任,此时强行推进严厉的管理方法,就会有强烈的反弹。这之后我开始调整我带班的思路,接受了同事给我的建议,从爱出发,对孩子们好一些,热爱孩子热爱班级。教育是需要有情感支撑的。

一、做一个元气满满的老师,用小美好走进学生

一个班主任是一个班级的精神担当。我每天元气满满、精神灿烂地走进教室,时刻了解、关注孩子们的兴趣点,和他们拥有共同的爱好。所以,闲暇时,与某个孩子同读一本书,也只为能与他一起探讨书中的喜怒哀乐;与某个孩子讨论偶像,只为拉近和孩子之间的距离。经常去教室,对他们嘘寒问暖,师生之间彼此的感情慢慢地升温,关系日趋和谐。此外,各种鼓励、赞赏的方式,也有利于和谐师生关系。

二、积极开展和参与各种活动

比如学校每年都要举行合唱节比赛,我想这是一次增强班级凝聚力的大好机会。我陪伴他们排练,孩子们也会主动要求去200教室练习。我对学生仪态提出创新性建议,他们的精神面貌果然焕然一新。他们以极大的热情投入艺术节、运动会和班级展示,对自己对班级的信心也越来越足,更为可喜的是,他们的学习成绩并没有拉下,反而在原有的基础上大有进步。

三、用行动和耐心,用事实赢得学生家长的信赖

我在接班的时候进行了家访,为迅速了解孩子的情况,也考虑到家长们也很迫切地要了解我,有一次,我一天走访了很多家长,当我走访最后一家结束已经是晚上10:30,到家已经将近11:30。这次家访让家长感受到了我的真诚,赢得了他们的初步信任。当然光有行动,如果没有耐心,信任也难以持久。无论是语言和行动的感化都要有耐心,要不厌其烦,持之以恒。班上小邵同学情绪容易激动,也很容易激怒;遇事情武断,情绪起伏不定,情境性强,往往来得急而强烈,去得快而迅速,很有可能因为狂热愤怒和不冷静做出伤人事故;情绪发泄之后,他又会在老师面前痛哭流涕承认错误,表示绝不再犯;可是没有过多久,就故态重犯。作为一个中学生,他对自己的情绪管理和行为管控能力是欠缺的。我首先表示出诚意,很有耐心地等他把话说完,适时对他进行鼓励和理解,学会表达共情。比如:"是你丢了东西,问他有没有看见,他却用粗话脏话骂你,你痛苦极了,才打他,我能理解你当时的气愤。"这样他从心底觉得老师认同自己,能够接受老师的批评和建议。然后教育他和同学相处的底线,等他平静下来,认识到自己的错误。让其明确后果,知道这个事情的错误和严重性。我也明白这不是一次就可以教育成功的,需反复和他谈心,反复和家长一起教育他。现在的他终于能够与同学友好相处了,而家长也逐渐对我充满了信任。家长对我信任,我还必须用学生进步的事实证明。我会拍摄学生课间安静午休或者认真阅读的图片,拍下他们自习课上认真学习的照片,他们上台领奖的照片,艺术节、运动会、班级展示的视频等都发到家长群里。在运动会上,我跑前跑后,只为捕捉孩子们运动的英姿然后及时上传到家长群里,我实时上传了有近1 000张照片和相关视频。针对家长最关心的学业,我及时主动地告诉家长孩子的近况,还拍摄了试卷认真或者正确率高的照片,让

家长了解了孩子们各方面的成长与进步。我的各种努力和认真让学生和家长看见了。家长们开始私信我，表达感谢、关心、表扬，我也觉得付出终于有了回应。

现在的我可以告诉自己：确认过眼神，遇见对的班级。我爱我的学生，我爱那个与他们在一起时的我的样子。教育不缺完美的教学理念，也不缺先进的教学条件，而教育更需要我们从心里给出的真心。提高班主任工作能力其实就是提升我的幸福指数；班主任工作的从容自如可以给我带来内心的平静与安稳。爱我所爱，行我所行，听从我心，无问西东。

图书在版编目(CIP)数据

蕙风扬波　逐梦乐园：上海市民办扬波中学教育研究论文集 / 乐霆主编 .— 上海：上海社会科学院出版社，2022
ISBN 978-7-5520-3946-7

Ⅰ．①蕙… Ⅱ．①乐… Ⅲ．①民办中学—教育研究—上海—文集 Ⅳ．①G637-53

中国版本图书馆 CIP 数据核字(2022)第 155776 号

蕙风扬波　逐梦乐园
——上海市民办扬波中学教育研究论文集

主　　编：乐　霆
出 品 人：佘　凌
责任编辑：邱爱园
封面设计：周清华
出版发行：上海社会科学院出版社
　　　　　上海顺昌路 622 号　邮编 200025
　　　　　电话总机 021-63315947　销售热线 021-53063735
　　　　　http：//www.sassp.cn　E-mail：sassp@sassp.cn
照　　排：南京理工出版信息技术有限公司
印　　刷：上海景条印刷有限公司
开　　本：710 毫米×1010 毫米　1/16
印　　张：25.5
插　　页：1
字　　数：431 千
版　　次：2022 年 11 月第 1 版　2022 年 11 月第 1 次印刷

ISBN 978-7-5520-3946-7/G·1204　　　　　　　　　　定价：118.00 元

版权所有　翻印必究